Peter-Felix Ruelius
Mysterium spes

Studien zur systematischen und spirituellen Theologie

14

Herausgegeben von
Gisbert Greshake, Medard Kehl
und Werner Löser

Peter-Felix Ruelius

Mysterium spes

Gabriel Marcels Philosophie der Hoffnung und ihre Relevanz für die Eschatologie

echter

Die Deutsche Bibliothek – CIP-Einheitsaufnahme

Ruelius, Peter-Felix:
Mysterium spes : Gabriel Marcels Philosophie der Hoffnung und ihre Relevanz für die Eschatologie / Peter-Felix Ruelius. –
Würzburg : Echter, 1995
(Studien zur systematischen und spirituellen Theologie ; 14)
Zugl.: Regensburg, Univ., Diss. 1993
ISBN 3-429-01687-8
NE: GT

Umschlag: Ernst Loew
Druck und Bindung: Echter Würzburg
Fränkische Gesellschaftsdruckerei und Verlag GmbH
ISBN 3-429-01687-8

Vorwort

Vorliegende Arbeit wurde im Jahr 1993 als Dissertation von der Theologischen Fakultät der Universität Regensburg angenommen. Sie entstand in den Jahren 1990 bis 1993 auf Anregung von Abt Prof. Dr. Christian Schütz OSB. Für den ersten Hinweis auf das Thema sowie die wohlwollende Begleitung während der Erstellung der Arbeit danke ich ihm herzlich. Dem Zweitgutachter, Prof. Dr. Eberhard Schockenhoff, sei an dieser Stelle ebenfalls gedankt. Ferner gilt mein Dank Mme. Anne Marcel, durch die ich einige wertvolle Hinweise bei der Literatursuche erhielt, sowie den Professoren Vincent Berning und Heino Sonnemans für nützliche Anregungen. Bei der Erstellung des Manuskripts und den erforderlichen Korrekturen halfen mir freundlicherweise Frau Irmgard Hopfner und Herr Markus Dobner. Schließlich danke ich den Herausgebern der »Studien zur systematischen und spirituellen Theologie« für die Aufnahme meiner Arbeit in ihre Reihe.
Durch die Hanns-Seidel-Stiftung, deren Stipendiat ich von 1990 bis 1993 war, wurde die Arbeit aus Mitteln des Bundesministeriums für Bildung und Wissenschaft gefördert. Das Bistum Fulda trug durch einen Druckkostenzuschuß zu ihrer Veröffentlichung bei.

Das Thema der Hoffnung besitzt eine Außen- und eine Innenseite. Selbst der gründlichsten Beschreibung vermag es nicht zu gelingen, das restlos einzuholen, was hoffende Menschen dazu beitragen, daß die Hoffnung ihren Ort in der Welt besitzt. Dem Andenken eines durch die Hoffnung getragenen Menschen, Herrn Gerhard Dobner (1946-1994), sei diese Arbeit gewidmet.

Petersberg, im Januar 1995 *Peter-Felix Ruelius*

Inhaltsverzeichnis

Einleitung

ERSTER TEIL

Grundlagen und Perspektiven der Hoffnung bei Gabriel Marcel

ZWEITER TEIL

Hoffnung im Kontext der Eschatologie

Einleitung

I. Hoffnung: Wandlungen und Akzente des Begriffes im Verlauf der Geistesgeschichte

In den letzten Jahren und Jahrzehnten sind, nicht zuletzt angestoßen durch das *Prinzip Hoffnung* Ernst Blochs, ausführliche Studien über die Hoffnung entstanden, die dem Thema in seinen historischen und begriffsgeschichtlichen Entwicklungen nachgehen[1]. Daher kann sich eine einführende Übersicht auf die wesentlichsten Daten der Entwicklung des Hoffnungsbegriffs sowie der philosophischen und theologischen Auseinandersetzungen mit diesem Thema beschränken. Sie soll im wesentlichen dazu dienen, Gabriel Marcels Bemühungen um das Verständnis der Hoffnung in einen weiteren Kontext einordnen und so Marcels eigene Leistung angemessener bewerten zu können.

---

1 Neben den Werken von E. Bloch, J. Moltmann und der in ihrem Umfeld entstandenen Sekundärliteratur, auf die die gesondert hingewiesen wird, sei hier verwiesen auf folgende Arbeiten: L. Ballay, Der Hoffnungsbegriff bei Augustinus; C.-A. Bernard, Théologie de l'espérance selon saint Thomas d'Aquin; R. Bultmann/ K.-H. Rengstorf, *elpis* usw. in: ThWNT Bd. 2; P. Engelhardt, Hoffnung, in: Neues Handbuch theologischer Grundbegriffe Bd. 2; H. Fahrenbach, Wesen und Sinn der Hoffnung; B. Giordani Hg. La speranza, 2 Bde.; F. Kerstiens, Die Hoffnungsstruktur des Glaubens; Ders., Hoffnung, in: SM (D) II; F. Kümmel/ H. Weder/ G. Sauter, Hoffnung, in: TRE Bd. XV; O. Lachnit, Elpis. Eine Begriffsuntersuchung; H. G. Link, Hoffnung, in: HWP Bd. 3; J. H. Nicolas, Espérance, in: DictSpir Bd. IV/2; J. Pieper, Hoffnung und Geschichte; Ders., lieben, hoffen, glauben; K. Rahner, Zur Theologie der Hoffnung; J. Ratzinger, Über die Hoffnung; R. Schaeffler, Was dürfen wir hoffen?, H. Schlier, Über die Hoffnung, P. Schütz, Charisma Hoffnung; T. Söding, Die Trias Glaube, Hoffnung, Liebe bei Paulus, K. M. Woschitz, Elpis; vgl. auch den Sammelband: Espoir humain et Espérance chrétienne, Semaine des intellectuels catholiques 1951.

1. Ursprünge des Hoffnungsbegriffs in der Antike

Im Gefolge der christlichen Überlieferung, durch die Sache und Begriff der Hoffnung weitgehend bis heute bestimmt werden, selbst dort, wo die Hoffnung von ihren christlichen Ursprüngen losgelöst wird (Bloch), erscheint diese weitgehend als positive Bestimmung menschlichen Daseins. Die eindeutig positive Fassung des griechischen Wortes *elpis* im Neuen Testament und die davon ausgehenden theologischen Überlegungen können leicht die ambivalente Bedeutung des griechischen Begriffs an den Ursprüngen übersehen lassen: eine Ambivalenz, die, wenn man den Blick schärft, auch heute noch nicht ganz überwunden ist. Eines der Hauptanliegen Gabriel Marcels wird darin bestehen, durch eine phänomenologische Analyse die verschiedenen Bedeutungen dessen, was landläufig unter Hoffnung verstanden wird, zu unterscheiden und im Einzelfall auszusondern.

Tatsächlich ist *elpis* ein hinsichtlich einer positiven oder negativen Wertung zunächst indifferenter Begriff im Sinne der Erwartung, der durch Attribute näher bestimmt werden muß[2]. Sowohl das Verb *elpesthai* bzw. später *elpizein* wie auch das Substantiv können negative und positive Bedeutungen haben[3]. Pindar spricht von den »unverschämten Erwartungen« der Menschen, Hesiod warnt vor der leeren Hoffnung des untätigen Mannes; auch die in zwei Fassungen überlieferte Pandorasage weist darauf hin, daß es sich bei der *elpis* sowohl um ein Gut als auch um ein Übel handeln kann. Auch wenn sie grundsätzlich immer als Ausrichtung auf die Zukunft verstanden wird, kann die *elpis* sowohl als illusionäre Annahme, als rationale Voraussicht eines wahrscheinlich eintretenden Ereignisses, wie auch, allerdings erst spät und in wenigen Fällen, als existentielle Zuversicht gefaßt werden[4]. Man kann so weit gehen, für die Zeit bis Thukydides und Euripides die Übersetzung des griechischen Wortfeldes mit »Hoffnung« als Ausnahme anzusehen. Bei Homer enthält *elpesthai* kein affektives Wunschmoment und kann so Erwünschtes wie Unerwünschtes zum Gegenstand haben; es gründet sich auf die eigene Prü-

---

2 Vgl. H. G. Link, a. a. O., 1157.

3 Vgl. ebd.

4 Vgl. ebd., 1157f; K. M. Woschitz, a. a. O., 67-74; O. Lachnit, 106; 113.

fung von Objekten im Hinblick auf die Wahrscheinlichkeit eines eintretenden Ereignisses oder eines gegenwärtigen Sachverhalts, der aus Bekanntem erschlossen werden kann[5].

Bei Aischylos taucht erstmals eine Nähe zu unserem Verständnis von Hoffnung auf: es läßt sich beobachten, daß *elpis* hier auch zur Beschreibung des eigenen treibenden *erôs* verwendet wird, »ohne Rücksicht auf objektive Wahrscheinlichkeit«[6]. Während später beim Substantiv eine Bedeutungsspaltung eintritt, die einerseits das Moment der Wahrscheinlichkeit beibehält, anderseits aber auch dasjenige eines Interesses an der Zukunft ermöglicht[7], gilt für das Verb (*elpizein*) weiterhin: »die Funktionsmöglichkeit 'hoffen' ist sozusagen die Ausnahme und die subjektiv objektive Bedeutung des Wahrscheinlichen die Regel«[8]

In der griechischen Philosophie ist der Begriff *elpis* stärker an bestimmte Systematisierungen gebunden und so teilweise aus der beschriebenen Unentschiedenheit herausgehoben. Bei Platon bezeichnet er eindeutig den Zukunftsbezug der Seele und nimmt seinen Platz in der Trias *aisthêsis, mnêmê, elpis* und der Zuordnung Gegenwart, Vergangenheit und Zukunft ein[9]. Durch die Verbindung mit dem *erôs*, der zu größten Hoffnungen berechtigt (Symposion 193d)[10], ferner durch die Zuordnung von Hoffnung und Unsterblichkeit[11], ist die Hoffnung nun auch im Wesentlichen positiv bestimmt.

Bei Aristoteles bleibt die Einordnung in das Gefüge der Seelenkräfte erhalten[12]. Zusätzlich taucht die Bezeichnung der Hoffnung als *pathê* auf; sie meint als Affekt das Gestimmtsein auf eine gute Zukunft hin[13].

---

5 Vgl. O. Lachnit, a. a. O., 21f.

6 Ebd., 67; vgl. ebd., 71.

7 Vgl. ebd., 98.

8 Ebd., 106.

9 Vgl. Philebos 33c-34c; 39a-41b; H. G. Link, a. a. O., 1158.

10 Vgl. R. Bultmann/ K. H. Rengstorf, a. a. O., 517; H. G. Link, a. a. O., 1158.

11 Vgl. K. M. Woschitz, a. a. O., 123.

12 Vgl. K. M. Woschitz, 127.

13 Vgl. H. G. Link, a. a. O., 1158.

In der römischen Antike bleibt die anfangs erwähnte Unbestimmtheit des Hoffnungsbegriffes zunächst erhalten. Aus dem Sprachgebrauch läßt sich folgende Definition erheben: »Erkenntnismodus des Subjekts auf einen zukünftigen, mehr oder weniger sicheren Sachverhalt«[14]. Dabei gehören Vertrauen auf diese Zukunft oder Verlangen nach ihr nicht unbedingt zu den Wesensbestandteilen der *spes*. Cicero setzt die Hoffnung in einen deutlichen Gegensatz zur Angst und bestimmt sie neuerlich positiv: er formuliert in der Definition der Hoffnung als *exspectatio boni futuri* (Tusc. 4, 80) gültig, was auch in der christlichen Tradition nicht mehr aufgegeben wird.
Neben der verhalten positiven Bewertung der Hoffnung gibt es in der römischen Antike aber auch das andere: so faßt die Stoa die Hoffnung grundsätzlich eher negativ auf: zum einen rückt hier die Hoffnung, wenn sie sich von den sicheren Berechnungen entfernt, in die Nähe leerer Hoffnungen, zum anderen kann sie deshalb nicht positiv bewertet werden, weil sie das seelische Gleichgewicht stört: sie muß durch die Einübung der Apathie überwunden werden. Seneca sieht das Pendant der *spes* daher auch in dem *incertum bonum*, das dem Menschen keine Unerschütterlichkeit verleihen kann. Sie ist daher keine Tugend, denn diese ist Besitz eines freien, hochgesinnten, unerschrockenen und standhaften, über Furcht und Begierden erhabenen Geistes[15].
Überblickt man die Entwicklung des Hoffnungsgedankens in der Literatur der Antike, so kann zwar ein Weg von einer anfänglichen Unbestimmtheit des Begriffs zu einer deutlicheren Ausrichtung auf die Zukunft festgestellt werden, dennoch bleibt für die Hoffnung sowohl eine positive als auch eine negative Bestimmung möglich. Sie kann den vertrauensvollen Blick in die Zukunft ebenso meinen wie auch den unsicheren Ausblick, der aufgrund einer philosophischen Vorentscheidung als negativ abgelehnt werden kann.

---

[14] K. M. Woschitz, a. a. O., 187.

[15] Vgl. Ebd., 210; 212.

2. Hinweise zur biblischen Hoffnungstheologie

Alttestamentlich

Als Zugang zum alttestamentlichen Verständnis der Hoffnung bietet sich der Weg über die Septuaginta an. Hier wird mit *elpis* eine Vielzahl hebräischer Begriffe wiedergegeben. »Dieser Tatbestand ist charakteristisch; er zeigt, daß für das AT nicht der neutrale Begriff der *elpis* als eines bloßen Erwartens existiert, so daß eine Erwartung erst durch den Zusatz 'gut' oder 'böse' als Hoffnung oder Befürchtung charakterisiert werden müßte. Vielmehr ist Hoffen und (auf die Zukunft gerichtetes) Fürchten von vornherein in der Sprache differenziert. Das Hoffen ist als ein Erwarten des Guten nah verwandt mit dem Vertrauen, und das Erwarten ist zugleich ein verlangend ausschauendes Erwarten, bei dem sowohl das geduldige Harren wie das Zuflucht-Suchen betont sein kann«[16]. War in der griechischen und römischen Antike die Hoffnung wesentlich durch eine nicht personal qualifizierte Zukunft bestimmt, durch sachhaft ablaufende Ereignisse und Entwicklungen, so ist demgegenüber die Hoffnung im Alten Testament personal verfaßt und gründet in der Erfahrung Jahwes und der Entgegennahme seiner Verheißungen. »Weil Jahwe Grund und Ziel der Hoffnung ist, auf das hin sich ihre Akte konvex bündeln, hat Hoffen als einen seiner greifbarsten Züge das personale Moment des Vertrauens bei sich. Inhaltlich richtet sich die religiöse Hoffnung auf die Einlösung der Verheißungen Gottes«[17].

Im Zuge der alttestamentlichen Geschichte lassen sich mehrere Entwicklungen des Hoffnungsverständnisses aufzeigen: zum einen weitet sich der Blick über konkrete Situationen, in denen die Hilfe Gottes erhofft wird, zu einer Hoffnung auf eine eschatologische Zukunft, in der Gott als Befreier aus aller irdischen Not auftaucht[18]. Im Zuge dieser Entwicklung kommt es anderseits dann auch zu einer Universalisierung der Hoffnung: die Fremdvölker werden in das erhoffte

---

[16] R. Bultmann/ K. H. Rengstorf, a. a. O., 518f.

[17] K. M. Woschitz, a. a. O., 221; Darstellung der atl. Hoffnungsinhalte im einzelnen: 219-331.

[18] Vgl. R. Bultmann/ K. H. Rengstorf, a. a. O., 520.

endgültige Heil einbezogen (vgl. Jes 2, 2-4)[19]. Schließlich gewinnt (v. a. in der Weisheitsliteratur) die persönliche Unsterblichkeit als Thema des eschatologischen Nachdenkens und als Inhalt der Hoffnung an Gewicht[20].

Neutestamentlich

In einer allgemeinen Charakterisierung des neutestamentlichen Hoffnungsbegriffes lassen sich vor allem drei Merkmale herausstellen: Die Hoffnung begegnet im Neuen Testament immer »in bonam partem«[21]. Sie ist endgültig aus der Unbestimmtheit des ursprünglichen Begriffs in eine durch Christus und die in ihm gegebene Verheißung qualifizierte Eindeutigkeit überführt. Sie ist insofern am alttestamentlichen Hoffnungsverständnis orientiert, als sie die Momente des Vertrauens und geduldigen Erwartens einbeschließt[22]. Schließlich ist sie, durch die oben erwähnte Eindeutigkeit, nicht so sehr durch kategoriale Hoffnungsinhalte bestimmt, sondern erscheint als »reine Hoffnung«, die eine Grundweise christlichen Daseins ausmacht[23].
Wird die Hoffnung im Neuen Testament eng an die Heilstat Gottes in Jesus Christus angebunden und auf diese Weise als Haltung weniger aus der Zukunftsoffenheit des Menschen als aus dieser Heilstat mit Verheißungscharakter begründet, dann rückt sie in die Nähe des Glaubens, mit dem der Mensch auf diese Verheißung zu antworten hat. Daher ist zwar in einem großen Teil der neutestamentlichen Schriften nicht explizit von der Hoffnung die Rede, implizit ist aber die Sache der Hoffnung dadurch nicht aufgegeben. Bei den Synoptikern tritt sie als Ausrichtung auf das Gottesreich auf, das zwar als gegenwärtig verkündet, in einer Vielzahl von Gleichnissen aber dergestalt beschrieben wird, daß seine vollendete Zukunft noch aussteht und in einer geduldigen und bereiten Erwartung erhofft werden

---

19 Vgl. K. M. Woschitz, a. a. O., 761.

20 Vgl. ebd.; R. Bultmann/ K. H. Rengstorf, a. a. O., 526.

21 K. M. Woschitz, a. a. O., 342.

22 Vgl. R. Bultmann/ K. H. Rengstorf, a. a. O., 527.

23 Vgl. F. Kümmel/ H. Weder/ G. Sauter, a. a. O., 489.

muß[24]. Im johanneischen Denken ist das, was mit *elpis/elpizein* gemeint ist, in den *pistis*-Begriff aufgenommen[25]. In der Offenbarung des Johannes fehlt der Begriff der *elpis* völlig, dennoch ist dieses Buch ein Zeugnis der Hoffnung, die sich in dem Bedingungsfeld der *thlipsis* zum Ausdruck bringt und hier vor allem als *hypomonê*, als geduldiges Ausharren erscheint. In den Formen und Kategorien der Apokalyptik wird die Hoffnung »der Märtyrerkirche als zentrale Verheißung weitergereicht«[26].

Einzig Paulus und der Hebräerbrief scheinen eine explizite Hoffnungstheologie vorzulegen. Die Hoffnung steht im Römerbrief im Kontext der Überlegungen zur Gerechtigkeit Gottes und des Glaubens[27]. Sie erscheint hier, maßnehmend am Glauben Abrahams, als Hoffnung gegen alle Hoffnung (Röm 4, 18). Damit wird die Personalisierung der Hoffnung, die bereits im Alten Testament angelegt war, radikalisiert. Das, was erhofft wird, steht ganz und gar außerhalb der menschlichen Möglichkeiten. Der von Paulus rezipierte griechische Begriff *elpis* wird vollständig transformiert[28]. Diese Radikalisierung des Hoffnungsbegriffes tritt auch dort zutage, wo Paulus die Hoffnung streng an das anbindet, was nicht zu sehen ist (Röm 8, 24). Dennoch erhält der Glaubende hinsichtlich der Zukunft durch Jesus Christus eine solche Gewißheit, daß er in der Hoffnung froh sein kann und die Zukunft ihm nicht bedrohlich gegenübersteht (Röm 12, 12). »Das Futurum Gottes steht schon jetzt in die Gegenwart herein. Deshalb sind die Hoffenden in den Bedingungen der Gegenwart schon frei von Angst und der Zukunft Gottes sicher«[29]. Diese Grundstruktur der Hoffnung bleibt auch für die anderen paulinischen Schriften in Geltung, verbindet sich im 1. Korintherbrief mit dem Thema der Auferstehung und der endgültigen Durchsetzung der Herrschaft

24 Vgl. K. M. Woschitz, a. a. O., 390; 421.

25 Vgl. R. Bultmann/ K. H. Rengstorf, a. a. O., 529.

26 K. M. Woschitz, a. a. O., 721; vgl. ebd., 752; R. Bultmann/ K. H. Rengstorf, a. a. O., 529.

27 Vgl. K. M. Woschitz, a. a. O., 497ff.

28 Vgl. ebd., 504.

29 Ebd., 535.

Christi und im 2. Korintherbrief dialektisch mit der apostolischen Bedrängnis (vgl. 2 Kor 3, 12).
Der Hebräerbrief schließlich entfaltet den christologischen Gehalt der Hoffnung: Die Christen haben eine »bessere Hoffnung« (Hebr 7, 19), die begründet ist in dem »besseren Bund« (Hebr 7, 22), für den Christus bürgt, der ein unvergängliches Priestertum hat (Hebr 7, 24). Er ist Bürge und Vorläufer, ist hineingegangen in »das Innere hinter dem Vorhang« und hat dort unsere Hoffnung als Anker festgemacht (vgl. Hebr 6, 19f).

3. Weitere Entwicklung

Mit der neutestamentlichen Entfaltung und Transformation des Hoffnungsbegriffes sind die Weichen gestellt, die die weitere Entwicklung bestimmen. Sie vollzieht sich in der Spannung zwischen dem christlichen und dem griechischen Hoffnungsbegriff, jeweils davon abhängig, ob eine Zukunft als Verheißung entgegengenommen und dadurch die Hoffnung mit einer ihr eigenen Gewißheit ausgestattet wird, oder ob die Zukunft als grundlegend unsicher aufgefaßt und jede Aussage über sie skeptisch als Illusion betrachtet wird[30].
Augustinus markiert eine erste Station auf dem Weg der christlichen Tradition des Hoffnungsdenkens. Er schließt sich dabei grundsätzlich der bereits bei Cicero gefundenen Definition an, nach der die Hoffnung eine Erwartung künftiger Güter ist[31]. Existenztheologisch entwirft Augustinus die Hoffnung im Gegenüber von Gott und Mensch. Die Hoffnungsziele sind daher individualisiert und vornehmlich in der *visio* und *fruitio Dei* gegeben[32].
Im Mittelalter, vor allem in der Scholastik, nimmt die Hoffnung ihren Ort innerhalb der Tugendlehre ein. Sie zählt unter die drei »göttlichen« Tugenden, zusammen mit Liebe und Glaube. Dabei wird sie, grundsätzlich am augustinischen Begriff festhaltend, dem bis dahin in der spirituellen Tradition gewachsenen Katalog der Tugenden

30 Vgl. H. G. Link, a. a. O., 1160.

31 Vgl. ebd., Verweis auf den Beleg bei Augustinus: Enchiridion II, 8.

32 Vgl. H. G. Link, a. a. O., 1161; K. M. Woschitz, 15.

eingeordnet. Ihre Gegenüberstellung sowohl zur Verzweiflung als auch zum Hochmut trägt zu einer Vertiefung der ethischen Bedeutung der Hoffnung bei. Neben der Hoffnung als Tugend entwickelt sich am Rande der kirchlichen Tradition eine apokalyptische und politische Strömung der Hoffnung. Besonders deutlich wurde diese Richtung mit Joachim von Fiore und später mit Thomas Münzer[33].

Martin Luther vollzieht mit der strikten Gegenüberstellung von *spes hominum* und *spes christianorum* eine Abkehr von der scholastischen Tugendlehre und nähert sich der paulinischen Fassung des Hoffnungsbegriffes in seiner Radikalität an: Hoffnung kann sich auf kein natürliches Vermögen, sondern nur auf die Zukunft Gottes richten (WA 56, 295, 17ff)[34]. Sie ist »*spes purissima in purissimum deum*« (WA 5, 166, 18)[35]. »Die reine Hoffnung wird dem zuteil, der in Anfechtung gerät, weil Gottes Werk verborgen ist und sich nicht nur menschlichem Wünschen, sondern auch menschlichem Werten entzieht«[36].

Der weitere Entwicklungsgang der Hoffnungsthematik erbringt bis in unser Jahrhundert hinein kaum neue Vertiefungen. Die neuzeitliche Philosophie geht in den Reflexionen über die Hoffnung nicht wesentlich über die bereits in der Antike bestehenden Positionen hinaus. »Seit Descartes konzentriert sich das neuzeitliche Denken auf die 'Erkenntnis des menschlichen Geistes'. Das macht verständlich, weshalb das Thema der Hoffnung in der philosophischen Tradition der Neuzeit bis zum Existentialismus des 20. Jahrhunderts keine sonderliche Rolle spielt«[37]. Die Einschränkung der Erkenntnis auf die Vernunft, die über die Zukunft als nicht Gegebenes keine Aussagen zu treffen vermag, verbannt die Hoffnung weitgehend in die Affektenlehre. Sie erscheint als Disposition des Geistes (Descartes), als unbeständige Freude, die aus der Vorstellung eines unsicheren Gutes hervorgeht (Spinoza) und kann nicht für sich in Anspruch nehmen, in

---

[33] Vgl. H. G. Link, a. a. O., 1162f.

[34] Vgl. ebd., 1161.

[35] Vgl. F. Kümmel/ H. Weder/ G. Sauter, a. a. O.,495.

[36] Ebd.

[37] H. G. Link, a. a. O., 1163.

einer Realität zu gründen[38]. »Die mit der Hoffnung verbundene positive Gemütslage erschien unbeständig, auf rationale Voraussicht gegründete Zukunftsperspektiven waren ungesichert und die im Trost der Hoffnung liegenden höchsten Güter subjektiv wie objektiv unverbürgt«[39]. In der Aufklärungsphilososphie wird diese Bewertung nicht grundsätzlich überschritten; die Hoffnung ordnet sich hier den jeweiligen philosophischen Systemen ganz und gar ein. In der optimistischen Natur- und Geschichtsphilosophie tritt das Hoffnungsziel als Ziel eines in den Gesetzen der Entwicklung verbürgten Fortschritts auf.[40]

Erstmals in der existenzphilosophischen Neubesinnung im 19. Jahrhundert, vor allem bei Søren Kierkegaard, gewinnt die Hoffnung als Thema der Reflexion ein neues Gewicht: In dem Bewußtsein, daß mit den optimistischen Systemphilosophien das Dasein des Menschen in seiner Fragwürdigkeit überspielt wurde, gewinnt die Einsicht an Boden, daß zur Bewältigung der Existenz der Mensch auf die Hoffnung angewiesen sein kann und diese nicht nur eine Gemütsbewegung ist, die einer Gesamtsicht von Welt und Geist nachfolgt, sondern als »Hoffnung wider Hoffnung in der Nacht der Hoffnungslosigkeit« die eigentliche Gabe des Heiligen Geistes darstellt (Kierkegaard) und somit im Zentrum des menschlichen Fragens angesiedelt werden muß[41].

Mit dieser neuerlichen Besinnung auf die Hoffnung ist der Boden bereitet für die Reflexionen, die Gabriel Marcel der Hoffnung widmet. Im Verlauf der Darstellung wird deutlich werden, daß eine solche phänomenologische Vertiefung allererst offenlegt, wie wenig um das Hoffen selbst gewußt wird, wie sehr gemeinhin davon ausgegangen wird, die Hoffnung bestimme sich rein von ihrem Gegenstand her und sei nun die geradlinige Zuordnung des Geistes auf diesen zukünftigen Gegenstand. Mit der Ausfaltung der verschiedenen Aspekte der

---

38 Vgl. ebd.; K. M. Woschitz, a. a. O., 21.

39 F. Kümmel/ H. Weder/ G. Sauter, a. a. O., 480.

40 Vgl. K. M. Woschitz, a. a. O., 23.

41 Vgl. H. G. Link, a. a. O., 1164; K. M. Woschitz, a. a. O., 28f; F. Kümmel/ H. Weder/ G Sauter, a. a. O., 482.

Hoffnung wird ihre Bedeutung als zentrales geistiges Vermögen des Menschen, vielleicht sogar als die Möglichkeit seines In-der-Welt-Seins anschaulich.
Der Durchgang durch die Geschichte des Begriffes, skizzenhaft und einige Entwürfe lediglich berührend, sollte den Blick schärfen für die Fraglichkeit der Hoffnung wie auch für die Fraglichkeit der Methode, mit der eine Annäherung an das Phänomen der Hoffnung unternommen werden kann.
Fraglichkeit der Hoffnung: Die Hoffnung ordnet sich zumeist einer gegebenen/vorhandenen Weltsicht ein, ist für diese nicht bestimmend und wird, abhängig von einer positiven oder negativen Einschätzung der Zukunft, mehr oder weniger hoch geschätzt. In dieser weitgehenden Unschärfe des Begriffs wird aber deutlich, daß das vorsichtige Suchen nach einer Definition zugleich Ausdruck für die Wahrnehmung eines Überschusses in der Sache der Hoffnung ist, der nicht in Wahrscheinlichkeitsberechnung, in bloßes Erwarten, kurz: in ein passives, zur eintretenden Zukunft selbst kontingentes Verhalten umgeschlagen werden kann.
Hinzu kommt die Fraglichkeit der Methode, mit der man sich der Hoffnung untersuchend annähert: Die Versuchung einer geradlinigen Zuordnung von Gegenstand der Hoffnung und Hoffnung selbst wurde erwähnt; die Zukunft, ist sie erst einmal als das schlechterdings nicht Zuhandene qualifiziert, kann nicht eindeutiger Gegenstand eines eindeutigen Verhaltens sein. Die Priorität einer phänomenologischen Methode, der es gelingen kann, bei aller Beschreibung den Überschuß der Hoffnung zu wahren, der allein dem Überschuß des Hoffnungsgegenstandes gerecht werden kann, deutet sich hier ebenso an wie der Vorbehalt gegenüber Systematisierungsversuchen, die die Hoffnung in ein eindeutiges Schema einordnen wollen.

II. Zur Person und zum Werk Gabriel Marcels

Da Gabriel Marcel zu den Philosophen gehört, die im deutschen Sprachraum weniger bekannt sind als einige seiner Zeitgenossen wie z. B. Sartre, Camus oder in neuerer Zeit die Vertreter einer postmodernen Philosophie, scheint es nützlich, der Studie, die sich dem Marcelschen Denken über die Hoffnung widmet, einige Notizen zum Leben und Werk Marcels voranzustellen. Marcel selbst hat auf die enge Verbindung zwischen seinem Leben und seinem Werk nachdrücklich hingewiesen[42], und die entscheidenden Wendungen seines Denkens beruhen weniger auf Einflüssen philosophischer Werke oder Lehrer als auf biographisch faßbaren Erlebnissen. Es dürfte an dieser biographisch verwurzelten Form des Philosophierens[43] liegen, daß wir durch verschiedene autobiographische Aufzeichnungen Marcels umfassend über sein Leben in Kenntnis gesetzt und so auf den Zusammenhang zwischen Leben und Werk immer wieder aufmerksam gemacht werden[44].

1. Notizen zum Leben

Gabriel Marcels Leben (1889-1973) umfaßt die wesentlichen Entwicklungen des 20. Jahrhunderts, über zwei Weltkriege bis hin zu der zunächst fortschrittsoptimistischen, dann aber zu Beginn der siebziger Jahre gedämpften Entwicklung der Nachkriegszeit. Er wird in Paris als Sohn eines höheren Staatsbeamten und späteren Direktors der staatlichen Museen geboren. Der Vater, ein Mann von hoher Bildung

---

42 Vgl. EnChem 12.

43 Vgl. V. Berning, Gabriel Marcel, 411.

44 Neben den in seinem gesamten Werk verstreuten Anmerkungen zu seinem Leben liegen folgende zusammenhängende Aufzeichnungen vor: Rückblick, in: Christlicher Existentialismus, 323-345; *Autobiographical Essay* [AE], in P. A. Schilpp/ L. E. Hahn Hg., The Philosophy of Gabriel Marcel, 4-68; zuletzt die Autobiographie *En Chemin, vers quel éveil?* [EnChem] (1971); reich an biographischem Material ist das Interview mit P. Boutang (*Gabriel Marcel interrogé par Pierre Boutang*) [GM-Boutang] sowie die Ausgabe des Briefwechsels mit Gaston Fessard [GM-GF]. An Sekundärliteratur sei verwiesen auf: M. M. Davy, Gabriel Marcel. Ein wandernder Philosoph; V. Berning, Das Wagnis der Treue (wohl der umfassendste Versuch einer genetischen Annäherung an das Werk Marcels); Ders., Gabriel Marcel, in: E. Coreth, Christliche Philosophie im katholischen Denken des 19. und 20. Jahrhunderts Bd. 3, 411-437, sowie das zweibändige Werk von R. Troisfontaines, De l'existence à l'être (hier v. a. Bd. I, 17-42).

und Kultur[45], ist in religiöser Hinsicht Agnostiker, die Erziehung Marcels daher nicht religiös, so daß er als Kind kein Heimweh nach Religion kennt[46]. An seine Mutter hat Marcel wenige aber wertvolle Erinnerungen. Ihr Tod, den er im Alter von vier Jahren erlebt, hat ihn nachhaltig geprägt[47]. Seine Tante und spätere Stiefmutter, die die Erziehung Marcels übernimmt, beschreibt er als eine dogmatisch liberale, aber in moralischen Dingen strenge Frau[48].

Die Kindheit Marcels stand unter einer zweifachen Spannung: zum einen fühlte er zunehmend, daß die Verbindung, die sein Vater mit der Schwester seiner Mutter eingegangen war, nicht glücklich genannt werden konnte und er sich selbst als Anlaß dieser unglücklichen Verbindung ansehen mußte, als Bürde, die anderen durch sein Dasein auferlegt war[49]. Zudem waren an ihn hohe Ansprüche gestellt, was seine schulischen Leistungen anging: ein Leistungsdruck, dem er nicht immer gerecht werden konnte und der ihn später zu grundsätzlichen Reflexionen über den Unwert eines nach abstrakten, verallgemeinerbaren Maßstäben beurteilenden Schulsystems veranlaßte[50]. Marcel charakterisiert sich als ein stets etwas ungeschicktes Kind; der Zugang zu den Dingen sei ihm schwerer gefallen als der zu Personen[51].

1898 wird Marcels Vater Botschafter in Stockholm, wo Marcel eine nur kurze, aber sehr glückliche Zeit verlebt[52]. Von Bedeutung sind neben dem Aufenthalt in Schweden für Marcel auch die Reisen, die er mit seinen Eltern unternimmt: sie kommen seiner frühen Neigung des Entdeckens, dem Hunger nach dem Konkreten entgegen, führen zu

---

45 Vgl. EnChem 31-33.

46 Vgl. Rückblick, 332f.

47 Vgl. PrésImm 182/ GegUnst 286f/ MWA I 214f; AE 3; M.-M. DAVY, a. a. O., 18; V. Berning, Gabriel Marcel, 412.

48 Vgl. Rückblick, 332f.

49 Vgl. AE 12.

50 Vgl. Rückblick, 334; 337f; AE 11.

51 Vgl. EnChem 43; GM-Boutang 26.

52 Vgl. AE 10f.

einer Sehnsucht, in der Welt heimisch zu werden und »das innerlich Nahe mitten im Entferntesten zu entdecken«[53].

Die erste Begegnung mit der Philosophie während seiner Schulzeit stellt eine Wegmarke dar, an der Marcel seine Berufung zum Philosophen entdeckt[54]. Daneben bilden sich die beiden anderen Begabungen heraus, die für sein Leben so sehr von Bedeutung werden, daß er ihnen teilweise den Vorrang vor seinem philosophischen Schaffen gibt: das Theater und die Musik. »Là ou il s'agissait du théâtre, j'étais omnivore, ou presque«[55]. Theaterstücke, die er durch seinen Vater kennenlernt, wie z.B. die Stücke von Ibsen, prägen ihn nachhaltig[56] und er gewinnt hier die Haltung, die ihn auch später dem Dialog vor jedem Bericht, jeder Beschreibung den Vorzug geben läßt. In seinem eigenen dramatischen Werk kann Marcel später dieser Haltung auf schöpferische Weise Ausdruck verleihen. Die andere Begabung, die Marcel an sich feststellt, ist die musikalische. Sein gesamtes Werk ist durchzogen von Metaphern aus dem Bereich der Musik. Marcel hatte in seiner Jugend zeitweilig den Wunsch, Musik zu studieren[57]. Das Klavierspiel, besonders Improvisationen, pflegt er bis ins hohe Alter.

Seine philosophische Laufbahn beginnt Marcel mit einer Arbeit über Coleridge und Schelling. In der Zeit bis zum Ersten Weltkrieg entstehen dann neben den Aufzeichnungen des *Metaphysischen Tagebuchs*, die Marcel ursprünglich als Vorarbeiten für ein systematisches Werk betrachtet, verschiedene Aufsätze, in denen er sich den zentralen Themen seines Werkes, vor allem demjenigen der Teilhabe nähert. Sein Denken bleibt zu jener Zeit aber noch unter dem Einfluß der zeitgenössischen Schulphilosophie, es gelangt noch nicht zu seiner späteren Gestalt eines konkreten Philosophierens.

Diese Wandlung vollzieht sich erst im Zusammenhang des Ersten Weltkrieges. Marcel, der die Vorkriegszeit als eine Zeit der persönli-

---

53 Rückblick 339; vgl. ebd., 338-40.

54 Vgl. AE 16.

55 EnChem 45.

56 Vgl. V. Berning, Gabriel Marcel, 413.

57 Vgl. EnChem 49; vgl. auch R. Troisfontaines, De l'existence à l'être, 25-30.

chen Unbekümmertheit erlebte[58], erfährt die Zeit des Krieges zwar als Erschütterung seiner Existenz, in einem anderen Sinne jedoch auch als Befreiung; die gemeinsame Bedrohung läßt ihn erfahren, daß er in einer Gemeinschaft mit den anderen steht und dadurch auch aus seinem um sich selbst kreisenden idealistischen Denken befreit werden kann[59]. Da Marcel für das Militär nicht tauglich ist, arbeitet er in dieser Zeit beim Vermißtensuchdienst des Roten Kreuzes. Die Begegnung mit menschlichem Schicksal, die Erfahrung, daß hinter jeder Karteikarte, die er in die Hand nimmt, ein persönliches Schicksal steht, das in einer Vielzahl von Beziehungen mit anderen verflochten ist, läßt ihn zu einem existentiellen Denker werden[60]. Diese Wende zum konkreten Philosophieren wird erstmals spürbar in dem zweiten Teil des *Metaphysischen Tagebuchs* (ab 1918).

In die Zeit nach dem Ersten Weltkrieg fällt eine Lehrtätigkeit in Sens, die Heirat Marcels mit Jacqueline Boegner, der Tochter eines bekannten protestantischen Geistlichen und begabten Musikerin, sowie die Adoption des Sohnes Jean-Marie, die Marcel später einen der bedeutendsten Akte seines Lebens nennt[61]. Nach einer Lehrtätigkeit in Vendôme kehrt Marcel 1933 nach Paris zurück, wo er bis zu seinem Tod eine Wohnung in der Nähe des Jardin de Luxembourg bewohnt.

In den zwanziger Jahren entstehen mehrere wichtige Dramen Marcels, zudem widmet er sich verstärkt der Rezensententätigkeit. Seit 1926 leitet er die Reihe *Feux croisés* für den Verlag Plon und schafft sich hier ein Forum, dem französichen Publikum Werke zeitgenösssischer Autoren des Auslands vorzustellen. Das Erscheinen von Aldous Huxleys *Brave New World* in Frankreich geht beispielsweise auf diese Tätigkeit zurück[62].

Im Jahr 1929 konvertiert Marcel zur katholischen Kirche: Er vollzieht damit einen Akt, den er als Antwort auf einen Anruf verstehen kann, der sich in ihm lange vorbereitet hat. »Alles schien so zu verlaufen,

---

58 Vgl. AE 19.

59 Vgl. EnChem 93; 97.

60 Vgl. EnChem 97.

61 Vgl. EnChem 124f.

62 Vgl. EnChem 133f.

als hätte ich bloß einen Platz einzunehmen, der mir gleichsam in einer geistigen Familie reserviert war, bereit, mich aufzunehmen«[63]. Die Konversion verändert Marcels Denken nicht grundlegend, aber er erfährt sie als Erhellung seines Denkens, als Bereicherung und Vertiefung[64]. In den dreißiger Jahren erlangt Marcels Philosophie ihre gültige Gestalt. Es entstehen die Werke *Sein und Haben, Schöpferische Treue,* der zentrale Essay über das ontologische Geheimnis und von 1937-1943 *Gegenwart und Unsterblichkeit.* Das Jahr 1937, das für Marcel auch wegen des Kongresses für Philosophie in Erinnerung blieb, auf dem er in einer Auseinandersetzung mit Léon Brunschvicg die zentrale Bedeutung des Todes derer, die wir lieben, für jede Reflexion über den Tod hervorhob, bezeichnet Marcel im Rückblick als den Zenit seines Lebens[65].

Zu Beginn des Zweiten Weltkrieges kann Marcel ein Haus in Corrèze, im Süden Frankreichs erwerben, das für ihn zur Heimat und zur Zuflucht wird[66]. Während des Krieges entstehen dort die Aufsätze, die unter dem Titel *Homo Viator* erschienen sind, darunter auch der zentrale Essay über die Phänomenologie und Metaphysik der Hoffnung.

Im Jahr 1947 stirbt Marcels Frau Jacqueline. Marcel widmet sich in den Jahren nach dem Krieg einer gewissen Systematisierung seines bisherigen Schaffens. Zwei Vorlesungsreihen, die er in Aberdeen (Gifford-Lectures 1949/ 50) und Harvard (William-James-Lectures 1961) hält (veröffentlicht als *Geheimnis des Seins* und *Die Menschenwürde und ihr existentieller Grund*) tragen zu dieser Systematisierung bei. Marcel entfaltet eine reiche Vortragstätigkeit im In- und Ausland, die ihn bis nach Brasilien und nach Japan führt. In dieser Zeit ist auch eine gewisse Akzentverschiebung zu beobachten, die Marcel in verstärktem Maße zu gesellschaftlichen Fragen Stellung beziehen läßt[67].

---

63 EnChem 139; vgl. ebd., 136ff; vgl. M.-M. Davy, a. a. O., 42ff; V. Berning, Gabriel Marcel, 417.

64 Vgl. EnChem 145.

65 EnChem 160.

66 Vgl. AE 45f.

67 Vgl. AE 62; V. Berning, Das Wagnis der Treue, 287.

Aus dieser Schaffensperiode stammen *Tragische Weisheit, Der Untergang der Weisheit, Die Erniedrigung des Menschen, Der Mensch als Problem.*

Marcel erhielt für sein Werk verschiedene Auszeichnungen, darunter den Erasmuspreis 1969 zusammen mit C. F. v. Weizsäcker, 1964 den Friedenspreis des deutschen Buchhandels. Seit 1952 war Marcel Mitglied im Institut de France.

2. Philosophische Einflüsse und Begegnungen

Unter den Lehrern Marcels finden sich L. Lévy-Bruhl, V. Delbos, aber auch H. Bergson, der einen erheblichen Einfluß auf Marcel ausübt. Hier trifft Marcel auf einen Neuaufbruch innerhalb der französischen Philosophie. Marcel verdankt ihm wesentliche Anstöße hinsichtlich der Konzeption des Schöpferischen, die in der damaligen Situation der Philosophie eine wesentliche Entwicklung bedeutete[68]. »Die Betonung des Schöpferischen gegenüber der räumlichen Statik des Begrifflichen, die er bei Bergson fand, ermöglichte ihm einen Schritt zur Vertiefung seiner eigenen Konzeption, indem er in kritischem Rückgriff auf die Spätphilosophie Schellings eine überrationale (nicht irrationale) Erfahrungsphilosophie der 'Zweiten Reflexion' positiv einer negativen, rationalen Begriffsphilosophie der 'Ersten Reflexion' gegenüberstellte«[69]. Marcel nennt den Einfluß Bergsons einen für sein Denken befreienden Einfluß, dem er das Wesentliche verdankt[70].

Durch seine Arbeit über Coleridge und Schelling gelangt Marcel in Berührung mit der Philosophie des deutschen Idealismus. Es zeigt sich, daß zwischen Marcel und Schelling eine größere Nähe besteht als zu den Systemdenkern Fichte und Hegel[71]. Im Zusammenhang seiner Studien beschäftigt sich Marcel mit den englischen Philosophen F. H. Bradley und B. Bosanquet. Zu einer intensiven Beschäftigung

---

68 Vgl. zur philosophischen Situation um 1914: M.-M. Davy, a. a. O. 218ff; V. Berning, Das Wagnis der Treue, 164.

69 V. Berning, Gabriel Marcel, 414.

70 Vgl. GM-Boutang 29.

71 Vgl. V. Berning, Das Wagnis der Treue, 95f; Ders., Gabriel Marcel, 414.

mit den nordamerikanischen Philosophen W. E. Hocking und J. Royce gelangt Marcel nach Abschluß seines Studiums. Letzterem widmet Marcel verschiedene, 1945 veröffentlichte Studien[72]. Nach seiner Konversion versucht Marcel eine Annäherung an die thomistische Philosophie; er lernt sie durch verschiedene Gespräche mit Jacques Maritain kennen. Es gelingt Marcel jedoch nicht, zu dieser Philosophie einen Zugang zu finden[73].

Fast noch wichtiger als die Beschäftigung mit philosophischen Systemen sind für Marcel die vielen Freundschaften und Begegnungen, die er teils durch seine philosophische Arbeit, teils durch seine Tätigkeit als Rezensent und Verlagslektor macht. Im Zusammenhang dieser Arbeit begegnet er Georges Bernanos (den er »entdeckt«) und Julien Green, mit dem Marcel eine Freundschaft verbindet[74]. An erster Stelle der für Marcel bedeutenden Freunde ist jedoch Charles Du Bos zu nennen[75]. Durch ihn lernt er u. a. Max Scheler, Rainer Maria Rilke, Jakob Wassermann kennen; zu dem Kreis um Du Bos gehören auch Nikolai Berdjajew, Louis Lavelle, René Le Senne, Edouard Mounier und Paul Ludwig Landsberg[76].

3. Christlicher Neosokratismus

Die Marcelsche Philosophie läßt sich weder in ein System einordnen noch mit einem Etikett eindeutig klassifizieren. Marcels Nähe zur Existenzphilosophie findet ihre Grenze dort, wo man versucht, ihn einfachhin dem »Existentialismus« zuzuschlagen und ihn als »christlichen Existentialisten« zu bezeichnen. Die Möglichkeit, Marcel als »christlichen Philosophen« zu klassifizieren, stößt gleichermaßen auf Schwierigkeiten, da zu der Zeit, in der Marcel seine Hauptgedanken entfaltet, zu leicht eine Identifizierung von christlicher Philosophie mit scholastischer bzw. neuscholastischer Denktradition vorge-

---

[72] Vgl. V. Berning, Gabriel Marcel, 414f.

[73] Vgl. EnChem 142; AE 30.

[74] Vgl. AE 26.

[75] Vgl. EnChem 127.

[76] Vgl. V. Berning, Gabriel Marcel, 414.

nommen wird. Diejenigen Autoren, die sich schon früh mit dem Werk Marcels befaßt haben und eine Würdigung aus dieser Perspektive versuchten, sahen sich daher oftmals enttäuscht, da sie bei Marcel diejenige Klarheit vermißten, die eine christliche Philosophie in ihren Augen haben sollte. Dabei richtete sich dann die Kritik hauptsächlich auf das Zentrum der Marcelschen Philosophie, eine denkerisch verantwortete Anerkenntnis des Unbewahrheitbaren. Hierin wurde eine Preisgabe der Metaphysik gesehen, die in den Augen der Neuscholastik weithin als eine »cognitio certa« aufgefaßt wurde[77]. Allerdings setzt sich in der Bewertung der Marcelschen Philosophie auch bald jene andere Richtung durch, die in ihm einen Verwandten jener christlichen Denker sieht, für die die persönliche Erfahrung des Glaubens und der beständig suchende Charakter des Denkens im Mittelpunkt der Existenz stehen: Augustinus, Pascal, Kierkegaard. Marcel stehe somit in einer Tradition, die kaum weniger alt sei als das Christentum selbst[78].

Gewiß läßt sich sagen, daß das Christentum zu den geschichtlichen Voraussetzungen des Marcelschen Denkens gehört[79]. Dieser Hinweis auf die Voraussetzungen darf jedoch nicht so verstanden werden, als handle es sich hier um eine Abhängigkeit im strengen Sinn: vielmehr kann zwischen dem Denken Marcels, seinem Suchen sowie seinen Annäherungen an bestimmte Überzeugungen einerseits und dem christlichen Glauben andererseits eine Konvergenz festgestellt werden. Eine suchende und wirklich empfängliche Philosophie nährt sich von demselben Licht wie das Christentum[80]. Für denjenigen, der sich aus der christlichen Perspektive der Philosophie Marcels nähert, wird sich diese Dimension erschließen: er wird die »résonance chrétienne« vieler Begriffe der Marcelschen Philosophie vernehmen[81].

---

77 Vgl. M. De Corte, La philosophie de Gabriel Marcel, 64; 69; als später Vertreter dieser Kritik: H. Pfeiffer, Gott erfahren, 148f: Marcels Schwäche liege in der negativen Bewertung des objektiven Denkens.

78 Vgl. O. F. Bollnow, Französischer Existentialismus, 117.

79 Vgl. V. Berning, Das Wagnis der Treue, 377f.

80 Vgl. J. Parain-Vial, Gabriel Marcel, un veilleur et un éveilleur, 79; 218-221.

81 Vgl. P. Ricoeur, Gabriel Marcel et Karl Jaspers, 272.

Innerhalb der französischen philosophischen Tradition läßt sich Marcel dem Spiritualismus zurechnen, dessen Hauptvertreter Maine de Biran durch den fragmentarischen, unsystematischen Charakter seines Werkes schon formal in eine Nähe zu Marcel gerückt werden muß, der aber über seinen Einfluß auf Bergson auch inhaltlich auf Marcel gewirkt haben dürfte[82]. Die Bezeichnung, die Marcel aber am ehesten gerecht werden kann, ist diejenige, die er selbst in Absetzung vom Existentialismus seinem Denken gegeben hat: Neosokratismus oder christlicher Sokratismus[83]: Es ist dies eine Form des Denkens, die sich in der Gewißheit einer *gegebenen* Wahrheit auf eine unablässige Suche nach ihr begibt.
Zur Charakterisierung des Marcelschen Denkens muß aber noch auf einen letzten Sachverhalt hingewiesen werden: Marcel sieht sein Leben und sein Denken in einer inneren Einheit, ohne die sein Werk nicht verstanden werden könne[84]. Das bedeutet, daß seine Philosophie die Spuren eines Suchens trägt, das über weite Strecken in Dunkelheit erfolgt ist. Diese Dunkelheit wird zum einen hervorgerufen durch die Erfahrung des Todes nahestehender, lieber Menschen[85], zum anderen durch die Sensibilität, die Marcel gegenüber gesellschaftlichen Entwicklungen besitzt, die er mit zunehmendem Alter unter einer bedrohlichen Perspektive wahrnimmt[86]. Die späteren Werke Marcels geben Aufschluß darüber, daß Marcel sich als besorgter Zeuge einer immer deutlicher werdenden Entmenschlichung (déshumanisation) versteht[87]. So ist Marcel - und damit umreißt er die Aufgabe des Philosophen - Wächter[88]: vielleicht die entscheidendste Parallele zur Haltung des Sokrates.

---

82 Vgl. V. Berning, Das Wagnis der Treue, 51f; Ders., Gabriel Marcel, 412.

83 Vgl. ME I 5 (Vorwort, das in die deutsche Ausgabe nicht aufgenommen wurde).

84 Vgl. EnChem 12.

85 Vgl. AE 3.

86 Vgl. AE 3: »I simply want to note here how my life, save for some brief periods, was darkened by an increasingly keen awareness of the menace hanging over humanity«.

87 EnChem 222.

88 Vgl. PhilFrie 23.

4. Die Hoffnung als Schlüsselbegriff zur Erschließung des Marcelschen Werkes

Sucht man, abseits von einer Einordnung in eine philosophische Richtung, nach einem Zentralbegriff im Denken Marcels, so bietet sich vor allen anderen Themen, mit denen Marcel sich beschäftigt, die Hoffnung an, um von einer einzelnen Perspektive aus eine Zusammenschau des Marcelschen Denkens zu erhalten. Dies gilt in zweifacher Hinsicht: zum einen steht die Hoffnung als explizit ausgeführtes Thema an zentraler Stelle in Marcels Werk; die vorliegende Untersuchung wird dieser Entfaltung in verschiedenen Anläufen nachgehen und zeigen, daß hier die wesentlichen Linien des Denkens zusammentreffen. Zum anderen betrifft die Hoffnung aber auch die formale Struktur des Marcelschen Denkens. Es ist ein hoffendes Denken, das im Fortschreiten mehr und mehr auf jede Objektivierung verzichtet und in einer Teilhabe an den Gegenständen der Reflexion jede systematisierende Überlegenheit über sie aufgibt. Mit diesem formalen Aspekt, der vornehmlich unter dem Stichwort »Mystère« zur Sprache kommen wird, ist nun auch eine erste Vermutung darüber möglich, welche Bedeutung Marcels Denken in einem Dialog mit der Theologie zukommen könnte. Es geht nicht nur um eine bestimmte Akzentuierung innerhalb der Theologie der Hoffnung, sondern ebenso um die Erkenntnisrelation des theologischen Sprechens und Nachdenkens zu ihrem Gegenstand. Hier kann durch den Marcelschen Begriff des »Mystère« der Versuch aufgewertet werden, theologische Rede aus einem verobjektivierenden Gegenüberstand zu ihrem Inhalt zu befreien, ohne dadurch in einen Subjektivismus zu gelangen, der theologisches Nachdenken seiner Relevanz berauben müßte.

In der von Marcel früh wahrgenommenen Spannung zwischen der Erfahrung und einem philosophisch kohärenten System, wie es ihm vor allem in der Schulphilosophie seiner Zeit begegnete, fällt eine erste Entscheidung für eine konkrete Philosophie, die den Charakter eines suchenden Philosophierens annehmen mußte. Marcel sieht einen gewissen Idealismus vor allem dadurch gekennzeichnet, daß das Konkrete und Unvorhersehbare jeder Erfahrung, das ihr allein Wirklichkeitsgehalt verleiht, ausgeschlossen bzw. als bedeutungslos angesehen wird[89]. »... ich frage mich, ob ganz allgemein meine unveränderliche Neigung, die Schwierigkeit hervortreten zu lassen, statt sie zu verbergen oder einzuklammern, nicht sehr stark dazu beigetragen hat, mein Mißtrauen gegen jede wie immer geartete systematische Philosophie zu entwickeln, ...«[90]. Marcel stellt sich damit bewußt außerhalb eines Raumes, in dem abschließende, befriedigende Antworten gegeben werden können. »Die wirkliche Welt, die auch die Welt des Philosophen ist oder sein sollte, gleicht einem derart umfriedeten Raum so wenig wie möglich; ... im gewissen Sinne muß alles immer wieder von vorn anfangen, und man verhält sich als Philosoph nur dann, wenn man diese beschwerliche Notwendigkeit hinnimmt. Nicht bloß hinnimmt, sondern sie will«[91].

Diese in der Rückschau formulierte Einsicht mußte für das Arbeiten Marcels entscheidende Konsequenzen haben. Die am meisten ins Auge fallende Auswirkung dieser Entscheidung ist, daß Marcel während seines Lebens kein einziges systematisches Werk verfaßt hat. Die Vorlesungen, die unter dem Titel *Geheimnis des Seins* veröffentlicht sind, bewahren trotz einer eher systematischen Anordnung den eigenen Charakter des Fragens und versuchen nicht, abschließende Antworten zu formulieren. Die Philosophie ist auch hier eher wegsuchend als beweisend[92]. Die charakteristische Form Marcels ist das *Metaphysische Tagebuch*, das zunächst als Vorarbeit für ein systematisches Werk gedacht war. Als Marcel es aber einmal in seiner fragmentarischen Form veröffentlicht hatte, mußte er erkennen, daß der Verzicht auf ein System, der Verzicht auf die Bewältigung einer »dogmatischen« Aufgabe, zum Wesen seines Denkens gehörte[93].

Dieses Denken hat unter erkenntnistheoretischer Hinsicht den Charakter einer Dialektik, die aber nun, im Unterschied zu einer unter systematischer Hinsicht fortschreitenden Dialektik, auf den Erkennen-

---

[89] Vgl. Rückblick, 342.

[90] Ebd.

[91] Rückblick, 350.

[92] Vgl. ME I 8/ GeS 12.

[93] Vgl. EnChem 22; 130.

den selbst zurückgewendet wird und ihn einbegreift[94]. Damit wird ein verobjektivierender Gegenüberstand unmöglich, und das Denken wird sich mehr und mehr der Frage zuwenden, in welchem Verhältnis es selbst zu seinem Gegenstand steht. In einer konkreten Philosophie wird sich diese Frage erweitern zu derjenigen nach den Bedingungen dieser Teilhabe, die die Teilhabe eines in der Welt »inkarnierten«, konkret existierenden Subjektes am Sein ist. Daraus resultiert die bereits erwähnte Unabgeschlossenheit des Denkens. Diese Offenheit ist für Marcel aber unterschieden von Beliebigkeit, da sie im Sein verwurzelt ist. Dieses kann zwar als Unerschöpfliches vom Denken nicht umgriffen werden, die Teilhabe am Sein kann aufgrund der besonderen Fassung, die Marcel diesem Begriff gibt, nicht verobjektiviert werden. Das Sein kann aber in den konkreten Annäherungen der Treue, des Verfügbarseins, des Gegenwärtigseins und der Hoffnung seinen Ort in den konkreten Erfahrungen der Existenz erhalten. Hier ergeht ein Anruf, der das Denken und die Existenz nicht der Beliebigkeit überläßt.

Marcel sieht sein Werk als wesentlich unabschließbar an. Das bedeutet nicht, daß es Marcel um eine Suche um der Suche willen geht, sondern um die Vermeidung alles dessen, was wie ein Resultat angesehen und weitergegeben werden könnte. In einer späten Rückschau, die während eines Kolloqiums wenige Wochen vor seinem Tod stattfand, legte Marcel einen besonderen Akzent auf diese Offenheit der Philosophie[95]. Es handelt sich um eine Offenheit, die von einer vorgängigen »affirmation« getragen ist. Paul Ricoeur faßt diese Offenheit so: Diese »affirmation« liegt uns voraus und besteht nicht so sehr als Gegenstand einer Suche, sondern vielmehr als »prise de l'être sur moi«, als bejahender und anrufender Zugriff des Seins auf mich selbst. »Vielleicht kann es keinerlei wirkliches Suchen ohne dieses bejahende Element geben, das von uns mit dem Wort 'assurance' wiedergegeben wird«[96].

---

[94] Vgl. P. Prini, Gabriel Marcel et la méthodologie de l'invérifiable, 80.

[95] Vgl. Cérisy, 26; 39; vgl. auch S. Foelz, Gewißheit im Suchen, 220ff.

[96] »Peut-être ne peut il y avoir de recherche sans cet élément affirmatif, qui apparaît dans notre texte avec le mot 'assurance'«, Cérisy, 40.

Es zeigt sich in dieser Gestalt der Philosophie eine Parallele zu der inhaltlichen Entfaltung des Hoffnungsthemas. In der Hoffnung begegnen sich für Marcel beide Elemente: eine Gesichertheit im Sein, die aber dennoch nicht zu einem Besitz der Zukunft verleitet. Diesen Aspekten wird der erste Hauptteil der Arbeit nachgehen.
Aus dem über die Grundstruktur und Methode der Marcelschen Philosophie Gesagten dürfte aber deutlich geworden sein, daß eine innere Affinität Marcels zum Thema der Hoffnung besteht. Aus den ersten Reflexionen über das Hoffnungsthema in *Sein und Haben* erwächst in der Situation der Besetzung Frankreichs der zentrale Text aus *Homo Viator*: Auf die Anfrage von Henri de Lubac, einen Vortrag vor dem Scholastikat der Jesuiten in Lyon zu halten, zögert Marcel keinen Augenblick, die Hoffnung zum Thema zu wählen. Diesen Text bezeichnet Marcel im Rückblick als einen der charakteristischsten Texte, die er geschrieben habe[97]. Nach dem Krieg verfolgt er das Thema in einem weiteren Vortrag, in dem verschiedene Akzente etwas anders gesetzt werden. Dieser Vortrag, *Structure de l'Espérance*, wurde 1951 während der »Semaine des Intellectuels catholiques« gehalten. Mit diesen drei Texten liegt zwar eine relativ schmale Basis vor, um das Thema der Hoffnung als zentrales Thema der Marcelschen Philosophie zu bezeichnen; es wird sich im Verlauf der Untersuchung aber zeigen, daß mit diesem Thema verschiedene Reflexionen verbunden sind, die teilweise implizit, teilweise deutlich ausgeführt auf die Hoffnung zulaufen.

III. Ziel, Aufbau und Methode der Arbeit

Über das Werk Marcels liegen verschiedene umfassende Studien vor. Einen ersten Versuch der Systematisierung unternahm Roger Troisfontaines. In seinem Werk *De l'existence à l'être* entfaltet er Marcels Denken unter dem Gegensatz von Existenz und Sein. So stellt er in einem ersten Anlauf die Existenz unter den negativen Vorzeichen der Technik, des Problematischen dar, um dann den Übergang zu einer

---

97 EnChem 185; vgl. M.-M. Davy, Gabriel Marcel, 278.

Erfahrung des Seins unter den Stichworten des Zeugnisses, der Gnade, des Anrufs, der Treue und des Heils zu entfalten. Die Begegnung mit dem Nächsten steht gesondert in einem weiteren Teil. Dieser mündet dann aus in eine Philosophie des Glaubens. Der bemerkenswerte und umfassende Versuch kann der Schwierigkeit jedoch nicht ausweichen, die sich für jede Darstellung der Marcelschen Philosophie ergibt: durch die von Troisfontaines sehr streng durchgeführte Systematisierung eines grundlegend jeder Systematisierung fremden Denkens ergibt sich ein Verlust der oben beschriebenen Offenheit. Offensichtlich liegt am Ende der Darstellung bei Troisfontaines so etwas wie ein Ergebnis vor, das Marcel zu vermeiden trachtet.

Eine bis heute unübertroffene Studie zum Gesamtwerk Marcels, *Das Wagnis der Treue* von Vincent Berning, vermeidet die Gefahr einer starren Schematisierung dadurch, daß sie der Philosophie Marcels in ihrem zeitlichen Entwicklungsgang folgt, vorsichtig die Einflüsse und Verbindungen zu anderen Philosophen freilegt und schließlich in einer kurzen Gesamtschau eine Zusammenstellung der verschiedenen Stichworte Marcelschen Denkens vorlegt. Dabei stellt Berning diese Gesamtschau unter den Vorbehalt, daß eine Systematisierung der Marcelschen Philosophie unmöglich sei: Man könne zwar Marcels Denken thematisch gegliedert zusammentragen: »Aber damit hat man bei Marcel noch kein System herausgestellt. Den Zusammenhängen, die man verdeutlichen kann, fehlt die gegliederte Geschlossenheit, die ein System kennzeichnet«. »Das authentische Material reicht nicht aus, um bei Marcel ein System herauszuarbeiten«[98]. Berning kommt zu dem Fazit: »Die Methode der Darstellung kann nur die des mitvollziehenden Begleiters sein, nicht des rekonstruierenden Ingenieurs«[99].

Diesem Anliegen hat sich auch die bislang jüngste umfassende Studie über Marcels Gesamtwerk aus der Feder einer Schülerin und Vertrauten Marcels, Jeanne Parain-Vial gewidmet[100]. Sie geht in ihrer Darstellung an den wesentlichen Themen und Stichworten Marcelscher

---

98 V. Berning, Das Wagnis der Treue, 299.

99 Ebd., 303.

100 J. Parain-Vial, Gabriel Marcel, Un veilleur et un éveilleur.

Philosophie entlang, die sie hauptsächlich in der Ordnung ihrer Entstehung bei Marcel behandelt. Ihr Werk stellt eine aus tiefer Sachkenntnis entstandene Synthese zwischen einer rein genetischen und einer systematischen Untersuchung dar.
Aus dem Überblick über drei repräsentative Arbeiten, die eine Gesamtdarstellung des Marcelschen Denkens versuchen, wird die Schwierigkeit deutlich, mit der sich auch vorliegende Untersuchung konfrontiert sieht: Der Versuch einer systematisch vorgehenden Analyse eines zentralen Themas der Marcelschen Philosophie muß sich des von Marcel selbst hervorgehobenen Verzichtes auf ein System, im engeren Sinn sogar auf Resultate in seinem Denken bewußt sein. Der Gefahr einer starren Schematisierung wurde daher in vorliegender Studie dadurch auszuweichen versucht, daß die Basis für ein Bedenken der Hoffnung in drei grundlegenden Abschnitten gelegt wurde, die sich der Existenz, dem Sein und der Intersubjektivität widmen. Hier wurde auch versucht, Marcels Denken in den Kontext anderer philosophischer Bemühungen zu stellen. Dabei zeigt sich jeweils ein Verwiesensein der Grundbegriffe auf ein Unerschöpfliches, auf das »Mystère«. Ein schematisierender Abschluß, dem die Hoffnung lediglich als eine Weise der Konkretisierung dieser Grundbegriffe zugeordnet werden könnte, wurde so vermieden.
In der Darstellung der verschiedenen Aspekte des Themas Hoffnung wurde folgendes Vorgehen gewählt: Durch ein möglichst breit angelegtes Spektrum der Zugänge zum Phänomen der Hoffnung konnte einerseits eine Systematisierung eindeutiger Resultate vermieden werden, anderseits aber auch die Konvergenz verschiedener Themen der Marcelschen Philosophie in den zentralen Reflexionen über die Hoffnung nachgewiesen werden. Die Untersuchung und Beurteilung der verschiedenen Aspekte erfolgte weitgehend mit einem textimmanenten Vorgehen. Direkte Gegenüberstellungen und Vergleiche mußten aufgrund der Eigenart Marcelschen Philosophierens weitgehend ausgeklammert werden. Einzig in den grundlegenden Abschnitten zu den Themen »Existenz« und »Intersubjektivität« wurde auf Entwürfe anderer Philosophen in Gegenüberstellung und Vergleich zurückgegriffen. Hier nötigte sich ein solches Vorgehen durch die Verwandtschaft in der Begrifflichkeit, die zwischen Marcel und anderen Philosophen besteht, auf. Zur Lokalisierung und Profilierung der Philosophie

Marcels als »Existenzphilosophie« wurde daher auf die Entwürfe von Heidegger, Jaspers und Sartre eingegangen; die Thematik der Intersubjektivität bzw. Dialogik wurde anhand des Entwurfes von Martin Buber untersucht; auf diese Weise traten verschiedene Problemfelder klarer hervor, die dann innerhalb der Marcelschen Philosophie auf ihre Bedeutung und mögliche Lösungswege analysiert werden konnten.

Von diesen Gegenüberstellungen in den einführenden Abschnitten abgesehen wurde im Verlauf der Darstellung an verschiedenen Stellen in kürzerer Form auf parallele Themenstellungen innerhalb anderer Entwürfe verwiesen, wo die Bereitstellung einer Hintergrundfolie sinnvoll schien.

Die in der ursprünglich vorliegenden Arbeit enthaltenen Abschnitte, die eine Diskussion des Marcelschen Entwurfes mit Ernst Blochs »Prinzip Hoffnung« und Jürgen Moltmanns »Theologie der Hoffnung« vornahmen, fielen der notwendigen Überarbeitung für die Veröffentlichung zum Opfer. Der Gewinn dieser Kürzung liegt in der Konzentration auf den Marcelschen Entwurf und in der Straffung der Arbeit als ganzer. An entsprechenden Stellen wird auf die einschlägige Literatur verwiesen.

Im letzten Kapitel wird nach den Möglichkeiten der Rezeption einer Philosophie der Hoffnung in der Theologie gefragt. Die Fragestellung wurde auf den Bereich der Eschatologie eingegrenzt, da hier am deutlichsten die Frage nach Gehalt und Relevanz der Hoffnung auftaucht. Dabei wird deutlich, daß zwar mit der Theologie der Hoffnung eine Rezeption des Themas in der Theologie eingesetzt hat, daß aber augenscheinlich durch die Weichenstellungen, die in der Phase der Entstehung dieser Theologie vorgenommen wurden, eine Beeinflussung der Eschatologie weitgehend ausgeblieben ist. Die Fragerichtung der Theologie der Hoffnung lag eher in einer sich dann entfaltenden politischen Theologie, die auf die Fragen, die sich aus einer Phänomenologie der Hoffnung ergeben hätten, kaum Antworten bereithält.

Diese Phänomenologie der Hoffnung, die anhand des Marcelschen Denkens entfaltet wurde, bietet jedoch die Möglichkeit, die in der Hoffnung selbst zutage tretende äußerste Frage in die Theologie zu transponieren und damit innerhalb der Eschatologie gewisse Akzentsetzungen zu ermöglichen. Diese erfolgen vornehmlich auf drei Gebieten: Zum einen wird der Nachweis versucht, daß die Hoffnung, vorgängig zu einer durch die Offenbarung gegebenen Antwort, einen »absoluten Gegenstand« im Blick hat. Allein hier, so die These, wird dann eine Vermittlung zwischen christlicher und »vorchristlicher« bzw. »weltlicher« Hoffnung möglich. Daraus ergibt sich dann auch, daß die Hoffnung im Aufbau der Eschatologie die Rolle eines auch fundamentaltheologisch gerechtfertigten Erkenntnisprinzips einnehmen kann. Zum zweiten wird in der Frage nach dem exemplarischen Ort der äußersten Hoffnung, der Hoffnung auf Unsterblichkeit, innerhalb der Existenz das Modell einer »dialogischen Unsterblichkeit« vertreten, das aber im Unterschied zu dem von Joseph Ratzinger entworfenen Modell die Fundierung in der erfahrenen menschlichen Intersubjektivität stärker akzentuiert und damit der eschatologischen Botschaft des Christentums eine breitere anthropologische Basis zu geben versucht. Drittens schließlich: Reductio in Mysterium. Wird die Hoffnung in der Weise ernstgenommen, daß sie als wesentliche Bezogenheit auf das »Mystère« zu gelten hat, was dann auch bedeutet, daß sie sich nie in einem wissenden Gegenüberstand zu der Zukunft, zumal der letzten Zukunft des Menschen befindet; wird ferner ernstgenommen, daß der letzte Gegenstand der Hoffnung, Gott selbst als das »Letzte Ding des Geschöpfs«[101] , grundsätzlich nicht in einem wissenden Gegenüberstand geschaut, geschweige denn besessen werden kann, dann ergibt sich ein »Bleiben« der Hoffnung, ein bleibender Gegenüberstand, der allerdings nicht der vom »Noch-Nicht« einzuholende Gegenüberstand eines Objektes ist (Bloch), sondern der erfüllende Gegenüberstand des *Deus semper maior*.

---

[101] H. U. v. Balthasar, Umrisse der Eschatologie, in: Verbum Caro, 282.

ERSTER TEIL

Grundlagen und Perspektiven der Hoffnung bei Gabriel Marcel

Erstes Kapitel

Relevante Schlüsselbegriffe im Umfeld der Hoffnungsthematik bei Gabriel Marcel

I. Zugänge zum Begriff der Existenz

Die Wahl des Existenzbegriffes als Ausgangspunkt für die Untersuchung der Marcelschen Hoffnungsphilosophie kann auf zweifache Weise begründet werden[1] : Zum einen kann an diesem Begriff deut-

---

1 Zum Begriff der Existenz als Ausgangspunkt bei Marcel vgl. S. Plourde, Gabriel Marcel, philosophe et témoin de l'espérance, 9. Auf die Schlüsselstellung des Existenzbegriffes macht bereits R. Bespaloff in ihrer frühen Untersuchung über Marcel aufmerksam. Sie erkennt das Anliegen Marcels: Am Ausgangspunkt steht der Mensch (Notes sur Gabriel Marcel, 59), »le sujet existant« (ebd., 60). Dieses Existierende sei nun aber nicht ein später Nachfahre des transzendentalen Subjektes, sondern das konkrete Existierende. Diese Festlegung erschwere aber - da scheinbar jede Verallgemeinerbarkeit fehlt - eine Philosophie. »Comment rattacher un discours cohérent à ce cri indéfiniment répercuté dans la nuit: 'J'existe'?« (ebd., 61). Hier vollziehe sich um des Anliegens einer philosophischen Faßbarkeit willen nun eine Umwandlung: Es sei nicht mehr das Existierende, das das Hauptinteresse auf sich zieht, sondern

lich werden, daß Gabriel Marcel innerhalb der ganzen philosophischen Richtung, die - mit einem unscharfen Begriff - Existenzphilosophie genannt werden kann, eine eigenständige Bedeutung hat. Dies erhellt bereits aus der Erschließung der Marcelschen Verwendung des Existenzbegriffes, seines Verständnisses von Existenz. Damit hat dieser Abschnitt die Aufgabe der Abgrenzung. Auf diese Weise kann auch deutlich werden, warum innerhalb der Existenzphilosophie, (nennt man nur ihre bedeutendsten Vertreter, Heidegger, Jaspers, Sartre, evtl. Camus), Marcel der einzige zu sein scheint, bei dem Begriff und Sache der Hoffnung einen derart umfassenden Raum einnehmen. Dieses Faktum allein aus Marcels Stellung zum Christentum, seiner im Alter von vierzig Jahren erfolgten Konversion und der daraus folgenden intensiveren Beschäftigung mit Inhalten christlicher Provenienz zu erklären, ist nicht möglich: das christliche Denken hat die Gestalt des Marcelschen Philosophierens nicht mehr explizit verändert oder um diesem Denken zunächst fremde Inhalte angereichert[2].

Zum anderen soll mit Hilfe des Begriffes der Existenz und ausgehend von ihm gezeigt werden, welches Fundament für ein Bedenken der Hoffnung Marcel bereits in seinen frühen Schriften legt. So wie Marcel die Existenz beschreibt, deckt er in der hinter diesem Begriff stehenden Wirklichkeit eine Gestalt auf, die zutiefst auf die Hoffnung verweist; zugleich wird die Hoffnung immer wieder an das für Marcel typische Konzept der Existenz rückzubinden sein.

Diese beiden Zugänge legen den Grund für eine weitere Aufgabe dieses Abschnittes. Die anderen Grundbegriffe, die sich für Marcel aus demjenigen der Existenz ergeben, müssen gleichfalls auf ihre Tragfähigkeit für eine Philosophie der Hoffnung hin untersucht und auf diese hin ausgelegt werden. Der Begriff des »être incarné«, des »être

---

die Existenz, »l'existence-en-général« (ebd., 61). Diesen Umschwung könne Marcel aber nur schwer vollziehen und pendle zwischen Existenz und Existierendem. M. De Corte findet ebenfalls in der Existenz den Grundbegriff der Marcelschen Philosophie, geht aber in seiner Interpretation etwas zu weit, wenn er hier das einzige ontologische Problem sieht, das sich Marcel stelle (La philosophie de Gabriel Marcel, 43).

2 Vgl. J. Parain-Vial, Gabriel Marcel, un veilleur et un éveilleur, 218.

en situation«, das Verständnis Marcels von der Person müssen zur Sprache kommen.

1. Der Existenzbegriff und seine Verwendung in der »Existenzphilosophie«[3]

Es war schon darauf hingewiesen worden, daß es sich bei dem Begriff der Existenzphilosophie um eine sehr unscharfe Bezeichnung, um eine sehr grobe Schematisierung handelt. Mit dem Blick auf die Vertreter, die gemeinhin hier aufgezählt werden, scheint sogar die Rede von einer großen und gemeinsamen Richtung der Philosophie schlechthin unmöglich. Wenn auch die Verwendung des Begriffs der Existenz offensichtlich ein Gemeinsames dieser so bezeichneten Richtung und ihrer Vertreter ist, so darf doch der Blick für die grundlegenden Unterschiede gerade in Bezug auf diesen Begriff nicht verstellt werden.
Das Jahr 1927, Erscheinungsjahr sowohl von Heideggers *Sein und Zeit* als auch von Marcels *Journal métaphysique* markiert einen gewissen Wendepunkt innerhalb der Philosophiegeschichte. Der Begriff der Existenz hat, ohne daß eine Abhängigkeit beider Werke voneinander bestanden hätte, sowohl bei Heidegger als auch bei Marcel einen bedeutenden Platz eingenommen[4]. Vor allem durch den bahnbrechenden Entwurf Heideggers als auch durch die Bemühungen von Karl Jaspers, in dessen Werk die Begriffe der Existenz und des Existentiellen ebenfalls zentral wurden: »dadurch kam die sogenannte 'Existenzphilosophie' seit 1930 etwa in den Vordergrund des öffentlichen Bewußtseins«[5]. Dennoch lassen schon diese frühen Schritte in

---

[3] Die Skizzierung des Umfeldes scheint insofern geeignet, einen Ausgangspunkt für die Frage nach dem Existenzverständnis Marcels abzugeben, als Marcel selbst sich in einem Dialog mit den hier behandelten Denkern befunden hat und sich der Frage nach Parallelen oder Differenzen zu diesen Philosophen nie verschlossen hat; vgl. die Studien Marcels über Heidegger, Jaspers und Sartre. Zum geistesgeschichtlichen und inneren Zusammenhang der Existenzphilosophie vgl. E. Levinas, De la description à l'existence, in: ders., En découvrant l'existence avec Husserl et Heidegger, 91- 107.

[4] Vgl. M. Müller, Existenzphilosophie. Von der Metaphysik zur Metahistorik, 20.

[5] Ebd., 21.

Richtung der Existenzphilosophie die Schwäche dieses Sammelbegriffes zutage treten: Auf Heidegger selbst ist diese Bezeichnung nicht anwendbar, legt sie doch den Irrtum nahe, daß es sich bei der Existenz um die eigentliche Mitte der Philosophie handle; damit würde aber Philosophie leicht zu philosophischer Anthropologie werden, und tatsächlich hat eine Interpretationslinie Heideggers, die auf diesem Verständnis aufbaut, ihn »meist in diesem Sinne fälschlich ausgedeutet«[6]. Heideggers Äußerungen über das Nichts und die Angst, in der der Mensch vor das Nichts selbst gebracht wird[7], die Wahl dieses existentiellen Ausgangspunktes und die Bestimmung des Daseins als »Hineingehaltenheit in das Nichts«[8], ferner das unbedingte Insistieren auf dieser Grenzsituation, die es von allen Verstellungen zu befreien gilt, damit das Nichts in seiner Ursprünglichkeit hervortrete[9], die Bestimmung der »Offenbarkeit des Nichts«[10] als wesentlich zum Dasein gehörend: all das konnte und mußte fast im oben aufgezeigten Sinn interpretiert werden. Daß hier aber eine metaphysische Frage vorliegt und daß Heidegger wohl nichts ferner liegt als bei einer Betrachtung des durch die Angst in seinem Extrem existierenden Menschen zu verharren, daß also hier der notwendige Ausgangspunkt freigelegt wird, von dem aus das Ganze der Metaphysik bedacht werden kann[11], das hätte den Blick schärfen können für das primär ontologische Interesse Heideggers. Als einziges Thema der Philosophie konnte für Heidegger nur das Sein gelten, so daß alle Aussagen über die Existenz und den Menschen von Anfang an »niemals im Sinne einer philosophischen Anthropologie gemeint« waren, »sondern einzig und allein als Hilfsaussagen für das Bestreben, in den Grund universa-

---

6 Ebd. Beispielsweise rechnet M. Müller auch das Werk von A. Delp, Tragische Existenz, zu dieser Interpretationsrichtung (70); vgl. auch die Bemerkung M. Müllers zur ersten Auflage seiner Existenzphilosophie von 1949, deren Titel Heidegger mißverständlich fand (367); vgl. E. Levinas, a. a. O., 93f.

7 Vgl. M. Heidegger, Was ist Metaphysik?, 111.

8 Ebd., 115.

9 Vgl. Ebd., 116.

10 Ebd., 117.

11 Vgl. Ebd., 118f.

ler Ontologie vorzustoßen«[12]. Die Notwendigkeit eines philosophischen Vorhabens dieser Art ergibt sich für Heidegger aus dem Charakter der gesamten abendländischen Philosophie und ihrer »Seinsvergessenheit«. Niemals sei in ihr, zumal in ihrer Gestalt als Wesensphilosophie und deren Höhepunkt im mittelalterlichen Ordo-Denken, das Sein Thema des Fragens: *in* ihm werde gefragt, *von* ihm, dem Sein her, alles erhellt, es selbst werde nicht untersucht[13]. Diese Wesensphilosophie scheint auch durch das idealistische Denken nicht überwunden zu sein. Ihr Grund, in dem sie sich mit der Wesensphilosophie trifft, ist die Zentriertheit auf das Subjekt[14]: das Insistieren des Menschen in sich selbst, sein Selbstverstehen »teils durch sich selbst, teils durch den Gott, an dem er teilhat oder den er in sich trägt als 'Logos'«[15]. Aber - und damit scheint der Gegenpol des Heideggerschen Ek-sistenzverständnisses auf: In dieser *Insistenz* verfehlt der Mensch das, worum es eigentlich geht: das Sein selbst - und er verfehlt sein eigenes Wesen, »das da ist *'Ek-sistenz'*, d.h. Ausstand in das Sein hinein, Offenheit für es; menschliches Leben ist Außersichsein, Ekstasis und d.h. Sein und Stehen nicht in sich, sondern im Sein selbst«[16].

Der Mensch als Existierender interessiert die Ontologie, weil er das Sein denken kann, weil er über die Analyse seines Daseins, das die bloße Vorhandenheit übersteigt[17], zum Sein vordringen kann, sich bemühen kann, das Sein zu denken[18]. Diese Daseinsanalyse ist nicht bloße Vorbereitung auf eine darüber zu errichtende Ontologie, sie ist bereits eine Ontologie[19]. Das spätscholastische Gegensatzpaar von *existentia* und *essentia* bleibt nur noch für die reine Vorhandenheit in

---

12 M. Müller, a. a. O., 21; vgl. G. Steiner, Martin Heidegger, 75.

13 Vgl. M. Müller, a. a. O., 28.

14 Vgl. ebd., 48f.

15 Ebd., 52; in diesem Zusammenhang grenzt Heidegger sein Vorhaben deutlich von der Anthropologie ab; vgl. Sein und Zeit, 59; 66.

16 Ebd., 52f, vgl. G. Steiner, a. a. O., 125; 136; 137.

17 Vgl. M. Heidegger, Sein und Zeit, 56.

18 Vgl. E. Levinas, a. a. O., 57.

19 Vgl. ebd., 59.

Geltung. Existenz als Dasein - und damit ist eine erste Bestimmung möglich - führt in das Sein; an das Äußerste seiner selbst geführt, ist das Dasein, die Existenz in diesem Sinne das Sein des Menschen, seine einzige Möglichkeit zu sein und das Sein zu vernehmen[20]. Die Existenz ist aus der Gegenständlichkeit herausgenommen; sie ist nicht mehr das, worüber philosophiert wird - das wäre die sicherste Weise, sie und das Sein zu verfehlen: »Das Wesen des Daseins liegt in seiner Existenz«[21]. Hier ist der privilegierte Ort, das Sein zu denken, die Existenz ist selbst Philosophie. »Man kann nicht mehr sagen: *primum vivere deinde philosophari*, noch auch diese Ausdrücke umkehren. Die Philosophie selbst ist Existenz und Ereignis. Und hierin kündet sich eines der Hauptthemen der Existenzphilosophie an«[22].

Ein anderer, in seiner Bedeutung wohl ebenso weitreichender Beitrag zur Einbeziehung der Existenz in das philosophische Nachdenken stammt von Karl Jaspers. Der Begriff der Existenz gewinnt hier gegenüber Heidegger eine (unabhängig von ihm sich ausbildende) andere Nuance, die sich evtl. durch seine Herkunft aus der *Lebensphilosophie* erklären läßt[23]. Existenz kann nach Jaspers in einer groben Skizzierung auf dreifache Weise beschrieben werden. Zum ersten ist sie Ursprung des Philosophierens[24]. Als solcher ist sie aber kein Gegebenes, sondern das, was dunkel erstrebt, ergriffen werden muß; sie ist somit die »Achse, um die alles kreist, was in der Welt wahrhaft Sinn für uns gewinnt«[25], dies aber so, daß sie nicht als erfahrbare, erforschbare, vorkommende Wirklichkeit erscheint[26]. Sie steht somit in zwei Spannungsverhältnissen. Sie steht - das als zweiter Weg der Skizzierung der Existenz - in einem Gegenüber zur Welt. Wenn Welt

---

[20] Vgl. M. Heidegger, Sein und Zeit, 56f.

[21] Ebd., 57.

[22] E. Levinas, a. a. O., 97.

[23] Vgl. M. Müller, a. a. O., 92; dann würde hier vor allem der Begriff des Existentiellen das Übernommene, Realisierte im Gegenüber zum bloß Vorgestellten, Allgemeinen bezeichnen.

[24] K. Jaspers, Philosophie, Bd.II, 5.

[25] Ders., Vernunft und Existenz, 53.

[26] Ebd.

als *das Wißbare* gelten kann, Existenz dagegen als *das zu Erhellende*, so ergeben sich daraus die weiteren Bestimmungen eines dialektischen Verhältnisses[27]. Die Welt ist das Allgemeine als das, was jedermann gleichermaßen zugänglich ist, »das Gemeinsame für alle Vernunftwesen, die in ihm eine Gemeinschaft haben durch Intention auf die gleiche Sache«[28]. Die Existenz hingegen ist *nie allgemein*[29], nicht Erscheinung von etwas, das irgendwo gegeben wäre oder für eine Betrachtung als zugrundeliegend erschlossen würde[30]. Dennoch ist die Existenz in der Welt, als mögliche Existenz ist sie in der Welt als »auf dem Felde, auf dem sie sich erscheint«[31].

Aus diesem Spannungsverhältnis ergibt sich ein weiteres, das als dritter Hinweis auf die Bestimmung der Existenz bei Jaspers gelten kann: die Gegenüberstellung von Vernunft und Existenz. Existenz kann von der Vernunft nicht eigentlich erfaßt, durchschaut werden; sie bleibt »unzugänglich für den, der nach ihr im Medium des nur objektiven Verstandes fragt«[32]. Sie ist nicht »Gegenstand einer Wissenschaft«[33]. Vernunft und Existenz stehen in einem gegenseitigen Verweisungszusammenhang: beide bestehen für das Philosophieren im Sinne einer Existenzerhellung. Daher darf die Existenz nicht durch die Vernunft aufgelöst, die Vernunft wiederum durch die Existenz nicht gleichsam aufgesogen werden »zugunsten eines sich absperrenden Trotzes«, der sich gegen Offenbarkeit verzweifelt sträubt[34]. Die Rolle der Vernunft in der Existenzerhellung läßt sich aber nur negativ umschreiben: durch sie muß ein Weg beschritten werden, der von den Gegenständen wegführt, indem er den Bereich des Gegenständlichen durchschreitet; die Vernunft dringt vor bis an die Grenzen des Gegenständlichen, wo der Appell zum Transzendieren vernehmbar

---

27 Vgl. Ders., Philosophie Bd.II, 4.

28 Ebd.

29 Ebd.

30 Ebd., 2.

31 Ebd.

32 Ebd., 5.

33 Ders., Vernunft und Existenz, 52f.

34 Ebd., 60.

wird[35]: Transzendieren zur Existenz in einem nicht mehr rational einsichtig zu machenden Sprung[36]. Die Vernunft als das Durchschreiten des Gegenständlichen, Allgemeinen und das Transzendieren in die Existenz hinein sind nach Jaspers zwei Flügelschläge in dem einen Vollzug der Existenzerhellung[37]. Der Sprung aus dem Allgemeinen erscheint als »der zweite Flügelschlag zu dem ersten, in welchem der Gegenstand nur gedacht wurde, um ihn auszuschließen, weil er das nicht ist, was im Ergreifen der Existenz gemeint war«[38].

Mit der Betonung des *Sprunges* in dem einen Vorgang der Existenzerhellung unterscheidet sich diese für Jaspers von dem, was er mit »Existentialismus« bezeichnet[39]. Existenzerhellung würde »als Existentialismus ein Sprechen wie von einem erkannten Gegenstand sein und würde, gerade weil sie der Grenzen innewerden und den unabhängigen Grund erhellen soll, nur umso tiefer in die Irre gehen, indem sie Erscheinungen der Welt unter ihre Begriffe erkennend und beurteilend subsumierte«[40]. Existenz als Anfang des Philosophierens, insofern dieses als Existenzerhellung verstanden wird, im Gegenüber zu dem, was als Welt wißbar ist und von der Vernunft durchschritten werden kann - damit ist eine zweite Positionsbestimmung für das Verständnis von Existenz in der Strömung der Existenzphilosophie erstellt.

Eine dritte und durch ihre Rezeptionsgeschichte vielleicht die folgenreichste Bestimmung dessen, was Existenz sei, muß anhand grundlegender Aussagen Jean-Paul Sartres versucht werden. Sein programmatischer Vortrag über den Existentialismus von 1946[41] hat in dop-

---

35 Vgl. Ders., Philosophie Bd.II, 11f.

36 Ebd., 5.

37 Vgl. ebd., 11; deutlich scheint hier eine Parallele auf, die zu Marcels Konzeption der »ersten« und »zweiten« Reflexion gezogen werden kann.

38 Ebd., 12.

39 Ders., Vernunft und Existenz, 66; das dürfte wohl auch das erste Vorkommen dieses Terminus in dem speziellen Sinne der Philosophie des 20. Jahrhunderts sein. Der Vortrag von Jaspers stammt aus dem Jahr 1935; vgl. K. Hartmann, Art. Existentialismus, HWP Bd.2, 850.

40 K. Jaspers, Vernunft und Existenz, 66.

41 Auf deutsch veröffentlicht unter dem Titel: Ist der Existentialismus ein Hu-

pelter Hinsicht Wirkung gezeitigt: Einerseits konnte an ihm klar die Position Sartres abgelesen werden; die Bestimmungen von Existenz, Entwurf, Ethik, treten in der Sicht des Sartreschen Existentialismus deutlich zutage. Anderseits gab dieser Vortrag Anlaß zu einer terminologischen Verwirrung:

Exkurs: Gabriel Marcel und der »christliche Existentialismus«

Sartre teilt hier den Existentialismus, dem er die grundlegende Übereinstimmung in der Auffassung zubilligt, daß die Existenz der Essenz vorangehe[42], in zwei Schulen ein: diejenige der Existentialisten, welche Christen sind und diejenige der Atheisten. Der ersten Schule rechnet er Marcel und Jaspers zu, zur zweiten zählt er Heidegger und sich selbst. Abgesehen davon, daß scheinbar eine solche Einteilung von sehr zweifelhaftem Charakter ist und vielleicht die Frage » 'christlich oder nicht christlich', 'theistisch oder atheistisch' in *dieser* Weise an diese Philosophen gar nicht gestellt werden kann«[43] (andere Kenner der Richtung haben andere Einteilungen getroffen und Heidegger selbst hat sich gegen die Bezeichnung 'atheistisch' verwahrt[44]), beeinflußte diese Einteilung in nicht unwesentlicher Weise auch die Rezeption und das Verständnis Marcels. Allerdings ist der Terminus Existentialismus, der sich in den frühen Jahren seiner Verwendung noch nicht so eindeutig mit der »Schule« Sartres in Verbindung bringen ließ, bereits vor dieser populär gewordenen Zuweisung Sartres verschiedentlich auf das Werk Marcels angewendet worden. Auch Marcel selbst hat damals noch unbefangen von dieser Bezeichnung Gebrauch gemacht. In seinem Aufsatz aus dem Jahr 1947 *Existentialisme et pensée chrétienne* scheint sich Marcel dem Existentialismus zuzurechnen, allerdings versieht er diesen auch mit einigen Kennzeichen, die eine solche Zuordnung ermöglichen. Sartre, so Marcel hier, sei nicht als der »chef de file«, der Anführer des Existentialismus zu bezeichnen, vielmehr nehme er in Wahrheit eine Randposition ein, da die Metaphysik, die er vorlege, in vielem genau dem entgegengesetzt sei, was im eigentlichen Sinne als Existentialismus zu gelten habe[45]. Zum zweiten müsse der Existentialismus seinem Wesen nach als christlich gelten und könne nur in Verkennung seiner eigenen Grundlagen

---

manismus, in: Drei Essays, 7-51.

42 Ebd., 9.

43 M. Müller, a. a. O., 75.

44 Das berichtet G. Marcel, EnChem 230.

45 Existentialisme et pensée chrétienne, 157.

zu einem atheistischen Existentialismus werden[46]. Schließlich nennt Marcel als Kriterium für den Existentialismus die geistesgeschichtliche Einordnung, die ihn, im 19. Jahrhundert beginnend, als Gegenbewegung zum philosophischen System Hegels versteht.
Aufgrund dieser neutralen Bewertung wird verständlich, daß Marcel einerseits eine Würdigung der Existenzphilosophie dahingehend aussprechen kann, daß durch sie »ein gewisses blutendes Herz des menschlichen Wesens, der menschlichen Existenz bloßgelegt wurde«[47], das dazu verhalf, den Menschen in seiner Bedingtheit besser zu verstehen, sobald einmal erkannt war, daß es zur Wesensbeschreibung des Menschen nicht mehr ausreichte, ihn als *animal rationale* zu qualifizieren[48]; verständlich wird anderseits auch, warum Marcel - wenn auch nach längerem Zögern - zustimmen konnte, daß ein Sammelband mit Aufsätzen zu seinem Werk unter dem Titel *Existentialisme chrétien* herausgegeben wurde[49]. Geschah dies zunächst zwar auch aus dem Grund, um dem Werk in der Öffentlichkeit eine bessere Aufnahme zu gewährleisten, da eine christliche Antwort auf die das Kennzeichen des Existentiellen nahezu exklusiv beanspruchenden Vertreter wie Sartre noch ausstand und erwartet wurde, so darf für diese Zeit eine grundsätzliche Ablehnung Marcels gegenüber der Tatsache, als christlicher Existentialist verstanden zu werden, noch nicht angenommen werden. In diesem Strom bewegt sich dann auch ein guter Teil der Sekundärliteratur. Mit dem Begriff des Existentialismus wird hier noch ohne wesentliche Vorbehalte umgegangen[50]. Zum Teil wird auch Marcels Zustimmung zu obengenanntem Sammelband als ausdrückliches Bekenntnis zum Existentialismus gewertet[51]. Auch spätere Autoren schließen sich trotz der bis dahin bereits vorliegenden Stellungnahmen Marcels dieser Zuordnung an[52].
Spätestens 1951, mit dem Vorwort der Ausgabe der Vorlesungen Marcels unter dem Titel *Mystère de l'Être* nimmt Marcel jedoch sehr deutlich Stellung gegen diese Einteilung. Das erhellende Vorwort wurde leider in die deutsche Übersetzung nicht aufgenommen. Zur Charakterisierung seiner eigenen Philosophie schreibt Marcel hier: »Der Autor möchte sein Werk gerne unter das Zeichen des Sokrates und Platons stellen, sei es auch nur, um auf die ausdrücklichste Weise gegen die beklagenswerten Verwirrungen

---

46 Ebd., 158.

47 MePro (3) 24.

48 Vgl. ebd.

49 Vgl. EnChem 229.

50 Vgl. G. Thibon, Une métaphysique de la communion, 159ff.

51 Vgl. O. F. Bollnow, Französischer Existentialismus, 78.

52 Vgl. A. B. Randall jr., Hope: An Exploration of Camus, Marcel and Intimacy, 5.

zu protestieren, die in seinem Fall durch den furchtbaren Ausdruck 'Existentialismus' hervorgerufen wurden«[53]. Wenn überhaupt ein Etikett ausfindig gemacht werden müßte, was Marcel schwerfalle, da seine Philosophie sich gegen alle »Ismen« wende, so sei es das des Neosokratismus oder des christlichen Sokratismus, das er akzeptieren würde[54]. Die Einteilung durch Sartre sieht Marcel selbst an der Wurzel dieser ganzen terminologischen Verwirrung[55] und bemerkt im Rückblick: »Diese Klassifizierung geht freilich ganz, oder fast ganz, an der Realität vorbei«[56].

In Bezug auf den Begriff der Existenz stellt Sartres Entwurf gewissermaßen einen Rückschritt dar. Die Gegenüberstellung von Existenz und Essenz bleibt bei ihm erhalten, obgleich sie doch in dieser Weise bereits durch Heidegger überwunden war - sie wird nun lediglich auf den Kopf gestellt[57]. Ausgehend von dem Begriff eines hergestellten Dinges und seiner Ursachen: Materialursache, Wirkursache, Formursache und Finalursache, wird die *essentia* grundlegend als »Erzeugungsgesetz« gefaßt[58], als »Summe der Rezepte und der Eigenschaften, die erlauben, es anzufertigen und es zu bestimmen«[59]. In diesem Sinne geht die Essenz zeitlich und logisch der Existenz, dem schließlichen Dasein voraus. Angewandt auf den Menschen bedeutet dies, daß man bei Aufrechterhaltung dieses Verhältnisses von einem Gott ausgehen muß, der nach einem vorgängigen Bilde den Menschen gestaltet[60]. Damit, daß im atheistischen Existentialismus Gottes Dasein verneint wird, findet man mit dem Menschen aber zumindest ein Wesen vor, »bei dem die Existenz der Essenz vorausgeht«[61], denn

---

53 ME I 5.

54 Vgl. ebd.; MePro (3) 57.

55 Vgl. EnChem 230.

56 Ma relation avec Heidegger 31/ MWA III 293. Zum Verhältnis Marcels zu Sartre vgl. V. Berning, Das Wagnis der Treue, 362-67; zur Bezeichnung »christlicher Existentialismus«: R. Troisfontaines, De l'existence à l'être, Bd. I, 147f.; EnChem 228-231.

57 Vgl. M. Müller, a. a. O., 80; auch W. Janke, Existenzphilosophie, 99.

58 W. Janke, 104.

59 J.-P. Sartre, a. a. O., 10.

60 Vgl. ebd.

61 Ebd., 11.

wenn es Gott nicht gibt, gibt es auch keine Idee, nach der dem Menschen ein vorgängiges Wesen zugesprochen werden könnte. Die Existenz als Existenz des Menschen ist daher indefinit. Der Mensch begegnet sich zuerst, existiert zuerst, bevor er sich definiert[62]. Damit ist der Mensch aber Möglichkeit, Entwurf - er ist »nichts anderes als wozu er sich macht«[63]. Aus diesem Entwurf der Existenz resultieren für Sartre die Freiheit des Menschen[64], seine Verantwortlichkeit[65], auch die Verpflichtung ethischen Handelns aus der Erfindung[66] und die Erfindung des Menschen in der Tat[67]. Diese Konzeption der Existenz bleibt hinter der Überwindung des klassischen nachthomanischen Schemas so weit zurück, daß ein Vergleich mit den bisher angedeuteten Verstehensweisen, zumal mit derjenigen Heideggers, kaum einen gemeinsamen Boden finden kann[68].

Mit diesen grob angezeichneten Markierungen ist ein Feld abgesteckt, das zwar noch keine exakte Bestimmung des Rahmens gestattet, innerhalb dessen auch Marcel zu beurteilen wäre, das aber für die Überlegungen Marcels aufzeigen kann, wie weit der Begriff der Existenz zu fassen ist und daß eine vorgängige Einordnung Marcels in eine Richtung der Philosophie zumindest von diesem Begriff aus nicht zu leisten ist.

In einer weiteren und für die Gesamtfragestellung bedeutsamen Hinsicht werden diese vorgenommenen Positionsbestimmungen dann relevant, wenn man nach dem Raum fragt, der in den unterschiedlichen Konzeptionen von Existenz für die Hoffnung bleibt. Hoffnung, so Sartre, gibt es nur im Handeln[69]. Die Tat wird in dem durch sie realisierten Entwurf zum einzigen Träger von Hoffnung. Diese Hoffnung, das soll im Hinblick auf die späteren Untersuchungen festgehal-

---

62 Vgl. ebd.; W. Janke, a. a. O., 105.

63 J.-P. Sartre, a. a. O., 11.

64 Vgl. ebd., 16.

65 Vgl. ebd., 12.

66 Vgl. ebd., 19.

67 Vgl. ebd., 22f.

68 Vgl. M. Müller, Existenzphilosophie, a. a. O., 68-81.

69 Vgl. Ist der Existentialismus ein Humanismus, a. a. O., 25.

ten werden, ist aber eingebettet in jene Grundgegebenheit der Existenz, derzufolge der Mensch zur Freiheit verurteilt und verlassen ist. Somit kann die Zukunft, die erhofft wird, nie den Charakter einer Erfüllung in sich tragen, sondern muß verstanden werden als »jungfräuliche Zukunft«, als reine Neuheit[70]. Schwieriger scheint die Frage für die beiden anderen Bestimmungen der Existenz, die hier aufgezeigt wurden, beantwortbar. Für Jaspers trägt die Existenz als Ursprung des Philosophierens und in ihrem Gegenüberstand zur Welt und zur Zukunft sicher einen Charakter, der das Fundament einer Hoffnung abgeben kann. Allerdings hat die Kategorie des Scheiterns bei ihm ein solches Gewicht, daß sich diese Grundbestimmung in eine andere Richtung hin auslegt.

Im Bezug auf Heidegger muß gefragt werden, ob in seiner Sicht die Hoffnung, sogar dann, wenn sie sich nicht auf ein statisches Ziel hinbewegt, sondern als ontologische Hoffnung verstanden wird, wie es bei Marcel der Fall ist, nicht einen Rückfall in eine seinsvergessene Philosophie bedeuten müßte. Verhindert nicht die radikale Fraglichkeit des Seins die Möglichkeit der Hoffnung auf das Sein, in der dieses, zumindest als dunkel Geahntes, der Frage nach ihm vorausliegt und den Menschen in einer für ihn vernehmbaren Weise zum Sein auffordert[71]?

---

70 Ebd., 17. Insofern die Hoffnung bei Marcel auch die Welt der Objekte übersteigt und eine Zukunft erhofft, die wahrhaft neu ist, kann eine Parallele ausgemacht werden. Jedoch hat diese Neuheit der Zukunft auch den Charakter eines Bekannten; sie ist eine Verschränkung eines »nostos« und eines »kainon ti«, HV 90/ HVd 86f/ MWA I 153.

71 Allerdings findet sich zumindest in der Daseinsanalytik Heideggers unter dem Stichwort der *Sorge* die Möglichkeit, den existentialen Ort der Hoffnung zu bestimmen; vgl. H. Fahrenbach, Wesen und Sinn der Hoffnung, 38-44.

2. Gabriel Marcels Bemühungen um das Verständnis von Existenz[72]

Der Ursprung des Denkens: Existenz als Gegebensein

Wie aber begreift Marcel nun die Existenz, welchen Stellenwert gibt er ihr und welche Möglichkeiten findet er in ihr vor? Die Existenz ist Ursprung, d.h. Anfang und Ansatzpunkt jeden Denkens[73]. Wie aber liegt die Existenz vor dem Denken, wie steht sie dem Denken gegenüber? Ist sie das, was dem unmittelbaren Bewußtsein gegeben ist[74]? Wie könnte dann aber beispielsweise das Bewußtsein selbst als existierend gedacht werden? Dies ist nur in dem Maße möglich, »als es unmittelbar sich selbst oder einem anderen gegeben ist«. Diese gemeinsame Möglichkeit des Gegebenseins für mein und auch für jedes andere Bewußtsein ist jedoch mein Leib, so daß ich mich als existierend nur insofern denken kann, »als ich mir selbst und jedem anderen Bewußtsein gegeben bin, das heißt, als ich im Raum gegeben bin«[75]. Die Existenz wird somit im ersten Teil des Metaphysischen Tagebuchs, vor den Veränderungen, die Marcels Denken im Verlauf des Ersten Weltkriegs erfahren sollte[76], gebunden an eine räumliche, für das Bewußtsein gegebene Struktur gedacht. Um nun aber dem Dilemma zu entgehen, das sich ergeben muß, wenn Existenz auf den räumlichen Charakter der Gegebenheit reduziert wird, unterscheidet Marcel zwei Weisen des Redens über Existenz: die eine objektiv,

---

72 Zu Marcels Deutung der Existenz vgl. V. Berning, Das Wagnis der Treue, 167-169; 190-192; S. Plourde, Vocabulaire philosophique de Gabriel Marcel, 233-247. Zur Entwicklung des Marcelschen Existenzbegriffes vgl. R. Troisfontaines, De l'existence à l'être, Bd. I, 148ff. Bei allen auftretenden Differenzen zu den bisher dargestellten Konzepten muß ein gemeinsames Grundanliegen festgehalten werden, das in verschiedenen Interpretationen bisweilen übersehen wurde; die Einschätzung von O. F. Bollnow, Gabriel Marcels Verständnis von Existenz habe mit dem der Existenzphilosophie nichts zu tun und es gehe Marcel nur um das Wirklich-da-sein eines außermenschlichen Seins, scheint überzogen (vgl. Französischer Existentialismus, 101f).

73 JM 32/ MT 53; vgl. P. Ricoeur, Gabriel Marcel et Karl Jaspers, 53: Existenz ist das »premier indubitable«; X. Tilliette, Philosophes contemporains, 28: das Hauptmerkmal der Existenz sei ihre »antériorité radicale«.

74 JM 15/ MT 29.

75 JM 19/ MT 35.

76 Vgl. V. Berning, Das Wagnis der Treue, 183; 204.

gültig für jedes Bewußtsein, die andere individuell, an mein Bewußtsein gebunden[77]. Anhand der Frage, wie mein eigenes Bewußtsein mir gegeben sein kann, entwickelt Marcel dann eine Möglichkeit und Notwendigkeit, die Verbundenheit dieser beiden Existenzweisen zu denken. Sie zu trennen hieße, das Bewußtsein könnte sich in einem rein inneren Bezug selbst gegeben sein. Das schließt Marcel aus und gelangt hier bereits im Hinblick auf die Existenz in die Nähe dessen, was er später als Inkarnation umschreiben wird: »...man kann vielleicht sogar behaupten, der Leib könne mir in innerem Bezug nur deshalb gegeben sein, weil er mir räumlich gegeben ist«[78]. Die Unterscheidung in Verbundenheit der zwei Existenzweisen besagt ein Zweifaches: Die individuelle Weise der Existenz, des Gegebenseins (das individuelle, subjektive, »innere« Gegebensein: être donné par un rapport interne) kann nicht für sich bestehen. Die Abwendung Marcels vom Idealismus, die Marcel selbst erst später konstatiert, bahnt sich hier an[79]. Jede Form der Reflexion, auch des Bewußtseins, ist verwiesen auf einen Anhalt im Bereich der äußeren Gegebenheiten; ferner ist das äußere Gegebensein (être donné spatialement) für sich allein ohne Bestand: ein rein objektiv Gegebenes kann nicht als existierend gedacht werden, von Gegebensein und damit auch von Existenz kann nur dann gesprochen werden, wenn dieser innere Bezug, das Gegebensein in innerem Bezug (être donné par un rapport interne) besteht.

Dieses Gegebensein in einem inneren Bezug ist verbunden mit einer Einordnung jedes Existierenden in ein Ganzes durch die Erkenntnis. Diese Einordnung des Existierenden in ein Ganzes wirft nun aber ein neues Problem auf. Die Erfassung des Existierenden in der Unmittel-

---

77 Vgl. JM 20/ MT 36. Diese Unterscheidung, die hier in der Frühphilosophie Marcels besteht, dürfte sich später insofern gewandelt haben, als die Möglichkeit einer Existenz »im allgemeinen« dann nicht mehr im Horizont Marcelscher Philosophie auftaucht, höchstens insofern von Dingen gesagt wird, sie existieren.

78 JM 21/ MT 37.

79 Vgl. die Eintragung Marcels in sein Metaphysisches Tagebuch vom 26. Juni 1929, EA I 32/ SH 29/ MWA II 169 und die erläuternde Fußnote zu diesen Seiten aus dem Jahr 1934.

barkeit des Bewußtseins setzt eine formende Aktivität voraus, die das so Wahrgenommene als Teil eines Ganzen setzt. Wird dadurch die Existenz aber nicht zu einem Phänomen, das eben gerade nicht ein unmittelbar Gegebenes ist, sondern ein durch diese Aktivität intellektueller Art Gebildetes[80]? Ist das Problem auf diese Weise gestellt, dann bleiben noch einmal zwei Möglichkeiten, das Verhältnis von Bewußtsein und Existenz zu umschreiben, von denen eine dazu geeignet ist, die Unmittelbarkeit der Existenz zum Bewußtsein zu wahren. Das Existenzurteil kann einerseits eine Fügung (construction), anderseits eine Entfaltung (explicitation) des Gegebenen sein. Den hier auftretenden Dualismus von entwerfendem und rezipierendem Bewußtsein löst Marcel auf eine Weise, die bereits die erst später entwickelte Unterscheidung von Reflexion ersten und zweiten Grades vorwegnimmt:

»Gleichwohl kommt es darauf an zu begreifen, daß das unmittelbare Bewußtsein, in dem es noch keinen Unterschied zwischen dem Gegebenen und einer Form (?) der Existenz gibt, nur durch einen Akt gesetzt werden kann, in welchem sich das reflektierende Denken dessen bewußt wird, was im vorausgehenden Akt von ihm selbst dazu kam - und davon abzusehen trachtet«[81]. Diese Existenzsetzung nennt Marcel Grenzerfahrung (expérience-limite)[82] und legt für seine weiteren Reflexionen fest, »daß die Grenzerfahrung nur durch einen Akt der Reflexion über den Dualismus des Existenzurteils sowie das, worauf sich dieses Urteil bezieht, gedacht werden kann. Die Grenzerfahrung beschränkt sich, sofern das reflektierende Subjekt bestrebt ist, aus ihr den objektiven Inhalt herauszufällen, auf eine Berührung zwischen dem an das wahrnehmende Bewußtsein gebundenen Leib und einer äußeren Gegebenheit«[83]. Die Reflexion setzt, dem Existenzurteil eigentlich folgend, dieses als Verlegung der Grenzerfahrung in die intellektuelle Ordnung. »Es versteht sich, wie von diesem Standpunkt aus nichts als existierend betrachtet werden kann, als was mit meinem

---

80 Vgl JM 23f/ MT 41f.

81 JM 25/ MT 44, Fragezeichen im Text.

82 JM 25f/ MT 44.

83 JM 26/ MT 44.

Leib in Berührung, in räumliche Beziehung treten kann. Dies mag, wenn man so will, eine Definition sein«[84].

Marcel kann, so eine Zwischenbilanz, mit diesen Umschreibungen bereits in einen gewissen Vergleich zu den bisher angerissenen Entwürfen des Existenzbegriffes gestellt werden. Dabei ist zu beachten, daß hier lediglich die ersten Schritte Marcels dokumentiert sind; die entscheidenden Wandlungen seines Denkens stehen noch bevor. Auffallend ist, daß Marcel, wenn er die Existenz an den Anfang seines Philosophierens stellt, diese in starker Weise an das Bewußtsein bindet, sie von ihrem Verhältnis zum Bewußtsein her zu beschreiben versucht. Allerdings geht es Marcel um das unmittelbare Bewußtsein, das bereits in einer gewissen Gegenposition erscheint zu dem bloß gedachten Bewußtsein, innerhalb dessen die Existenz lediglich Inhalt des Denkens wäre und bliebe. Die Verschränkung von Reflexion und unmittelbarem Bewußtsein bewahrt Marcel aber zugleich davor, Existenz in einer rational nicht mehr zugänglichen Weise zu bestimmen, sie als leere Existenz aller Bestimmung zu entziehen. Ferner werden sich wichtige Folgerungen ergeben aus der Bindung, die Marcel zwischen dem Bewußtsein und dem Leib aufdeckt. Damit ist das Stehen in Raum und Zeit, das den Menschen auszeichnet, letztlich dazu bestimmt, innerhalb der ontologischen Öffnung der Existenz eine zentrale Funktion zu übernehmen.

---

[84] Ebd. P. Ricoeur beschreibt das Marcelsche Verständnis der Existenz bzw. deren Gegenteil genau auf dem Hintergrund der Verbindung des konkreten Existierenden mit konkreter wahrgenommener Existenz. In dieser Verbindung ist der Subjekt-Objekt-Gegensatz überwindbar, was dann als wesentliches Verdienst Marcelscher Philosophie gelten kann: »Bref, l'opposé de l'existence, ce n'est pas l'être-là (*Dasein*) de la chose, mais le couple abstrait que forme l'*objectivité* des pensées du géomètre, du physicien, du biologiste, du sociologue, et le *sujet* de ces pensées, quand ce sujet n'est plus un être incarné, mais un faisceau de conditions a priori de connaissances déliées du lieu et du temps, de l'amour et de la mort« (Gabriel Marcel et Karl Jaspers, 28). Es kommt Marcel darauf an, zu zeigen, daß Existenz nur im Kontext des »sujet incarné« sinnvoll bedacht werden kann.

Existenz im Leib[85]

Die Bindung der Existenz an den Leib, genauer an *meinen* Leib, ist auch derjenige Aspekt, der im Verlauf der weiteren Entwicklung des Marcelschen Denkens im Vordergrund bleibt[86]. Dieses Moment dürfte auch das Verbindende der beiden Teile des *Metaphysischen Tagebuchs* sein, die sich sonst grundlegend unterscheiden; erst der zweite Teil stellt einen eigenen Ansatz dar, der sich vorher nur zö-

---

[85] Vgl. Existentialisme et pensée chrétienne, 162ff; vgl. S. , Gewißheit im Suchen, 112-143; R. Troisfontaines, De l'existence à l'être, Bd. I, 173ff.

[86] Die zweite, dann aber nicht durch weitere einschneidende Zäsuren unterbrochene Periode Marcelschen Denkens beginnt mit dem zweiten Teil des MT. Hier entwickelt Marcel sein philosophisches Profil, das sich in seiner Herkunft durch die Ereignisse des 1.Weltkrieges erklären läßt, in seiner Gestalt dann als ein konkretes Philosophieren zutage tritt, in dem die Fragen der Existenz nicht mehr auf dem Gebiet der rein rationalen Reflexion entschieden werden, sondern - mit phänomenologischer Methode - ihren Ausgang suchen in menschlichen - dramatischen Situationen. Die Themen der Empfindung, Erfahrung, Situation, condition humaine treten in den Vordergrund. Vgl. dazu auch V. Berning, Das Wagnis der Treue, a. a. O., 204-206, (besonders zum Thema der Inkarnation, 211-213).

Zur Differenz der beiden Teile des Metaphysischen Tagebuchs vgl. S. Foelz, Gewißheit im Suchen, 92-94; D. Dubarle, Un franchissement des clôtures de la philosophie idéaliste classique, 177. In der Einführung zu MWA II, 6 nennt S. Foelz die phänomenologische Methode als eines der Kennzeichen der im zweiten Teil des MT ansetzenden Entwicklung; allerdings setze Marcel die phänomenologische Methode »fast unbewußt« ein; er habe als erster die Phänomenologie in Frankreich eingeführt. Ordnet man Marcel der Phänomenologie zu, dann muß das allerdings mit gewissen Abgrenzungen gegen Husserl vorgenommen werden: Besonders in der Frage nach der Reduktion, die ein Objekt als solches rein hervortreten lassen will, unter bewußtem Abzug allen Gesehenwerdens, tritt eine tiefe Scheidung zwischen beiden Denkern zutage. Für Marcel ist die phänomenologische Methode notwendig verbunden mit der Teilhabe; zum gesamten Problem vgl. P. Ricoeur, Gabriel Marcel et la phénoménologie, in: Cérisy, 53-74. Bereits in seiner Studie über Marcel und Jaspers weist Ricoeur darauf hin, daß es Marcel nicht um das Phänomen in seiner abstrakten Reinheit gehe, sondern darum, in einer Methode, die Marcel selbst »hyperphénoménologique« nennt, eine »tenue de la liberté et une invocation transcendante« ins Licht zu heben. Die Beschränkung auf das Sehen und Verstehen des Phänomens könne auch in Neugier steckenbleiben, P. Ricoeur, Gabriel Marcel et Karl Jaspers, 77.

gernd angebahnt hatte. Eintragungen aus dem Jahr 1920/21 belegen dies: Während im ersten Teil des *Metaphysischen Tagebuchs* die Existenz betrachtet und umschrieben wurde als das im Raum meinem Bewußtsein unmittelbar Gegebene, erscheint hier das Existierende als Verlängerung des Leibes, der Leib aber als das Urbild alles Existierenden (l'existant-type), als der Bezugspunkt alles Existierenden[87]. Mit allem Existierenden verbindet mich ein Verhältnis von derselben Art wie das, welches mich mit meinem Leib verbindet[88]; Marcel bemerkt hier bereits die Unzulänglichkeit des Relationsbegriffes. Es ist eine »médiation non instrumentale«, durch die ich mit meinem Leib verbunden bin und die mein Leib mit der Welt unterhält; mein Leib steht mit den Dingen aus dieser Sicht in einem Einklang, »mon corps *est en sympathie avec les choses*«[89]. Dem Existierenden eignet in Bezug auf mich die Qualität der Unmittelbarkeit. Die Existenz ist kein Prädikat, das Existenzurteil in diesem Sinne nicht möglich. Zurückgehend von der Beziehung, die Marcel zwischen allem Existierenden und meinem Leib aufgedeckt hatte, auf die Überlegungen zu diesem, meinem Leib als »existant-type«, wird diese Dimension noch deutlicher: der Leib kann nicht zum Objekt werden; wenn ich den Leib empfinde und in dieser Empfindung unmittelbar Existenz gesetzt wird, dann bezeichnet diese Empfindung nicht das Aufdecken eines Prädikates, das dann die Existenz wäre. »Es handelt sich in Wirklichkeit um eine bestimmte Weise des Sich-selbst-gegeben-Seins, ohne

---

87 JM 261/ MT 365/ MWA II 118. Bereits hier stellt sich das Verhältnis zwischen mir und meinem Leib als ein solches der Teilhabe dar. »Je ne suis mon corps que pour autant que je suis avec lui en *participation* 'inobjectivable' et non pas que je lui suis précisément et simplement identique. 'L'identité' au sens idéaliste n'est d'ailleurs pleinement applicable que dans un monde d'abstractions, ce qui n'est évidemment pas le cas dans ma relation avec mon corps« (R. Troisfontaines, De l'existence à l'être, Bd. I, 177).

88 JM 265/ MT 372/ MWA II 120. Das Inkarniert-Sein als Weise des In-der-Welt-Seins verweist auf den Begriff der Situation, die als konkrete Erscheinungsform von »Welt« gelten darf. In diesem Begriff liegt auch einer der wenigen Berührungspunkte mit Sartre, der diesen Begriff von Marcel übernommen hat (vgl. Cérisy, 223). Allerdings hat Marcel diesen Begriff der Situation von Jaspers entlehnt (vgl. J. Parain-Vial, Gabriel Marcel, un veilleur et un éveilleur, 35).

89 Ebd.

sich schlechthin als Gegenstand behandeln zu können (comme objet); also um nichts *Bezeichenbares (désignable)*[90].

Dieser Begriff von Existenz, der hier sichtbar wird, hebt sich deutlich von demjenigen ab, der in der klassischen Gegenüberstellung von Existenz und Essenz besteht. Damit, daß Marcel die Existenz an die Unmittelbarkeit des Empfindens bindet[91], ist die Möglichkeit ausgeschlossen, in der Existenz ein Prädikat zu sehen, das einer Essenz zugesprochen wird und ein objektives Urteil darüber zu fällen. Die Problematik dieses Existenzbegriffes darf aber nicht übersehen werden, umso weniger als Marcel sie selbst in ihrer ganzen Schärfe wahrnimmt und an ihr philosophisch weiterdenkt. Diese Problematik taucht zunächst auf in der Frage nach der Existenz des Geistigen. Es scheint so, als könne Marcel die Unmittelbarkeit, die im Existenzurteil besteht, nur als Ergebnis jener Reflexion zweiten Grades akzeptieren, die diejenige ersten Grades, die objektiv analysierende Reflexion, einbegreift und übersteigt. Die Voraussetzung dafür ist dann, daß nur etwas in eine solche reflektierte bzw. durch die Reflexion hindurchgegangene Unmittelbarkeit treten kann, das abgesehen hiervon als Objekt besteht. Wie aber kann Existenz dort angenommen

---

90 JM 267/ MT 374/ MWA II 121. Durch die Betrachtung des Leibes und der Empfindung wird auch deutlich, daß der Ausgangspunkt des Denkens in der so verstandenen Existenz als dem Unbezweifelbaren liegt. »Le premier indubitable n'est pas la pensée comme réflexion sur le doute, mais la présence de ma sensibilité corporelle comme antérieure au doute même« (P. Prini, Gabriel Marcel et la méthodologie de l'invérifiable, 42). Die klare Abgrenzung gegenüber Descartes vor allem im Hinblick auf den Anfang der Philosophie bleibt eine Grundströmung im Werk Marcels. Die fundamentale Bedeutung des Leibes und der Empfindung läßt Prini von einem »sensualisme présentialiste« sprechen. Auch gegenüber dem Existenzverständnis von Karl Jaspers wird eine Abgrenzung durch die Betonung des Leibes möglich. Bei Jaspers gehört der Leib zu den Ichaspekten, die in einem Transzendieren zu mir selbst hinter mir gelassen werden (vgl. P. Ricoeur, Gabriel Marcel et Karl Jaspers, 21).

91 Empfindung (sensation) muß hier in der ganzen Breite und Problematik des Begriffs verstanden werden, die ihn im Werk Marcels auszeichnet; vgl. S. Plourde, Vocabulaire philosophique de Gabriel Marcel, 457-462. Vgl. J. Parain-Vial, Gabriel Marcel, un veilleur et un éveilleur, 30ff. Hier wird die Empfindung bereits als Teilhabe verstanden; Erkenntnis ist dann nur aus der Empfindung durch eine - räumliche Kategorien übersteigende - Teilhabe möglich (vgl. ebd., 32f).

werden, wo kein Objekt im eigentlichen Sinne besteht? Marcel weiß die Frage hier im *Metaphysischen Tagebuch* nur unter Zuhilfenahme dessen zu beantworten, was er die »nahezu okkulten Begriffe« nennt[92], d.h. unter der Voraussetzung, das, »was für mich geistig ist, sei für andere wahrnehmbar«[93].

Als noch weitaus problematischer muß Marcels Konzept der Existenz dann scheinen, wenn die Frage nach der Existenz Gottes, nach der Existenz der absoluten Zuflucht gestellt wird[94]. Es geht hier darum, ein *Du* zu denken, das nicht zugleich *Es* werden kann; dies darf aber nicht auf die Weise geschehen, daß Gott dadurch gleichsam in den Kreis seiner Beziehungen zu mir eingeschlossen wird. Verzichte ich anderseits darauf, Gott allein von mir aus als Du zu denken, dann besteht die Gefahr, daß ich ihm die Objektivität wiedergebe, »die ich ihm zu gewähren für unmöglich hielt«[95]. Damit ist die denkerische Problematik, die auf dieser Stufe des Marcelschen Denkens besteht, deutlich aufgezeigt: Ein Denken, das sich zwischen Existenz und Objektivität einen Weg zu bahnen versucht, kann scheinbar auf dem Stand der Reflexion, an dem sich Marcel gegen Ende des *Metaphysischen Tagebuchs* befindet, noch nicht zu einer klaren Lösung dieser Probleme gelangen.

Existenz als Mysterium

Erkenntnistheoretisch führt das Dilemma, das hier aufgezeigt worden ist, in das Zentrum Marcelschen Denkens hinein: es führt zum Begriff des Geheimnisses. Dieser Begriff taucht in Marcels Werk bereits früh auf[96]. In den *Fragments philosophiques*, in einem Text aus dem Jahr

---

92 JM 266/ MT 373/ MWA II 120.

93 Ebd.

94 Vgl. JM 272/ MT 381/ MWA II 123.

95 Ebd.

96 Als eine der Quellen bzw. der äußeren Anstöße, die Marcel zu diesem frühen Zeitpunkt erfahren hat, muß gerade für die Verbindung Existenz-Geheimnis auf Schelling verwiesen werden. Von den Versuchen, Schelling als Vorläufer der Existenzphilosophie zu beurteilen, bleibt für Marcel hauptsächlich dies bestehen, daß das Dasein (»disons ici l'existence«) nicht demonstrierbar sei (vgl. Schelling fut-il un précurseur de la philosophie de l'existence?, 74).

1910/11, wendet Marcel ihn an auf die Teilhabe des Denkens am Sein: Diese Teilhabe »erscheint wesentlich als Geheimnis, das heißt als etwas, was sich jeder Untersuchungsmethode entzieht, die sie zum Objekt umwandeln würde«[97]. Im Verlauf der Marcelschen Denkgeschichte erfährt der Begriff des Geheimnisses eine zweifache Ausfaltung: Zum einen wird er in sich selbst vertieft, abgegrenzt gegen die Mißverständnisse, die im Geheimnis bzw. in der Verwendung dieses Wortes letztlich nichts anderes zu sehen vermögen als das Eingeständnis einer Ausflucht: dort, wo das Denken an Grenzen gelangt, wäre ihm dieser Begriff verfügbar, gleichsam um ein Schild aufzustellen: Berühren verboten![98] Das Mysterium wäre aber verkannt, würde man es so mit dem Unerkennbaren verwechseln. Dieses wäre ja wiederum nur ein Objekt, das Nichterkennen lediglich ein Grenzfall objektiver Erkenntnis, insofern dieses Unerkennbare als ein noch nicht Erkanntes bestimmt wird und das Ziel der denkerischen Bemühungen darin läge, es in das Gebiet des objektiven Bestimmens und der »auflösenden« Untersuchung zu transponieren[99].

Im dramatischen Schaffen Gabriel Marcels erfährt der Begriff des Geheimnisses eine Vertiefung vor allem in jener letzten Szene des Dramas *L'Iconoclaste*, auf die Marcel auch in späteren Werken immer wieder Bezug nimmt[100]. In dem unaufhellbaren Halbdunkel, in

---

Auch für sein eigenes Denken erkennt er an, daß Schellings Konzeption der positiven Philosophie möglicherweise am Beginn seiner Philosophie gestanden habe (ebd.). Allerdings beurteilt er die »Darstellung des wahren Empirismus«, die er 1908/9 gelesen habe, später mit sehr großer Distanz. Marcels Vermutung, Schellings »positive Philosophie« könnte ihn selbst zu einer Befreiung aus dem Idealismus helfen, findet sich später enttäuscht.

97 FragPhil 65/ ReflInt 54. Gerade dieser Geheimnischarakter der Existenz führt M. De Corte, La philosophie de Gabriel Marcel, 59ff dazu, vom Standpunkt eines »Aristotelikers strenger Observanz« (vgl. ebd. 72), seine Kritik an Marcel zu entfalten.

98 Vgl. EA I 140/ SH 121/ MWA II 225.

99 Vgl. EA I 147/ SH 127/ MWA II 229; EPC 227/ SchTr 146/ MWA III 187. In EA I 168/ SH 145/ MWA II 241 unterscheidet Marcel das »Mystère« vom »Secret«; allerdings verwendet er den Terminus »Secret« in JM 274/ MT 384/ MWA II 125 noch so, daß er nahezu deckungsgleich erscheint mit dem des »Mystère«, wie er von Marcel später eingesetzt wird.

100 Vgl. z.B. EPC 226f/ SchTr 145f/ MWA III 186; EnChem 217; PrésImm 97/

dem sich der Held des Stückes nach dem Tod seiner Frau befindet und aus dem er sich auf dem Wege einer empirischen - parapsychologischen - Erfahrung befreien möchte, bekommt er gesagt: Du würdest, du könntest dich mit einer solchen Auskunft nicht zufrieden geben; das Leben verlangt eine andere Gewißheit als diejenige, die auf empirischem Wege gewonnen werden kann. »Vielleicht vereinigt allein das Mysterium. Ohne Mysterium wäre das Leben nicht auszuhalten«[101].

Zum zweiten, neben dieser immanenten Vertiefung des Begriffes Mysterium, findet er seine für Marcel charakteristische Klärung in der Gegenüberstellung zum Problematischen[102]. Diese Gegenüberstellung liegt in der erkenntnistheoretischen Linie, die bereits im *Metaphysischen Tagebuch* angedeutet ist: es gelingt der Reflexion nur im Falle der begrenzten, ganz und gar vor mir stehenden Objekte, diese vollends aufzulösen und zu durchschauen. Bei anderen Wirklichkeiten bedarf es einer wiedergewinnenden, tieferen Reflexion, die gleichzeitig den analysierenden Gang der ersten Reflexion einbegreift[103]. Auf diese Differenzierung objektivierender und vertiefter Reflexion baut sich die Unterscheidung hinsichtlich der Gegenstände des Denkens als die Gegenüberstellung von Mysterium und Problem auf.

> »Es scheint tatsächlich, daß es zwischen einem Problem und einem Mysterium diesen wesentlichen Unterschied gibt, daß ein Problem etwas ist, auf das ich stoße, das mir gegenübersteht und das ich gerade deswegen umfassen und mir unterwerfen kann - während ein Mysterium etwas ist, bei dem ich selbst engagiert bin und das folglich nur als eine Sphäre denkbar ist, in der die Unterscheidung des In-mir und des Vor-mir ihre Bedeutung und ihren Hauptwert verliert«[104].

GegUnst 149/ MWA II 314.

101 »Peut-être est-ce le mystère seul qui réunit. Sans le mystère, la vie serait irrespirable«: EPC 227/ SchTr 146/ MWA III 186.

102 Vgl. PosApp 57ff/ MWA I 66ff; EA I 146/ SH 126/ MWA II 228f.

103 Vgl. S. Plourde, Vocabulaire philosophique de Gabriel Marcel, 436-39; aus der Zusammenstellung S. 436 erhellen diese ersten Stufen auf dem Weg der erkenntnistheoretischen Unterscheidung Problème - Mystère; vgl. JM 137/ MT 196/ MWA II 19.

104 EA I 146/ SH 126/ MWA II 228f; vgl. S. Plourde, Vocabulaire philosophique de Gabriel Marcel, 369f; In ihrer Studie über das Denken Gabriel Marcels:

Welche Bedeutung haben diese Ausführungen
für den Begriff der Existenz?

1) Die Existenz kann unter den genannten Voraussetzungen als Mysterium umschrieben werden. Damit ist gesagt, daß die Existenz, wenn sie am Anfang des Denkens steht, auf keinen Fall ein Gegebenes ist, ein Objekt, dem ich mich als Denkender gegenüberstellen kann. Die Existenz ist kein »demonstrandum«[105]. Sie steht als Unbezweifelbares am Anfang und kann nicht abgeleitet werden: es gibt »keinen Übergang zur Existenz, der nicht Trick oder Betrug ist«[106]. Damit ist implizit auch der Gegner benannt, an den Marcel sich wendet: Descartes. Genau diesen unbezweifelbaren Charakter der Existenz habe er verkannt, obgleich sie doch jeder Bestimmung und jedem intellektuellen Akt vorausgehe[107].

In einem weiteren Gang verbindet sich dieser Gedanke über den Geheimnischarakter der Existenz mit deren zweitem wesentlichen Merkmal. Die Existenz des Menschen, meine Existenz ist *inkarnierte* Existenz[108]. Die Bindung der Existenz an den Leib formuliert Marcel

---

Gabriel Marcel, Philosophe et témoin de l'espérance, 4f, bezeichnet S. Plourde die »zweite Reflexion« als Schlüssel zum Denken Marcels.

105 JM 314/ MT 433/ MWA I 229.

106 EPC 28/ SchTr 21/ MWA III 15; vgl. EA I 31/ SH 28f/ MWA II 168.

107 Vgl. GM-Ricoeur 38f.

108 Der Begriff der Inkarnation wird von Marcel im wesentlichen als rein philosophischer Begriff gebraucht (vgl. S. Plourde, Vocabulaire philosophique de Gabriel Marcel, 305), abgegrenzt von der theologischen Bedeutung. Zudem hat der Begriff bei Marcel selbst noch eine zweifache Bedeutung: neben dem hier gemeinten Sinn als Sein in einem Leib, in der Welt, in der Situation, wo Inkarnation in einer eher statischen Weise der Existenz zugeordnet ist, findet sich auch die Verwendung im Sinne von Engagement, bezogen auf die Verwirklichung menschlichen Personseins in einem schöpferischen Akt. Erscheint Inkarnation im ersten Sinn als Anfang, Ausgangspunkt, so im zweiten Sinn als eine Forderung, ein Anruf, vgl. HV 32/ HVd 24/ MWA I 115f. Zum ersten Mal findet sich der Ausdruck Inkarnation in FragPhil 74; zum Ursprung dieses im weiteren Denken Marcels zentralen Begriffs vgl. V. Berning, Das Wagnis der Treue, 177; die Wurzeln einer philosophischen Verwendung des Begriffs lassen sich zurückverfolgen bis zu M. Blondels »L'Action«; Berning vermutet aber einen stärkeren Einfluß von P. Claudel. - J. Parain-Vial, Gabriel Marcel, un veilleur et un éveilleur, 210 betont den Vorteil des später von Marcel gebrauchten Ausdrucks »corps-sujet« gegenüber dem der Inkarnation, da dieser

zu Beginn des *Metaphysischen Tagebuchs* noch als eine quasi äußerliche Beziehung: nichts könne als existierend betrachtet werden, als was in Berührung mit meinem Leib treten kann[109]. Spätestens aber mit der Frage nach der eigenen Existenz erlangt dieses Verhältnis zum Leib einen anderen Charakter. Der Leib wird einbezogen in den Bereich dessen, was oben mit dem Mysterium umschrieben worden war. Mein Leib ist die Grundgegebenheit auch meiner eigenen Existenz. Als solcher ist er aber nicht objektivierbar, eine Gegenüberstellung von mir und meinem Leib ist unmöglich[110]. Der Leib erscheint als Grundform des Existierenden (existant-type)[111], auch insofern die Existenz Mysterium ist, d.h. der Bezug zu anderem Existierenden läßt sich nicht einbergen in eine Relation (das Inkarniert-Sein), die dann nicht mehr geheimnisvoll wäre, innerhalb derer Existenz durchschaubar würde. Das Band, das ich mit meinem Leib unterhalte und das meine Weise des In-der-Welt-Seins ist, erscheint für Marcel als ein »lien nuptial«, das selbst noch einmal jeder Objektivierung entzogen bleiben muß[112].

2) Von dem Geheimnischarakter der Existenz her ergeben sich vor allem drei Dispositionen, welche die Existenz als eine aufgebrochene, offene aufweisen[113]: Metaphysische Unruhe - Engagement - Verfügbarsein. Damit sind auch jene inhaltlichen Aspekte des Existenzbe-

---

immer mit der Vorstellung verbunden bleiben könne, es handle sich um eine bestehende Wirklichkeit, die sich mit einem Leib umgebe.

109 Vgl. MT 44/ JM 26.

110 Vgl. EA I 12/ SH 13/ MWA II 157.

111 JM 261/ MT 365/ MWA II 118.

112 PrésImm 143/ GegUnst 225/ MWA II 351; vgl. S. Foelz, Gewißheit im Suchen, 128-135.

113 J. Parain-Vial, Gabriel Marcel, un veilleur et un éveilleur, 140 nennt zwei (unerreichbare) Grenzen, zwischen denen die Existenz sich entfaltet bzw. oszilliert: die totale Objektivation als untere, die Fülle des Seins als obere Grenze. Die Existenz erscheint somit als *gegebene* Möglichkeit. Ohne die beständige Möglichkeit zum Verrat, die in der Objektivierung jedes »Mystère« bedroht, aus dem Blick zu verlieren, soll hier (im Hinblick auf die Hoffnung) unter Aufgebrochenheit der Existenz ihre Disposition für die »obere Grenze«, die Fülle des Seins, verstanden werden.

griffes angesprochen, die in der Betrachtung des formalen Aspektes noch ausstanden.

a) Für Marcel erscheint die Existenz von dem geprägt, was er die metaphysische Unruhe nennt[114]. Diese Unruhe unterscheidet Marcel zunächst von der Neugier. Getroffen wird diese Unterscheidung anhand der Richtung, in die diese Bewegung des Geistes zielt: die Neugier geht von einem als feststehend erachteten Zentrum hin auf eine Peripherie. Es ist eine Bewegung, die den auflösenden Charakter der »ersten Reflexion« hat: sie richtet sich auf einen Gegenstand, über den ein klares Bild noch nicht vorliegt, aber grundsätzlich möglich ist. Die Unruhe dagegen richtet sich auf ein *Zentrum*. »Unruhigsein bedeutet..., sich seines Mittelpunktes nicht mehr sicher sein, bedeutet auf der Suche sein nach dem eigenen Gleichgewicht«[115]. Die Unruhe sieht in dem Gegenstand, der sie hervorruft, etwas, das »nicht von meinem Ich getrennt werden kann, ohne daß dieses Ich zunichte wird«[116]. Damit ist aber letztlich auch gesagt, daß etwas, das mir zunächst als Gegenstand der Neugier gegeben ist, durchaus dem Bereich, dem »Bau«[117] eingefügt werden kann, der mich zuinnerst konstituiert, und damit Gegenstand der Unruhe werden kann. Es kann hier um den Zustand der Wesen gehen, denen ich in Liebe verbunden bin - es kann aber auch der Glaube, als ganz im Zentrum meiner selbst gelegen, zum Gegenstand der Unruhe werden. Es scheint, daß Marcel den Glauben auch nur unter dieser Bedingung akzeptiert und versteht, sowohl für sich selbst als auch für die Kirche: Sie kann sich ihres Glaubens nie in der Weise eines Besitzes vergewissern. Er bleibt ihr, gerade insofern er ihr Zentrum ist, immer in einem gewissen Grade entzogen[118]. Der Bereich der Unsicherheit, der *insecuritas*, ist

---

114 Vgl. HV 192-194/ HVd 191-93; S. Foelz, Gewißheit im Suchen, 326-328.

115 HV 193/ HVd 191.

116 HV 193/ HVd 192.

117 HV 193/ HVd 191.

118 Vgl. EnChem 213-221; EA II 51ff; auch verschiedene Stellen des Briefwechsels GM-GF lassen diese Dimension des Glaubens erkennen. Auch nach seiner Konversion kann Marcel für sich keine »endgültige« Gewißheit gewinnen, was an seiner Sicht des Glaubens selbst liegt. Die Parallele zu dem deutschen Philosophen P. Wust ist offensichtlich. In dessen Werk »Ungewißheit und Wag-

implizit mitgemeint, wenn Marcel von der Unruhe (inquiétude) spricht. Damit ist die Offenheit und Aufgebrochenheit der Existenz auf eine erste Weise bestimmt: es ist dies ein Aufgebrochensein nach innen.

b) Als zweites ist die Existenz auf ihr Gegenüber hin geöffnet. Bereits bevor die personale Wirklichkeit dieser Dimension in den Blick gerät, die unter dem Stichwort der Intersubjektivität und der Teilhabe behandelt werden wird, meint der Terminus des *Engagement* eine Überwindung der Subjekt-Objekt-Distanz im Erkenntnisprozeß: vor allem ist damit der Charakter der Erkenntnis des Mysteriums umschrieben. Das Mysterium ist etwas, das ich mir nicht gegenüberstellen kann, das nicht Gegenstand der auflösenden Erkenntnis sein kann, sondern in das ich engagiert bin[119]. Diese Begriffsbestimmung oder erste Verwendung von »Engagement« liegt noch allen späteren gesellschaftlichen Dimensionen voraus, in die hinein er sich vor allem seit der Übernahme durch Sartre entwickelt hat[120]. In einer früheren Verwendung meint »s'engager« noch in einem allgemeineren Sinne eine Verpflichtung, eine Bindung, gegenüber einem anderen oder mir selbst[121]. Die erkenntnistheoretische Verwendung zeigt dann aber, daß dieser Begriff sehr weit gefaßt ist, daß Marcel das Engagement nicht nur als Verpflichtung zu einem Tun auffaßt, sondern noch eher als Grundgegebenheit der konkreten Existenz, auf der seine Philosophie letztlich aufruht[122]. Das Engagement wird zum Unterscheidungskriterium zweier Grundhaltungen, die ich gegenüber der Wirk-

---

nis« erscheint die *insecuritas* auf religiösem Gebiet, letztlich hinsichtlich Gottes selbst, als äußerste und größte Form der *insecuritas*. Das Zentrum scheint im Grunde das Unsicherste zu sein.

119 Vgl. EA I 124/ SH 108/ MWA II 216; EA I 146/ SH 126/ MWA II 228f.

120 Vgl. K. Hartmann, Art. Engagement, in: HWP, Bd. 2, 500; dort auch der Hinweis, daß der Begriff des Engagement im Verlaufe der Annäherung des Existentialismus an den Marxismus durch den der Praxis verdrängt wurde.

121 JM 184/ MT 259/ MWA II 60: »je m'engage vis-à-vis moi-même«; indem ich mich gegenüber mir selbst in diesem Sinne binde, verzichte ich auf eine Objektivierung meiner selbst; vgl. V. Berning, Das Wagnis der Treue, 220; ebd., 263.

122 SagTra 62/ TraWei 54: »dès le moment où nous entrons dans l'existentiel, nous voyons apparaître l'engagement«.

lichkeit einnehmen kann: Marcel nennt dieses Gegenüber dasjenige von *homo spectans* und *homo particeps*[123]. Das Engagement beinhaltet eine zweifache Einstellung: zum einen geht es aus von einem Kontinuum, von einer Identität dessen, der sich engagiert. Diese Identität verleiht überhaupt erst die Macht, eine Verpflichtung einzugehen, sich zu binden und darin einen Akt der Treue zu sich selbst zu erkennen. Zum anderen aber beinhaltet das Engagement ein Ungewisses, sei es als noch nicht Erkennbares der Zukunft, sei es als grundsätzlich Entzogenes, als Mysterium, das sich einer begrifflichen Auflösung und somit einer letzten Sicherheit über seinen Gehalt verweigert.

c) Die dritte Weise des Aufgebrochenseins der Existenz kann, in Überschneidung mit dem Begriff des Engagements, diesen aber übersteigend, mit dem Terminus des Verfügbarseins, der disponibilité[124], benannt werden. Damit ist auch diejenige Haltung, die den Existenzbegriff als Grundlage der Hoffnung ausweist, am zutreffendsten beschrieben. Während das Engagement in seinem bindenden Charakter eher mit einem Akt gekoppelt zu sein scheint, beschreibt Marcel mit dem Verfügbarsein eine jedem Akt vorausliegende Wirklichkeit, die zunächst in einer Haltung des Menschen zu sich selbst besteht. Bereits in *Sein und Haben* wird der Zusammenhang zwischen Verfügbarsein und Hoffnung angesprochen. Marcel beschreibt hier diesen Zusammenhang aus einer negativen Blickrichtung. In der Analyse des Begriffs des Unverfügbarseins verbindet Marcel ihn mit dem der Veräußerung (aliénation)[125]. Kapital, das ich bis zu einem gewissen Grade veräußert habe, ist mir unverfügbar. Im Verlauf der Entwicklung, in der sich der Mensch einen geistigen Lebensraum aufbaut, nehmen die Bereiche zu, von denen er sagen kann, daß sie ihn nicht betreffen. Hier wächst das Unverfügbarsein im Sinne der Unfähigkeit zur Anteilnahme an einem Geschehen, das sich außerhalb eines durch das

---

[123] ME I 138/ GeS 170; vgl. SagTra 279/ TraWei 222; EA I 22/ SH 21f/ MWA II 163f; S. Plourde, Vocabulaire philosophique de Gabriel Marcel, 176.

[124] Im Folgenden wird »disponibilité« mit dem Begriff Verfügbarsein übersetzt, um dem verobjektivierenden Charakter des deutschen Begriffes Verfügbarkeit, den es genau abzuwehren gilt, auszuweichen.

[125] EA I 86/ SH 75/ MWA II 192; PosApp 84/ MWA I 82.

Subjekt eng umgrenzten Raumes abspielt[126]. Dieses Unverfügbarsein muß als ein Selbstverhältnis beschrieben werden, in dem das *Ich* in einer versperrenden und verdunkelnden Weise zwischen mich selbst und die Wirklichkeit tritt[127]. Das Wesen, das unverfügbar ist, ist undurchsichtig; dies nicht nur für den anderen, sondern zunächst für sich selbst[128]. Das Ich erscheint als *obturateur*, als verschließend[129]. Marcel formuliert in einer Aufzeichnung aus dem Metaphysischen Tagebuch des Jahres 1929, daß die Dunkelheit der äußeren Welt letztlich nur eine Funktion der mir inneren Dunkelheit sei[130]. Im Gegensatz zur traditionellen, idealistisch geprägten Philosophie seiner Zeit hält Marcel das Selbstbewußtsein nicht für ein erhellendes Prinzip, sondern für fähig, den Menschen in sich abzuschließen und zu einem Faktor der Undurchsichtigkeit (facteur d'opacité) zu werden[131]. Dieses verdunkelnde Ich wird unfähig zum Existenzvollzug. Existenz heißt für Marcel immer ein Gerichtetsein auf den anderen. Hier werden bereits Anklänge vernehmbar an den zentralen Begriff der Intersubjektivität und der damit zusammenhängenden Wirklichkeit. Die Überlegungen zum Verfügbarsein leiten nahezu direkt dorthin. Zum Ich, zu seiner Aussage: »Ich existiere« gehört immer eine weitere, die davon nicht zu trennen ist: Ich »offenbare mich«[132]. Die-

---

126 Vgl. EA I 87/ SH 76/ MWA II 193.

127 Vgl. PosApp 86/ MWA I 83.

128 Vgl. EA I 90/ SH 78/ MWA II 195; ME I 178/ GeS 221.

129 In EnChem 93 nennt Marcel die ersten Tage des 1. Weltkrieges als biographischen Hintergrund dieser Erkenntnis: »Je me sentais *avec* tout le monde, comme tout le monde, je participais au même espoir, à la même crainte aussi. (...) Mais je peux dire que ce qui me soutint durant ces journées malgré tout pénibles, c'était le sentiment d'être, en quelque sorte, libéré de mon 'moi'«. Vgl. auch EA I 31/ SH 29/ MWA II 169.

130 Vgl. EA I 12f/ SH 13/ MWA II 158.

131 MeWü 50/ DigHum 54; vgl. auch MeWü 124f/ DigHum 136, wo Fichte als philosophischer Gegner hinsichtlich der Marcelschen Auffassung vom Ich explizit genannt wird. Er richtet sich vor allem gegen die Transzendentalisierung des Ich: als erhellendes, setzendes Prinzip sieht Marcel bei Fichte nur das transzendentale Ich, von dem aber nach Marcels Auffassung kein Weg zum empirischen Ich zurückführt. Vgl. auch EA I 31/ SH 29/ MWA II 169.

132 Vgl. PrésImm 165/ GegUnst 260/ MWA II 369; PrésImm 162/ GegUnst 256/

ses Offenbaren, dieses »exclamative Existenzbewußtsein« bedeutet Gegenwärtigsein. Diese »Présence« nimmt hier nahezu den gleichen Klang an wie der Ausdruck Verfügbarsein, insofern das Ich durch den Akt des Sich-Offenbarens nicht intendiert, sich von anderen bewußt abzugrenzen, sich ihnen gegenüber in einen Mittelpunkt zu stellen[133]. Beide Begriffe sind angesiedelt im Umfeld der Überlegungen zum Begriff der Treue. Wenn auch nicht Gegenstand dieser Untersuchung, muß doch durch die Rede vom Verfügbarsein, der Gegenwärtigkeit zum mindesten der Ort angezeigt werden, den die Treue im Denken Marcels einnimmt. Das verfügbare Wesen, ebenso wie das treue, ist in der Lage, ganz und gar mit mir zu sein, wenn ich seiner bedarf[134]. Verfügbarsein, Treue und Hingabe bilden eine untrennbare Einheit[135], mit der am Ende dieses Abschnittes das Marcelsche Existenzverständnis nochmals aus einer anderen Richtung erschlossen wird.

Dem Unverfügbarsein stellt Marcel eine Trias gegenüber, die die grundlegende Offenheit der Existenz für die Realität des anderen aufzeigt und zugleich auch Grund der Hoffnung ist: charité - disponibilité/ présence - pauvreté[136]. Die Existenz kommt nur dann zu ihrer Verwirklichung, kann sich nur dann als erfüllte Existenz verstehen, wenn sie um ihr doppeltes Verwiesensein auf den Nächsten weiß: der Aufruf, sich selbst als Einsatz an den Nächsten zu geben, ihm verfügbar zu sein, ist die Grundbedingung jeden aktiven Tuns der Nächstenliebe. Zugleich gibt der Mensch in seiner Verwiesenheit auf den Nächsten auch die Vorstellung von einer autarken Weise des Existierens auf. Er weiß um seine Armut, d.h. um sein Beschenktsein. Damit nimmt das *Hinausstehen* des Menschen eine sehr konkrete Gestalt an. Marcel bricht hier mit einem in der Stoa begründeten Existenzverständnis, dessen Grundlage die Annahme von der Autarkie des Menschen als seinem höchsten Ziel ist.

MWA II 366.

133 So in HV 19-22/ HVd 10-12/ MWA I 107f.

134 Vgl. PosApp 83/ MWA I 82.

135 Vgl. Pos App 87/ MWA I 84.

136 Vgl. EA I 85/ SH 74/ MWA II 192.

Alle diese Äußerungen nähern sich bereits der Frage nach der Intersubjektivität. Diese Thematik wird noch eingehender zu behandeln sein. Es sollte jedoch bereits hier darauf hingewiesen werden, daß bereits das Existenzverständnis Marcels diese Andeutungen in sich birgt: »Exister, c'est coexister«[137]. Diese Dimension erlangt noch einmal eine Steigerung mit dem Blick auf das Absolute. Hier erscheint die »Exclamation«, die Marcel als Kennzeichen des Existenzbewußtseins ausgemacht hatte und in der sich diese Existenz als nach außen gewandt zu erkennen gibt, als das »sursum«, welches das Schlüsselwort menschlicher Personalität abgibt[138]. Aber dieses »sursum« ist nicht dem monadisch verstandenen Menschen möglich, sondern allein dem Menschen in Gemeinschaft.

Ein letzter Gedankengang sei den Überlegungen zur Existenz angefügt. Hier können noch einmal die bisher angesprochenen Themen von einer anderen Warte her zusammengefaßt werden. Sowohl im Hinblick auf die Unruhe, die metaphysische Unruhe, die das Zentrum des Existierenden betrifft und auf es zielt, als auch im Hinblick auf die »Inkarnation«, in der ein Mensch schöpferisch sich verwirklicht[139], sowie in der Perspektive der Verfügbarkeit muß das Leben, die Existenz als *Einsatz* erscheinen[140]. Mit einer solchen Bestimmung ist zweierlei erreicht: einerseits ist der Gegensatz Existenz/Essenz überwunden; die Existenz kann letztlich nur einem Wesen zugesprochen werden, das zu einem solchen Einsatz in der Lage ist. Für dieses Wesen wird die Existenz nicht als ein Hinzukommendes betrachtet. Die Bestimmung dieses »einsatzfähigen« Wesens kann nicht von der Existenz absehen[141]. Ferner ist damit die Existenz als eine aufgebrochene Größe ausgewiesen. Sie wird nur dann richtig verstanden, wenn sie als ein Ausgerichtetes gefaßt wird, und dies gilt von ihrem

---

137 PrésImm 162/ GegUnst 256/ MWA II 366; vgl. auch ReflInt 161: »Das Existentielle ist das Intersubjektive«.

138 Vgl. HV 32/ HVd 24/ MWA I 116.

139 Vgl. ebd.

140 Vgl. SH 213f/ EA II 43f.

141 Vgl. EA I 30f/ SH 28/ MWA II 168f.

Verhältnis zu sich selbst ebenso wie von demjenigen zum Absoluten und in der konkreten Weise des Verhaltens zum anderen.

II. Das ontologische Fundament der Hoffnung

Legt man die Bestimmung der Existenz zugrunde als ein Fundament, auf dem auch eine Betrachtung des Seins aufgerichtet werden müßte, so gelangt man zwangsläufig zu einer Konzeption, die das Verhältnis von Sein und Existenz in der Dualität von Ziel und Ausgang zu erfassen sucht. Hiermit wäre eine mehr oder weniger räumliche Vorstellung verbunden: Ein Denkweg müßte als eine gewisse Strecke erscheinen, auf der von dem Unmittelbaren der Existenz zur Fülle des Seins fortgeschritten werden kann.

Dieses Bild bestimmt unter anderem auch die Darstellung, die R. Troisfontaines dem Denken Gabriel Marcels gewidmet hat: De l'existence à l'être[142]. Ausgeführt wird dieser Interpretationsansatz dort, wo Troisfontaines von den drei Stadien, drei Niveaus bei Marcel spricht, die durch die Leitworte: existo - habeo - sum charakterisiert werden können. Er nennt dies die drei »niveaux métaphysiques«[143], denen auf der Ebene der Erkenntnis das unmittelbare Bewußtsein, die Abstraktion und der Glaube ent-sprechen. Hiermit wird aber folgender Eindruck erweckt: Im Sein wird die Existenz zurückgelassen als das Unvollkommene, Anfanghafte, auf dem Weg, der letztlich zum Sein vordringt. Die Existenz müßte dann überstiegen werden und als *bloße* Existenz dem gefüllten oder erfüllten Sein gegenübergestellt werden können. Eine solche Betrachtung übersieht aber eine wesentliche Tatsache: Für Marcel hat die Existenz, die Idee der Existenz einen doppeldeutigen Charakter, die Beziehung von Existenz und Sein von jeher etwas Verwirrendes[144]. Die Existenz wird gewöhn-licherweise betrachtet »als etwas, das es einem Ding

---

[142] Louvain/ Paris, ^{2}1968, 2 Bde.

[143] Bd. I, 209; diese Auffassung wird geteilt von P. Kampits, Gabriel Marcels Philosophie der zweiten Person, 23f.

[144] Vgl. ME II 25/ GeS 319.

ermöglicht, da zu sein, aber auch nicht mehr da zu sein, oder gar nirgendwo zu sein - und zwar insoweit in dieser Ordnung alle Wechselfälle möglich sind, alle Ortsveränderungen, alle Zerstörungen«[145]. Dies ändert sich aber mit dem Blick auf die Aussage: »ich existiere« wie auch mit dem Blick auf die Existenz des geliebten Wesens. Existieren bedeutet dann, alle räumliche Vorstellbarkeit, den Gegensatz zwischen hier und anderswo zu übersteigen[146] und in dieser Richtung »erscheint uns die Existenz als am Ende mit dem Sein in seiner ursprünglichen Eigenständigkeit (Authentizität) zusammenfallend«[147]. In dieser Perspektive wäre eine Gegenüber-stellung von Sein und Existenz also nur in der Weise möglich, daß man die Existenz verstünde als das unmittelbar Gegenwärtige, das im Falle der Person den »Durchgang« zum Sein gewährt und im Höchstfall mit dem Sein zusammentrifft - nicht jedoch so, daß sich die Existenz dabei zugunsten des Seins verflüchtigen muß; dies gälte nur dann, wenn die Existenz als die Existenz eines bloßen Dinges verstanden würde, letztlich als rein Kontingentes. In keinem Fall darf die Existenz zu einem Mittel gemacht werden (in der Aussage formulierbar: ich existiere, um zu sein). Die Existenz umschließt alles, worauf man sie zurückführen möchte, sie beinhaltet jede ihrer Verwirklichungsweisen[148].
Die Schwierigkeiten, eine terminologisch wie inhaltlich saubere Trennung der beiden Begriffe Existenz und Sein durchzuführen, werden durch einen Blick auf die Sekundärliteratur bestätigt. Die für Marcel wesentliche Grundgestalt seines Denkens, diejenige der Teilhabe, verbindet die beiden Wirklichkeiten von Existenz und Sein auf engste Weise miteinander. »Weil die Existenz am Sein teilhat, hat Gabriel Marcel zu Beginn seiner Reflexion keinerlei Notwendigkeit verspürt, sie vom Sein klar zu unterscheiden, und er hat sie daher in denselben Ausdrücken beschreiben können wie jenes«[149]. Auf diese Einheit von Existenz und Sein wird in der Marcel-Literatur dann

---

145 ME II 29/ GeS 325.

146 Vgl. ebd.

147 ME II 30/ GeS 326.

148 Vgl. ME II 35/ GeS 332.

149 J. Parain-Vial, Gabriel Marcel, un veilleur et un éveilleur, 140.

häufig verwiesen, wobei allerdings auch das Bemühen zu erkennen ist, hier eine feinere Differenzierung aufzurichten. Das betrifft allgemeine Aussagen[150], das betrifft aber ebenso eine Betrachtung der existentiellen Gegebenheiten wie Leiblichkeit oder Empfindung. Der leibsinnliche Horizont sei »nicht als Vorstufe für einen höheren Abstraktionsgrad des Geistigen« anzusehen, »sondern als Integration der geistigen Erfahrung in den ungeschiedenen Ursprung«[151].
Die Differenzierung von Existenz und Sein bei Aufrechterhaltung ihrer größten Nähe, wenn nicht gar Einheit, vollzieht sich in der Beschreibung eines Überstiegsverhältnisses, das nun nicht in einer krassen Gegenüberstellung der beiden Begriffe wurzelt[152], sondern zumeist mit dem Vorbehalt versehen wurde, Existenz und Sein stehen bei allem Überstiegsverhältnis in einer solchen Nähe zueinander, daß sie miteinander zu verschmelzen scheinen[153]. Um diese Distanz und gleichzeitige Nähe von Sein und Existenz bzw. den Existierenden auszudrücken, habe Gabriel Marcel verschiedene Ausdrücke verwandt, die aber alle keine letzte Klarheit bringen können. In den Termini: »communication«, »intersubjectivité«, »relation«, »participation«, »corps-sujet« verschaffe sich dieses Ringen Marcels einen Ausdruck, ohne doch zu einem befriedigenden Ergebnis zu gelangen[154]. Unter diesen Vorzeichen sind auch die Versuche zu sehen, die dieses Verhältnis als ein Aufstiegs-Verhältnis darlegen. J. Parain-Vial spricht von einer aufsteigenden Dialektik, die zum Sein führt[155], meint dies aber so, daß im existierenden Menschen das Sein eine »virtualité« sei, die die Äußerungen der Existenz übersteigt, daß es also, um mit Sokrates zu sprechen, »eine 'disproportion' gibt zwischen dem, was wir wissen (und fügen wir hinzu: 'dem, was wir le-

---

150 Vgl. z. B. S. Foelz, Gewißheit im Suchen, 273; X. Tilliette, Philosophes contemporains, 7; 18; 31.

151 V. Berning, Das Wagnis der Treue, 314.

152 So noch S. Alonso Salazar, Die Hoffnung als beständiges Leben in der Treue, 38f.

153 Vgl. X. Tilliette, Philosophes contemporains, 31.

154 Vgl. J. Parain-Vial, Gabriel Marcel, un veilleur et un éveilleur, 207ff.

155 Vgl. ebd., 47.

ben') und dem Bewußtsein unserer unendlichen Unwissen-heit, zwischen den intersubjektiven Einheiten, an denen wir teilhaben und der Hoffnung (und zuweilen der flüchtigen Gegenwart) einer vollendeten Gemeinschaft ...: Es gibt also im Menschen etwas Unsichtbares, das 'den Menschen übersteigt'; Gabriel Marcel findet hier das platonische und augustinische Thema wieder, das Pascal auf so großartige Weise herauszustellen wußte«[156]. In diesem längeren Zitat scheint die über Platon, Augustinus und Pascal reichende geistige Linie auf, auf die sich eine Interpretation Marcels mit Recht berufen darf[157].

In der Zusammengehörigkeit von Existenz und Sein noch einen Schritt weitergehend und den Aufstieg von der Existenz zum Sein durch den Gedanken der Teilhabe bestimmend schreibt V. Berning: »Je mehr das Ich in die Dimension der leiblichen Existenz eintaucht, ohne sich zu verlieren, sondern sich als Teilhabendes an der Gemeinschaft des Existierens gesammelt wiederfindet, um so mehr begibt es sich auf den Weg zum Sein. Dieser Weg ist ein Aufstieg, weil es eine aufsteigende Analogie der Teilhabe gibt ...«[158]. Um aber zu vermeiden, daß dieser Aufstieg im Sinne einer dissoziierenden, räumlichen Weise gedacht wird, ergänzt Berning, daß er »kein Weg des besitzergreifenden Erklimmens« ist, »für den die zurückgelegte Etappe erledigt und überwunden ist«[159]. Vielmehr lebt das Ich »auf allen Stufen

---

156 Ebd., 207.

157 Wird aber in der Verfolgung dieser Dialektik übersehen, daß für Marcel die konkrete Existenz, die konkret gelebte Intersubjektivität, stets den Vorrang gegenüber einer transzendentalen Ergreifung einer »vollendeten« Gemeinschaft bzw. Personalität hat, dann kann in der Interpretation von Marcels Denken leicht das Mißverständnis aufkommen, die »eigentliche« Gestalt menschlicher Freiheit, die volle Teilhabe am Sein entstehe erst dort, wo alle konkreten Formen des In-der-Welt-Seins tatsächlich überwunden sind - letztlich also im Tod. Dieser Gefahr erliegt u. E. L. Boros, Mysterium Mortis 53-58, der sich ausdrücklich der transzendentalen Methode bei der Durchsicht der verschiedenen philosophischen Lebens- und Todesdeutungen verpflichtet hat (vgl. ebd., 22-24); darin folgt ihm H. Sonnemans, Bekenntnis zur Hoffnung, 177; vgl. auch P. Kampits, Gabriel Marcels Philosophie der zweiten Person, 153, der die Erfüllung der Intersubjektivität in der Aufhebung des konkreten Du im Tod bei Marcel aufdecken will.

158 V. Berning, Das Wagnis der Treue, 318.

159 Ebd.

des Aufstiegs zugleich«, es läßt die Weisen seiner Existenz nie hinter sich zurück, sondern behält sie, da sie schon von dem ontologischen Verlangen geprägt sind, gegenwärtig«[160].

Allerdings darf nicht übersehen werden, daß auch die Kontrastierung von Existenz und Sein, wie sie R. Troisfontaines vornimmt, einen Anhaltspunkt im Denken Marcels hat, wenn man, was weiter unten noch zur Sprache kommen wird, die Existenz, die menschliche Bedingtheit unter dem Aspekt des Gefangenseins betrachtet. Dann erscheint sie als der Gegenpol zum Sein (in der Sprache Heideggers: als uneigentliche Existenz). P. Ricoeur weist darauf hin, daß, wenngleich die Existenz durch Marcel ja grundlegend positiv bestimmt ist, sie dort unter negativen Vorzeichen betrachtet wird, wo sie als »condition humaine« in ihrem tragischen Kontext auftaucht, wo sie *ex negativo* eine Basis für die Hoffnung bereitstellt. Hier geht die Bestimmung der Existenz in eine Richtung, die sich dem *sôma - sêma* des Phaidon annähert[161]. J. Parain-Vial nennt sogar die »deficience ontologique«, den Exilcharakter der Existenz, als den Ausgangspunkt, mit dessen Hilfe es gelingen kann, Existenz und Sein in der systematischen Darstellung zu verbinden, da auf diese Weise vermieden wird, Existenz und Sein als zwei verschiedene, voneinander getrennte Zustände zu beschreiben, Philosophie der Existenz und Ontologie einander gegenüberzustellen. Die Existierenden, in ihrer Bewegung auf das Sein zu, haben dennoch ohne ihre Teilhabe am Sein, die in der ontologischen Forderung zunächst als Fehlendes, als Sehnsucht erfahren wird, keinerlei Konsistenz[162]. Die Existenz ist nur vom Sein her zu verstehen, Marcels Überlegungen zur Existenz erschließen sich nur von seiner Ontologie her. Eine exklusive Gegenüberstellung würde dieses Kontinuum Marcelscher Philosophie verdunkeln.

---

[160] Ebd.

[161] P.Ricoeur, Gabriel Marcel et Karl Jaspers, 305.

[162] J. Parain-Vial, Gabriel Marcel, un veilleur et un éveilleur, 139.

Grundsätzlich jedoch ist eine Methode wie die Gegenüberstellung für die Annäherung an Marcels Überlegungen zum Sein durchaus möglich. Die Begriffe, die zu einer solchen Gegenüberstellung verwendet werden, müssen jedoch außerhalb des Marcelschen Existenzbegriffes gesucht werden. Die Gegensätze, die Marcel wahrnimmt, können so formuliert werden: Das, was dem Sein gegenübersteht, ist einerseits das Haben und mit ihm der gesamte vom Haben bestimmte Bereich, anderseits die Welt, in der der Mensch als bloßer Träger einer Funktion verstanden wird[163].

1. Das Haben als Kontrastbegriff des Seins[164]

Gabriel Marcel formuliert im Jahr 1933 erstmals zusammenhängend das, was er eine Philosophie des Habens nennt. Er sieht im Haben

---

[163] Erste Anklänge der Gegenüberstellung von Sein und Haben finden sich bereits im *Journal métaphysique*; in einer Eintragung aus dem Jahr 1923 erkennt Marcel die grundsätzliche Differenz zwischen dem, was man hat und dem, was man ist: JM 301/ MT 419f/ MWA II 147. Die zeitliche Nähe der Entstehung beider Reflexionsgänge (über das Haben im Zusammenhang mit dem unter dem Titel *Sein und Haben* veröffentlichten Metaphysischen Tagebuch der Jahre 1928-33 und über den Gedanken der dem Sein gegenübergestellten Idee der Funktion in dem Vortrag, den Marcel zur selben Zeit (1932) entworfen hat und der 1933 als Anhang zum Theaterstück *Le monde cassé* veröffentlicht wird) läßt auf eine Verwandtschaft schließen. Es erweist sich schließlich auch, daß der Mensch der Funktion geprägt ist von der Haltung des Habens, insofern diese ein Umgreifen im weiteren Sinne meint.

[164] M. Müller nennt diese Unterscheidung den wesentlichsten Gedanken Marcels, Einführung zu MePro, 13; zur Gegenüberstellung von Sein und Haben vgl. V. Berning, Das Wagnis der Treue, 241-45. - Hier ist auch der Ort für eine erste Kontrastierung des Marcelschen Denkens mit demjenigen Ernst Blochs. Wenn auch eine ausführliche Auseinandersetzung mit Ernst Bloch in vorliegender Untersuchung nicht geleistet werden kann, so sollen doch an verschiedenen Stellen Hinweise gegeben werden, die es ermöglichen, Differenzen zwischen beiden Konzeptionen einer Philosophie der Hoffnung wahrzunehmen. Der erste dieser Hinweise ist ontologischer Natur. Bloch legt ebenso wie Marcel ein ontologisches Fundament für die Hoffnung. Die Frage, wie Existenz und Sein aufeinander bezogen sind, löst Bloch nun allerdings auf andere Weise als Marcel: Für Bloch liegen Grund und Ziel der Ontologie ineinander. Das Noch-Nicht-Sein, das wahrgenommen wird im Staunen (vgl. E. Bloch, Das Prinzip Hoffnung, 353), im Augenblicksdunkel, im unmittelbaren Daß des Existierens (vgl. ebd., 354), erfüllt sich letztlich in der Existenz selbst; erst in der Erhellung des Augenblicksdunkels durch die Erfüllung der letzten Utopie,

eine der wesentlichen Gegebenheiten einer Welt, die sich mehr und mehr von ihren eigenen Wurzeln abschneidet. Wesentlich für das Haben ist, allgemein gesprochen, eine Beziehung von einem *Qui* zu einem *Quid*[165]. Ich habe im strengen Sinne nur etwas, das sich außerhalb meiner befindet, dessen Besitz zu mir hinzukommt. Ich bestehe unabhängig von dem, was ich habe; das, was ich besitze, besteht unabhängig von der Tatsache, daß es zu meinem Besitz zählt[166]. Wird diese Beobachtung noch einmal auf ein allgemeines Niveau gehoben, dann kann ich sagen, daß die Rede von einem Haben jeweils nur dort sinnvoll ist, wo eine Gegenüberstellung eines Innen und eines Außen möglich ist[167]. Dies gilt auch dann, wenn ich von einer Meinung, einer Überzeugung spreche, die ich *habe*[168]. Auch dieser geistige Besitz unterliegt der Spannung zwischen innen und außen. Ich kann nicht sagen, daß ich eine Überzeugung in einem Bereich des reinen Innen habe. Ich kann - und werde - diese Überzeugung äußern, was mehr heißt, als sie lediglich von mir zu geben; es bedeutet darüber hinaus, sie auszusetzen, sie einem Einfluß, unter Umständen einem Wandel zu unterwerfen. »La caractéristique de l'avoir c'est d'être

---

des Archetyps »höchstes Glück« wird dieses als »Alpha« und »Omega« sichtbar; Bloch spricht von der »erscheinenden Genesis von Alpha und Omega zugleich« (ebd., 356). Die Seinsfrage als Ursprungsfrage ist mit dieser Genesis gelöst. Zweierlei muß festgehalten werden: einerseits erscheint das ontologische Konzept Blochs in gewissem Sinne als ein Zirkel, als ein die Existenz zur Lösung des Staunens, Fragens (Seinsverlangens) auf sie selbst zurückverweisendes Konzept. Zum anderen ist das Sein als auflösendes am Ende selbst aufgelöst, umgriffen; einen nur durch die Teilhabe überwundenen, aber dennoch gewahrten Gegenüberstand, der auch eine Öffnung des Marcelschen Konzeptes der Hoffnung für eine transzendente Hoffnung ermöglicht, bleibt bei Bloch definitiv ausgeschlossen. Auf subtile Weise ist es eine 'besitzende' Ontologie, die Bloch vorlegt.

165 Vgl. EA I 199/ SH 170/ MWA I 90. Dies gilt allerdings nur für das Haben im possessiven Sinn (avoir-possession). Anders gelagert ist die Frage dort, wo es sich um das Haben einer Wesenseigenschaft handelt. Dies nennt Marcel avoir-implication. Allerdings wird diese Trennung beispielsweise dort wieder problematisch, wo es um das Verhältnis des Menschen zu seinem Leib geht (vgl. EA I 195f./ SH 167/ MWA I 88).

166 Vgl. EA I 195/ SH 166/ MWA I 88.

167 Vgl. EA I 201/ SH 171f/ MWA I 91.

168 Vgl. EA I 199/ SH 170/ MWA I 90.

exposable«[169]. Das Haben trägt diese Darstellbarkeit immer an sich, richtet sich nach außen, auf ein zumindest gedachtes Gegenüber[170]. Aus diesen Grundüberlegungen sind weitere Aussagen ableitbar. So ist z.B. das Wünschen, Begehren (le désir) auf der Ebene des Habens anzusiedeln. Es ist ein Haben, ohne zu haben, zielt aber darauf, sich etwas verfügbar zu machen, zu umgreifen[171]. Diese Festlegung des »désir« auf der Seite des Habens wird Marcel im Zusammenhang mit der Hoffnung dazu führen, daß er die Auffassungen, die in der Hoffnung einen Ausdruck des Wünschens oder Begehrens sehen, entschieden zurückweist. Geht man noch einen Schritt weiter in der Untersuchung der geistigen Haltungen, die mit dem Haben in Verbindung zu bringen sind, so findet man, daß auch im Bereich der Erkenntnis eine Haltung des Habens Platz greifen kann. Dort, wo ein Objekt umgrenzt, charakterisiert wird in der Meinung, es damit zu erschließen, hat sich der Wille zum Besitz durchgesetzt, der aber von der falschen Voraussetzung ausgeht, das erkennende Subjekt könne sich von der Wirklichkeit als ganzer zurückziehen und sie als ein mir Äußerliches betrachten[172]. Letztlich manifestiert sich um den Begriff des Habens herum eine Richtung des Denkens, die für Marcel zum wirklichen Negativbild seines eigenen Denkens wird. Die Ordnung des Habens verschmilzt mit (se confond avec) der Ordnung des Problematischen[173]. Marcels Unterscheidung zwischen dem Mysterium und dem Problem war ja letztlich von dieser Frage und der Relation von innen und außen ausgegangen. Während das Problematische als Ganzes vor mir steht, mir äußerlich ist, von mir aufgelöst werden kann, ist das Mysterium von der Gestalt, daß hier die Unterscheidung des »In mir« und des »Vor mir« ihre Bedeutung verliert[174]. Diese Aufteilungen, die sich mit dem Blick auf das Haben ergeben, lassen dieses nun

---

[169] EA I 202/ SH 172/ MWA I 92.

[170] Vgl. ebd.

[171] Vgl. EA I 204/ SH 174/ MWA I 93.

[172] Vgl. EA I 213/ SH 181/ MWA I 98: »caractériser, c'est une certaine façon de posséder, de prétendre posséder l'impossédable«.

[173] Vgl. EA I 217/ SH 185/ MWA I 101.

[174] Vgl. EA I 146/ SH 126/ MWA II 228f.

deutlich als ein Gegenüber zum Sein im Kontext der Marcelschen Ontologie erscheinen. Die Zuordnung des Seins zu dem Bereich des »Mystère«[175] wertet Marcel als eine wirkliche Erleuchtung. Vom Problem des Seins, vom ontologischen Problem zu sprechen verbietet sich von dem Moment an, in dem erkannt worden ist, daß das Sein die Ordnung des Habens übersteigt. Es ist dem erkennenden Wesen letztlich nicht möglich, sich dem Sein gegenüberzustellen, da das Sein des erkennenden Subjektes von der Frage nach dem Sein mitbetroffen wird. Das Sein kann nicht außerhalb eines Bewußtseins *gesetzt* werden: damit wäre wieder eine Beziehungsgestalt erreicht, die dem Grundmuster des Habens in seiner Dualität von *innen* und *außen* entspräche. Das erkennende Subjekt muß sich als verwickelt betrachten in jede Aussage, die es über das Sein trifft. Das hieße aber - in einer zwangsläufig nur annähernden Ausdrucksweise - daß mein Fragen über das Sein eine Bejahung des Seins voraussetzt, deren Sitz (siège) ich eher bin als ihr Subjekt[176]. Eine erste bedeutsame Perspektive auf Marcels Ontologie kann so in der Betrachtung des Habens gewonnen werden. Die Gegenüberstellungen des Habens und des Seins, des Außen und Innen, des Problems und des Mysteriums haben hier eine wichtige Grundlage gefunden[177].

---

[175] Vgl. EA I 124/ SH 108/ MWA II 216.

[176] PosApp 56/ MWA I 66; vgl. EA I 215f/ SH 184/ MWA I 100.

[177] Es besteht die Gefahr, daß man auf der Suche nach klaren Gegenüberstellungen die Nuancen übersieht, die Marcel selbst an diesem Bild immer wieder angebracht hat. In einem Brief vom 6. 10. 1941 gesteht er ein, daß er in den Untersuchungen in EA die positive und unverzichtbare Rolle des Habens in unserem Fortschreiten auf das Sein hin nicht genügend berücksichtigt habe. »Je dirais même que l'être ne s'établit que par la transmutation de l'avoir ... à proprement parler ne rien avoir, c'est n'être rien«. Dabei gilt aber, daß das Haben immer die Gefahr des Verlustes in sich birgt. Marcel sieht seine Grundschwäche in EA wohl vor allem darin, daß er das Haben und das Geschlossene in eins gesetzt habe. Damit habe er sich beispielsweise auch den Blick auf ein Phänomen wie das der Großzügigkeit verstellt; zitiert bei: J. Parain-Vial, Gabriel Marcel, un veilleur et un éveilleur, 50, Anm. 13.

2. Die Funktion als Kennzeichen der zerbrochenen Welt

Die zweite Negativfolie, auf deren Hintergrund Marcel die ontologische Frage behandelt, ist die Welt der Funktion. In dem zentralen Essay *Position et approches concrètes du mystère ontologique*[178] charakterisiert Marcel unsere Welt als eine solche, die den Seinssinn, den »sens ontologique« verloren hat. Den Grund für diesen elementaren Verlust findet Marcel darin, daß der Mensch sich im Wesentlichen nur noch als ein Bündel von Funktionen betrachte. Der Mensch wurde im Verlauf einer komplizierten Entwicklungsgeschichte immer mehr dazu geführt, seine Existenz, sein gesamtes Leben als eine Summe, eine Anhäufung untereinander geordneter und miteinander verschränkter Funktionen zu verstehen. Dieses Bild umschließt sowohl seine biologischen wie auch seine gesellschaftlichen Funktionen. Alle Lebensäußerungen werden als solche Funktionen verstanden, die es zu erfüllen gilt[179]. Selbst familiäre Beziehungen scheinen hiervon nicht ausgenommen[180]. Diese Funktionalisierung scheint nun eine ins Extrem gehende Form des Habens zu sein: der Mensch hat diese oder jene Funktion, erfüllt sie als etwas ihm Gegenüberstehendes und ihm Äußerliches: die Funktion setzt eben dieselbe Spannung zwischen Innen und Außen voraus wie das Haben. Allerdings tritt hier noch ein weiteres Merkmal auf, das im Zusammenhang mit dem Haben noch keine Erwähnung fand. Grundsätzlich ist der, der etwas besitzt, in seinem Bestand von dem besessenen Gegenstand unabhängig. Die Gegenstände, die ich besitze, bilden jedoch ein Geflecht, das eine Wirkung auf mich als den Besitzenden ausübt[181]. Dieses Geflecht,

---

178 Erstmals veröffentlicht als Anhang zum Theaterstück »Le monde cassé«, 1933; 1949 wieder herausgegeben mit einer ausführlichen Einleitung von M. De Corte. Diese Ausgabe wird hier zitiert. Zur Bedeutung dieses Essays vgl. V. Berning, Gabriel Marcel, 417; Ders., Das Wagnis der Treue, 246; E. Gilson, in: Christlicher Existentialismus, 12.

179 Vgl. PosApp 46ff/ MWA I 60ff.

180 Marcel führt in ME/ GeS verschiedene Beispiele an: ME II 56/ GeS 357f; ME II 46/ GeS 345; ME II 39-41/ GeS 337-39. Gegen solche Funktionalisierung wendet sich Marcel u.a. in zwei Aufsätzen in HV (Über das Wesen der Vaterschaft und über das Geheimnis der Familie).

181 Vgl. EA I 206f./ SH 175f/ MWA I 94 f; »Toujours il y a une sorte de choc en

insofern es nur in der Welt des Habens verwurzelt ist, ist dem Verlust bzw. der Gefahr des Verlustes ausgesetzt. Je mehr ich mich dem Haben anheimgegeben hatte, um so mehr bin ich auch selbst von der Gefahr des Verlustes bedroht. Die Angst wird ein ständiger Begleiter dessen sein, der in dieser Welt des Habens seine einzigen Wurzeln besitzt. Wendet man nun wieder den Blick zurück auf die Funktion, dann ergibt sich hier ein paralleles Bild. Die Welt der Funktion ist einer Leere und Verzweiflung ausgeliefert, die sich jeweils dann einstellen, wenn die Funktionen aus dem Lebensgefüge des in sie hineingebundenen Wesens zurücktreten: Marcel beschwört das Bild von Ruheständlern herauf »wie auch das ganz verwandte jener städtischen Sonntage, wo die Spaziergänger geradezu den Eindruck erwecken, Verabschiedete des Lebens zu sein (des retraités de la vie)«[182]. Diese Welt, das Leben in dieser Welt, das ausgerichtet ist auf die Idee der Funktion, so resümiert Marcel, ist der Verzweiflung ausgeliefert, weil sie in Wahrheit leer ist, »weil sie hohl klingt«[183]. Versucht man nun von hier aus einen Blick auf das Sein zu werfen, so wird dieses selbst vielleicht noch nicht deutlicher, aber man erkennt eher, unter welchen Voraussetzungen ein ontologisches Fragen überhaupt sinnvoll sein kann.

Das Sein müßte dort anerkannt, oder weniger anerkannt, als vielmehr »begrüßt« werden können[184], wo sich der Blick für eine Ordnung erhalten hat, die der Auflösung, der vollständigen Analyse widersteht[185]. Durch die Betrachtung der Welt, in der die Menschen sich auf ein Bündel von Funktionen reduziert sehen, gelangt Marcel zu den Wurzeln einer Haltung, welcher der ontologische Sinn fehlt. Noch extremer als in den Überlegungen zum Haben zeigt sich diese Analyse als das Gegenstück zu einer Seinsorientierung, die Marcel zu konzipieren versucht. Extremer deshalb, weil sich hier die Spannung zwischen Innen und Außen auf den Menschen selbst bezieht, weil sein

---

retour« (206).

[182] PosApp 48f/ MWA I 61.

[183] PosApp 49/ MWA I 61.

[184] EPC 110/ SchTr 72/ MWA III 62.

[185] Vgl. PosApp 52/ MWA I 63.

eigenes Sein reduziert wird auf etwas, das in einem externen Verhältnis zum Menschen steht, als etwas grundsätzlich Umgreifbares, Analysierbares, als etwas, das Gegenstand eines Inventars werden kann, so daß der Mensch sich selbst zum Ort der Verzweiflung wird[186].

Deutlich wird durch diese Überlegungen aber auch, daß die Frage nach dem Sein schlechthin nicht von der Frage nach dem individuellen Sein oder besser, nach dem Sein dessen, der nach dem Sein fragt, getrennt werden kann. Das individuelle Sein ist der Ort, an dem nach dem Sein gefragt werden muß - es ist Ausdruck oder Symbol oder Gegenwart des ontologischen Mysteriums[187]. Verfehlt der Mensch in seinem Fragen sein eigenes Sein, wird ihm die Frage nach dem Sein unmöglich. Dies, um die grundlegende Unterscheidung Marcels zwischen dem Problematischen und dem Geheimnisvollen zu wiederholen, liegt an dem Charakter des Seins als Mysterium. Hier wird die Unterscheidung des »In mir« und des »Vor mir« obsolet, sie kann nicht aufrechterhalten werden, da ich als derjenige, der sich dem Mysterium nähert, in dieses selbst mit einbezogen bin.

3. Positive Zugänge zum Sein

Der funktionalisierten Welt gegenüber könnte nur eine solche noch Raum für die Frage nach dem Sein bieten (die sich letztlich als Forderung des Seins, Forderung nach dem Sein, als »Exigence ontologique« zeigen wird[188]), in der die »puissances d'émerveillement«, die Fähigkeiten des Staunens noch Platz hätten[189]. Dieses Staunen umgreift als positive Haltung mehr als einen bloßen Rückzug vor dem unserer Vernunft Unzugänglichen. So wie das »Mystère« nicht ein Unerkennbares meint, sondern im Grunde den Bereich der Vernunft und somit die Unterscheidung zwischen erkennbar und unerkennbar

---

186 Vgl. EA I 127/ SH 110/ MWA II 217.

187 Vgl. EA I 127/ SH 111/ MWA II 218.

188 PosApp 46/ MWA I 59; PosApp 50/ MWA I 62; PosApp 51/ MWA I 62 u.ö.

189 PosApp 51/ MWA I 62. Vgl. Aristoteles, Metaphysik I, 2 (982 b): »*dia gar to thaumazein hoi anthrôpoi kai nyn kai to prôton êrxanto philosophein*«; vgl. auch R. Troisfontaines, De l'existence à l'être I, 192ff.

übersteigt, so meint das Staunen einen Akt der Anerkenntnis gegenüber einer Ordnung, die weit über die Ordnung des Verstehbaren hinausreicht[190]. Von diesem Staunen bin ich selbst als Subjekt der Erkenntnis nicht ausgenommen. Vielmehr gehört es gerade zum Wesen dieses Aktes, mich selbst nicht außerhalb der Ordnung setzen zu können, die mit dem Erstaunen gemeint ist.

Sind so auf dem Hintergrund der beiden Haltungen des Funktionalen und des Habens die Grundbedingungen einer Offenheit für das Sein dargelegt, können in einem weiteren Schritt Marcels Überlegungen zum »Charakter« des Seins dargelegt werden.

Marcel nähert sich dem Sein auf zwei Wegen. Einerseits beschreibt er das Sein im Sinne einer negativen Philosophie, welches Vorgehen durch den Ausgang von den Phänomenen des Habens und der Funktion aufgezeigt werden konnte. Der andere Weg, der positiv angelegt ist und so auch sehr viel mehr den positiven Charakter des Seinsgeheimnisses aufscheinen läßt, bedient sich zum einen der »Metapher« des *Lichtes*, zum anderen des Ausdrucks der *Fülle*. Diese beiden Ausdrücke bestimmen dann auch, was Marcel die konkreten Annäherungen an das Sein nennt.

Am Ausgangspunkt steht ein Staunen neben dem postulatorischen Charakter der »Exigence ontologique«, der Seinsforderung. Diese beiden Grunddaten finden ihre Verwirklichung in den Akten der Sammlung (recueillement), der Treue, der Liebe und auch der Hoffnung, die mit der Treue zu den zentralen Themen Marcelscher Philosophie gehört und auf dem Grund der Ontologie auch ihre Nähe zur Treue offenbart. Hier wird dann auch deutlich, daß die Phänomenologie der Hoffnung, wie sie Marcel in *Homo Viator* entwirft und bereits in *Position et approches concrètes du mystère ontologique* anklingen läßt, ihre Wurzeln in der Ontologie Marcels haben muß.

---

[190] Vgl. EA I 170/ SH 147/ MWA II 243. Diese Erkenntnis macht Marcel im Zusammenhang mit der Musik. Hier geht ihm auf, daß es eine Universalität geben muß, die nicht der Ordnung des begrifflich Erfaßbaren angehört (qui n'est pas d'ordre conceptuel). Dieser Gedanke des universellen Konkreten, das nicht auf eine Universalität der Masse hinausläuft, bleibt für Marcel bestimmend.

Letztlich wird die ontologische Frage als Frage der Intersubjektivität nochmals ein neues Licht auf die Untersuchungen werfen.
Das Sein, so formuliert es Marcel bereits im März 1919, muß zunächst als das bestimmt werden, was sich von der Erfahrung nicht auflösen läßt[191]. Diese Formulierung steht im Zusammenhang mit einer grundsätzlichen Erfahrung des Lebens, in dessen Verlauf immer mehr in den Bereich des Nicht-Seins, d.h. des Nicht-Zählens überführt werden muß. Am Ende könnte das Sein dann als dasjenige formuliert werden, das dieser Entwertung durch die Erfahrung widerstanden hat. Allerdings wäre das Sein damit nur als eine Grenze vorgestellt, und Marcel erkennt bereits hier, daß dieser negative Weg das Sein nicht wirklich erreichen kann; man müßte »von einem Akt sprechen können, der an das Sein rührt«, das Sein »ist etwas, das innegehabt werden muß«[192]. Obwohl Marcel diese Unzulänglichkeit einer *via negativa* bereits im *Metaphysischen Tagebuch* formuliert, betrachtet er sie doch auch später nicht als verzichtbar. Sie entspricht der »ersten Reflexion«, die in der »zweiten Reflexion« eingeholt und überstiegen wird. Später, in *Position et approches concrètes du mystère ontologique* und in *Schöpferische Treue* greift Marcel auf diese Grundlage zurück: »das Sein ist das, was Widerstand leistet - oder würde das sein, was Widerstand leistete - gegenüber einer erschöpfenden Analyse, die sich auf Gegebenheiten der Erfahrung richtete und darauf aus wäre, sie Schritt für Schritt auf Elemente zurückzuführen, die immer mehr eines inneren oder sinnvollen Wertes beraubt sind«[193]. Es ist vor allem die beständige Gefahr, das Sein als etwas zu betrachten, das sich dem denkenden Wesen gegenüber *setzen* läßt, als etwas Problematisierbares also, die Marcel dazu anhält, diesen negativen Weg weiterhin in der ontologischen Reflexion präsent zu halten[194].

---

[191] Vgl. JM 179/ MT 253/ MWA II 56.

[192] JM 180/ MT 254/ MWA II 56.

[193] PosApp 52/ MWA I 63.

[194] Hier konstatiert Marcel auch eine Parallele zu Heidegger: das Sein ist für beide »rien sur quoi l'on puisse discourir«, Ma relation avec Heidegger, 33/ MWA III 295.

Fragt man nach den positiven Verweisen auf das Sein, dann bietet sich ebenfalls bereits in den Aufzeichnungen des *Metaphysischen Tagebuchs* Wesentliches dar: das Sein kann beschrieben werden als das, was nicht enttäuscht: »es gibt im Augenblick Sein, da unsere Erwartung erfüllt ist; ich spreche von jener Erwartung, an der wir als ungeteiltes Ganzes teilhaben«[195]. Das Sein erscheint so als eine Fülle[196]. Damit ist ein Umschwung zu einer positiven Weise des Philosophierens, des Fragens nach dem Sein gegeben. Diese positive Linie des Denkens führt Marcel fort. Seine Betrachtungen über das Sein gehen aus von diesem Unerschöpflichen im Zentrum der Wirklichkeit[197]. Das Sein muß verstanden werden als Fülle und Erfüllung. Das Wesentliche in dieser Beschreibung des Seins ist, daß in der positiven Blickrichtung die negative nicht verschwindet. Fülle bedeutet hier nie etwas Gegenständliches, etwas, das umgrenzt, vollständig erfaßt, umgriffen werden könnte. Auf dieser Spur gelangt Marcel auch zu einer Einschätzung des Seins, die für die Beziehung zwischen Hoffnung und Sein wesentlich ist: das Sein und das Heil erscheinen identisch[198]. Diese Identität betrifft wohl vor allem das Verständnis des Seins als Fülle, als Unerschöpfliches. Daraus kann Marcel folgern, daß es Sein wohl nur in der Ewigkeit gibt[199]. Das bedeutet wiederum einen wesentlichen Eintrag in die Überlegungen zur Hoffnung. Es ist genau dieser Schwebezustand zwischen negativem und positivem Auslangen, der die Hoffnung kennzeichnet. In der Erwartung, der Hoffnung, ist das Erhoffte gegenwärtig, ohne doch umgriffen werden zu können. In der Ausrichtung auf diese unumgreifbare Fülle verleiht die Hoffnung darum eine Seinssicherheit (sécurité de l'être), die der Bedrohung durch den Verlust, wie sie mit dem Haben einhergeht, entzogen ist[200], die aber auch nicht verwechselt werden darf mit einer

---

195 JM 177/ MT 250/ MWA II 54.

196 Vgl. JM 177/ MT 251/ MWA II 54.

197 Vgl. EA I 127/ SH 110f/ MWA II 217; EPC 104/ SchTr 69/ MWA III 58f.

198 Vgl. JM 180/ MT 255/ MWA II 57.

199 Vgl. JM 181/ MT 256/ MWA II 58.

200 Vgl. HV 62/ HVd 55/ MWA I 134.

umgreifenden, besitzenden Sicherheit, wie sie auch nur im Bereich des Habens bzw. des Problematischen gefunden werden kann[201].

Der zweite positive ontologische Hinweis, den wir von Marcel erhalten, die für ihn wesentliche Wirklichkeit des Lichtes, kann auf zweifache Weise zur Verdeutlichung der Marcelschen Ontologie beitragen. Spricht Marcel vom Licht, dann meint er hier mehr als eine Metapher, »denn wir verfügen in Wirklichkeit über kein Wort, auf das der Ausdruck Licht als Metapher bezogen werden kann«[202]. Es scheint also, daß das Licht als eigenständige ontologische Wirklichkeit betrachtet wird, das Sein dabei in eine Erscheinungsgestalt konkretisierend, die zudem auch die Möglichkeit bietet, zu der für Marcel in diesem Zusammenhang zentralen biblisch-johanneischen Verwendung von »Licht« eine Verbindung zu finden und die ontologische Tragweite von der Aussage über das Licht, das in die Welt kommt, um jeden Menschen zu erleuchten, verstehbar zu machen[203]. Diese Formel des Johannes-Evangeliums definiert »unumstößlich und in Worten unübertrefflich erschöpfender Art das, was wirklich das universellste existentielle Merkmal ist, das es gibt«[204]. Es fällt zumal dann mit der »Exigence ontologique« zusammen, wenn Marcel hinzufügt, »daß der Mensch nur Mensch ist, sofern er von diesem Licht erleuchtet wird«[205]. Er verliert sein Menschsein, wenn die ontologische Forderung in ihm erstirbt, wenn durch die »Funktion« verdunkelt wird, daß der Mensch auf das Sein hin geöffnet sein muß, um seiner Existenz Sinn zu verleihen. Die ethische Fassung dieser Wirklichkeit scheint auf, wenn Marcel das erste sittliche Gebot darin sieht, nicht gegen das Licht zu sündigen[206], wodurch deutlich wird, daß es sich hier um einen Anruf handelt, dem der Mensch sich verweigern kann.

---

201 S. Foelz zitiert im Vorwort zu seiner Monographie: Gewißheit im Suchen, V, einen Brief Marcels, in dem dieser den Unterschied zwischen »Gewißheit« und »Sicherheit« betont.

202 HcH 198f/ ErM (2) 207.

203 Vgl. HcH 199/ ErM (2) 207.

204 Ebd.

205 Ebd.

206 Vgl. ebd.

Die Tatsache, daß das Licht geradezu in der Mitte der Marcelschen Ontologie steht, wird dann besonders deutlich, wenn Marcel den geistigen Fortschritt als »marche vers la lumière«[207] bezeichnet; Licht, Fülle und Sein werden hier nahezu austauschbare Begriffe. Im Rückblick auf seine Philosophie und mit Bezugnahme auf Heidegger scheint Marcel dann sogar das Licht als ontologischen Zentralbegriff einzuführen. »Für mich geht es auch um das Sein, nur möchte ich hinzufügen, daß ich nicht ganz sicher bin, ob diese Terminologie - ich meine die Unterscheidung zwischen Sein und Seiendem - völlig befriedigend ist. (...) Meinerseits würde ich eher von einem Licht sprechen, von einem Lichtenden und von etwas, was gelichtet wird. Ich glaube, wenn wir diese Lehre auf diese Ebene übertragen, wird sie überhaupt sinnvoller. Ich habe oft von einem Licht gesprochen, das sich freuen würde, Licht zu sein. Das, glaube ich, ist wesentlich. Ich nehme das Licht im Sinne des Johannes-Evangeliums; darüber hinaus können wir nicht sehr weit gehen«[208]. Das Licht erscheint in dieser Hinsicht als etwas Personales, das durch sich selbst anderes erleuchtet bzw. lichtet. Die Verbindung zur biblischen Bedeutung des Lichtes wird hier in ihrer zweifachen Ausfaltung deutlich: das Licht erscheint einerseits als etwas Lichtendes, Marcel dürfte dies ähnlich verstehen wie den Anruf; anderseits erscheint das Licht als in sich selbst begründete, aber ausstrahlende Fülle.
Für den Zugang des menschlichen Denkens zum Sein ergibt sich aus dieser Verbindung von Licht und Sein ein Weiteres: In der idealistischen Konzeption der Erkenntnis muß der Verstand als ein Erhellendes aufgefaßt werden. In dem Bewußtsein, das Sein aber keinesfalls als Setzung des Verstandes denken zu können, ferner in einer Ablehnung der Hybris der idealistischen Grundprinzipien kann Marcel auf dem Hintergrund der Licht-»Metaphorik« eine ontologische Auffassung vertreten, in der das Sein weniger als Erhelltes (durch den Verstand), sondern im Grunde nur als Erhellendes gedacht werden kann[209]. Das Denken ist dem Sein zugeordnet wie das Auge dem

---

207 EA II 13/ SH 193.

208 PhilTest 88/ MWA III 327f.

209 Vgl. SagTra 33/ TraWei 29.

Licht - Marcel zitiert hier ausdrücklich thomistisches Gedankengut, was für ihn unüblich ist[210], fragt aber darüber hinaus nach dem Sein des Denkens und deckt hier eine Parallele auf zwischen Denken und Verlangen, die als Grundgedanke in die Formulierung der »Exigence ontologique« eingehen wird. Das Licht wie das Sein können letztlich nicht gesetzt, sondern nur empfangen werden.

Das impliziert aber für Marcel zweierlei: einerseits muß die hier angesprochene Rezeptivität als schöpferische Rezeptivität verstanden werden. Wenn auch der Verstand nicht als aus sich selbst erhellendes Prinzip begriffen werden darf, so ist die Rezeptivität keine Untätigkeit, sondern eine Öffnung, ein Transparentwerden und - im intersubjektiven Kontext - ein Ausstrahlen, da das Sein nur auf diese Weise erscheinen kann[211]. Zum anderen formuliert Marcel eine Verwandtschaft zwischen dem Denken und dem Sein, hier wiederum in der Nähe zur Tradition von Aristoteles und Thomas stehend. Ausgehend von einer Erfahrung des Künstlerischen beschreibt Marcel eine Reflexion, die ihm vor Augen führt, daß der Verstand selbst diese Erfahrung nicht hervorbringen kann, sondern sich ihr öffnet, »um dieses Licht aufzunehmen, denn im Grunde ahnt er undeutlich, daß dieses Licht von keiner anderen Wesenheit ist als er selbst, und, so möchte ich gerne sagen, er setzt gewissermaßen seine Ehre darein, diese Identität, für die er keinen Schlüssel hat, zu verkünden«[212].

Aus diesen Beschreibungen ist deutlich geworden, daß der Weg der Annäherung an das Sein nicht der eines Denkens, der eines analytischen Auflösens sein kann, sondern daß es sich um eine Annäherung handeln muß, die vielmehr in einer aktiven Offenheit, einer schöpferischen Offenheit besteht als in einer umfassenwollenden Bewegung, die von einem wie auch immer verstandenen denkenden Subjekt aus-

---

210 EA I 45/ SH 40/ MWA II 177.

211 ErM (2) 207.

212 ErM (2) 200. In den autobiographischen Aufzeichnungen ordnet Marcel die Rede vom Licht christologisch zu: Das Licht, das Licht Christi erscheint dann als Blick: diesen Blick betrachtet man nicht, man wird von ihm betrachtet, durchdrungen (EnChem 287); nebenbei bemerkt ist dies wohl die positive Fassung des Blickes, wie er bei Sartre auftaucht.

geht[213]. Streng gefaßt ist das Sein von einer Weise, daß wir uns ihm sogar nicht einmal nähern können: Es ist niemals als Objekt zu denken[214]. Wenn Marcel nun dennoch von »approches concrètes du mystère ontologique« spricht, so meint er solche Annäherungen, die dem Geheimnischarakter des Seins entsprechen.

III. Intersubjektivität und Teilhabe im Denken Gabriel Marcels[215]

Betrachtet man zusammenfassend die Überlegungen Marcels, die sein ontologisches Konzept bilden, so wird die enge Verzahnung deutlich, die zwischen der Seinsforderung (bzw. allen Weisen der Annäherung an das Sein) und dem Bereich der Intersubjektivität besteht. Wären die räumlichen Bezeichnungen nicht in hohem Maße verzerrend, könnte man formulieren, daß es sich um ein In-eins-Stehen der vertikalen und der horizontalen Ebene handelt. Das deutlich zu machen, sollte der vorhergehende Abschnitt leisten. In diesem Teil der Untersuchung soll es nun darum gehen, diese besondere Art der Relationalität, die zentral in Marcels Denken eingeschrieben ist, zu beleuchten. Sie umfaßt verschiedene Ebenen und Fragestellungen.

---

213 H. Pfeiffer, Gott erfahren, 138, interpretiert Marcel in eine andere Richtung: das Sein werde im Transzendieren des Habens gefunden, der Weg dazu sei die Reflexion. Unbestritten ist, daß Marcel, auch in Absetzung von Bergson, die Reflexion an diejenigen Seinszugänge gebunden hat, die er mit Intuition bezeichnet. Insgesamt stehen für Marcel aber die »konkreten Annäherungen« an das Sein im Vordergrund.

214 Vgl. SagTra 33/ TraWei 29.

215 Ist hier und im folgenden von »Intersubjektivität« die Rede, so wird dieser Ausdruck in der von Gabriel Marcel verwendeten Weise gemeint, liegt daher eher in der Richtung dessen, was vielfach unter Interpersonalität verstanden wird; vgl. dazu G. Scherer, Sinnerfahrung und Unsterblichkeit, 177: »Interpersonalität bezeichnet das, was sich zwischen Personen ereignet. Terminologisch sollte sie von Intersubjektivität abgegrenzt werden. Diese bezieht sich auf den Geltungsanspruch von Sätzen für alle urteilsfähigen Subjekte, Interpersonalität zielt auf die Offenheit oder Verschlossenheit von Personen füreinander, ihre gegenseitige Anerkennung oder Akzeptation...«.

Wie ist die *Teilhabe* des Menschen, des Denkens am Sein, darüber hinaus auch an Gott denkbar? Kann diese Art der Relation überhaupt noch einmal Gegenstand des Denkens werden? Wie ist die Beziehung von Subjekt und Objekt in einem allgemeineren Sinn für Marcel vorstellbar, und: bietet dieses Denkmuster überhaupt die Möglichkeit, Richtiges über die Beziehungen auszusagen, auf die es Marcel ankommt, über den Glauben als eine Teilhabe an Gott und über die intersubjektive, zwischenmenschliche Bezogenheit? Letztlich wäre auch im Hinblick auf die Hoffnung zu fragen, ob und inwiefern hier ein Teilhabeverhältnis vorliegt. Kann die Hoffnung verstanden werden als eine Form der Teilhabe?

1. Erste Schritte zur Formulierung der Teilhabe in den *Fragments philosophiques*[216]

Um diese Fragen zu beantworten, ist ein Blick auf den Beginn Marcelscher Philosophie notwendig[217]. In dem frühesten Text *Überle-*

---

[216] Der Begriff der Teilhabe wird von Marcel gegen Ende seines Lebens eher mit einer gewissen Skepsis betrachtet, da er eine verobjektivierende Vorstellung suggerieren könnte (vgl. Cérisy 202; 205f). Dennoch, so gesteht Marcel hier ein, bringe dieser Begriff etwas zum Ausdruck, auf das nicht verzichtet werden könne. Wenn im folgenden der Begriff der Teilhabe verwendet wird, dann einerseits in Ermangelung eines von Marcel selbst ausgebildeten besseren Begriffs, anderseits weil dieser Begriff in den frühen Texten zum unverzichtbaren Vokabular Marcels gehört.

[217] Die Texte sind veröffentlicht unter dem Titel *Fragments philosophiques*. Die Sammlung *Reflexion und Intuition* erschließt die wichtigsten dieser Texte in deutscher Sprache. Der Rückgriff auf diese frühen Texte rechtfertigt sich trotz aller Vorbehalte, die Marcel selbst gegenüber seinen frühen philosophischen Bemühungen (selbst des ersten Teiles MT) hat, durch die Bewertung, die Marcel in GeS über sie abgibt: Die Probleme, die er sich damals vornahm, seien dieselben, die sich ihm heute (um 1950) darbieten, »ja ich möchte sagen, die einzigen, welche es verdienen, die Aufmerksamkeit der Philosophen zu fesseln« (GeS 296/ ME II 6), und auch die Lösungen seien grundsätzlich dieselben geblieben. Marcel betrachtet sein - bis auf diese frühen Texte zurückgehendes - philosophisches Werk als »Orchestrierungsarbeit einer Anzahl ursprünglich gegebener Themen«(GeS 297/ ME II 7). Zur Bedeutung der Frühphilosophie Marcels vgl. auch D. Dubarle, Un franchissement des clôtures de la philosophie idéaliste classique. La première philosophie de G. Marcel 1912-1914; V. Berning, Das Wagnis der Treue, 163-182.

gungen zur Idee des absoluten Wissens beginnt Marcels Weg der Loslösung vom Idealismus und der Überwindung der Subjekt-Objekt-Spaltung der Wirklichkeit[218]. Ausgangspunkt dieser Untersuchung ist der Begriff des absoluten Wissens[219]. Es geht um die Überprüfung der Frage, ob die Wirklichkeit als »intelligibles System gefaßt werden« kann, »das in seiner konkreten und unteilbaren Einheit alle einzelnen Elemente des Wissens enthält«[220]. Gemeint ist damit einer der Hauptgegenstände des Idealismus: die Identität von Sein und Wissen. Damit ist aber ein weiteres Problem angeschnitten, das für Marcel dann wesentlich wird: dasjenige der Beziehungen von Endlichem und Unendlichem[221]. Es zeigt sich, daß diese Fragen in eine Aporie münden: Das Endliche kann in das Unendliche nicht eingeordnet werden. Das diskursive endliche Denken muß als nichtseiend angenommen werden, wenn man das Sein als unendliches, als wirklich aufgefaßtes Wissen dem endlichen Denken gegenüberstellt - und zwar als das endliche Denken transzendierend. Einen Übergang vom endlichen Denken zum unendlichen Wissen kann es nicht geben[222]. Anderseits kann das absolute Wissen nicht völlig vom endlichen Denken getrennt werden: Wenigstens der Charakter der Vernünftigkeit bliebe hier weiterhin als intellektuelle Forderung in Gültigkeit[223]: die Unterscheidungen des Endlichen müßten auch im absoluten Wissen erhalten bleiben. Das bedeutet aber einen Bezug herzustellen oder aufzudekken, der zwischen endlichen Bestimmungen und dem absoluten Wis-

---

218 Marcel selbst sieht diese Loslösung allerdings erst später, vgl. EA I 31/ SH 28f/ MWA II 168f (Juni 1929) und die erläuternde Anmerkung zu diesem Eintrag aus d. J. 1934.

219 Die Zielrichtung ist Hegel; vgl. V. Berning, Kommentar ReflInt 181; zur Hegelrezeption Marcels und zu den Spuren dieser Rezeption in dem vorliegenden Aufsatz vgl. V. Berning, Das Wagnis der Treue, 71f.

220 FragPhil 23/ ReflInt 19.

221 Vgl. ebd.

222 Vgl. FragPhil 24-26/ ReflInt 20-22.

223 Vernünftigkeit hier verstanden nach der Definition, die Marcel gibt: Einheit von Bestimmungen, die im Abstrakten trennbar sind: die Bestimmungen müssen aber innerhalb der Einheit erhalten bleiben, FragPhil 28/ ReflInt 23.

sen besteht. Damit ist jedoch der Begriff des absoluten Wissens in seinem strengen Sinn nicht mehr anwendbar.
Betrachtet man die Beziehungen zwischen endlichem Denken und absolutem Wissen noch unter einem anderen Aspekt, so wird der Charakter dieses philosophischen Terminus noch deutlicher. Das absolute Wissen wird nach Marcel in jedem Fall ein fragmentarisches Wissen sein, »ein offensichtlich äußerst lückenhaftes Kompendium« des Wirklichen[224]. Die Begrenzung der endlichen Erkenntnis, das also, wodurch sie als endliche Erkenntnis erst konstituiert ist, findet keine Aufnahme in das System des absoluten Wissens. Die Aufnahme endlicher Erkenntnis in dieses absolute Wissen wäre nur unter der Bedingung möglich, daß eine Unterscheidung vorgenommen wird zwischen dem Endlichen an sich und dem Endlichen, das auf ein der Vernunft zugängliches Wesen reduziert wird. »Eine Unterscheidung besteht zwischen zwei Standpunkten, und diese Unterscheidung gehört nicht zum absoluten Wissen; das absolute Wissen drückt nur einen Aspekt aus, nicht die konkrete Totalität, innerhalb derer die beiden Aspekte nur abstrakte Momente waren«[225]. Das absolute Wissen erscheint nun auf einmal als ausschließlich *ideal*[226]. Für Marcel führt das zu der Schlußfolgerung, daß das absolute Wissen letztlich als widersprüchlich, als nicht annehmbare Denkmöglichkeit aufgegeben werden muß.
Der Grund für die innere Widersprüchlichkeit des »absoluten Wissens« liegt für Marcel in demjenigen Sachverhalt, der später zu einem der (negativen) Ausgangspunkte seines konkreten Philosophierens wird: Eine Forderung des Denkens wurde hypostasiert sowie fälschlicherweise isoliert und für sich betrachtet. »Die Philosophen des absoluten Wissens sind, so scheint es, Opfer der gleichen Illusion wie die Anhänger eines naiven Realismus. Sie glauben, das Band zwischen Objekt (hier das absolute Wissen) und Subjekt zerschneiden und das Objekt als ein Sein behandeln zu können, ohne wahrzunehmen, daß dieses Sein seine Wirklichkeit der Tatsache verdankt, daß es am Sub-

---

[224] FragPhil 31/ ReflInt 25.

[225] FragPhil 33/ ReflInt 27.

[226] Ebd.

jekt Anteil hat«[227]. Das absolute Wissen ist eine Abstraktion, die keine Verbindung eines konkreten Subjektes mit dem Sein erlaubt. Nur unter Aufgabe der Individualität des Subjektes könnte eine Teilhabe am Sein gedacht werden.

Wenn sich nun auf diese Weise (die von einer Identität von Sein und Wissen ausgeht) keine Teilhabe am Sein eröffnet, sobald das System des absoluten Wissens als widersprüchlich erkannt wurde, stellt sich die Frage, wie die Teilhabe des Denkens am Sein auf andere Weise möglich ist. Das Denken kann das Sein nicht vollkommen außerhalb seiner setzen; damit erschiene das Denken nur noch als reine Form. Es geht darum, denjenigen Mittelweg zu finden und darzulegen, aufgrund dessen gesagt werden kann, daß das Denken einerseits Wirkliches einschließt, ohne sich aber anderseits mit diesem Wirklichen identisch zu setzen[228]. Der Gang, den Marcel zu dieser Klärung einschlägt, kann nur darin bestehen, die Erkenntnis, den Akt der Erkenntnis selbst zu betrachten, insofern er *Beziehung* ist, und zu fragen, wie ein Übergang zum Wirklichen möglich ist[229].

Marcel sieht nun im Erkenntnisakt selbst grundlegend dasjenige Widersprüchliche angelegt und vorhanden, welches die Idee des absoluten Wissens in die von Marcel aufgezeigten Schwierigkeiten verstrickt: Jede Erkenntnis, so Marcel, impliziert als ihre notwendige Bedingung ein Unerkennbares[230], etwas, das nicht von der Erkenntnis erschlossen, umschlossen bzw. vor sie gestellt werden kann. Dieses Unerkennbare ist nichts anderes als die Bedingung der Erkenntnis: würde diese als Gegenstand der Erkenntnis noch einmal vor diese gestellt, so würde sich das Problem nur in einen letztlich unendlichen Regreß verlagern, da jeweils die Bedingung derjenigen Erkenntnis, die sich auf die Bedingung der Erkenntnis zu richten versuchte, als entzogen erfahren werden müßte.

---

227 FragPhil 44f/ ReflInt 37.

228 Vgl. FragPhil 50/ ReflInt 41.

229 Ebd.

230 Vgl. FragPhil 51/ ReflInt 42.

Auf Kant zurückgreifend bestimmt nun Marcel die Ebene des Subjektiven als das per definitionem Unerkennbare[231]. Marcel versucht nun, sich diesem Unerkennbaren umschreibend zu nähern und gelangt hier zu einer Erkenntnis, die in seinen späteren Reflexionen immer wieder auftaucht und deren Inhalt nahezu mit dem übereinstimmt, was später als der Bereich des »Mystère« konzipiert wird. »Es scheint zunächst so, als sei das Unerkennbare als reines Subjekt nur eine Abstraktion, eine Form, über die man nichts aussagen kann, weil sie leer ist. Aber gerade das reine Subjekt erscheint erst ab dem Augenblick als abstrakt, in dem es gewissermaßen als Objekt vor sich selbst gestellt ist. Nur diese Kehre oder reflexe Zuwendung zu sich selbst, in der es für sich zum Objekt wird, macht aus ihm eine Abstraktion, und die Tatsache, daß man ihm keine Bestimmung zuweisen kann, sobald es als Objekt gesetzt wird, beweist genau, daß diese Setzung nicht zulässig ist«[232]. Geht man von diesem Subjekt aus, das als unerkennbar, als nicht objektivierbar bestimmt wurde und fragt man nun weiterhin, wie die Teilhabe des Denkens am Sein mit dieser Bestimmung verbunden werden kann, so gilt auch hier, daß eine *Setzung* dieser Teilhabe unmöglich erscheint: die Teilhabe des Denkens am Sein, sofern das Denken als reines Subjekt aufgefaßt wird, ist durch eine solche Setzung nicht mehr denkbar[233]. Von einem abstrakt als Objekt des Denkens gesetzten Denken kann eine Teilhabe am Sein nicht mehr sinnvoll ausgesagt werden.

Diese Teilhabe formuliert Marcel nun in einem Aufsatz von 1912 unter Zuhilfenahme des Begriffs der Intuition[234]. Er bedient sich dieses Terminus unter dem Einfluß Bergsons, legt jedoch auch eine Differenz zu diesem bloß, insofern Bergson vermutlich in der Linie seines Konzeptes von Intuition das *Sein* nicht meint[235]. Die Intuition versteht Marcel als dasjenige, das allein imstande ist, das Sein zu er-

---

231 Vgl. FragPhil 52/ ReflInt 43.

232 FragPhil 53/ ReflInt 44.

233 Vgl. FragPhil 57/ ReflInt 47.

234 ReflInt 56-76.

235 ReflInt 56, Anm. 1.

reichen und unterscheidet sie streng vom diskursiven Denken[236]. Zur Grundvoraussetzung der Intuition, wie Marcel sie hier erhellen will, gehört, daß eine Beziehung zwischen dem Sein und dem Denken bestehen muß, die er Immanenz nennt, worunter er aber lediglich versteht, »daß das eine dem anderen nicht fremd ist«[237]. Marcel definiert am Ende dieses Aufsatzes, der sich auch noch einmal mit dem Problem des absoluten Wissens beschäftigt, die Intuition als etwas, das nicht im eigentlichen Sinne Erkenntnis sein kann; »dennoch bleibt sie eine Schöpfung oder, genauer gesagt, ein Akt der Transzendenz, durch den das Denken, indem es sich des deformierenden Charakters jeder Objektivierung bewußt wird, sich selbst als an sich nicht auf irgendeine Umwandlung dieser Art reduzierbar und in diesem Sinn, wenn auch nicht identisch mit dem Sein (denn mit einer solchen Behauptung fiele es in die Welt der Ideen zurück), so doch als an ihm teilhabend behauptet«[238]. Die »Intuition selbst läßt sich im Grunde auf den Akt reduzieren, durch den das Denken behauptet, es sei in sich selbst transzendent zu allem, was in ihm reine Objektivität ist. Sie ist also, kurz gesagt, ein Glaubensakt, und ihr Gehalt könnte nur in einer praktischen Dialektik der Teilhabe entfaltet werden, durch die das Denken, indem es die Welt des Wissens überschreitet, sich durch sukzessive schöpferische Verfahren dem Mittelpunkt annähert, wo es freiwillig auf sich selbst verzichten muß, um dem Platz zu geben - DER IST«[239].

---

236 Vgl. ReflInt 56f.

237 ReflInt 58.

238 ReflInt 75.

239 ReflInt 75f. Die Bedeutung des Marcelschen Versuches, Intuition und Ontologie aneinander zu binden, hebt D. Dubarle, Un franchissement des clôtures de la philosophie idéaliste classique, hervor (bes. 184). Allerdings deutet Dubarle auch die Schwierigkeiten an, die in Marcels Auffassung von der Intuition in dieser frühen Periode seines Denkens liegen und die vermutlich auch dazu beigetragen haben, daß Marcel später wenig auf eine Philosophie der Intuition Bezug nimmt. Zum ersten wähle Marcel sein philosophisches Standbein im Idealismus Schellings in Absetzung von Hegel. Dadurch, daß Marcel nun aber Wert lege auf eine positive Dialektik und sich mit genauem begrifflichen Instrumentarium versehe, gerate er teilweise in das Fahrwasser Hegels. Zum zweiten bleibe bei Marcel die genaue Bedeutung des Begriffes Intuition weitgehend im Unklaren; eine (vermutlich ungewollte) Nähe zu Hegels

Betrachtet man nun das Verhältnis der Teilhabe zur Reflexion, so erscheint die Teilhabe als »obere Grenze der Reflexion, das heißt als der Akt, vor dem jede Reflexion haltmachen muß. Es gibt, wie wir wissen, keinen Übergang von der Teilhabe zur Reflexion«[240]. Die Teilhabe erscheint letztlich als ein Geheimnis[241], nicht umwan-delbar zum Objekt. Sie hat zur Voraussetzung eine gewisse Selbstaufgabe des Denkens: nur wenn dieses darauf verzichtet, sich selbst reflexiv als Objekt zu betrachten (welchen Verzicht Marcel hier bereits als Glaube bezeichnet), wird ihm die Teilhabe möglich[242]. Es wird zu einem großen Teil das Bemühen Marcels in seinem philosophischen Werdegang sein, deutlich zu machen, daß diese von ihm so als Geheimnis verstandene Teilhabe nichts zu tun hat mit blindem Subjektivismus. Mit einer solchen Auffassung wäre nichts gewonnen; sie würde einen Rückzug vom Sein darstellen bzw. den Anspruch aufgeben, das Sein in dieser Teilhabe zu »erreichen«. Die Teilhabe ist nicht nur als vor der Reflexion gerechtfertigt zu verstehen, sondern sie setzt die reflexiven Bemühungen geradezu voraus; sie verbleibt nicht diesseits der Reflexion, sondern übersteigt sie, bezeichnet einen Bezirk, der von der Reflexion nicht mehr erreicht werden kann. Dies wird aber nicht durch ein fideistisches Verdikt festgelegt, sondern auf dem Weg der Reflexion selbst festgestellt[243].

Diese Darstellung des frühesten Zeugnisses Marcelschen Philosophierens war aus einem zweifachen Grunde notwendig: einerseits ist hier die Wurzel jener Konzeption von Relationalität auszumachen, die Marcel immer weiter ausfalten wird. In ihren wichtigsten Grunddaten

»Anschauung« könne nicht ausgeschlossen werden (vgl. 210).

240 FragPhil 60/ ReflInt 50.

241 Vgl. FragPhil 65/ ReflInt 54.

242 Vgl. FragPhil 64/ ReflInt 53.

243 Zur Stellung Marcels gegenüber einem bloßen Fideismus vgl. G. Thibon, Une métaphysique de la communion, 151f. Der Fideismus erscheint lediglich als umgekehrter Rationalismus (rationalisme retourné). Die Anerkennung des Mysteriums hat nichts zu tun mit einer Suspension des Intellekts. Thibon zitiert hier S. Weil: »L'intelligence ne peut jamais pénétrer le mystère, mais elle peut seule rendre compte de la convenance des mots qui l'expriment. Pour cet usage elle doit être plus aiguë, plus perçante, plus précise, plus rigoureuse et plus exigeante que pour tout autre« (152).

entspricht sie dem, was auch für die interpersonalen Beziehungen gelten wird: diese - dyadischen - Relationen[244] sind nur um den Preis des Verzichtes auf die verobjektivierende Selbstreflexion zu gewinnen, was später noch gezeigt werden wird. Anderseits muß deutlich festgehalten werden, daß diese Grundstruktur von Marcel nicht einfachhin postuliert wird, sondern in der sorgfältig fortschreitenden Reflexion entwickelt wurde[245]; diese Reflexion ist in diesem frühen Fragment dokumentiert.

Hier könnte auch eine Differenz zu anderen Konzeptionen interpersonaler Relationalität manifest werden, die wohl oft von einer reinen Dialogstruktur ausgehen und in phänomenologischem Fortschreiten über die ontologischen Grundlagen nicht weiter Rechenschaft ablegen. Es gilt nun zu zeigen, wie diese ontologisch ausgerichtete Teilhabe fruchtbar werden kann für das Konzept der Intersubjektivität.

In dem Fragment *Theorie der Teilhabe*[246], das nur kurze Zeit nach dem bis hierher behandelten Text entstanden ist, knüpft Marcel an die dort vorgestellten Überlegungen an. Die Benennung der Teilhabe als *Glaube*, insofern sie nicht als Objekt des Denkens verstanden wird,

---

244 Zum Terminus der »dyadischen Relation« vgl. V. Berning, Das Wagnis der Treue, 216ff. Die dyadische Relation konzipiert Marcel aufbauend auf der Erkenntnis von J. Royce, daß jede menschliche Aussage in einem triadischen Bezug stehe (vgl. G. Marcel, Existentialisme et pensée chrétienne, 164): Jedes Ich steht einem im Extremfall von ihm selbst gesetzten Du gegenüber, das über ein Es eine Auskunft gibt. »Die intendierte Objektivität ist gegenüber meinem Ich und dem Du stets ein unabhängig gedachtes Drittes« (V. Berning, a. a. O., 216). *Personen* sind nun im Gegensatz zu einer rein »problematischen« Welt, in der eine solche Sprechweise angebracht sein kann, *nur* im Mitsein erfahrbar (vgl. ebd., 217). »Aus der fiktiven Dreiheit muß eine reale Zweiheit werden« (ebd.). Das Du kann niemals »Fall« sein; ich erkenne (nun aber nicht mehr in einem verobjektivierenden Sinn) den anderen erst, insofern ich an ihm teilhabe.

245 J. Delhomme, Zeugnis und Dialektik, 166ff, grenzt Marcels Formulierung der Teilhabe ab: 1. gegen ein bloßes Postulat; als solches wäre die Teilhabe nur eine schematisierte, gedachte Einholung der Wirklichkeit in die Erfahrung; wirkliche Teilhabe ist Teilhabe am Meta-Empirischen und Meta-Kritischen (vgl. 166); 2. gegen den »Sprung« Kierkegaards, da Marcel der Reflexion, insofern sie nicht problematisierende Reflexion ist, einen bedeutenden Platz zuweist (167f).

246 FragPhil 93-114/ ReflInt 95-112.

sondern sich das Denken dieser Teilhabe überläßt, wird vorausgesetzt[247]. Die Fragen, die bisher noch offengeblieben waren, werden jetzt einer Analyse unterzogen, wobei im Mittelpunkt des Interesses die Suche nach der Verschränkung zwischen der Teilhabe des Denkens am Sein und der Intersubjektivität stehen muß. Denn hier entscheidet sich, ob und wie die Weisen der Teilhabe des Denkens bzw. des Subjektes am Sein verbunden sind mit der Anerkenntnis der Intersubjektivität. (Später spricht Marcel eher von »approches concrètes«, wo er früher vermutlich »Teilhabe« gesetzt hätte: im Zuge seiner Analyse der Begriffe Sein und Haben muß die Verwendung des Wortes Teilhabe für ihn einen zu sehr dem Haben verwandten, verräumlichenden und verobjektivierenden Charakter annehmen[248]). Die Begründung dafür, daß diese beiden Ausspannungen des Subjektes untrennbar miteinander verbunden sind, liegt in diesem frühen Text Marcels. Allein sein Verständnis der Subjektivität als Mysterium, als dasjenige, das immer dann verraten wird, wenn es »Gegenstand« wird, d.h. als Objekt vor ein Denken gestellt wird, und damit das Sein verfehlt, kann Aufschluß über diese Verknüpfung geben. Ebenso gründet hier Marcels beständige Ablehnung des cartesischen Cogito als Grundlage der Erkenntnis: das denkende Subjekt wird hier verobjektiviert, in sich eingeschlossen und steht weder in Verbindung mit einem anderen konkreten Subjekt noch kann es das Sein erreichen. Allein die Schwelle des Gültigen wird durch das Cogito bewacht[249].
Es geht für Marcel nun darum, die von ihm aufgestellte Grenze der Reflexion, die in den Bedingungen des Denkens besteht, d.h. in der unhinterfragbaren Subjektivität, noch einmal zu konkretisieren, sie aus der Abstraktheit der Formulierungen zu lösen, mit denen er noch in dem Text von 1910/11 operiert.
Wie ist nun also das Subjekt des Glaubens bzw. zunächst der Teilhabe im obengenannten Sinn konkret zu verstehen? Es ist erstens die Indi-

247 FragPhil 93/ ReflInt 95.

248 Vgl. SagTra 279/ TraWei 222f.

249 Vgl. PosApp 54/ MWA I 65; zu Marcels Kritik am cartesischen Cogito vgl. S. Foelz, Gewißheit im Suchen, 237-244.

vidualität, die als nicht umgrenzbare am Sein teilhat[250]. Diese Individualität ist nicht gleichzusetzen mit dem empirischen Subjekt, sondern muß verstanden werden als in einer inneren Einheit stehend mit jeder Individualität. »Man kann hinzufügen, der Glaube manifestiere sich umso mehr, als er nicht bei dem haltmacht, was man empirisch als Individualität bezeichnet, denn vom Standpunkt des Glaubens aus hat diese Unterscheidung der individuellen Sphären (im psychologischen Sinn) zweifelsohne keinen Sinn. Deshalb kann sich das Gebet, also der wesentliche Akt des Glaubens, auch nur auf das Heil der anderen beziehen«[251]. Jede andere Sicht würde ja das Subjekt von neuem umgrenzen und auf diese Weise abstrahieren: der Glaube *für mich*, das Erstreben des Heiles *für mich* setzt eine Selbstreflexion voraus, in der ich mich selbst als möglichen Träger des Heils zunächst vergegenständlichen müßte. Ist aber in der sich hier anbahnenden Konzeption von Glaube und Individualität die Objektivierung nicht lediglich auf den anderen transferiert? Eben dieser Schluß darf nicht gezogen werden. Meine »Relation« zum anderen ist dadurch gekennzeichnet, daß ich ihn als anderen gerade nicht verobjektiviere, sondern ihm geöffnet bin. Die Kategorie des *Mit-Seins*, die hier noch nicht explizit genannt wird, ist ebenso wie diejenige des *Gegenwärtigseins (Présence)* bereits impliziert. Alle Versuche Marcels, im weiteren Verlauf seines Denkens diese Relationalität, oder besser Intersubjektivität zu erhellen, zielen genau darauf, diese Ebene des Nicht-Objektivierbaren in der Intersubjektivität zu wahren.

Ein weiterer Versuch, die am Sein teilhabende Subjektivität zu verstehen, führt zum Begriff des »Selbst«. »...der Glaube ist in seinem Sein nur *für sich selbst*, in Beziehung zu sich selbst als er selbst (nicht als dieser oder jener) denkbar«. Die Wirklichkeit des Selbst (la réalité

---

250 FragPhil 95/ ReflInt 96.

251 Ebd. Diese Frage wird aber von Marcel in MT noch differenziert; für sich selbst zu beten kann auch auf eine zulässige Art geschehen; »ich kann darum beten, mehr zu sein, aber nicht, mehr zu haben« (JM 219/ MT 308/ MWA II 86). Anderseits kann das Gebet für den Nächsten dann verfälscht sein, wenn es der Erwägung des mir Nützlichen entspringt. Für die Heilung meines Dieners dürfte ich nur beten, wenn er mein Freund ist (vgl.JM 219/ MT 308/ MWA II 87). Von hier aus ergibt sich der Weg zu der Formulierung Marcels: »Im Grunde bete ich zu Gott für uns« (ebd.).

du soi) wird anders als die Wahrheit des Selbst (dieser oder jener zu sein) nur im Glauben offenbar. »Den Glauben eines anderen zu denken bedeutet seinem Wesen nach, ihn nicht zu denken, nichts zu denken - und den Glauben für sich selbst zu denken ist nur unter der Bedingung möglich, daß man von diesem 'Selbst' alles entfernt, was (in der ideellen Übersetzung in eine andere psychologische Gegebenheit) als 'ein anderer' betrachtet werden könnte«[252]. Damit kann der Glaube nicht mehr verstanden werden als reine Angelegenheit des Subjekts: das wäre nur dann möglich, wenn dieses Subjekt als je abgeschlossen, gegeben betrachtet werden könnte, nicht aber dann, wenn es als *Selbst* in der tieferen Einheit steht mit anderen Subjekten.

Ein Drittes: Wir sind damit aber noch nicht bei der Konkretion angelangt, die Marcel anstrebt. Das Konkrete, das in der Lage ist, Subjekt des Glaubens zu sein, kann für Marcel nur Aktcharakter haben[253]. Dies kann nur der »Akt einer aktiven Erkenntnis des *Ich*« sein, »durch den das *Selbst* wird, und dieser Akt läßt sich in allgemeiner Form als Liebe definieren. Subjekt des Glaubens kann nur die Individualität sein, die sich in der Liebe bewahrt und außerhalb ihrer nicht sein könnte«[254]. Die Liebe ist genau jene Aktgestalt des Subjekts, in dem dieses auf jede Objektivierung verzichtet, »eine andere Freiheit behauptet« und so erst selbst Freiheit wird[255]. Die Überzeugung vom unerschöpflichen Reichtum und von der unvorhersehbaren Spontaneität des geliebten Wesens liegt ihr zugrunde[256]. Die Liebe ist in ihrer Gestalt von dieser Grundlosigkeit ebenso umfaßt: »Es gibt keine objektive Begründung der Liebe«[257]. Sie liegt jenseits einer objektiven Wahrheit und drückt strenggenommen nichts aus[258]. Damit ist eine

---

252 FragPhil 96/ Reflint 97.

253 Vgl. FragPhil 96/ Reflint 98.

254 FragPhil 96f/ Reflint 98.

255 FragPhil 97/ Reflint 98.

256 Vgl. HV 67/ HVd 60/ MWA I 137.

257 FragPhil 98f/ Reflint 99.

258 FragPhil 99/ Reflint 99. Das Problem wird in JM63ff/ MT 95ff wieder aufgenommen. In eine ethische Forderung umgewandelt, ist es das Verbot zu urteilen, das die Liebe sich auferlegt. »Das 'Richtet nicht' ('Tu ne jugeras pas') der christlichen Moral muß als eine der wichtigsten metaphysischen Formulierun-

Basis erreicht, die für Marcels gesamtes philosophisches Werk bestimmend bleibt. Es geht für ihn nun immer darum, die konkreten Verwirklichungsweisen dieser doppelten Ausgerichtetheit des Subjekts, die aber miteinander in einem tieferen Sinne eine Einheit bilden, auszulegen. Von jeder dieser konkreten Auslegungen läßt sich die Spur zurückverfolgen zu dieser Einheit, so daß Liebe, Treue, Gemeinschaft, Zuwendung zum Du aus dieser Einheit, die den Weg zum Sein weist, nicht herausgetrennt werden dürfen. Anderseits wird auch eine Weise der Seinsteilhabe, wie sie in der Hoffnung intendiert ist, auf diese Einheit zurückgeführt werden müssen, auch wenn dort der intersubjektive Charakter nicht von vornherein offensichtlich ist.
Zweierlei ist noch anzumerken: 1.) Marcel verwendet die Ausdrücke Liebe, Gemeinschaft, Teilhabe hier nicht in einem von der christlichen Offenbarung begründeten Sinn; von daher fehlen in diesem frühen Text, der aus den Jahren 1913/14 stammt, die für die Hoffnung wesentlichen Stichworte »Heil«, »Erlösung«, »Rettung«. Marcels Grundausrichtung ist aber bereits ausgebildet und wird sich im Verlauf seines Lebens nicht mehr grundsätzlich ändern. Seine Wendung zum Konkreten aber, die in die Zeit des Ersten Weltkriegs fällt, wird diese Konzeption hinführen zu einer Bereicherung des Verständnisses von »Existenz« im Sinne eines Einsatzes, zu einem Verständnis der Tragik der Existenz; vor allem aber wird die Frage nach dem Tod, die sich in Marcels Perspektive hauptsächlich als Frage nach dem Tod des geliebten Wesens stellt, sein Denken weithin prägen.
2.) Es ist erstaunlich, daß Marcel in einer Zeit, da ihm das Christentum noch fremd ist, die Wirklichkeit der Liebe philosophisch so beschreibt, wie sie in der gesamten christlichen Tradition, die auf 1 Kor 13 aufbaut, verstanden wird[259].

---

gen angesehen werden« (JM 65/ MT 97).

259 Als Beispiel sei nur die Bemerkung über die Grundlosigkeit der Liebe bei Bernhard v. Clairvaux, Sermo 83, 4 super cantica canticorum angeführt: »Amor praeter se non requirat causam, non fructum: fructum eius, usus eius. Amo, quia amo; amo ut amem«; Ed. Leclercq Bd. II, 300.

2. Perspektiven der dialogischen Philosophie als Hintergrund für Marcels Verständnis von Intersubjektivität und Teilhabe

Die hier vorgestellten Überlegungen Marcels sind nicht völlig frei von denkerischen Problemen; diese hat Marcel zum Teil selbst gesehen. Unter das Urteil, das er über die ersten Versuche im *Metaphysischen Tagebuch* abgibt, daß er hier versucht habe, sich von den idealistischen Fesseln zu befreien, sich aber durch diese Versuche nur noch tiefer in sie verstrickt habe, fallen auch diese philosophischen Fragmente. Versucht man aber einen vorsichtigen Vergleich dieser Ansätze mit anderen Versuchen, die ungefähr gleichzeitig unternommen wurden, die Subjektivität und mit ihr auch den »Anderen« in den Blick zu nehmen, so wird die eigenständige Leistung Marcels und die Selbständigkeit seines Vorgehens deutlich[260].

---

260 Zur Unabhängigkeit Marcels sowohl von der deutschen Phänomenologie als auch von der dialogischen Philosophie vgl. V. Berning, Das Wagnis der Treue, 331-335, 348-51; M. Theunissen, Der Andere, 243ff; 253; S. Foelz, Gewißheit im Suchen, 97. P. Kampits, Gabriel Marcels Philosophie der zweiten Person, 15 formuliert diese Unabhängigkeit allerdings überzogen, wenn er von einer entscheidenden (sic!) Absage an die Dialogik Bubers oder Ebners spricht. Kampits unterstützt diese Ansicht mit der untergeordneten Funktion, die bei Marcel die Sprache besitze, welche für die Dialogiker an oberster Position stehe. Dem läßt sich schon von seiten der Dialogiker entgegenhalten, daß auch hier durchaus um die Ambivalenz der Sprachlichkeit gewußt wird, die dann in dem »Schweigen zum Du« ihren Ausdruck findet (M. Buber, Das dialogische Prinzip, 42); von seiten Marcels genügt es, auf die Bedeutung des dramatischen Werkes hinzuweisen, die in den Augen Marcels diejenige seines philosophischen Werkes übertrifft (zuletzt Cérisy 9f). In seinem Urteil ausgewogener deutet S. Foelz, Gewißheit im Suchen, 170ff eine Differenz zwischen Buber und Marcel hinsichtlich der Bedeutung der Sprache an; Marcel beziehe sich auf Bergson, wenn er die Sprache der Dingwelt zurechne; ebenso E. Levinas, Martin Buber, Gabriel Marcel und die Philosophie, 324; Levinas spricht von dem »Bergsonschen Mißtrauen«, das Marcel gegenüber der Sprache hege. Auf die Unverzichtbarkeit der begrifflichen Sprache, ihren Charakter als *causa sine qua non* sowohl der ersten als auch der zweiten Reflexion weist J. Parain-Vial, Gabriel Marcel, un veilleur et un éveilleur, 117, hin; allerdings mit der Erweiterung, daß in der Sprache in ihren verschiedenen Graden mehr oder weniger von der ausgesagten Wirklichkeit zum Ausdruck kommen kann. Aufbauend auf verschiedenen Analysen der Sprache bei Marcel versucht P. Colin, L'intersubjectivité dans le Journal métaphysique de Gabriel Marcel, diesen in einen Dialog mit der Sprachphilosophie treten zu lassen; ähnlich F. Jacques in seinem (unveröffentlichten) Vortrag auf der Tagung der

Marcel war ausgegangen von der Frage nach der Teilhabe des Denkens am Sein. Allein durch die Annahme eines Unerkennbaren, der reinen, aber nicht idealistisch verstandenen Subjektivität als der Bedingung des Denkens, kann, so Marcel, eine Teilhabe möglich sein, deren Hauptmerkmal wiederum die Nichtobjektivierbarkeit sein muß. Von hier aus gelangte er zur Formulierung der Verbundenheit der Subjekte untereinander in der Liebe, die nun nicht ein »Ergebnis« der Seinsteilhabe ist, sondern mit ihr, in ihr gegeben ist. Ist dies alles bei Marcel noch in der Sprache der zeitgenössischen Philosophie formuliert, von der er sich lösen will (das »reine Subjekt« läßt diesen Hintergrund erkennen), so wird durch ein näheres Hinsehen bereits hier ein gewichtiger Unterschied sichtbar: Die Konzeption der Transzendentalphilosophie hat, wenn sie von der Subjektivität redet, etwas anderes im Blick als Marcel; das *UrIch* Husserls ist frei von Gemeinschaft, aber auch von der Sehnsucht nach dieser[261]. Die Subjektivität kommt nicht in der Welt vor und muß daher ein negatives Verhältnis zur Welt haben[262]. Die Welt wird entworfen und mit ihr der andere, dem ich begegnen kann: er bleibt in meinen intentionalen Weltentwurf einbezogen und kann daher nicht seinerseits für mich zum Subjekt werden. Er bleibt durch mich auf mich bezogen. Der Solipsismus

---

Association Présence de Gabriel Marcel am 21. März 1992. - Zum Verhältnis G. Marcels zu M. Buber vgl. G. Marcel, Ich und Du bei Martin Buber, in P. A. Schilpp/ M. Friedman, Martin Buber, 35-41 sowie L'anthropologie philosophique de Martin Buber. Dort betont Marcel die Nähe zu Buber einerseits aus der parallelen Gedankenentwicklung (17), anderseits auch aus der Selbstbezeichnung Bubers als »atypischer Mensch« (17f); vgl. dazu auch M. Buber, Antwort, in: P. A. Schilpp/ M. Friedman, Martin Buber, 581; vgl. den Exkurs bei S. Foelz, Gewißheit im Suchen, 163-174. - Die Nähe zwischen Marcel und Buber scheint aber über diese formalen Gesichtspunkte noch hinauszugehen und biographische Elemente zu berühren: Beide erleben zu Beginn ihres Lebens, noch im frühesten Kindesalter, durch den Verlust der Mutter (durch den Tod bei Marcel, die Trennung der Eltern bei Buber) einen wesentlichen Einschnitt, der nicht nur ihre Kindheit überschattet, sondern darüber hinaus auch für beide zum philosophisch prägenden Hintergrund ihres Lebens und Nachdenkens gerät; vgl. M. Buber, Autobiographische Fragmente, in: P. A. Schilpp/ M. Friedman, Martin Buber, 1f; G. Marcel, PhilTest 82/ MWA III 320.

261 Vgl. M. Theunissen, Der Andere, 23.

262 Vgl. ebd.

dieser Philosophie ist unumgänglich[263] ebenso wie die strikte Abhängigkeit dieser Intersubjektivität von mir ala dem entwerfenden Subjekt[264].

Wenn nun Marcel den Begriff des *reinen Subjektes* gebraucht, so ist für ihn dieser Begriff doch nicht losgelöst von der Realität der Verbundenheit mit anderen Subjekten zu denken. Diese Verbundenheit besteht dabei allerdings nicht in der Weise einer entwerfenden Intentionalität, sondern als ein *Mit-Sein*, das selbst nicht objektivierbar ist[265]. Eine so klare terminologische Differenzierung, wie sie Buber vornimmt zwischen »Person«, die in Beziehung zu Personen tritt, und »Eigenwesen«, das als Subjekt des Erfahrens und Gebrauchens erscheint, ist von Marcel nicht durchgehalten worden. Die grundsätzliche Bezogenheit des Ich, sei es, um sich abzusetzen, sei es, um in Beziehung zu treten, kennt Marcel jedoch auch. Durch eine genaue, von geringfügigen Begebenheiten ausgehende Beobachtung deckt er auf, daß derjenige, der *Ich* sagt, dies weitgehend tun kann, um sich

---

263 Vgl. ebd., 36.

264 Vgl. ebd., 52.

265 Vgl. PosApp 82/ MWA I 81. In der Terminologie Martin Bubers könnte der Unterschied so ausgedrückt werden: »Das Ich des Grundwortes Ich-Es erscheint als Eigenwesen und wird sich bewußt als Subjekt (des Erfahrens und Gebrauchens). Das Ich des Grundwortes Ich-Du erscheint als Person und wird sich bewußt als Subjektivität (ohne abhängigen Genitiv). Eigenwesen erscheint, indem es sich gegen andere Eigenwesen absetzt. Person erscheint, indem sie zu anderen Personen in Beziehung tritt« (Das dialogische Prinzip, 65). So hilfreich diese klare Unterscheidung Bubers ist, birgt sie in ihrer Starre doch auch eine gewisse Problematik: die Wirklichkeit als Ganze wird schematisiert, dieses Schema läßt die Grauzone der menschlichen Begegnungen zum Teil außer acht. Zur Kritik an dieser Schematisierung vgl. J. Bloch, Berechtigung und Vergeblichkeit des dialogischen Denkens, in: Martin Buber - Bilanz seines Denkens, 68. Daß Buber um die Problematik dieser Systematisierung wußte, zeigen seine Äußerungen in »Antwort«, a. a. O., 591ff. Ein Entweder-Oder in den Grundhaltungen und daher auch zwischen Eigenwesen und Person sei sicher durchzuhalten, aber nur, wenn dabei das Wissen präsent bleibt um die Übergänge vom einen zum anderen, die sich ständig vollziehen. Die nicht zu verobjektivierenden »Fulgurationen des Du-Verhältnisses«(591) werden in ihrer Auslegung hin zur Erkenntnis, zum System, zu Manifestationen des Grundwortes Ich-Es. Doch auch in der ins System gebrachten Erkenntnis ruht noch ein »Überschuß«, der dem Ich-Du entstammt (vgl. 592). Darin besteht die Schwierigkeit einer klaren Scheidung.

gegen andere abzusetzen und von diesen die Bestätigung seiner selbst zu erlangen. Typisch für dieses Verhalten sei der *Poseur*, »der nur mit den anderen beschäftigt scheint, ... in Wirklichkeit aber nur mit sich selbst beschäftigt [ist]«[266]. Die Person hingegen ist dadurch gekennzeichnet, daß sie sich in eine Situation einläßt[267], verfügbar ist[268]. Dabei hält Marcel hier einen Übergang für möglich, insofern ein anderer, der mir zunächst als XY erscheint, also einfach als ein Jemand, mehr und mehr aufgenommen wird in eine »unrelatedness«: ein *Wir* bildet sich[269].

Die bis hierher gegebenen Hinweise auf Buber, die nahezu vergleichenden Charakter haben, evozieren nun aber auch die Beschäftigung mit den Differenzen, die hier vorliegen; sichtbar werden dadurch die sehr feinen Nuancen, die innerhalb einer Philosophie bestehen, die sich des Subjekt-Objekt-Gegensatzes im Bedenken des Du begibt und die diese Philosophie als eine Gratwanderung ausweisen.

Daß hier ein zunächst von der Philosophie Marcels wegführender längerer Abschnitt zur dialogischen Philosophie, speziell zu derjenigen Martin Bubers, eingefügt wird, bedarf einer Begründung: In den vorliegenden, einführenden Abschnitten der Arbeit, in denen es um eine Grundlegung des Marcelschen Denkens zur Hoffnung geht, muß zugleich so etwas wie eine philosophische Lokalisierung Marcels geleistet werden. Dies geschieht vorzugsweise unter Zuhilfenahme der beiden philosophischen Richtungen dieses Jahrhunderts, mit denen Marcel zumeist in Verbindung gebracht wird: der Existenzphilosophie und der dialogischen Philosophie. Bei einer etwas eingehenderen Beschäftigung mit dem Hauptvertreter der dialogischen Philosophie, Martin Buber, werden die Probleme dieses philosophischen Entwurfs deutlicher zutage treten. Auf diesem Hintergrund wird es dann am ehesten möglich sein, die eigenständige Leistung Marcels herauszuarbeiten.

---

266 HV 20/ HVd 11/ MWA I 107.

267 Vgl. HV 25/ HVd 17/ MWA I 111.

268 Vgl. HV 28/ HVd 20/ MWA I 113.

269 Vgl. EPC 55f/ SchTr 38f/ MWA III 30f.

Buber beginnt sein grundlegendes Werk »Ich und Du« bereits mit der Voraussetzung einer doppelten Bezogenheit des Ich. Die Grundlegung dieser Bezogenheit wird dort nicht beschrieben. »Die Welt ist dem Menschen zwiefältig nach seiner zwiefältigen Haltung«[270]. Diese Zwiefältigkeit ist eine Auslegung der beiden Grundworte, die der Mensch sprechen kann: »Ich-Du« und »Ich-Es«[271].
Damit, daß der Mensch hier ausgewiesen wird als ein von Anfang an Bezogener[272], ist eine deutliche Parallele zum Werk Marcels gegeben. Den Weg zu dieser Auffassung von Subjektivität bzw. Individualität hatte Marcel in den weiter oben behandelten Texten entwikkelt. Durch die Kontinuität des Ich in den beiden Haltungen des Menschen wird nun allerdings die Frage laut, ob hier die Abhängigkeit des anderen von meiner Haltung zu ihm nicht doch wieder dem Fehler der Phänomenologie verfällt, den anderen innerhalb der Intentionalität zu halten[273]. Durch die *Sprache* scheint diese Gefahr in besonderer Weise gegeben zu sein. Das Ansprechen kann noch als Ausdruck der Intentionalität gesehen werden. Allerdings besitzt der Rekurs auf die Sprache zur Abgrenzung Marcels von den Dialogikern eine gewisse Schwierigkeit, auf die schon hingewiesen worden war. Der Versuch, dieser Gefahr zu entgehen, findet seinen Niederschlag auch im Ringen Bubers um Formulierungen, die einerseits die Dialogizität aufrechterhalten wollen, aber anderseits dem Wort das Merkmal der Intentionalität zu nehmen bemüht sind: Buber kennt die Gefahr, das Du durch die Sprache einzubinden in die Es-Welt, es zum Gegenstand zu bannen[274]. Letztlich gilt: »Nur das Schweigen zum Du, das Schweigen *aller* Zungen, das verschwiegene Harren im unge-

---

270 M. Buber, Das dialogische Prinzip, 7.

271 Ebd.

272 Ebd., 8: Es gibt kein Ich an sich, sondern nur dasjenige der Bezogenheit ausdrückenden Grundworte.

273 Insofern diese Gefahr besteht, ist der Wertung von P. Kampits über die Differenz zwischen Marcel und den anderen Dialogikern recht zu geben. Ob diese Gefahr bei Buber allerdings zur Auswirkung gelangt, ist fraglich.

274 Vgl. M. Buber, Das dialogische Prinzip, 41f.

formten, ungeschiedenen, im vorzunglichen Wort läßt das Du frei, steht mit ihm in der Verhaltenheit, wo der Geist sich nicht kundgibt, sondern ist«[275]. Nur das in die Es-Welt hineingestellte Du könnte als jenes andere verstanden werden, das in der Intentionalität des entwerfenden Ich gebunden bleibt.

M. Theunissen hat darum auch von einer zweifachen Zerstörung der Intentionalität sprechen können, die bei Buber zu finden sei[276]. In einem ersten Schritt werde das Du radikal aus der Es-Welt herausgelöst: »Wer Du spricht, hat kein Etwas zum Gegenstand«. »Wer Du spricht,... hat nichts«[277]. Der zweite Schritt besteht nach Theunissen dann darin, daß die Intentionalität, der intentionale Akt, der im Entstehen einer dialogischen Beziehung noch vorhanden sein kann, bei Buber dadurch aufgehoben werde, daß die Beziehung, in die der Mensch eintritt, sich als eine solche erweist, die Erwählen und Erwähltwerden zugleich ist, Passion und Aktion in einem[278]. »Der Mensch wird am Du zum Ich«[279]; »Ich werdend spreche ich Du«[280]. Das bedeutet, daß ich von einer einmal bestehenden, fest umgrenzten Subjektivität absehen muß. In der Beziehung, in die ich eintrete, werde ich; sie ist nicht einlinig ausgerichteter Akt, sondern der Mensch geht zum anderen mit seinem ganzen Wesen aus[281], das sich eben in diesem Ausgehen nicht als abgeschlossene Subjektivität ausweist, da es sich dem wesenhaft umgestaltenden Einfluß des anderen aussetzt.

Eine weitere Nuance ist anzubringen, die auf die Schwierigkeit dialogischen Denkens hinweist. Ein Zentralbegriff für die Philosophie

---

[275] Ebd., 42. M. Theunissen sieht sogar in der Sprache die Basis für den Absprung aus der Intentionalität. Dadurch, daß Buber (Das dialogische Prinzip, 41) sage, der Mensch stehe in der Sprache, nicht die Sprache stecke im Menschen, sei die Sphäre der Subjektivität unterwandert, »mit der das Modell der Intersubjektivität steht und fällt« (Der Andere, 282).

[276] Vgl. ebd., 278-329.

[277] M. Buber, Das dialogische Prinzip, 8.

[278] Vgl. ebd., 15; 77.

[279] Ebd., 32.

[280] Ebd., 15.

[281] Vgl. ebd., 7.

Bubers ist das *Zwischen*[282]. Es resultiert aus der Unmöglichkeit, das Wesentliche der Beziehung entweder in den an ihr beteiligten Subjekten zu lokalisieren oder in einem Allgemeinen, das die einander Begegnenden umfassen müßte (aber damit zugleich indifferent gegenüber dem Faktum der Begegnung würde); so stellt es sich dar »als der in jeder Gestalt der Begegnung anwesende unverrechenbare Rest«[283]. Als solcher ist das Zwischen jedoch keine logische Hilfskonstruktion, die verstanden werden dürfte als eine Art Schnittmenge. Das Zwischen ist dasjenige, welches in der Gleichursprünglichkeit beider Personen, die an der Begegnung beteiligt sind, *in* dieser besteht: nicht kausal, aber auch nicht vorausliegend und die Begegnung als Beziehung hervorbringend. Über die Schwierigkeiten, die in der Benennung des Zwischen liegen, legt Buber selbst Rechenschaft ab, wenn er die Unmöglichkeit andeutet, der Kategorie des Zwischen in arithmetischer oder geometrischer Sprache gerecht zu werden[284].
Eine Differenz zum Denken Marcels tut sich nun nicht nur in dessen Vorbehalt gegenüber der verräumlichenden Sprechweise auf, sondern ist in Marcels denkerischer Entwicklung begründet. Aus den frühen Texten erhellt, daß Marcel die Überwindung des Subjekt-Objekt-Gegensatzes im Interesse einer Teilhabe des Denkens am Sein anstrebt. Dies führt zu einer Konzeption der Subjektivität, die dem Denken zugleich vorgegeben und zugleich als schlechthin unerkennbar entzogen ist. Von dieser Konzeption her erscheint nun das, was von Buber als das Zwischen in der Begegnung beschrieben wird, bei Marcel eher als der Urgrund, auf bzw. in dem Begegnung sich vollzieht.

---

282 Vgl. ebd., 18, 121; vgl. M. Theunissen, a. a. O., 259; M. Buber, Autobiographische Fragmente, a. a. O., 11; Antwort, a. a. O., 604f; zur Interpretation des Zwischen vgl. C. Schütz, Verborgenheit Gottes. Martin Bubers Werk. Eine Gesamtdarstellung, 185ff.

283 C. Schütz, Verborgenheit Gottes, 185.

284 Vgl. M. Buber, Antwort, a. a. O., 605. Im Hintergrund steht der Einwand G. Marcels gegen diese Kategorie des Zwischen in: P. A. Schilpp/ M. Friedman, Martin Buber, 39.

Abgesehen von diesen Nuancen tauchen innerhalb der Dialogik, zumal in ihrer Gestalt, die sie bei Martin Buber gefunden hat, verschiedene Probleme auf, deren Betrachtung auch ein neues Licht auf den Beitrag Gabriel Marcels und sein Verständnis von Intersubjektivität und Teilhabe werfen kann[285]. Diese Probleme können auf drei Feldern angesiedelt werden:

- Innerhalb der Ich-Du Beziehung als grundlegender Struktur und ihrem phänomenologisch zugänglichen Bestand der zwischenmenschlichen Beziehungen;
- im Bezug auf die Frage nach Gott als dem ewigen Du;
- im Verhältnis zu derjenigen Wirklichkeit, die im weitesten Sinne als »Welt« bezeichnet werden kann.

- Bleibende Intentionalität?

Es kann als Verdienst Bubers bezeichnet werden, die Beziehung zum anderen aus jener Intentionalität befreit zu haben, die innerhalb der transzendentalphilosophischen Ansätze kennzeichnend war. Diese Befreiung baut aber auf einer Sicht des Ich-Du-Verhältnisses auf, die als ideal bezeichnet werden muß[286], denn sie geht von einer Gleichstellung der an der Begegnung Beteiligten aus. Nur in einer ganz auf diese Weise ausgewogenen Beziehung, in der Geben und Nehmen, Aktion und Passion, Wählen und Erwähltwerden eine untrennbare Einheit bilden, weil kein Übergewicht nach einer Seite hin besteht, verschwindet alles, was den anderen in dieser Beziehung einordnet, ihn zu einem Es werden läßt. Allein: in der Wirklichkeit des menschlichen Lebens wird es sich häufig um ungleichgewichtige, asymmetrische Beziehungen handeln, worin der Mensch steht. Ein Übermaß des Gebens oder Nehmens wird vielfach auf einer Seite nicht ausbleiben. Damit wäre aber in der Konsequenz Buberschen Denkens zweierlei gegeben: Einerseits dürften solche Relationen, die beispielsweise in

[285] Die Beschränkung auf die dialogischen Entwürfe bei Martin Buber scheint gerechtfertigt, insofern diese als exemplarisch gelten dürfen; vgl. M. Theunissen, Der Andere, 243f; S. Foelz, Gewißheit im Suchen, 163.

[286] Vgl. C. Schütz, Verborgenheit Gottes, 405.

dem Verhältnis Vater - Kind, Lehrer - Schüler , Arzt - Patient etc. bestehen, nicht für sich in Anspruch nehmen, authentische Verwirklichungen des Ich-Du zu sein, denn in ihnen geht es ja nicht nur um die gegenstandslose Erfahrung des Zwischen, sondern auch um einen bestimmten Zweck. Spricht man aber solchen Beziehungen wirkliche Dialogizität ab, dann scheint das etwas zu kurz gegriffen, denn man wird zugeben müssen, daß sich auch hier echter Dialog vollziehen kann, auch wenn das Verhältnis ein unausgewogenes ist.

Anderseits taucht die Intentionalität dort wieder auf, wo die Ausgewogenheit von Aktion und Passion, Erwählen und Erwähltwerden verlassen ist. Wird dann *Du* gesprochen, so kann vielleicht dieses Du der Vergegenständlichung entgehen: es bleibt im Buberschen Sinne »nichts«[287]; was aber bleibt, ist die Intentionalität des Aktes, wenn das Erwählen überwiegt[288].

Mit dem Schema der Intentionalität verbunden ist ein weiteres Problem. »Ich werdend spreche ich Du«; »der Mensch wird am Du zum Ich«[289]: in diesen beiden Aussagen, die die in den Grundworten bereits angelegte, zum Menschen gehörende Bezogenheit noch einmal pointiert zum Ausdruck bringen, liegt eine Gefahr beschlossen, die aufbricht, sobald man ihnen einen finalen Sinn unterlegt (was nicht durch eine eindeutige Absage Bubers an diese Möglichkeit verhindert wird). Dann nämlich gerät das Du zum Instrument meiner Ich-Werdung: Du bist für mich, aber in dem Sinne, daß ich deiner nicht bedarf, insofern du selbst bist, sondern nur, insofern ich durch dich werde. Diese Interpretation geht sicher über das Anliegen Bubers hinaus, deutet aber auf eine Gefahr hin, die mit seiner Konzeption des Dialogischen gegeben ist.

---

[287] M. Buber, Das dialogische Prinzip, 8.

[288] Buber selbst gesteht diese Schwierigkeit zumindest teilweise ein, wenn er im Nachwort zu »Ich und Du« aus dem Jahr 1957 das Problem der Mutualität in der Beziehung erörtert. Er hält auch für diese unausgewogenen Gestalten der Beziehung an der Gegenseitigkeit fest, konstatiert aber gleichzeitig, daß hier keine *volle* Mutualität besteht (Das dialogische Prinzip, 123-132): »Jedes Ich-Du-Verhältnis innerhalb einer Beziehung, die sich als ein zielhaftes Wirken des einen Teils auf den anderen spezifiziert, besteht kraft einer Mutualität, der es auferlegt ist, keine volle zu werden«(132).

[289] M. Buber, Das dialogische Prinzip, 15; 32.

Eine weitere Frage soll auf dieser Ebene angesprochen werden: Für Buber ist die Dauer des Ich-Du nicht gegeben. Die »Fulgurationen des Du-Verhältnisses«[290] sind wohl die wesentlichen Ereignisse der Existenz, ihnen ist aber keine Dauer beschieden. Die Begegnung als kurzer Aufschein des Ich-Du währt nicht; »zwei Liebende müssen es immer wieder erfahren, wie das Ich-Du von einem Ich-Er oder einem Ich-Sie abgelöst wird«[291]. Zwischen den Du-Momenten bewahrt sich eine Latenz, die Fülle bleibt dieser aber versagt. Die Zeit- und Geschichtsauffassung, die Buber als die biblische bezeichnet, entspreche dieser Sicht: Von Bedeutung, maßgebend sei der Augenblick, die Gegenwart[292]. Diese wiederum definiere sich von der Beziehung her: »Nur dadurch, daß das Du gegenwärtig wird, entsteht Gegenwart«[293]. Dadurch rückt die gegenständliche Welt in den Bereich des Gewesenen. Die Frage nach zwei Begriffen verdeutlicht die Problematik der so bestimmten Gegenwart: Erinnerung und Treue. Anhand beider Begriffe wird auch die Differenz zwischen Marcel und Buber noch verdeutlicht werden können.

– *Gott als das ewige Du*

Der zweite Bereich, in dem die dialogische Konzeption verschiedene Probleme birgt, liegt dort vor, wo die Linien der Ich-Du-Beziehung auf Gott hin ausgezogen werden. »Die verlängerten Linien der Beziehungen schneiden sich im ewigen Du. Jedes geeinzelte Du ist ein Durchblick zu ihm. Durch jedes geeinzelte Du spricht das Grundwort das ewige an. Aus diesem Mittlertum des Du aller Wesen kommt die Erfülltheit der Beziehungen zu ihnen, und die Unerfülltheit. Das eingeborene Du verwirklicht sich an jeder und vollendet sich an keiner. Es vollendet sich einzig in der unmittelbaren Beziehung zu dem Du, das seinem Wesen nach nicht Es werden kann«[294]. Mit diesem einlei-

---

[290] M. Buber, Antwort, a. a. O., 591.

[291] Ebd., 603.

[292] Vgl. C. Schütz, Verborgenheit Gottes, 409ff.

[293] M. Buber, Das dialogische Prinzip, 16.

[294] Ebd., 76; Zur Herkunft dieses Gottesbegriffs vgl. R. Horwitz, Ferdinand Ebner als Quelle für Martin Bubers Dialogik in 'Ich und Du', in: J. Bloch/ H. Gordon Hg., Martin Buber. Bilanz seines Denkens, 141-156; die Vf. belegt dort gerade im Hinblick auf den Gottesbegriff, den Begriff des ewigen Du, den

tenden Abschnitt zum dritten Teil von *Ich und Du* ist grundgelegt, wie das Verhältnis der zwischenmenschlichen Beziehungen zu derjenigen zum ewigen Du gedacht werden kann. Es handelt sich um ein Überstiegsverhältnis, wobei die Vollendung nur der Beziehung zum ewigen Du vorbehalten ist und das »zeitliche Du« gewissermaßen als ein Durchgang, als Transparenz angesehen wird.
Die Zugrundelegung eines augenscheinlich platonischen Denkmusters wäre dann nicht problematisch, wenn sich die Ich-Du-Beziehung nicht wesentlich gegen eine solche Einordnung sperren würde. Das Du, das in der Begegnung erfahren wird, ist aber in seiner Ungegenständlichkeit bereits von einer solchen Fülle, daß es im Grunde nicht überstiegen werden darf[295]. Betrachtet man das konkrete Du aber als Durchblick, so gelangt man zwangsläufig dazu, es zu vergegenständlichen und als Station auf dem Weg zum ewigen Du zu instrumentalisieren. Die bereits weiter oben angedeutete Gefahr, daß das Du zum Mittler meiner Ich-Werdung zu werden droht, besteht hier in der anderen Richtung, aber mit einer annähernd gleichen Konsequenz für das konkrete Du. Ist letztlich dieses Du wirklich gemeint, meine ich den anderen tatsächlich um seiner selbst willen, wenn ich ihn mit Du anspreche? Stifte ich hier wirklich die Beziehung[296], oder greife ich stets über die Beziehung hinaus an den Saum des ewigen Du hin[297]? Das konkrete Du ist nur dann wirklich ernstgenommen, wenn diese beiden Grundwirklichkeiten, innerhalb derer ich »Du« sagend stehe,

Einfluß F. Ebners, 146f.

295 Vgl. M. Buber, Das dialogische Prinzip, 8; vgl. auch B. Casper, Das dialogische Denken, 310: »Wollte man das Bild genau nehmen, so müßte man zunächst einmal sagen, daß die Linien der jeweils als Begegnung geschehenden Beziehung sich gar nicht verlängern lassen. Denn jede Begegnung ist nach Buber ausschließlich«.

296 Vgl. M. Buber, Das dialogische Prinzip, 10.

297 Ebd.; gegen diesen Vorwurf, daß das konkrete Du vor dem ewigen verschwinde, nimmt G. Marcel Buber in Schutz. Diese Tendenz deckt er eher bei F. Ebner und S. Kierkegaard auf (L'anthropologie philosophique de Martin Buber, 24). Buber selbst hat in der »Frage an den Einzelnen« diesen Vorwurf explizit an Kierkegaard gerichtet (vgl. Das dialogische Prinzip, 215-39), womit allerdings in gewissen Teilen ein »Angriff auf 'Ich und Du'« gegeben ist (R. Horwitz, a. a. O., 152).

als ineinander verschränkt gedacht werden[298]: daß ich *in* der Beziehung zum konkreten Du das ewige meine, aber nicht durch dieses konkrete Du hindurch, sondern tatsächlich bei ihm verbleibend; daß aber zugleich die Beziehung zum ewigen Du noch nicht in der Beziehung zum konkreten Du aufgeht, so daß, wie M. Theunissen es formuliert, das Du als Gott gesetzt würde[299]. Ein wesenhafter »Überschuß« muß gewahrt bleiben.

Diese Frage umfaßt aber noch einen anderen Aspekt: Wie kann überhaupt die Benennung Gottes als ewiges Du zustande kommen? Der phänomenologische Grund der Formulierung des dialogischen Prinzips liegt in der zwischenmenschlichen Wirklichkeit. Wird nun Gott als das ewige Du bezeichnet und das Verhältnis Ich-geeinzeltes Du/Ich-ewiges Du als ein solches von unvollkommener und vollkommener Wirklichkeit vorgestellt[300], dann handelt es sich kaum um etwas anderes als um eine Extrapolation, eine Projektion. Wenn sich auch ontologisch der Vorrang des ewigen Du behaupten läßt und das geeinzelte Du von diesem her besteht, so ist doch der Weg der Aufdekkung des ewigen Du von der erfahrenen Wirklichkeit des konkreten Du her bestimmt[301]. Die Transzendenz Gottes scheint, wenn sie in

---

298 D. h. als verschiedene Wirklichkeiten nicht trennbar voneinander, aber auch nicht in einem kausalen oder finalen Verhältnis stehend. Die Ordnung des Kausalen kann hier nicht mehr gelten. Mit der Entscheidung für eine dialogische Philosophie sind also weiterreichende Konsequenzen verbunden.

299 Vgl. M. Theunissen, Der Andere, 340f.

300 Vgl. M. Buber, Das dialogische Prinzip, 76.

301 M. Theunissen, Der Andere, 339f deutet die Rede Bubers vom ewigen Du, das seinem Wesen nach nicht Es werden kann, anders aus. Nur das ewige Du *ist* als solches wesentlich Du; alles andere (alle anderen Sphären) kann wohl als Du angesprochen werden, ist aber außerhalb, unabhängig von diesem Angesprochensein lediglich Vorkommendes. Allein das ewige Du ist seinem Wesen nach Du, kann also niemals Es werden, niemals »Vorkommendes« sein. »Danach wäre Gott ewiges Du nicht nach Analogie des Einzelnen, sondern umgekehrt das einzelne Du nur das Gleichnis des ewigen«(340). Bei dieser Deutung muß Theunissen aber davon ausgehen, daß Buber als »phänomenales Material« allein das Erlebnis des reinen Du in der Begegnung mit Gott zugrundelegt (vgl. ebd.). Daß aber die Qualifizierung der Gottesbegegnung als Begegnung mit dem reinen Du möglich ist, setzt doch voraus, daß die Erfahrung von jeglichem zwischenmenschlichen Du, die wohl unbestreitbar der erfahrenen Gottesbegegnung zumindest zeitlich vorausliegt, von vornherein mit dem

dem dialogischen Transzendenzmodell konkreter Begegnung eingefangen wird, nicht mehr gewährleistet. Die Verlängerung der Linien, die mich zum konkreten Du geführt haben, verbleibt immanent. Der Schnittpunkt dieser Linien weist die Merkmale der Transzendenz nicht wahrhaft auf.

Als transzendent könnte das ewige Du nur dann verstanden werden, wenn die Aussage Bubers nicht auf eine Wesensbeschreibung zielte, sondern die Art und Weise ausdrücken wollte, in der der Mensch Gott begegnen kann. Dann läge es in ihrer Absicht, hervorzuheben, daß der Mensch sich Gottes nicht bemächtigen kann[302]. Gott könnte auf diesem Hintergrund in der Fassung einer »via supereminentiae« als derjenige verstanden werden, der wesentlich nicht »Es« werden kann, da er in der Es-Rede nicht nur - wie menschliches Du - uneigentlich angesprochen würde, fragmentarisch, sondern überhaupt nicht gemeint sein könnte. Wer Gott als »Es« benennt, verfehlt nicht nur etwas an ihm, sondern ihn schlechthin. Damit wird allerdings die Frage laut, ob es sich hierbei um eine Gottesidee handelt oder um Gott selbst[303], denn solchermaßen aller Objektivität entzogen, wie die Wirklichkeit Gottes hier erscheint, würde es schwierig, Gott als in der Geschichte handelnd zu erfahren.

- Die »Welt« im dialogischen Denken

In der Grundstellung des dialogischen Denkens begegnet als Gegenüber des Grundwortes »Ich-Du« das Grundwort »Ich-Es«. Mit diesem ist nicht die unpersonale, dinghafte Wirklichkeit als solche gemeint, sondern nur, insofern sie Gegenstand der Erfahrung ist[304], ja über-

---

Signum der Unvollkommenheit versehen werden kann, so daß das reine Du als Postulat erscheint, das aus jedem Du aufsteigt. In einer Rückkehr zu menschlicher Begegnung wäre dann tatsächlich eine Differenzierung im Sinne der Analogie, wie sie Theunissen wahrnimmt, möglich. Von der zunächst im »unreinen Du« vernehmbar gewordenen Gestalt des ewigen, reinen Du ist die Begegnung mit diesem möglich. In der Folge kann menschliche Begegnung als Aufblitzen wahrer Du-haftigkeit (sit venia verbo) und als Widerschein des ewigen Du qualifiziert werden. Das darf aber nicht darüber hinwegtäuschen, daß der Anfang der Erfahrung bei konkretem menschlichen Du liegt.

302 Vgl. C. Schütz, Verborgenheit Gottes, a. a. O.,433.

303 Vgl. ebd.

304 Vgl. M. Buber, Das dialogische Prinzip, 9. Dabei beschreibt Buber die Erfah-

haupt eines gerichteten Tuns: der Vorstellung, der Empfindung, des Willens[305]. Kennzeichen der Es-Welt ist, daß der Mensch ihr und sie dem Menschen äußerlich bleibt[306]. Damit ist das Verhältnis, das Bubers Philosophie der Welt gegenüber einnimmt, in seiner Ambivalenz bereits angedeutet. Die Welt als Gegenstand der Erfahrung bedeutet Trennung, Du-Ferne und läßt den Menschen nicht in den Prozeß eintreten, in welchem er selbst werden kann. Dies kann er nur in der Ich-Du-Relation. Wird diese aber auf die Welt ausgedehnt, als inklusiv betrachtet, so daß letztlich alles im Du gesehen wird, dem Du alles Weltwesen zugetragen wird, so findet sich in der Welt Erfüllung des Du, so gewinnt die Welt sogar den Status des Bereiches, in dem Glaube sich verwirklicht. In äußerster Zuspitzung findet sich diese Position im dritten Teil von *Ich und Du* formuliert: »Nur wer an die Welt glaubt, bekommt es mit ihr selbst zu tun; und gibt er sich dran, so kann er auch nicht gottlos bleiben. ... Ich weiß nichts von einer 'Welt' und von einem 'Weltleben', die einen von Gott trennten; was so genannt wird, ist das Leben mit einer verfremdeten Es-Welt, das erfahrende und gebrauchende. Wer wahrhaft zur Welt ausgeht, geht zu Gott aus«[307].

Dieser Konzeption Bubers, in der die Welt in einer Doppelgestalt erscheint, einmal als Du-fremde Es-Welt, das andere Mal als Welt, die in das Du hineingenommen wird, gilt die früheste Kritik, die der Schrift »Ich und Du« zuteil geworden ist. Sie stammt aus der Feder von Martin Bubers engem Freund Franz Rosenzweig[308]. Der Hauptvorwurf zielt auf Bubers Sicht der Wirklichkeit, die in den Augen Rosenzweigs eine verengte ist. Die Rückführung aller ursprünglichen Wirklichkeit auf das »Ich-Du« werde der Welt nicht gerecht und treffe im Grunde nur den erkenntnistheoretischen Ansatz Descartes'[309].

---

rung so, daß sie dem Erfahrenen immer äußerlich bleibt.

305 Vgl. ebd., 8.

306 Vgl. ebd., 9.

307 Ebd., 96; vgl. ebd., 80.

308 Vgl. zum folgenden B. CASPER, Franz Rosenzweigs Kritik an Bubers »Ich und Du«, in: J. Bloch/ H. Gordon Hg., Martin Buber, 159-175.

309 Vgl. ebd., 160f.

»Sie, wie Ebner« schreibt Rosenzweig in dem die Kritik enthaltenden Brief an Buber, »werfen im Rausch der Entdeckerfreude alles andere (ganz wörtlich!) zu den Toten. *Es* ist aber nicht tot, obwohl der Tod ihm zugehört; Es ist geschaffen«[310]. Die Kritik Rosenzweigs zielt auf einen in gewissem Sinne dualistisch zu nennenden Zug im Denken Bubers. Der Mensch ist angesiedelt auf einer Ebene, auf der die Entscheidung über die beiden Grundworte zu fallen hat. Er spricht entweder das eine oder das andere.

Dieser Dualismus verdankt seinen Einzug in Bubers *Ich und Du* vermutlich einem Werk, das in der Entstehungsphase von »Ich und Du« stark auf Buber gewirkt zu haben scheint: demjenigen Ferdinand Ebners[311]. Die starke Orientierung Ebners an der Thematik des Sündenfalls, den er gleichsetzt mit der Entfernung vom Du, bietet eine Erklärung dieser dualistischen Tendenzen[312]. Die Beziehung des Menschen zu Gott wird bei Ebner - ähnlich wie bei Kierkegaard - exklusiv verstanden, d.h. die Welt als gefallene muß von der Beziehung zu Gott ausgeschlossen werden[313]. Das Verständnis der Welt als Schöpfung ist bei Buber zur Zeit von *Ich und Du* noch nicht ausgeprägt[314]. Für Buber wird die Welt zum Feld des Du-Sagens, hat aber außerhalb dieser Beziehung keine Relation zu Gott als ihrem Schöpfer.

Noch stärker als in den Überlegungen zum Verhältnis des konkreten menschlichen Du zum ewigen Du tritt hier die Frage auf, ob in der Hineinnahme der nichtpersonalen Welt in das Ich-Du diese noch in ihrem Eigenstand gemeint ist oder ob sie nicht - in noch stärkerem Maße als jedes geeinzelte menschliche Du - nur als Instrument gilt auf dem Weg zum ewigen Du. Es scheint jedoch letztlich so, als sei diese Gefahr von Buber selbst gesehen worden und das Übergewicht verla-

---

310 Ebd., 173.

311 Entgegen der Äußerungen in »Das dialogische Prinzip«, 309, die auf eine Unabhängigkeit Bubers von Ebner schließen lassen, weist R. Horwitz, a. a. O., 141-156 (auch anhand der »Ich und Du« vorbereitenden Vorträge »Religion als Gegenwart«) einen bis in ungewöhnliche sprachliche Formulierungen reichenden Einfluß von Ebner auf Buber nach.

312 Vgl. ebd., 148, 150ff.

313 Vgl. ebd., 151.

314 Vgl. ebd., 152.

gere sich im Verlauf des Buberschen Denkens zugunsten einer inklusiven Beziehung zu Gott als dem ewigen Du, wobei die Welt nicht nur als Durchgang, Durchblick verstanden und bestenfalls dem Du entgegengetragen wird, sondern im Du-Sagen zu ihr wirklich gemeint und im Sinne einer Inständigkeit mit der Relation zum ewigen Du verbunden ist.

Mit der Betrachtung dieser drei Problemkreise, die im dialo-gischen Denken ausgemacht werden können und anhand der Philosophie Martin Bubers angerissen wurden, sollte der Blick geschärft werden für Marcels Verständnis der Intersubjektivität, insofern dieses zwar nicht im strengen Sinne der »Richtung« dialogischer Philosophie zugehörig ist, aber in seiner Thematik dauerhaft um dieses Thema und die davon mitbetroffenen Probleme kreist.

Die nahezu vollkommen fehlende Systematik in den Schriften Marcels kann dann entbehrt werden, wenn an dem Beispiel eines verwandten Denkens (wie demjenigen Bubers) die aus einer bestimmten Fragestellung erwachsende Problematik durchgespielt und damit ein Leitfaden zu einer Untersuchung dieser Fragen bei Marcel erstellt werden konnte. Die hier auftretende Gefahr, Marcel über einen fremden Kamm zu scheren, ist in Kauf zu nehmen.

Hat nun Marcel, insofern er also im weiteren Sinne der dialogischen Philosophie zugerechnet werden kann, diese bei Buber exemplarisch aufgezeigten Grundprobleme der dialogischen Philosophie gesehen? Wie werden sie in seinem Denken vermieden oder gelöst?

3. Die Ausfaltung der Aspekte der Intersubjektivität bei G. Marcel

E. Levinas sieht das Hauptmerkmal Marcelscher Philosophie, durch welches es auch möglich wird, die Differenzen zu Buber zu beleuchten, in der Betonung der »Incarnation« als der Grundbestimmung unserer Existenz[315]. Dadurch ist im Hinblick auf das dialogische Denken zweierlei ausgesagt: Zum einen wird der Bereich dessen, was in einer Bezogenheit wie der dialogischen begriffen ist, um die Dimension des Subjektes selbst erweitert. Die Beziehung des Subjektes zu

---

[315] E. Levinas, Martin Buber, Gabriel Marcel und die Philosophie, in: J. Bloch/ H. Gordon Hg, Martin Buber, 324-327.

sich selbst muß eine dialogische sein. Dabei spiegelt sich auf der konkret-existentiellen Ebene noch einmal wider, was Marcel in seinen ersten Reflexionen zur Teilhabe in der schulphilosophischen Sprache formuliert hatte und was dort unter dem Begriff des »reinen Subjektes« aufgetaucht war, das sich selbst nicht mehr objektivieren kann. Von dem Marcelschen Grundbegriff der »Incarnation« ist aber noch mehr betroffen: sowohl die Bezogenheit auf den anderen Menschen, als auch diejenige, die auf das ewige Du ausgeht und die Bezogenheit auf die Welt, insoweit diese mir zum Du werden kann.

Die Bezogenheit, die ich mit mir selbst unterhalte, nimmt von vornherein eine andere Gestalt als in dem bisher vorgestellten Denken an, denn ich selbst bin mir niemals so gegeben, daß eine wahre Alternative zwischen den beiden Grundworten bestünde, die ich mir selbst gegenüber zu sprechen vermag. Ich selbst kann mir tatsächlich niemals als Es gegeben sein. Das hat, wenn damit eine neue Weise des Bezogenseins grundgelegt ist, Konsequenzen. Die Gefahr, in der das Denken Bubers steht, die Intentionalität aufrechtzuerhalten, da ja eine Identität des Ich in beiden Grundworten besteht, wird um den Preis einer anderen überwunden. Das Du gerät in die Nähe einer Einswerdung mit dem Ich, so daß der Gegenüberstand aufgehoben erscheint[316]. Die Gratwanderung, auf die sich Marcel begibt, ist damit angesprochen.

Selbstbezogenheit[317]

Die Selbstbezogenheit, die in eine Konzeption der Intersubjektivität und Teilhabe aufzunehmen ist, muß nach Marcel abgehoben werden von derjenigen Art des Selbstbewußtseins, wie er es in dem Aufsatz »Ich und der Andere« in *Homo Viator* darstellt. Marcel präsentiert hier eine Art der Aussage, die ich über mich treffen kann bzw. eine Art der Selbstbehauptung, die eine Trennung beinhaltet: die bewußte Trennung vom anderen. Ist damit zwar zunächst eine Aussage über das Verhältnis Ich - Anderer getroffen, so erlaubt eine Rückwendung auch eine Aussage über das sich solchermaßen abgrenzende Subjekt

---

316 Vgl. M. Theunissen, Der Andere, a. a. O., 356f.

317 Vgl. dazu G. Cromp, La communion à soi-même chez Gabriel Marcel.

selbst. In der Absetzung vom anderen wird gleichsam eine doppelte Subjektivität offenbar: *Ich* zeige *mich* dem anderen. Dies ist nur möglich aufgrund einer bestimmten Trennung meiner selbst von mir, einer Abhebung des »zeigenden« vom »gezeigten« Ich. Dadurch ist eine Objektivierung meiner selbst vollzogen, in der ich mir selbst äußerlich werde[318].

Was Marcel dagegen mit einer Selbstbezogenheit meint, die in ihrer Struktur grundlegend sein kann für die anderen Weisen der Bezogenheit oder in Analogie zu ihnen steht, wird deutlich aus seinen Überlegungen zur »Incarnation«. Wenn Marcel sie als »zentrale Gegebenheit der Metaphysik bezeichnet«[319], dann aus dem Grunde, weil sich hier eine »universelle Seinsstruktur« anmeldet[320]. In dem Faktum, Existenz in einem, in meinem Leib zu sein, wird das merkwürdige Spannungsverhältnis deutlich, in dem ich auch gegenüber den anderen stehe. Verzichte ich darauf, mich selbst als objektivierbar, als vorzeigbar im o.g. Sinne zu behaupten, dann stellt sich eine Einheit meiner selbst her, die aber nicht als eine reine Identität erscheint. Zu sagen: »ich *bin* mein Leib«, ist nur möglich, wenn ich diese Spannung aufrechterhalte; andernfalls würde sich die Aussage verkürzen auf: »ich bin *nur* mein Leib«. Die Eigentümlichkeit meines Körpers liegt aber darin, nicht alleine existieren zu können[321]. »Inkarniert sein, das heißt, sich als Körper erscheinen, als dieser Körper hier, ohne sich mit ihm identifizieren zu können, ohne sich aber auch von ihm unterscheiden zu können - wobei Identifizierung und Unterscheidung korrelative Vorgänge sind, die aber nur in der Sphäre der Objekte ausgeübt werden können«[322].

Dieses Spannungsverhältnis jenseits von Identifizierung und Unterscheidung ist aber zunächst nur eine negative und formale Umschrei-

---

[318] Vgl. JM 146/ MT 208/ MWA II 27: »je äußerlicher mir mein Gesprächspartner ist, desto äußerlicher bin ich sogleich und im selben Maße mir selbst«.

[319] EA I 11/ SH 12/ MWA II 157.

[320] Vgl. E. Levinas, Martin Buber, Gabriel Marcel und die Philosophie, 325.

[321] Vgl. EPC 34/ SchTr 25/ MWA III 18.

[322] EPC 34f/ SchTr 25/ MWA III 19 (wir schließen uns hier der Übersetzung in MWA an; EPC hat »Être incarné«, SchTr »Inkarniertes Sein«).

bung des Selbstverhältnisses. Auf positive Weise spricht Marcel an verschiedenen Stellen seines Werkes diese Wirklichkeit an. In einer ersten Weise begegnet sie als Haltung, wenn von einer »piété envers soi-même« gesprochen wird[323], von einer Ehrfurcht gegenüber sich selbst. An dem Begriff der *piété* wird diese unaufhebbare Spannung von Distanz einerseits, die eine Bezogenheit ermöglicht und Verbundenheit anderseits, die diese Bezogenheit aus der Sphäre der Subjekt-Objekt-Gegenüberstellung heraushebt, deutlich. So kann Marcel auch an anderer Stelle von der »cité que je forme avec moi-même« sprechen[324], wobei anläßlich dieser Aussage die Mitte dieses Staatswesens benannt wird: das absolute Du. Damit ist die Verwirklichung der Selbstbezogenheit mit dem Anfang der Marcelschen Überlegungen verbunden: Die ontologische Fundierung ist innerhalb der Frage nach der Selbstbezogenheit durchgehalten[325]. Auf eine zweite Weise wird deutlich, wie Marcel diese Selbstbezogenheit (in ontologischem Interesse) verstanden wissen will. In *Position et approches concrètes du mystère ontologique* erläutert Marcel das Gemeinte unter dem Stichwort der *»Sammlung (recueillement)«*[326]. In der Sammlung erfahre ich mich als Einheit, wobei dieses Geschehen den Charakter einer Selbstaufgabe (abandon) hat sowie den einer Entspannung (détente). Sie besteht in einem Rückzug aus dem Leben, von sich selbst, bis zu einem Punkt, von dem aus das Leben übersichtlich wird. Dabei stelle ich mich auf diesen Punkt jedoch mit allem, was ich bin. Das ermöglicht jene Wirklichkeit, die Marcel als »Pakt zwischen dem Menschen und dem Leben« bezeichnet[327]. Von diesen Äußerungen her läßt sich auch Marcels Haltung gegenüber der stoischen Philosophie verstehen. Er vermag in der Selbstgenügsamkeit, der *autarkia,* keine Vollkommenheit zu sehen, die über die Vollkommenheit eines Systems hinaus-

---

323 HV 65/ HVd 59/ MWA I 136; vgl. JM 146/ MT 209/ MWA II 28.

324 HV 81/ HVd 77/ MWA I 147; vgl. Existentialisme et pensée chrétienne, 165.

325 Ebd; vgl. auch PrésImm 159/ GegUnst 251/ MWA II 364: Die Person bildet mit sich ein Wir.

326 PosApp 63f/ MWA I 70.

327 HV 112/ HVd 112.

reicht. »Das Vollkommene ist nicht, was sich selbst genügt«[328]. Der Stoizismus könnte positiv nur insofern verstanden werden, als er keine Doktrin meint, sondern eine innere Haltung, die darin besteht, sich die Freiheit zu bewahren durch die Aufrechterhaltung eines inneren Forums, das ich mit mir selbst bilde und das von der beschriebenen dialogischen Struktur geprägt wird[329].

Von dieser ganzen hier aufgezeigten Grundrichtung her kommt der Betrachtung des Ich und des Selbstbezuges eine zweifache Aufgabe zu. Einerseits legt sie den Grund für das Marcelsche Verständnis der Person, die bereits vor dem Eintritt in eine konkrete Bezogenheit in einem dyadischen, dialogischen Selbstbezug steht. Zum anderen wird diese Selbstbezogenheit aber auch ausgewiesen als Grundlage der Beziehungen zu den anderen, als Strukturgrundlage wie auch dadurch, daß das Ich als transparent für die Wirklichkeit desjenigen vorgestellt wird, zu dem es in Beziehung tritt. Es trägt im Unterschied zum stoischen, in sich abgeschlossenen Ich jene Offenheit an sich, die bereits auf das Du verweist.

Daß allerdings diese Selbstbezogenheit des Menschen kein Automatismus ist, sondern dem Menschen unter der Gestalt eines Anrufes gegeben ist, zu dessen Verwirklichung er aufgerufen ist, wird deutlich, wenn Marcel diejenige Gestalt des Ich skizziert, die sich der Bezogenheit in den Weg stellt und jede Dialogizität verhindert. Was also als Gegenstück der dialogischen Bezogenheit in Marcels Denken auftaucht, ist nicht so sehr das »Es« wie bei Buber, sondern das abgeschlossene Ich, das zum »obturateur«, zum Verschluß werden kann und sich so mir selbst in den Weg stellt[330].

Die derart angedeutete Grundstruktur bleibt für alle Bereiche der Intersubjektivität und Teilhabe in Geltung. Im Unterschied zu den klassischen Formulierungen, die das dialogische Denken bei Martin Buber gefunden hat, wird bei Marcel die Ebene des Relationalen letzten

---

[328] JM 207/ MT 291/ MWA II 76.

[329] HcH 20/ ErM (2) 21f. Auf die gesellschaftliche, politische Wirklichkeit angewandt, bedeutet dies, daß die Entwürdigung, der der Mensch unter bestimmten politischen Systemen ausgesetzt ist, genau darin besteht, daß er die Fühlung mit sich selbst verliert, daß er »außer sich ist« (vgl. ebd.).

[330] Dighum 136/ MeWü 125; GM-Ricoeur 122f; EnChem 93.

Endes verlassen[331]. Eine Wahl zwischen den beiden Grundworten Ich-Es und Ich-Du, die eine grundlegende Zwiefältigkeit der Welt zum Ausdruck bringt, scheint hier nicht möglich, denn so, wie ich mich als inkarniert erfahre, also in einer mir nicht objektivierbaren Existenzweise, stehe ich auch in Beziehung zu anderen Menschen und zur Welt: Die Anforderung an mich ergeht nicht so sehr in Gestalt einer Möglichkeit der Wahl, sondern als Anruf, die mir in einem gewissen Sinn vorgegebene dyadische Bezogenheit zu verwirklichen. Ich bin *mit* anderen[332], habe Anteil an der Gemeinschaft der Geschöpfe. Ich kann diese Grundtatsache aufdecken und damit ermöglichen, daß sich zwischen uns das bildet, was Marcel eine »surrelation« nennt[333], doch sehe ich mich nicht in die Alternative gestellt, mir als zunächst unterschiedenes Ich die Welt bzw. andere Menschen als »Du« *oder* »Es« zuzuordnen. Dies würde zu sehr an jene Subjekt-Objekt-Gegenüberstellung gemahnen, die Marcel ja überwunden sehen will[334]. Zur Verwirklichung des Menschen gehört die »Bejahung eines ursprünglichen Bandes«[335], das mich mit der konkreten Umwelt, mit meinen Nächsten verbindet.

Eine Stellungnahme schließt diese Bejahung gleichwohl ein[336], jedoch geschieht sie nicht in konstituierender, dieses Band erst herstellender Weise, sondern im Sinne einer Anerkennung. Die Bejahung kann als eine ständige Eroberung dessen angesehen werden, »was jeder von uns mit sich bringt, um sich auf sich selbst zu beziehen und sich in sich selbst einzuschließen«[337] und somit in die Gegenüberstellung zurückzufallen, die letztendlich nur als Verrat bezeichnet werden kann. Diese Haltung ist in ihrer Verwirklichung keine *Anrede* mehr,

---

331 Marcel sieht hinter diesem Terminus eine verräumlichende Vorstellung, vgl. J. Parain-Vial, Gabriel Marcel, un veilleur et un éveilleur, 208.

332 Vgl. HcH 94/ ErM (2) 100.

333 Ebd.

334 Vgl. P. Kampits, Gabriel Marcels Philosophie der zweiten Person, 84f; EA I 130f/ SH 113f/ MWA II 220.

335 SagTra 67/ TraWei 58.

336 Vgl. ebd.

337 SagTra 68/ TraWei 59.

kein Ansprechen des anderen, sondern ein *Mit-Sein,* ein Gegenwärtigsein[338], wobei dieses nicht so sehr von mir ausgeht, sondern von dem an mich herantretenden Anruf. Ich kann nicht von mir aus diese Gegenwärtigkeit hervorbringen, sondern kann den an mich ergangenen Anruf aufnehmen. Die Voraussetzung der Intersubjektivität, der Gegenwärtigkeit, des Mit-Seins, die auf meiner Seite besteht, ist also ein Geöffnet-Sein[339]: anders gesagt, eine Transparenz - womit die Verbindung der Intersubjektivität mit jener Gestalt der Gemeinschaft aufgedeckt ist, die ich mit mir selber - als inkarnierte Existenz - unterhalte[340].

Damit, daß es in der Intersubjektivität, so wie Marcel sie versteht, um eine aktive Anerkennung einer als Anruf »vorgefundenen« Wirklichkeit geht und nicht um eine jeweils neue Erstellung einer Ich-Du-Wirklichkeit, wird sie auch herausgehoben aus der Punktualität. Das »Du«, das ich zum anderen spreche, erschien bei Buber als etwas, das aufblitzt und wieder vergeht, das zurückfallen muß in das Ich-Es, bei dem das Du nur latent ist und immer wieder neu aktualisiert werden muß (was jedoch auch nicht *geleistet* werden kann). Bei Marcel hingegen geht es um ein Entstehen einer Wirklichkeit, die nicht mehr in den Bereich des Objektiven zurückfallen darf, so daß in einem Atemzug mit dem Begriff der Intersubjektivität derjenige der Treue genannt werden muß. Diese besteht nicht in der Erstarrung, einer Fixierung meines Seins auf einen bestimmten Status, sondern findet in ihrer Doppelgestalt (als Treue zu mir selbst wie als Treue zum anderen) ihre Verwirklichung dann, wenn sie als lebendiger, aktiver Prozeß verstanden wird, in dem ich genau dies tue: die Transparenz meiner selbst durch die dyadische Gemeinschaft mit mir offenzuhalten, ja vielleicht sogar zu erobern und so auch die Gemeinschaft mit anderen auf Dauer zu ermöglichen[341].

---

[338] Vgl. PosApp 77ff/ MWA I 78ff; P. Kampits, a.a.O., 76.

[339] Vgl. SagTra 279/ TraWei 223; EA I 133/ SH 116/ MWA II 221; (Verfügbarsein: HV 28/ HVd 20/ MWA I 113).

[340] Vgl. P. Kampits, a. a. O., 79.

[341] Vgl. HV 180-183/ HVd 180-184.

Gott ist jenes absolute Du, das niemals zum Es werden kann[342]. Mit diesem Satz ist die klare dialogische Struktur der Philosophie Marcels gekennzeichnet, insofern sie über Gott nachdenkt, sowie zugleich die bis ins Wörtliche gehende Übereinstimmung mit Martin Buber[343]. Es war jedoch in der Philosophie Bubers sichtbar geworden, daß die Verhältnisbestimmung der beiden Relationen (zum konkreten Du und zum ewigen Du) zueinander insofern problematisch ist, als die Gefahr einer Instrumentalisierung des konkreten Du besteht, wenn in ihm das ewige Du und nicht mehr das konkrete Du um seiner selbst willen gesucht wird. Nach der anderen Richtung hin bestand die Gefahr, sich mit einer Projektion genügen zu lassen (alle Linien schneiden sich im ewigen Du). Beide Gefahren scheinen in der dialogischen Philosophie beinahe mit Notwendigkeit gegeben zu sein, da sie sofort auftauchen, sobald Gott als das ewige Du bezeichnet wird (und *weil* er schließlich nicht anders bezeichnet werden kann).

Erscheinen bei Marcel diese Gefahren, falls er sie gesehen hat, auf überzeugende Art vermieden? Einerseits darf gesagt werden, daß bereits durch seine Grundstellung ein anderer Akzent gesetzt ist. Durch die Bestimmung der Intersubjektivität als »Mit-Sein«, »co-présence«, »co-esse« ist eine gerichtete Beziehung zum anderen, die dann auf Gott hin verlängert werden könnte, ausgeschlossen. Vermieden ist auch der »Durchgang« durch das konkrete Du zum absoluten Du. Es muß aber ebenso gesehen werden, daß bei Marcel auch eine andere Reihe von Aussagen besteht, die das Verhältnis von konkretem und absolutem Du als ein Rangverhältnis erscheinen lassen und eine Interpretation nahelegen, die die Relationen zum konkreten Du als eine Vorstufe derjenigen zum ewigen Du sieht und daher Freundschaft und Liebe hingeordnet auf den Glauben und in ihm aufgehend deutet[344].

---

342 Vgl. JM 137/ MT 196/ MWA II 20.

343 Vgl. M. Buber, Das dialogische Prinzip, 76; 311.

344 Vgl. R. Troisfontaines, Der Begriff der Gegenwärtigkeit bei Gabriel Marcel, in: Christlicher Existentialismus, 292: »Die Phänomenologie und Metaphysik der Freundschaft und Liebe, der Gegenwärtigkeit zwischen menschlichen Personen hatten im Denken Marcels keinen Eigenwert. Sie sollten... klärend in

Eine solche Interpretation dürfte aber der Grundintention Marcels zuwiderlaufen.
Die treffendste Formulierung, die Marcel bietet, um die Intersubjektivität in ihrer Relation zum ewigen Du zu beschreiben, bedient sich derjenigen Metapher, die für Marcel im Zusammenhang seiner ontologischen Reflexionen bedeutend geworden ist: »Die Intersubjektivität, könnte man sagen, ist die Tatsache, zusammen im Licht zu sein«[345]. Stellt man die Frage nach dem Licht, dessen Quelle nicht der andere ist, aber das doch von ihm auf mich und von mir auf den anderen ausstrahlt[346], so wird man sagen können, daß das absolute Du, daß Gott selbst Ursprung dieses Lichtes ist[347], zumal Marcel diese Metapher in der johanneischen Bedeutung von Licht versteht. Über den Wortlaut des Vergleiches hinausgehend, muß Wert auf die Feststellung gelegt werden, daß in der Quelle des Lichtes nichts Objektivierbares begegnet, sondern daß hier personale Wirklichkeit erfahren wird. Daher liegt für Marcel auch die große Bedeutung dieser Lichtmetapher darin, daß es das Eigentümliche des Lichtes ist, nicht »erhellt« werden zu können; dieses Licht selbst ist das Erhellende, so daß die Erkenntnisrelation, wie sie üblicherweise verstanden wird, hier eine Umkehrung erfährt: Nicht ich (als erkennendes Subjekt) erhelle, sondern ich werde erhellt - und in diesem Licht, das in der Ontologie Marcels mit dem Sein gleichgesetzt wird, begegnet mir alles andere, was ich erkenne: ich sehe die vom Licht erleuchteten Gebiete.
Ergänzt werden muß diese Metapher mit der dialogischen Sprechweise, die Gott als das ewige Du begreift. Dann wird das Bild, das die beiden dialogischen Bezüge, zum geeinzelten und zum ewigen Du, zusammenschaut, abgerundet (wenngleich diese Abrundung nicht der Abschluß eines Systems ist).

---

das Studium der religiösen Beziehung des Glaubens einführen«.

[345] PrésImm 189/ GegUnst 298/ MWA I 221.

[346] Vgl. PrésImm 191/ GegUnst 302/ MWA I 223.

[347] So deutet es P. Kampits, Gabriel Marcels Philosophie der zweiten Person, 159. Zur Problematik des Verhältnisses von Ontologie und Glaube, die sich in der Metapher des Lichtes andeutet, vgl. ebd., 180ff.

Annähernd könnte man sagen, daß bei Marcel dieses Ineinanderstehen des Glaubens im Hinblick auf Gott als das ewige, absolute Du und der dyadischen Bezüge zum Nächsten, zum konkreten, geeinzelten Du gegeben ist, das bereits oben als einzige Möglichkeit aufgezeigt worden war, um die Probleme der dialogischen Ansätze zu überwinden: Der andere ist mir ganz gegeben; ich erfahre und erfasse ihn nicht als den, über den ich hinaus müßte, um das absolute Du als Du ansprechen zu können. Gleichzeitig findet sich die Gemeinschaft mit dem konkreten Du, die Liebe zu ihm in dem »Raum«, der durch das ewige Du begründet ist[348].

Durch beide einander ergänzende Betrachtungsweisen ist auch das Verhältnis Marcels zu den klassischen Gottesbeweisen bzw. jedem philosophischen Sprechen über Gott einsichtig: »Sprechen wir von Gott, dann ist es nicht Gott, wovon wir sprechen«[349]. Marcel unterscheidet den lebendigen Gott von dem logischen Gott, der in bestimmten Vollkommenheitslehren postuliert wird und auch die Grundlage jedes Versuches einer Theodizee liefert[350]. Jedem Versuch

---

348 Die Mühe, diese Verbindung beider Größen zu denken, bezeugt eine Äußerung in EPC/ SchTr: Marcel spricht hier von der Möglichkeit einer bedingungslosen Liebe der Geschöpfe untereinander und vermutet, behauptet von hier aus, daß diese Liebe nur dort möglich scheint, wo auch der Glaube »in seiner ontologischen Fülle« ermöglicht ist. Zwischen beiden bestehe eine » dunkle, unterirdische Verbindung« (EPC 205/ SchTr 133/ MWA III 180).

349 JM 258/MT 362/ MWA II 116; vgl. auch P. Kampits, Gabriel Marcels Philosophie der zweiten Person, 176.

350 Vgl. JM 65f/ MT 98. C. Bruaire, Une lecture du Journal métaphysique, erläutert, daß es für Marcel eine Nähe zum ontologischen Gottesbeweis geben könne, wenn man diesen nicht als eine Aussage fasse, die in ihrer Überzeugungskraft innerhalb der Vernunft verbleibt, sondern als eine solche, die Gott als den anderen voraussetzt (345). Das dürfe aber im Hinblick auf Marcel nur so verstanden werden, daß es sich nicht um den absolut *anderen* (l'absolument autre), sondern um Gott als den *absoluten* Anderen (l'Autre absolu) handelt. Damit wäre ein Weg möglich zu Marcels Verständnis von Gott als dem absoluten Du (346). In der Diskussion, die sich an diesen Vortrag anschließt, greift Marcel diese Unterscheidung auf und heißt sie ausdrücklich gut (348). Allerdings bringt er - über die konkrete Thematik hinausgehend - an seinen eigenen frühen Formulierungen über Gott als das absolute Du noch drei Nuancen an: 1. Er fragt sich, ob er nicht in seinen frühen Texten den Platz des Du überbetont habe und ob die Rede von Gott als dem absoluten Du nicht eine Weise war, den Problemen eines philosophischen Gottesverständnisses auszuweichen

einer Objektivierung Gottes ist damit von vornherein eine Absage erteilt. Wird der Glaube - wie bereits gezeigt worden ist - als Teilhabe verstanden, so kann Gott niemals Objekt für mich werden. Nur in denjenigen Vollzügen meines Lebens, in denen ich jede Verdinglichung Gottes ausschließe, kann ich Gott selbst meinen. Gott zu denken, kann nur bedeuten: anzudenken[351]. Falle ich von diesem Andenken zurück in ein Denken über Gott, dann verfehle ich ihn. Aus der Grundaussage, daß Gott dasjenige Du ist, das niemals zum Es werden kann, ergibt sich eine weitere Frage, die für Marcel bedeutsam wird. Setzt die Teilhabe immer eine Mutualität voraus und ist anderseits die Teilhabe die einzige Weise, Gott zu erfassen, so stellt sich das Problem, ob es für Gott etwas geben kann, das ihm als ein Es gegenüberstünde. Verläßt man im Nachdenken über die Schöpfung die Ebene der reinen Kausalität, die nur eine äußerliche Relation zwischen dem Schöpfer und dem Geschaffenen entstehen läßt, so muß angenommen werden, daß es für Gott letztlich nichts gibt, was rein empirisch ist, denn damit wäre behauptet, »es könne in der Welt etwas geben, das schlechthin nicht geliebt oder gerettet zu werden vermag«[352]. Wichtig wird diese Aussage vor allem im Hinblick auf die Relation des Menschen zur Welt, die letztlich auch nur als Teilhabe verstanden werden kann.

Bevor dies erörtert wird, soll noch ein Blick geworfen werden auf die Problematik, die bereits in der dialogischen Philosophie aufgetaucht war: In welchem Verhältnis steht das konkrete Du zum absoluten Du, und wie, aus dieser Frage abgeleitet, verhält sich die Relation zum ewigen Du zu derjenigen zum konkreten, zeitlich-menschlichen Du?

a) Zum einen stehen die beiden Verhältnisse - zum konkreten und zum absoluten Du - in einer *Analogie* zueinander: Das gilt für die

---

(348). 2. Es ging ihm im wesentlichen immer um die Erfahrung des Heiligen, womit er eine Erfahrung meint, die so wenig wie möglich in die Grenzen unserer Subjektivität eingeschlossen werden kann. 3. Vom ontologischen Gottesbeweis hat Marcel sich stets angezogen gefühlt, ihm gegenüber aber auch die Furcht behalten, daß sich hier der Geist von einer Überzeugungskraft verleiten lasse, die nur in der Sprache besteht (350).

351 Vgl. EA I 36f/ SH 33/ MWA II 171f; EA I 44f/ SH 40/ MWA II 177.

352 JM 224/ MT 315/ MWA II 91; vgl. JM 159/ MT 224/ MWA II 38; P. Kampits, Gabriel Marcels Philosophie der zweiten Person, 186.

Rede von Gott als einem Du; das zeigt sich aber auch dort, wo es um die Anrede Gottes im Gebet geht. So wie ich den anderen nicht instrumentalisieren kann, sondern die Gemeinschaft mit ihm suche um dieser Gemeinschaft selbst willen, so wird sich nach Marcel das Gebet immer mehr entfernen von einem Bittgebet, das der Mehrung meiner Macht, der Ausweitung meines Habens dienen soll, und sich einem Beten nähern, das nichts anderes mehr sucht als die von jeder Finalität befreite Gemeinschaft mit Gott. »Genaugenommen gehört das Gebet wohl immer zur Grundform: 'Sei mir nahe, steh mir bei'«[353]. Die Grenze jener Analogie ist dort angedeutet, wo gesagt wird, daß Gott jenes Du ist, welches nicht in ein Es umgewandelt werden kann. Kann ich einen Menschen immer noch als einen Er oder eine Sie ansprechen, wodurch sich zwar keine Gemeinschaft bildet, diese aber noch im Horizont unserer Möglichkeiten liegt[354], so kann ich Gott *nur* in der Weise des Du-Sagens begegnen. Selbst das Zeugnis für ihn nimmt dann nicht den Charakter eines Redens über Gott an, sondern eine Hineinnahme des anderen in meinen Glauben. Der andere kann dann meinem Glauben nicht gegenüberstehen, sondern kann meinen Glauben mitglauben: ansonsten verfehlt er den Glauben. Ein Übergang von der Weise, Gott als ein Es zu behandeln, über ihn zu reden, zu der Du-Beziehung zu ihm scheint nicht möglich, denn Gott als Gedachter ist nicht Gott, der Glaube als gedachter Glaube ist kein Glaube, Religion gibt es in Wahrheit nur für den, der über das Stadium hinaus ist, in dem es noch Religionen gibt[355].

b) Das Verhältnis des absoluten zum konkreten Du muß ferner als ein *Fundierungsverhältnis* aufgefaßt werden[356]. Die bereits zitierte Formulierung, daß die Intersubjektivität darin bestehe, zusammen im Licht zu sein, deutet darauf hin, daß jede dyadische Relation zum konkreten Du gegründet ist in der Relation zum ewigen Du. Der

---

[353] JM 220/ MT 309/ MWA II 87.

[354] Vgl. JM 145 f/ MT 207f/ MWA II 27.

[355] Vgl. JM 156/ MT 220/ MWA II 35; JM 258/ MT 362 /MWA II 116; JM 152f/ MT 217/ MWA II 33; JM 223/ MT 313/ MWA II 90; JM 96/ MT 141; JM 65ff/ MT 97ff; JM 84/ MT 124f; JM 53/ MT 81.

[356] Vgl. P. Kampits, Gabriel Marcels Philosophie der zweiten Person, 177ff.

Denkweg, der Marcel zur Formulierung der Teilhabe führte, bezeugt diese ontologische Priorität der »theologischen« Teilhabe vor der konkreten, zwischenmenschlichen Teilhabe.

c) Das konkrete menschliche Du erscheint in der Teilhabe am ewigen Du nicht als ausgeschlossen oder aufgehoben. An dieser Stelle ist auf die Interpretation Marcels durch P. Kampits einzugehen, der im Denken Marcels die Gefahr einer Abwertung des konkreten Du gegeben sieht[357]. Er begründet diese Deutung anhand verschiedener Äußerungen Marcels, die die Unbeständigkeit des empirischen Du scheinbar der Beständigkeit des absoluten Du gegenüberstellen. Damit sei in der Liebe zum konkreten menschlichen Du im Grunde dasjenige gemeint, was *an* diesem Du das Unvergängliche ist, nämlich das absolute Du. Dann aber wäre Marcel jener Gefahr in der Dialogik erlegen, die ansatzweise bei M. Buber aufgezeigt werden konnte. Diese Interpretation setzt aber voraus, daß das Absolute tatsächlich als eine Wirklichkeit *am* anderen aufgefaßt werden kann[358], als das »*in* dir, was dann dein für dich unverfügbarer Seinsgrund ist, nämlich Gott«[359]. Damit wäre aber eine Betrachtung des anderen gegeben, die diesen zunächst verobjektiviert, um dann zu dem nichtobjektivierbaren Grund am anderen vorzudringen. Gerade das aber scheint der Intention Marcels nicht zu entsprechen. Die Gemeinschaft, die ich mit dem anderen unterhalte, ist nicht objektivierbar. Eine solche Trennung, wie Kampits sie vermutet, setzt eine Objektivierung jedoch voraus. Gerade die Deutung des Todes bei Marcel, die Kampits für seine Argumentation heranzieht, muß vor der Meinung bewahrt werden, als entstehe erst hier eine Relation zum ewigen Du, in der obendrein die Beziehung zum konkreten Du sich aufhebt. Die Hoffnung, die die Unsterblichkeit des geliebten Wesens gerdezu postuliert, bewahrt die Gemeinschaft, die sich hier als eine bedrohte gebildet hat; die Treue, die ich hier einem Wesen gegenüber ausübe, richtet sich auf dieses Wesen selbst und will es nicht übersteigen[360].

---

357 Vgl. ebd., 186ff.

358 Ebd., 186.

359 Ebd., 190.

360 Vgl. HV 81/ HVd 76f/ MWA I 147.

Es war bereits davon gesprochen worden, daß aufgrund der Schöpfungsrelation Gottes zur Welt diese in die Teilhabe aufgenommen werden muß. Die Teilhabe weitet sich für Marcel über die konkrete menschliche Begegnung hinaus aus und umgreift zunächst die menschliche »Umwelt« in ihrer räumlichen und zeitlichen Erstrekkung. Beispielhaft hat Marcel diesen Sachverhalt dargestellt am »Geheimnis der Familie«. Auf der Suche nach den Wurzeln meiner Existenz, ihren Ursprüngen, muß ich die kausale Betrachtungsweise verlassen: »zwischen meinen Vorfahren und mir muß eine unendlich dunklere und innerlichere Beziehung bestehen: ich habe teil an ihnen wie sie teilhaben an mir - im Unsichtbaren; sie sind mir, ich bin ihnen - consubstantiell«[361] .
Diese Ausweitung der Teilhabe erstreckt sich aber noch auf weitere Bereiche, letztlich muß gesagt werden, daß das Band, das mich aufgrund der »Incarnation« mit meinem Leib verbindet, demjenigen gleicht, bzw. mit demjenigen übereinstimmt, das mich mit der Welt verbindet. Es ist ein »eheliches Band«[362] . Dieses Band kann - und hier legt Marcel die Betonung auf die menschliche Freiheit, die ebenso zu der fundamentalen existentiellen Sicherheit gehört - vom Menschen zerrissen werden, was dann nicht einer Abwendung von der Welt gleichkäme, die das Ziel hat, sich dadurch zu Gott zu erheben, sondern als Verrat bezeichnet werden müßte[363] . In diesem Sinn unterscheidet Marcel auch zwei Weisen der Loslösung von der Welt: diejenige des Zuschauers und diejenige des Heiligen: »Die Loslösung des Heiligen vollzieht sich, wenn ich so sagen darf, im Innern des Wirklichen selbst; er klammert die Neugier in bezug auf das Universum völlig aus. Diese Loslösung ist die höchste Form der Teilhabe, die es überhaupt gibt. Die Loslösung des Zuschauers ist gerade umgekehrt. Sie ist Fahnenflucht, nicht nur gedanklich, sondern auch wirklich. Und dort trifft man auch auf diese Art von Fatalität, die,

---

[361] HV 99/ HVd 93.

[362] Vgl. PrésImm 143/ GegUnst 225/ MWA II 351.

[363] Vgl. SagTra 67/ TraWei 58.

wie mir scheint, auf der ganzen antiken Philosophie lastet - einer Philosophie, die wesenhaft Zuschauerphilosophie ist«[364].
Marcel selbst bezeichnet sich dagegen in Absetzung von diesem Typus des »homo spectator« als »homo particeps«, wobei diese Teilhabe von ihm in späteren Jahren mehr und mehr als eine Öffnung für den anderen und für die Welt verstanden wird, womit die Nuance des Besitzens, die in dem Wort Teilhabe mitschwingt, ausgeschlossen ist[365].

---

364 EA I 22/ SH 22/ MWA II 163f. Diese Charakterisierung dürfte auch ein Hauptkriterium der Absetzung Marcels von J.-P. Sartre sein. Marcel beschreibt die Welt Sartres als eine Welt, die vom Café aus betrachtet wird. Damit meint er nicht in polemischer Weise eine philosophisch unstandesgemäße Arbeitsweise, sondern genau die Haltung des Zuschauers, der sich an einen Ort der Gleichgültigkeit (un lieu d'indifférence) begibt, wo er die Menschen und die Menschen ihn nichts angehen. (Damit ist Sartres Stellungnahme selbst wiedergegeben) (L'existence et la liberté chez Jean-Paul Sartre, 129). In einer solchen Welt wird Gemeinschaft unmöglich (vgl. ebd., 151).

365 Vgl. SagTra 279/ TraWei 222f; SagTra 68/ TraWei 59.

Zweites Kapitel

Gabriel Marcels Reflexionen über die Hoffnung

I. Tragische Existenz als Ausgangspunkt der Reflexionen über die Hoffnung

1. Die Existenz - geprägt von der Möglichkeit der Zerstörung

Wenn der Begriff der Existenz an dieser Stelle noch einmal zur Sprache kommt, dann deswegen, weil er dort, wo er in seinem Charakter als tragische Existenz erscheint, zu den unabdingbaren Grundlagen gehört, auf denen Marcels Philosophie der Hoffnung aufbaut. In den ersten Überlegungen zu Marcels Existenzbegriff war dieser unter einem mehr formalen Gesichtspunkt untersucht worden; als erkenntnistheoretischer und auf die Ontologie hin geöffneter Grundbegriff. Existenz erschien dort als das unmittelbar Gegebene und nicht mehr im Sinne einer objektivierenden Analyse zu Hinterfragende. So ist sie in der Unterscheidung Marcels zwischen dem Problematischen und dem Geheimnisvollen einbezogen in den Kreis des »Mystère«. Auf diese Weise war ein Wesensmerkmal Marcelscher Philosophie ansichtig geworden: sein Zurückweichen vor jeder Art von Objektivierung und - durch seine Konzeption der Teilhabe - die Überwindung des überlieferten Gegensatzes von Subjekt und Objekt.
Durch den in den obengenannten Abschnitten erfolgten Hinweis, daß die Existenz als Einsatz (enjeu) zu verstehen sei und außerdem ihre ontologische Offenheit nur dann erhalte, wenn sie als Verfügbarkeit oder Engagement die Isolierung des Subjekts in sich selbst überwinde, war eine Überschreitung der rein formalen Ebene von Existenz bereits in den Blick gerückt worden. Wenn Existenz als Einsatz zu verstehen ist, dann ergibt sich, daß sie in einen Raum hineingestellt wird, der zugleich eine Möglichkeit des Gewinnes wie auch des Verlustes birgt. Die Existenz ist so immer zugleich bedrohte und auf das Sein hin offene Existenz.

Nun ist aber der so umschriebene Raum, in dem die Existenz steht (und der von ihr nicht zu trennen ist), nicht ein Raum, in dem die Möglichkeiten des Gewinnes und des Verlustes gleichberechtigt, ohne eigene Dynamik, nebeneinander stehen und den Erfolg oder Mißerfolg als zufällig erscheinen lassen. Dieses Feld, auf dem Existenz als Einsatz erlebt wird, ist von Kräften bestimmt, die als ein ungleichgewichtiges Paar Bedrohung oder Erfüllung darstellen.
Was ist damit gemeint? Marcel sieht die Existenz zunächst von einer Schwerkraft bestimmt, die sie in die Richtung einer Auflösung, einer Zerstörung zieht. Dies kann sich auf zweierlei Weise ausdrücken. Zum einen steht hier die Bestimmung der Existenz als einer »déficience ontologique«, in einer eher statischen Weise. Zum anderen besteht aber für Marcel auch eine wirkliche Dynamik, die den Menschen, die Gesellschaft bestimmt. Sie ist, wenn ihr der Sinn für das Sein fehlt, auf den Tod ausgerichtet, der als Sturz (chute) ins Unbrauchbare, als absoluter Abfall (déchet) erscheint[1]. In dieser Situation oder dieser Bewegung ergeht aber auch der Anruf des Seins, wird als Anruf vom Sein her im Menschen die Forderung nach Sein (exigence ontologique) laut[2]. In den von dieser »exigence ontologique« bestimmten Kräften, der Treue, der Hoffnung und der Liebe, ist es allein möglich, diesen Fall, von dem unsere Existenz ständig bedroht ist, zu verhindern und die Bewegung zum Sein hin umzuwenden.
In dieser Skizzierung erscheint die Hoffnung als Reaktion. Dieser Eindruck wird hauptsächlich durch die zeitliche bzw. zeitlich gedachte Auseinanderlegung der drei Aspekte Existenz - Tragik - Sein hervorgerufen. Diese Auseinanderlegung ist jedoch insofern irreführend, als es sich ja bereits bei dem Verhältnis Existenz/ Sein nicht um ein solches der zeitlich voneinander getrennten Phasen handelt. Die Existenz wird in dem Aufstieg zum Sein (wenn dieser Ausdruck überhaupt verwendbar ist) ja nicht zurückgelassen, verlassen um des Seins willen. Es handelt sich vielmehr um ein Ineinanderstehen von Existenz und Sein. Der *status viatoris* wird nie von den tragischen Spu-

---

1 Vgl. PosApp 48/ MWA I 61.

2 Vgl. PosApp 51/ MWA I 62f.

ren der Existenz befreit sein - auch die Hoffnung, durch die der *»Homo Viator«* getragen wird, hebt ihn nicht aus der Existenz heraus, sondern wendet diese Existenz dem Licht zu.

In einem gewissen Sinn kann Marcels gesamte Philosophie als tragische Philosophie betrachtet werden. Diese Kennzeichnung hängt mit jener Grundausrichtung zusammen, die Marcel von der damaligen Schulphilosophie abrücken läßt, seiner Entscheidung also für ein konkretes Philosophieren, das den Philosophen, der die Subjekt-Objekt-Gegenüberstellung überwunden hat, in einen dyadischen Bezug zu all dem treten läßt, worüber, besser: worin er philosophiert. In seinem Essay *Position et approches concrètes du mystère ontologique* verdeutlicht Marcel, wie er dieses tragische Philosophieren versteht. Er nimmt dabei Stellung zu einer Äußerung von J. Maritain, demzufolge es für eine Philosophie nichts einfacheres gebe, als »tragisch« zu sein, sie müsse sich nur ihrer menschlichen Bürde (poids) überlassen. Genau dies aber bestreitet Marcel, der die natürliche Tendenz der Philosophie um 1933, der Zeit, in der der Essay entstanden ist, viel eher darin sieht, sich auf ein Gebiet des abstrakten Philosophierens - letztlich auf das rein Problematische - zurückzuziehen, auf dem die tragischen Gegebenheiten keinen Raum mehr haben. »Und das finden wir bei vielen zeitgenössischen Idealisten bestätigt. Weil sie die Person ignorieren und sie irgendwelcher idealen Wahrheit, irgendwelchem anonymen Prinzip reiner Innerlichkeit aufopfern, erweisen sie sich als unfähig, mit jenen tragischen Gegebenheiten des menschlichen Lebens fertig zu werden, auf die ich oben angespielt habe«[3]. Sucht der Philosoph jedoch nach dem Konkreten und steht mit der menschlichen Wirklichkeit in einer unauflösbaren Beziehung, so wird sein Blick auch geschärft für die Tragik des Lebens, die für ihn zum Ausgang seines Philosophierens wird. Diese Tragik offenbart sich für Marcel in der grundlegenden Struktur unserer Welt. Diese ist für ihn so beschaffen, daß sie die Verzweiflung als eine ständige Versuchung nahelegt[4].

---

3 PosApp 67/ MWA I 72.

4 Vgl. EA I 118/ SH 103/ MWA II 212.

Zum einen gilt das von der Welt, insofern sie von der Realität des Todes bestimmt ist, der wie ein verhängtes Urteil am Ende jedes Lebens steht[5]. »Das Schauspiel des Todes, das diese Welt uns vorführt, kann man von einem gewissen Standpunkt aus betrachten als einen beständigen Anreiz zur Verleugnung, zum absoluten Abfall (à la défection absolue)«[6]. Zum anderen konkretisiert Marcel diesen Eindruck auch im Zusammenhang der historischen Situation, die für ihn zum Auslöser für seinen Vortrag über die Hoffnung wurde, den er 1944 in *Homo Viator* veröffentlichte. Entstanden war dieser Vortrag während des Krieges. Die Besetzung Frankreichs sowie das Schicksal der vielen Kriegsgefangenen bestimmten Marcel, seinem Vortrag, den er vor dem Scholastikat der Jesuiten in Lyon halten sollte, das Thema der Hoffnung zu geben. Im Blick stand ihm dabei genau jener Hintergrund von Gefangenschaft und Besetzung, der in sich den Keim zur Verzweiflung trägt[7]. Die Bedeutung des Todes, weniger des eigenen Todes als des Todes des geliebten Wesens, für die Thematik der Hoffnung wird weiter unten noch zur Sprache kommen; ebenso wird der eigene Charakter der Verzweiflung in seinem Zusammenhang mit einer bestimmten Art der Wirklichkeitsbetrachtung bzw. einem bestimmten Konzept der Erfahrung noch eigens behandelt werden[8]. Hier sollen lediglich zwei Begriffe im Vordergrund stehen, die jene Situation markieren, in der der Mensch zu einer Entscheidung aufgefordert ist: sich entweder der Verzweiflung anheimzugeben, die durch sie nahegelegt wird, oder ein Jenseits dieser Situation hoffend zu ergreifen. Gemeint sind die beiden Begriffe Exil und Gefangenschaft.

---

[5] Vgl. PosApp 66/ MWA I 71f; SagTra 300/ TraWei 241f; vgl. auch DigHum 187f/ MeWü 172f: der Gedanke an den unausweichlichen Tod neigt dazu, uns dorthin zu fixieren und alles andere wertlos oder farblos werden zu lassen.

[6] PosApp 66/ MWA I 71f.

[7] Vgl. EnChem 184f. Die Verzweiflung erscheint Marcel in dieser Retrospektive nicht nur als eine allgemeine Stimmung der Zeit, sondern etwas, dem er sich persönlich nahezu unausgesetzt wie einer Versuchung gegenübersah.

[8] Dabei kann dann auch die Nähe Marcels zu einer Sicht der Hoffnung, wie sie in der Tugendlehre bei Thomas v. Aquin vorliegt, aufgezeigt werden.

2. Exil und Verbannung

In seinem Essay *Der Mensch als Problem* beschreibt Marcel die Situation des zeitgenössischen Menschen im Anschluß an ein Werk des deutschen Philosophen Hans Zehrer mit dunklen Farben unter dem Stichwort: der Mensch aus der Baracke[9]. Dieser Typus des Menschen repräsentiert die Erfahrung des Exils in exemplarischer Weise. Es handelt sich um einen Menschen, der seine Heimat unter Zwang verlassen hat und nun an anderer Stelle seiner Arbeit nachgeht. Ohne daß es ihm am Notwendigen fehlen würde, führt dieser Mensch eine entfremdete Existenz. Dieser Mensch ist ein »gewesener Mensch«, der nur noch dann auflebt, wenn er von dem spricht, was er verlassen hat: seinen Hof, seine Familie, seine Heimat. Seine Gegenwart ist leer; das, was ihn erfüllt, ist einzig seine Vergangenheit, die ihm in der Gestalt des Heimwehs zu eigen ist. Diese Situation ist zunächst einmal vor dem Hintergrund der Verwüstungen und menschlichen Entwurzelungen, die im Verlauf zweier Weltkriege über die Menschen hereingebrochen sind, zu verstehen. Durch den Verlust der Heimat, die über den konkreten Wohnort hinaus als die vertraute Umgebung, das Gesamt der gesellschaftlichen Lebensbedingungen verstanden werden muß, ist auch die Zukunft dunkel geworden. Der Aspekt der Dauer im Sinne einer Gegenwart und Zukunft gründenden Vergangenheit ist zerbrochen. Das »carpe diem« wird so zur Grundlage des Lebens, jedoch nicht in einer lebensfrohen, sondern in einer verrohten Form, als eine »Reduzierung des Lebens auf das unmittelbar Gelebte«[10]. »Das Leben wird nur noch ein kümmerliches Dahinleben im Wartestand«[11]; die Welt scheint zum großen Teil der Ermüdung ausgeliefert[12]. Die Perspektive der Zukunft, die an die Heimat gebunden war, hat durch ihre Zerstörung die Kraft zur Gegenwartsbewältigung mit sich genommen.

---

9 HoPro 11ff/ MePro (3) 18ff.

10 HcH 137/ ErM (2) 146.

11 HcH 138/ ErM (2) 147.

12 Vgl. HcH 148/ ErM (2) 148.

Mit dieser zeitgeschichtlichen Analyse ist jedoch eine Wirklichkeit berührt, die noch einmal tiefer zurückreicht in die Grundlagen des Lebens. Die durch die gesellschaftlichen Umwälzungen zutage getretene Situation offenbart sich tiefer als ein Verlust der Perspektive des »Mit«, des Mit-Seins. »Der gleiche Gedanke ließe sich auch so fassen, das vertraulichfreundliche Zusammenleben (l'intimité) der Menschen werde immer unvollziehbarer und sei im Übrigen in Mißkredit gekommen«[13]. Damit ist das Bild des Exils nicht mehr nur an einen räumlichen Begriff von Heimat gekoppelt und übersteigt auch das zeitweise Entwurzeltsein aus einem sozialen Umfeld. Es bedeutet zuinnerst das Fehlen jener intersubjektiven Realität, die als »co-esse« beschrieben worden war und die zu den ontologischen Grundlagen des Menschseins gehört. Verwiesen sei auch auf die Analyse der Präposition »bei«, die Marcel anhand bestimmter Lebensbedingungen (den trostlosen Hotels Geschäftsreisender oder den Agglomerationen um die Großstädte herum) vollzieht. Er beschreibt darin den Eindruck der Trostlosigkeit, der sich dort einstellt, wo man den Eindruck haben muß, *bei niemandem* zu sein[14]
Inwiefern kann nun aber diese Wirklichkeit des Exils, deren Grundlage ja ein Verlust ist, der durch die bei Marcel einschlußweise mitgemeinte Endgültigkeit jene trostlose Charakterisierung notwendig macht, zum Ausgangspunkt der Hoffnung werden? Hier ist auf die bereits dargestellte »Exigence ontologique« zu verweisen. Marcel hatte 1933 in seinem Essay *Position et approches concrètes du mystère ontologique* diese als ein Verlangen beschrieben, das in einer Welt aufbricht, die nur noch von dem Gedanken der Funktion bestimmt ist und den Menschen nur noch auf ein Bündel solcher Funktionen reduziert[15]. Dies scheint nur eine andere Weise zu sein, in der derselbe Sachverhalt ausgedrückt ist, den Marcel in seinen nach dem Zweiten Weltkrieg entstandenen Schriften beschreibt. Letztlich ist der Mensch, der in dieser Weise betrachtet wird, niemand anders als der entwurzelte Mensch, der seines ontologischen Fundamentes beraubt

[13] ME I 36/ GeS 45/ MWA I 38.

[14] EPC 137-140/ SchTr 90-92/ MWA III 77-80.

[15] Vgl. PosApp 46/ MWA I 60; PosApp 51/ MWA I 62f.

ist. In dem Kontext des Exils nimmt nun die »Exigence ontologique«, zumal in ihrer Gestalt als Hoffnung, die Merkmale einer Rückkehr, eines Verlangens nach Rückkehr an.
Dieser Gedanke findet sich vor allem dargelegt in den Reflexionen, die Marcel ab 1938 in der Form des Metaphysischen Tagebuchs aufgezeichnet hat *(Présence et immortalité)*. Die Formulierung des Rückkehrgedankens erscheint hier zunächst unter einer phänomenologischen Fragestellung, die auf eine Beschreibung dessen ausgeht, was ein *tiefer Gedanke* oder ein *tiefes Gefühl* sein kann[16]. Zwei Merkmale scheinen hier verbunden zu sein: ein solcher Gedanke oder ein solches Gefühl ist dadurch definiert, daß es sich vom Alltäglichen unterscheidet, über dieses hinausweist. Gleichzeitig eignet dem tiefen Gedanken oder der tiefen Idee aber eine Vertrautheit, durch die die Tiefe einer bloßen Gleichsetzung mit dem Ungewöhnlichen, Bizarren enthoben ist. Wir können erkennen, »daß uns eine Idee als tief erscheint, sofern sie in ein Jenseits zu münden scheint«[17]. Um diesen Begriff des Jenseits oder besser um die Wirklichkeit des Jenseits kreisen die dann folgenden Reflexionen Marcels. Dabei wird zweierlei deutlich:
1) Dieses Jenseits ist nichts, was »gegeben« ist, sondern etwas, das nur erahnt, nur erahnend vorweggenommen werden kann. Es ist ein Fernes, das aber nicht als Bestimmtes ins Auge gefaßt wird. Dieses Ferne wird nun jedoch nicht als ein »anderswo« verstanden, sondern ist zugleich ein »ganz nahe«[18]. Diese Verschränkung von Ferne und Vertrautheit, in der die räumliche Vorstellung von »hier« und »dort« im Grunde überwunden wird, weist zurück auf die Beschreibung des »Mystère«, wie sie Marcel in »Sein und Haben« entwickelt hat[19]. Die erkenntnistheoretische Unterscheidung zwischen den beiden Bereichen des Problematischen und des Geheimnisvollen erhält hier eine bedeutende Ausfaltung.

---

16 PrésImm 29/ GegUnst 41/ MWA II 259.

17 PrésImm 30/ GegUnst 42/ MWA II 259.

18 PrésImm 30/ GegUnst 43/ MWA II 260.

19 Vgl. EA I 146f/ SH 126f/ MWA II 228f.

2) Die existentielle Relevanz dieser erkenntnistheoretischen Einsicht Marcels offenbart sich anhand der Rede von der tiefen Idee. Versuche ich zu beschreiben, auf welche Weise eine Verhältnisbestimmung zwischen der Tiefe, wie sie in einer tiefen Idee vor mich tritt und mir selbst als erkennendem Subjekt möglich ist, dann ist es vor allem das Bild des Exils, das sich erhellend anbietet. Das Ferne, das sich in einer Idee offenbart, trägt den Charakter einer Verheißung[20], einer Verheißung von etwas überaus Vertrautem. Es ist »heimwehmäßig unser (nostalgiquement nôtre)«[21].

Verbindet man - und dieser weitere Gesichtspunkt darf hier nicht fehlen - die Unterscheidung zwischen dem Problematischen und dem Geheimnisvollen mit den hier vorgestellten Überlegungen, dann wird die das Subjekt einbeziehende Kraft des Verheißungsvollen deutlich. Das »Mystère« war als ein solches beschrieben worden, anhand dessen die Unterscheidung zwischen dem »in mir« und dem »vor mir« ihre Bedeutung verliert. Insofern das »Mystère« den Zugang zur Teilhabe ermöglicht oder als Schlüsselbegriff der Wirklichkeit der Teilhabe verstanden werden muß, rückt der auf mich bezogene Gesichtspunkt des »Mystère« in den Blick. Das »Mystère« erscheint als eine Wirklichkeit, in der ich ganz und gar *engagiert* bin[22]. Damit ist gesagt, daß die Teilhabe an dem Geheimnis mich nicht in einer unveränderten Position beläßt, so daß nur dasjenige, woran ich teilhabe, von dieser Teilhabe betroffen wäre. Ich selbst bin diesem Geschehen der Teilhabe in Wirklichkeit unterworfen, so daß nicht nur die Unterscheidung des »in mir« und des »vor mir« überschritten, sondern im Bezug auf meine eigene Position die Differenz des »hier« und des »dort« überstiegen wird. »So müssen wir also unsere Aufmerksamkeit auf die Bedingung (condition) eines Wesens konzentrieren, das sich der Tatsache bewußt ist, daß es sich nicht mit seinem *Hier* deckt oder das seinen Ort als zufällig empfindet - im Gegensatz zu einem bestimmten Zentrum, das sein wirklicher Ort wäre, der jedoch unter den tatsächlichen Verhältnissen, denen es unterworfen ist, nur als

---

20 Vgl. PrésImm 30/ GegUnst 43/ MWA II 260.

21 PrésImm 31/ GegUnst 43/ MWA II 260.

22 EA I 146/ SH 126/ MWA II 228f.

Jenseits, als Heimwehherd (foyer de nostalgie) beschworen werden kann«[23]. Die Zukunft erscheint hier, unter der Perspektive der Verbannung, zugleich als ein Neues und als etwas, zu dem eine Rückkehr möglich ist[24]. »Ich habe den Eindruck, daß es sich um eine Zukunft handelt, die sich geheimnisvoll mit der fernsten Vergangenheit verbindet«[25].

Die Hoffnung erhält von hierher eine Charakterisierung, der eine Kategorie des *ausschließlich* Neuen fremd bleiben muß. Sie ist ein Auslangen nach vorn, zugleich aber - und vielleicht in noch größerem Maße - ein Sehnen, wiederzufinden, zurückzukehren. »In diesem Sinne steht der Mythus von Orpheus und Eurydike geradezu im Herzen selbst meiner Existenz. Das wesentliche Problem war für mich stets und ist es noch immer, zu erkennen, wie man *wiederfinden* kann - wäre dies auch in Hoffnung«[26].

Wendet man jetzt noch einmal den Blick zurück auf die Beschreibung des »Mannes aus der Baracke«, die Marcel an den Anfang seiner Schrift *Der Mensch als Problem* gestellt hat, so wird eines deutlich: Die Grundbedingung dafür, daß die Situation des Exils (in der ganzen

---

23 PrésImm 31/ GegUnst 44/ MWA II 260; vgl. PrésImm 33/ GegUnst 48/ MWA II 263: »So würde man also mutmaßen können, das tiefe Gefühl sei ein Gefühl, in dem das innere Wesen selbst engagiert ist«; vgl. RefIInt 159: »Es ist in der Tat bemerkenswert, daß der gelebte Status des *ecce* mich zur Anerkennung der Tatsache zwingt, daß ich niemals ausschließlich da bin, wo ich bin, sondern immer gleichzeitig und notwendigerweise auch anderswo; und hier bezieht man sich vielleicht am besten auf die exemplarische Situation des im Exil Lebenden; der im Exil Lebende ist nicht ausschließlich, er ist vielleicht nicht einmal hauptsächlich dort, wo er lebt, wo er zu leben verurteilt ist. Würde uns eine vertiefte Reflexion unserer Existenzweise nicht die Entdeckung der Tatsache erlauben, daß jeder von uns seinem Wesen nach, selbst wenn er bei sich zu Hause ist, ein im Exil Lebender ist - oder noch tiefer, daß er nur unter der Bedingung, sich im Exil lebend zu fühlen, eine rein unmittelbare und in gewisser Beziehung vormenschliche Lebensweise überwindet«?

Die äußere Grenze dieser Vorstellung des Exils muß aber wohl dort gesehen werden, wo sie in der Gefahr steht, die - nahezu gegenteilige - Wirklichkeit der *Incarnation* zu verdunkeln.

24 Vgl. PrésImm 30f/ GegUnst 43f/ MWA II 260.

25 PrésImm 32/ GegUnst 45f/ MWA II 261.

26 PrésImm 132/ GegUnst 207/ MWA II 342f; vgl. PrésImm 35/ GegUnst 51/ MWA II 264.

Breite dieses Begriffs, wodurch eine räumliche ebenso wie eine geistige und menschliche Heimatlosigkeit umfaßt sind), zu einem Ausgangspunkt der Hoffnung werden kann, ist, daß der Mensch nie völlig den Kontakt mit jener Tiefe verliert, die ihm eine Rückkehr ermöglicht, die Verheißung der Rückkehr in sich trägt. Wird jedoch der Mensch jener Tiefe vollständig fremd, dann scheint es, daß die Hoffnung hier nicht mehr möglich ist. Der Gedanke eines reinen Neuen ohne die Dimension der Vergangenheit und damit des Wiederfindens bzw. der Rückkehr, kann nicht Gegenstand der Hoffnung sein[27].

---

27 J. Pieper, Herkunftslose Zukunft und Hoffnung ohne Grund?, in: Von der Schwierigkeit, heute zu glauben, 178-195 weist auf die Tendenz der gegenwärtigen Rede von der Hoffnung hin, die - im Munde R. Garaudys als Lob auf diesen Zweig christlicher Theologie formuliert - die Zukunftsdimension des Glaubens nur verstehen will als ein Befreitsein des Menschen von seiner Natur und von seiner Vergangenheit (179; eine positive Rezeption Garaudys nimmt F. Kerstiens, Die Hoffnungsstruktur des Glaubens, 172ff vor). Dagegen ist nach Pieper zweierlei zu betonen, damit die christliche Dimension jeden Redens von der Zukunft bewahrt bleibt: 1) In der Tradition des Abendlandes, in der sich in diesem Punkt wohl auch semitischer und griechischer Kulturraum berühren, sei die Rolle der *Memoria* für ein vollständiges menschliches Existieren unbestritten; in seiner Deutung der platonischen Anamnesis-Lehre betont Pieper dann aber auch - und berührt hier die Gedanken Marcels - , daß in der Anamnesis Urbild und Zielbild gleichermaßen gegenwärtig werden, so daß der Vorwurf, es handle sich bei der platonischen Anamnesis und ihrer Wesensschau um das Erkennen eines Gewesenen, als ein Fehlschluß entlarvt wird (184). - 2) Der zweite Grund für die Rückwendung zum Vorgegebenen auch in der Hoffnung sei in der Schöpfung zu sehen. Diese Wirklichkeit »liegt als uneinholbarer Anfang allem voraus, was wir selber zu vollbringen fähig sind, und auch allem, was uns sonst noch an göttlicher Gabe zuteil werden mag«(182). - Damit ist unsere Zukunft auf jeden Fall von einer solchen Gestalt, die nicht als »reine« Zukunft verstanden werden kann, und unsere Hoffnung schließt jene erinnernde Tätigkeit ein, die - wie Marcel es genannt hat - die Suche nach dem Wiederfinden und Sehnsucht nach einer Rückkehr ist. - In diesem Sinn ist der Schluß von E. Blochs »Prinzip Hoffnung«, jener berühmte Satz vom Entstehen dessen, »das allen in die Kindheit scheint und worin noch niemand war: Heimat« in sich widersprüchlich: Der Gedanke der Heimat schließt geradezu ein, daß es sich wohl um etwas Verlorenes handelt, aber doch um das, was dem Hoffenden nicht nur aus einer Ahnung, sondern aus der Erinnerung, dort gewesen zu sein, gegenwärtig ist (Das Prinzip Hoffnung, 1628). Aus religionsgeschichtlicher Perspektive macht R. Schaeffler, Was dürfen wir hoffen, 276f darauf aufmerksam, daß der Unterschied zwischen biblischer Apokalyptik und Blochs utopischer Hoffnung darin zutage tritt, daß für die biblische Apokalyptik das Erinnerte (Jerusalem) wohl untergegangen ist,

3. Gefangenschaft

»Mich als existierend erfassen heißt in gewisser Weise mich als Gefangenen erfassen«[28]. Für Marcel scheint die Situation des Menschen und seiner Existenz wesentlich als Gefangensein bestimmt werden zu müssen, noch bevor an die konkreten Ausformungen dieser Gefangenschaft gedacht wird. Die »Gesamtheit meiner Abhängigkeiten«, ohne die letztlich auch meine Identität verloren ginge, erscheint in einer Doppelgestalt: einerseits ist sie unabdingbar, anderseits ist sie etwas, das überschritten werden muß, wodurch ich erst zur Freiheit gelangen kann[29].

---

aber real bestanden hat. - Eine überzeugendere Gestalt der Hoffnung vermittelt in diesem Zusammenhang das geistliche Gedicht von Ch. Péguy, Das Tor zum Geheimnis der Hoffnung, in dessen Mittelpunkt, wie ein Leitmotiv, die Parabel vom verlorenen Sohn steht. Verbannung und Rückkehr erweisen sich so als die beiden Grundbewegungen der Hoffnung. - Diese Abgrenzungen haben auch die Theologie der Hoffnung Jürgen Moltmanns im Blick: Aus der rechtfertigungstheologischen Anlage der »Theologie der Hoffnung« ergibt sich eine Bewertung der geschaffenen Wirklichkeit, die als Gegensatz zu der Verheißung aufgefaßt werden muß, auf die sich die Hoffnung richtet. Die Welt trägt ihre Identität nicht in sich selbst, sondern »extra se«, im Reich Gottes. Besonders deutlich wird dieser Aspekt dort, wo Moltmann von der Sendung des Christen durch den Auferstandenen spricht. Wenn die Auferstehung »nova creatio« ist, dann kann der Hoffende, der auf Christus hofft und von ihm in die Welt gesandt ist, sich mit dieser Welt nicht abfinden; er muß an ihr leiden, ihr widersprechen. »Frieden mit Gott bedeutet Unfrieden mit der Welt« (J. Moltmann, Theologie der Hoffnung, 17). Die Hoffnung kann der Welt das Versinken aller Dinge ins Nichts ansagen und führt so den Auszug aus der »schlechte[n] Wirklichkeit« an (ebd., 206). Den Konsequenzen einer solchen Anlage der Hoffnungstheologie weicht Moltmann jedoch verständlicherweise aus, würde sie doch das Leben und die Sendung des Christen in der Welt und für die Welt zwangsläufig der Sinnlosigkeit überantworten. So wechselt er, wenn es ihm um die Sendung des Christen geht, die Seiten, verläßt das streng rechtfertigungstheologisch durchgeführte Konzept der Hoffnungstheologie und spricht, mit Bloch, von der »Veränderlichkeit der Welt« als ihrem Charakter (ebd., 265). Für den Christen, insbesondere für den Theologen müsse es darum gehen, die Welt »in der Erwartung göttlicher Veränderung zu verändern« (ebd., 74). Nimmt man die Welt, für die und in der man hofft, als Wirklichkeit ernst, so zeigt sich, daß ein Konzept der Hoffnung auf ein Neues unter radikaler Verurteilung des Bestehenden nicht durchzuhalten ist.

28 PrésImm 139/ GegUnst 218/ MWA II 348.

29 Ebd.

Über seine Arbeit an dem Vortrag, den Marcel in Lyon über die Hoffnung gehalten hat, schreibt er Folgendes: »Dabei diente mir als Ausgangspunkt der Überlegung die für uns Franzosen damals eingetretene Situation - wir waren besiegt und vom Feinde unterdrückt - oder die noch deutlichere Situation der Gefangenen, die auf die Stunde der Befreiung harren. In einer syneidesis ... kam mir damals zum Bewußtsein, daß die Hoffnung in allen denkbaren Fällen mit einer Erfahrung der Gefangenschaft verbunden ist«[30]; damit wird die allgemeine Beschreibung der Existenz als Gefangenschaft in einen geschichtlich konkreten Zusammenhang eingeordnet. Es scheint nun so, daß durch diese beiden Äußerungen ein gewisser Widerspruch hervorgerufen würde. Einerseits kann die Existenz als solche bereits unter dem Merkmal des Gefangenseins betrachtet werden - welchen »Überschuß« im Hinblick auf die Hoffnung beinhaltet dann noch eine Situation konkreter Gefangenschaft oder Unterdrückung? Wenn aber anderseits die Hoffnung nur an eine Erfahrung gebunden wäre, die der Extremsituation, wie Marcel sie beschreibt, vergleichbar ist, wie könnte dann diese Hoffnung als universale menschliche Äußerung der »Exigence ontologique« verstanden werden[31]? Es muß also darum

---

30 DigHum 185/ MeWü 170; vgl. GM - Bloch, 43.

31 Eine weitere Widersprüchlichkeit tritt dann zutage, wenn nochmals auf das dargestellte Verständnis der Existenz zurückgeblendet wird: die Existenz als Geheimnis, zumal die Existenz in ihrem Charakter als »être en situation« oder »être incarné«, scheint die Merkmale der Gefangenschaft nicht aufzuweisen, die Bindung an die Existenz, das konkrete Existieren scheint sogar Voraussetzung für die ontologische Forderung zu sein. Wenn zudem das Verhältnis von Existenz und Sein nicht als ein solches des Gegensatzes, streng genommen nicht einmal des Überstiegs verstanden werden kann, dann wird fraglich, wie der hier angedeutete Charakter der Existenz mit dem dort angedeuteten zur Deckung gebracht werden könnte. Eine Lösung bietet sich nur an in der Richtung einer Differenzierung des Marcelschen Existenzbegriffs. Dieselbe Ambiguität konstatiert P. Ricoeur, Gabriel Marcel et Karl Jaspers, 121 im Zusammenhang mit dem Begriff der »Incarnation«; vgl. auch X. Tilliette, Philosophes Contemporains, 22f. Ein Grund für die Ambivalenz, die hier zutage tritt, könnte darin liegen, daß das Denken und die Sprache Marcels zwischen zwei »niveaux irréductibles« oszillieren: zwischen dem »niveau lyrique«, auf dem die Begriffe der Existenz, der Inkarnation, des Lebens eine helle Bedeutung gewinnen, und dem »niveau dramatique«, auf dem dieselben Wirklichkeiten nun in ihrer bedrohten, zur Verzweiflung hinneigenden Gestalt erscheinen;

gehen, ein Gemeinsames zu finden, das die Existenz als solche in einem gewissen Sinn als Gefangenschaft versteht und sie von dorther zum Ausgangspunkt der Hoffnung werden läßt und das auf der anderen Seite den konkreten Situationen der Gefangenschaft ihr Gewicht nicht nimmt.

Auf den ersten Seiten des *Entwurfs einer Phänomenologie und einer Metaphysik der Hoffnung* in *Homo Viator* arbeitet Marcel die Charakteristika der Gefangenschaft heraus, die einen solchen angestrebten gemeinsamen Nenner erkennen lassen[32]. Dabei bedient sich Marcel zunächst derjenigen Metapher, die im Kontext seiner Ontologie an herausragender Stelle steht: derjenigen des Lichtes bzw. der Dunkelheit. In Abhebung von dem alltagssprachlichen »Ich hoffe, daß ...«, welches sich auf ein Konkretes, ein Ereignis oder einen Gegenstand richtet, taucht die Hoffnung im eigentlichen Sinne dort auf, wo ich mich in einer Prüfung (une épreuve) befinde[33]. Diese Prüfung stellt für mich eine Dunkelheit dar, in der ich ein Licht ersehne, das der Prüfung ein Ende bereitet. Die Prüfung, die mit der Gefangenschaft verglichen werden kann, besteht darin, daß ich »für eine unbestimmte Zeit eines gewissen Lichtes beraubt bin«[34]. Drei Merkmale können dieser so verstandenen Prüfung bzw. Gefangenschaft zugeordnet werden:

1) Die Dauer: »ich fühle mich als Gefangener, wenn ich unter einem äußeren Zwang nicht nur hineingeworfen, sondern hineingebunden bin in eine Existenzweise, die mir aufgedrängt wird und meinem eigenen Handeln Beschränkungen aller Art auferlegt«[35]. Durch die Be-

---

vgl. P. Ricoeur, a. a. O., 405.

32 Vgl. HV 40ff/ HVd 29ff/ MWA I 119ff.

33 Vgl. HV 40/ HVd 29/ MWA I 118.

34 HV 40/ HVd 30/ MWA I 119.

35 HV 41/ HVd 30/ MWA I 119: ».. si je me trouve non seulement jeté, mais comme engagé sous une contrainte extérieure dans un mode d'existence,...« Die Verwendung von »engagé« in diesem Zusammenhang weist in die gleiche Richtung, die in Anm. 31 angedeutet worden war: man muß bei der Betrachtung der Marcelschen Texte von Unregelmäßigkeiten in der Verwendung des Vokabulars ausgehen. Der negative Klang, der hier in dem Wort mitschwingt, kann nicht harmonisiert werden mit der Art und Weise, wie Marcel den Begriff des Engagements dort verwendet, wo es z.B. um das Mysterium geht, in

nennung der Dauer stellt sich bereits eine Gemeinsamkeit zwischen konkretem Gefangensein und der mit der Existenz gegebenen Gefangenschaft heraus. Jede Befreiung, die das Ende einer konkreten Situation der Gefangenschaft oder Unterdrückung herbeiführt, hebt die umfassendere, die ganze Existenz als »homo viator« bestimmende Situation nicht auf, die immer von der Suche nach einem Licht bestimmt bleibt.

2) Als zweites Merkmal beinhaltet die Gefangenschaft die Verweigerung einer gewissen gelebten Fülle[36]. Die Beschränkung richtet sich nicht nur auf die äußeren Möglichkeiten der Bewegung oder Handlung, sondern reicht tiefer: eine Fülle des Empfindens oder selbst des Denkens geht hier verloren. Das Gefangensein erweist sich so nicht nur als eine von außen auferlegte Situation, sondern kann seine Wurzeln auch in der eigenen Person haben und sogar einhergehen mit äußerer Unabhängigkeit. Anderseits weiß Marcel auch darum, daß die weit verbreitete Auffassung, man könne in jeder äußeren Situation eine innere Unabhängigkeit und Fülle bewahren, keine allgemeine Geltung beanspruchen kann. Marcel versucht diesen dunklen Untergrund der Hoffnung so weit wie möglich aufzufächern, um eine Einengung, sei es auf den gesellschaftlichen Bereich, in dem Unterdrükkung stattfindet, sei es auf den individuellen Bereich, zu vermeiden. Jegliche Situation kann die Merkmale der Gefangenschaft an sich tragen, wie auch die gesamte Existenz den Grund zur Hoffnung abgeben kann. In dem hier genannten Zusammenhang denkt Marcel beispielsweise an den Künstler oder Schriftsteller, der eine Zeit der Unfruchtbarkeit durchlebt und hier »in einem buchstäblichen Sinne das Bewußtsein hat, er sei im Gefängnis oder, wenn man so will, in der

---

das ich mich ganz und gar *engagiert* weiß. Allerdings besagt dieser Begriff in seinen unterschiedlichen Verwendungsweisen auch nicht völlig Verschiedenes; Marcel ist so in der Lage - vorsichtig genug allerdings - im Hinblick auf die Gefangenschaft von einem Typus der Vertraulichkeit zu sprechen, den ich mit meiner Situation unterhalten muß (vgl. HV 54/ HVd 45/ MWA I 128). Das entspricht im Wesentlichen dem, was in der Verhältnisbestimmung von Hoffnung und Geduld auszufalten sein wird. Zum Begriff des Engagement vgl. O. F. Bollnow, Französischer Existentialismus, 89ff.

36 HV 41/ HVd 30/ MWA I 119: »... une certaine plénitude vécue qui peut être une plénitude du sentir ou même de la pensée proprement dite«.

Verbannung: es ist so, als wäre er tatsächlich von dem Lichte ausgeschlossen, worin sein Sein eigentlich existieren sollte«[37].

3) Das dritte Element, durch das eine Gefangenschaft, wie Marcel sie versteht, bestimmt wird, ist jenes der Entfremdung[38]. Damit ist der Verlust oder das Fehlen einer Integrität gemeint, die zurückersehnt wird, wie die Gesundheit von einem Kranken - wobei bedeutsam ist, daß allererst der Kranke das volle Bewußtsein von der durch die Gesundheit gewährten Integrität besitzt: ein Fehlen dieser Ganzheit weckt zuallererst ihren Wert[39]. Taucht hier in dem Gefangensein noch das Bild der Freiheit auf, so kann es im Extremfall jene Dynamik verlieren, die es zum Hintergrund der Hoffnung werden läßt; dies geschieht dann, wenn das Band zwischen der jetzigen Situation und der verlorenen Ganzheit zerrissen ist: der entfremdete Zustand wird als endgültig angenommen und der Mensch kapituliert vor ihm oder nimmt seinen Zustand nicht mehr als einen solchen des Gefangenseins wahr. Von diesen beiden Möglichkeiten ist die zweite in den Augen Marcels die gefährlichere, da sie den Menschen tatsächlich jeder Möglichkeit beraubt, Widerstand zu leisten gegen das, was ihn einschließt bzw. entfremdet.

Woran ist hier gedacht? Noch einmal muß hier auf Marcels ontologische Entwürfe verwiesen werden. In *Position et approches concrètes* beschreibt Marcel die Welt als eine solche, die in der Funktion, der Idee der Funktion aufzugehen droht und die dazu neigt, den Menschen als ein Bündel von Funktionen zu betrachten[40]. Diese Situation ist dann bedrohlich, wenn der Mensch sich seines »Sens ontologique« nicht mehr bewußt ist, ihn verloren hat oder vergessen hat, ihn je besessen zu haben[41]. Das Seinsverlangen, die »Exigence ontologique«, die auch in der Hoffnung diese Welt der Funktionen zu durchstoßen vermag, ist verstummt. Der Mensch gerät in die Ge-

---

37 Ebd: »... soustrait à la lumière dans laquelle il a normalement son être«.

38 Ebd: »... toute captivité participe de l'aliénation«.

39 Vgl. HV 41/ HVd 31/ MWA I 119.

40 Vgl. PosApp 46ff/ MWA I 60ff.

41 Vgl. PosApp 46/ MWA I 60.

fangenschaft des Alltäglichen, wird »prisonnier du quotidien«[42]. Tatsächlich besteht diese Gefangenschaft aber nur dann, »wenn uns das Bewußtsein fehlt, Gefangene zu sein, wenn wir uns häuslich eingerichtet haben«[43]. Marcel erinnert in diesem Zusammenhang an die durch Bergson eingeführte Unterscheidung zwischen dem Geschlossenen und dem Offenen[44]. Das Geschlossene ist jenes, worüber nicht mehr hinausgeblickt werden kann: eine Wiederholung, deren Dauer vorweggenommen wird[45]. Der Verzweifelte (auch der, der um seine Verzweiflung nicht weiß, der sich in scheinbarer Zufriedenheit der Situation, die ihn solchermaßen umgibt, anheimgegeben hat[46]) ist eingeschlossen »wie ein Schiff im Eise«[47]. Durch diesen Einschluß, besonders jenen, der nicht mehr als solcher erfahren wird, verliert die Gefangenschaft den Charakter der Prüfung (épreuve), auf den Marcel zu Beginn der Analyse hingewiesen hat, die um die Ausgangssituationen der Hoffnung bemüht war, denn das Wesentliche dieser Prüfung ist ein ihr eigenes Jenseits[48]. In der Konsequenz bedeutet das aber, sich im Leben bereits dem Tod anheimzugeben. Dann wird die dunkle Tendenz, die sich in der Rede von der Gefangenschaft andeutet, vollends sichtbar: »Zersetzung; die Gefangenschaft zielt darauf ab, mich zu zerstören. Es gibt hier eine Gedanken-Verbindung, die ich da und dort schon erläutert habe. Die Gefangenschaft ist bereits der Tod - der Tod im Leben; ist das aber nicht der Tod par excellence? ... Vielleicht wird er [der Tod] aber nur das sein, was wir dann aus ihm gemacht haben: wird der Tod - nach dem Leben - nicht der sein, den wir verdient haben,

---

42 PrésImm 145/ GegUnst 227/ MWA II 351.

43 Ebd.

44 Vgl. PrésImm 105/ GegUnst 162f/ MWA II 321; ME II 162/ GeS 482; ME II 78/ GeS 383; StructEsp 51: »l'opposition du désespoir et de l'espérance est celle du temps clos et du temps ouvert. Pour le désespéré, le temps ne coule plus«.

45 Vgl. HV 56f/ HVd 48/ MWA I 130.

46 Vgl. ME II 162/ GeS 482.

47 HV 56/ HVd 48.

48 JM 198/ MT 279/MWA II 68: »Prüfung ist, was ein Jenseits hat«.

je nachdem ob wir dem Tod im Leben erlegen sind oder im Gegenteil über ihn triumphiert haben?«[49].

So sehr daher die Feststellung Marcels gilt, daß die menschliche Existenz unter einem bestimmten Aspekt ganz allgemein als Gefangenschaft betrachtet werden muß und daß die Hoffnung scheinbar nur dort möglich ist, wo dieses Bewußtsein wachgehalten wird, da ansonsten die Seele die Fähigkeit verlieren wird, »jenes verschleierte Licht leuchten zu sehen, jenes geheimnisvolle Licht, welches ... auf dem Herde der Hoffnung selber brennt«[50], so darf der ambivalente Charakter dieser Gefangenschaftssituation nicht übersehen werden: es gibt eine Gefangenschaft, die eigentlich bedrohliche, die dem Menschen selbst nicht mehr bewußt ist, die ihr Jenseits verloren hat und der Hoffnung nicht mehr zugänglich ist. In diesem Sinne wäre auch die Position zu verstehen, die Marcel dem Philosophen zuweist: Er muß Wächter sein. Damit meint Marcel: »wachbleiben, aber noch genauer gegen den eigenen Schlaf kämpfen«[51]. Es gilt anzukämpfen gegen jeden Fatalismus, der dadurch, daß er sich in der Welt, wie Marcel sie beschreibt, häuslich einrichtet, das Licht aus dem Auge verliert und somit zur Hoffnung im tiefsten Sinne unfähig wird.

4. Hoffnung und Freiheit

Wenn nun die grundlegende Verbindung deutlich wurde, die zwischen der »Condition humaine« als Gefangenschaft und dem Aufkommen der Hoffnung besteht, so muß ein Gesichtspunkt, der sich darin an-

---

49 PrésImm 105/ GegUnst 163/ MWA II 321. Es muß hier an die Parallelen erinnert werden, die zu dieser Analyse Marcels bestehen, sei es in den bekannten Zukunftsromanen von A. Huxley (Brave New World) oder G. Orwell (1984), sei es in den Gedanken von C. S. Lewis (The Abolition of Man) oder auch der Analyse dieser und ähnlicher Beschreibungen und Prognosen durch J. Pieper, z. B. in : Über die Kunst, nicht zu verzweifeln. Überlegungen zum Thema 'Ende der Geschichte', in: Über die Schwierigkeit, heute zu glauben, 196 -213. Die dunkle Vision von der menschlichen Zukunft besteht weniger in gewaltsamen Formen der Unterdrückung als vielmehr in einem Zustand einer bedürfnislosen Zufriedenheit, die ihr Jenseits gar nicht mehr wahrzunehmen imstande ist.

50 HV 43/ HVd 32f.

51 PhilFrie 23.

deutet, noch Beachtung erfahren: die Verbindung von Hoffnung und Freiheit[52]. Es scheint auf den ersten Blick so, als seien Hoffnung und Freiheit Größen, die getrennt voneinander bestehen: der Mensch, der in Gefangenschaft auf die Befreiung hofft, sieht sich nach erfolgter Befreiung am Ziel, hat das erlangt, worauf seine Hoffnung sich richtete und bedarf ihrer nicht mehr. Anderseits kann von dem Menschen, der hofft, noch nicht als von einem freien Menschen gesprochen werden: Ihn hält seine Situation, gefangen zu sein, noch fest; er steht noch nicht in der Freiheit jenseits der Prüfung, die ihm auferlegt wurde. Diese Trennung ist nur auf den ersten Blick zutreffend. In den Augen Marcels nimmt das Verhältnis von Hoffnung und Freiheit eine andere Gestalt an.

Einerseits gilt zwar, daß die Hoffnung als ihren wesentlichen Inhalt die Befreiung hat (wenn der Ausdruck *Befreiung* verstanden wird als eine der Weisen, den einen Inhalt der Hoffnung auszusagen, die letztlich Hoffnung auf Heil ist[53]), daß sie als die tätige Abwehr eines Haftzustandes aufzufassen ist[54]; die Überwindung der vielfältigen Formen äußerer Unterdrückung ist von der Hoffnung wesentlich angestrebt. Gleichzeitig und in einer tieferen Sichtweise muß aber ebenso behauptet werden: in der menschlichen Existenz bleibt eine beständige Spannung aufrechterhalten, da Freiheit dem Menschen *in statu viatoris* nur inchoativ gegeben sein kann. Der Prozeß der Befreiung und das Ziel, die Freiheit, sind etwas, das nur in einem beständigen Fortschritt erfüllt werden kann und nie ganz zu Gebote steht. Kein Mensch kann von sich sagen, er sei frei; »die Freiheit ist eine Eroberung - stets ausschnitthaft, immer gefährdet, nie endgültig erstritten«[55].

Das leuchtet ein, wenn man sich zwei Verbindungen des Freiheitsbegriffes im Kontext der Marcelschen Philosophie eingehender vor Augen stellt. Die erste besteht in den Definitionsversuchen, die Marcel

---

52 Vgl. HV 61/ HVd 54/ MWA I 133.

53 Vgl. HV 40/ HVd 29/ MWA I 119.

54 ME II 160/ GeS 480.

55 DigHum 190/ MeWü 175. Zur Verbindung dieser Aussage mit der Ontologie Marcels vgl. J. Delhomme, Zeugnis und Dialektik, 194.

hinsichtlich der Freiheit unternimmt. Der freie Mensch, so sagt er, sei letztlich der, der *compos sui* ist[56]. Diese Beschreibung darf nicht als völlige Gleichsetzung der Freiheit mit reiner Selbstmächtigkeit im Sinne der Autarkia gedeutet werden, sie verweist vielmehr auf das Marcelsche Konzept der Intersubjektivität. Das Subjekt versteht Marcel als ein solches, das mit sich selbst ein »Wir« bildet und erst so am Sein teilhaben kann. Unfreiheit und Entfremdung bedeuten dann, daß der Mensch die Fühlung mit sich selbst verliert, daß er nicht mehr mit sich ist, in dem Sinn, in dem Marcel das esse als »co-esse« beschrieben hat, sondern letztlich von sich getrennt lebt. Der freie Mensch dagegen ist jener, der *mit sich* ist, ist auch jener, der, von diesem Mit-sich-selbst-Sein untrennbar, in der gleichen Intersubjektivität mit anderem Sein steht. Freiheit scheint also an die Intersubjektivität gebunden zu sein.

Die zweite Verbindung, die über den Weg der Intersubjektivität die Ontologie Marcels in Erinnerung ruft, verweist auf den unerschöpflichen Charakter des Seins. Das Sein ist das, welches nie erreicht werden kann im Sinne einer Umfassung, sondern immer als unerschöpflich ein »Woraufhin« bleibt. Es darf gefolgert werden, daß die Freiheit an dieser Unerschöpflichkeit teilhat. Dann wäre die Hoffnung auf Befreiung etwas, das jede konkrete Situation der Befreiung überschreitet. Die Hoffnung als eine der konkreten Annäherungen an das Seinsgeheimnis ist nur denkbar, wenn diese Spannung aufrechterhalten bleibt, wenn die Hoffnung auf Befreiung als ein nie endender Aufschwung betrachtet wird.

Der freie Mensch ist compos sui. Durch die Verbindung dieser Selbstmächtigkeit mit der Intersubjektivität ist noch ein anderer Gedankengang anzuschließen, der auf einen weiteren Aspekt der Hoffnung als wesentlich mit der Freiheit verbunden hinweist. »Zu sagen, der freie Mensch sei derjenige, der am meisten hofft, heißt wohl vor allem festhalten, daß dies der Mensch ist, der seinem Leben die reichste Bedeutung zu geben gewußt hat, oder mehr noch, den an Substanz reichsten Einsatz«[57].

---

56 L'homme moderne est-il libre?, 57; vgl. DigHum 209f/ MeWü 194f.

57 DigHum 191/ MeWü 176.

Marcel deckt hier ein gegenseitiges Bedingungsverhältnis auf, das zwischen der Hoffnung einerseits und der Freiheit anderseits besteht, insofern diese Freiheit unter dem Gesichtspunkt des Verfügbarseins gefaßt wird. Der Mensch, der dadurch an seiner Freiheit mitwirkt, daß er sich verfügbar hält, ist auch derjenige, in dem die Hoffnung ihren Grund finden kann. Im Gegenzug kann gesagt werden, daß der Mensch, der hofft, zu immer größerem Verfügbarsein in der Lage sein wird. Hier ist eine spirituelle Dimension der Hoffnung in diesem Kontext von Hoffnung und Befreiung angesprochen, die mit der Analyse zusammenhängt, der Marcel das Haben unterzogen hatte. Der verfügbare Mensch ist der, der in sich sowohl jene Offenheit trägt, die eine Teilhabe am Sein und am zwischenmenschlichen Mitsein ermöglicht, als auch, was damit eng verbunden ist, den Bereich des Habens (in jenem dem Sein entgegenstehenden Sinn, wie er oben beschrieben worden war) überschritten hat. Die Verbindung von Hoffnung und Verfügbarsein, die die zwischenmenschliche Dimension der Hoffnung als *Hoffnung für uns* beschreibt, wird weiter unten noch zur Sprache kommen.

Am Grunde jeglichen Verfügbarseins steht aber eine Befreiung von der Welt des Habens. So wird eine gedankliche Linie sichtbar, in der Marcel die Hoffnung dort ansiedelt, wo die Armut (in einem befreienden Sinn) angetroffen wird. »In diesem Sinne ist es ohne Zweifel wahr, daß nur Wesen, die sich von den Ketten des Besitzes in allen seinen Formen völlig befreit haben, imstande sind, die göttliche Leichtigkeit eines Lebens in der Hoffnung zu erfahren (sont en mesure de connaître la divine légèreté de la vie en espérance)«[58]. An dieser Nahtstelle von Loslösung, Verzicht, Armut und Hoffnung wird noch einmal die angesprochene Spannung deutlich, die für das Verhältnis von Freiheit und Hoffnung kennzeichnend ist: Der, der hofft, erlangt durch die Hoffnung, die die Welt der Objekte übersteigt, die Kraft zu einer Loslösung vom Besitz - anderseits wird die in der Loslösung wachsende Freiheit von den Formen des Habens wiederum zu einer Quelle für die Hoffnung.

---

[58] HV 82/ HVd 78/ MWA I 148.

II. Der Charakter der Hoffnung als Stellungnahme: Spes militans - Spes patiens

Durch die Beschreibung der menschlichen Situation als Gefangenschaft, die zum einen als mit der Existenz gegebene Grundbedingung erscheint, zum anderen in der Vielzahl konkreter Formen der Unterdrückung erfahren wird, tritt die Hoffnung auf als Ausweg aus der Gefangenschaft bzw. zunächst als Stellungnahme zu der als Gefangenschaft erfahrenen Situation[59].

Die Stellungnahme, von der hier die Rede ist, erscheint unter der Alternative: Annahme oder Verweigerung. Diese Alternative bietet aber noch keine hinreichende Basis, um die Qualität der Hoffnung adäquat zu erfassen, denn sowohl die Annahme als auch die Verweigerung einer Situation, wie sie Marcel hier im Auge hat, können jeweils unter einem zweifachen Aspekt betrachtet werden. Die Annahme einer Prüfung kann im Hinblick auf ihr Ende durchaus von der Hoffnung geboten sein und allererst den Durchgang durch das Dunkel zum Licht ermöglichen. Wird aber die Annahme einer Gefangenschaft zu einer Kapitulation, dann verliert die Prüfung ihr Jenseits und führt in die Verzweiflung. Diese Verzweiflung als das Gegenteil der Hoffnung wird noch gesondert zur Sprache kommen.

Es scheint also, als beinhalte die Hoffnung die Nichtannahme der Situation, in der ich mich als Gefangener befinde, als endgültig. Doch auch diese Nichtannahme kann unter zweifacher Hinsicht in den Blick genommen werden. Sie kann einerseits als *spes militans* den Charakter der Auflehnung annehmen, sie kann anderseits als *spes patiens* eine von dieser Auflehnung grundlegend unterschiedene Haltung gegenüber der mich bedrängenden Wirklichkeit zum Ausdruck bringen.

Diese Differenzierung ist Inhalt des vorliegenden Abschnittes. Sie führt zum Wesentlichen der Hoffnung, da aus ihr ein Doppeltes abzulesen ist: sie ermöglicht eine Aussage über den Standpunkt des Men-

---

[59] Dies muß mit den Vorbehalten versehen werden, die bereits weiter oben erwähnt wurden; insofern in der Annäherung an das Sein die Existenz nicht in dialektischem Sinn überwunden wird, muß in der Folge auch nach dem Bleiben der Hoffnung gefragt werden. Im Zusammenhang mit den theologisch-eschatologischen Fragen wird darauf näher eingegangen werden.

schen nicht nur *in* der Gefangenschaft, im weiteren Sinne sogar *in* der Existenz, sondern mehr noch über das Verhältnis, das er gegenüber dem Erhofften einnimmt; ein erkämpftes Gut gehört ihm nicht in der gleichen Weise zu wie ein erwartetes Gut. Letztlich wird vom Gegenstand der Hoffnung her zu entscheiden sein, ob die Hoffnung die Merkmale der kämpferischen Hoffnung annehmen darf oder ob nicht erst eine völlig andere Haltung das Geschehen der Hoffnung hinlänglich zum Ausdruck bringt - eine Haltung, die eng mit der Geduld verwandt ist, ohne sich jedoch als kapitulierende Annahme zu verstehen.

1. Die *Spes militans* als Fehlform der Hoffnung

In einer Diskussion zwischen Gabriel Marcel und Ernst Bloch aus dem Jahr 1967[60] tritt die Übereinstimmung beider Denker dort zutage, wo es um die Hoffnung als eine Hoffnung auf Befreiung geht[61]. Die Differenz zwischen den beiden Konzepten der Hoffnung wird in der Folge anhand weniger Begriffe manifest, legt aber Wesentliches bloß. Nach Bloch birgt die Hoffnung einen prometheischen Akzent in sich[62]. Dieser Begriff ist für Marcel nicht auf die Hoffnung anwendbar, beinhaltet er doch Provokation und Herausforderung[63]. Bloch verteidigt diese Charakterisierung, die er der Hoffnung gibt, mit dem Hinweis, daß allein die kämpferische Hoffnung als Antipode des Defätismus fungieren könne[64]. Aus derselben gedanklichen Linie heraus

---

60 Veranstaltet wurde dieses Gespräch vom Südwestfunk Baden-Baden, in französischer Sprache veröffentlicht in: Présence de Gabriel Marcel 1(1979), 39-74.

61 Vgl. ebd., 43f.

62 Vgl. ebd., 44.

63 Vgl. ebd., 54.

64 Vgl. ebd., 56.Vgl. ausführlicher zu dieser Thematik E. Bloch, Das Prinzip Hoffnung, 227-235; auf die Philosophie der Hoffnung bei Ernst Bloch kann im Vorliegenden nicht näher eingegangen werden; vgl. zu dieser Thematik aber folgende Titel: L. Blain, Zwei Philosophien um die Hoffnung: die von Gabriel Marcel und die von Ernst Bloch; H. Kimmerle, Die Zukunftsbedeutung der Hoffnung. Auseinandersetzung mit E. Blochs »Prinzip Hoffnung« aus philosophischer und theologischer Sicht; W.-D. Marsch, Hoffen worauf? Auseinandersetzung mit Ernst Bloch; R. Schaeffler, Was dürfen wir hoffen? Die katho-

kritisiert Bloch die Verbindung der Hoffnung mit der Geduld, die Marcel betont[65]. Die Unterscheidung, die Marcel zwischen der Geduld und der Trägheit einführt, um die Geduld als eine aktive Erwartung verstehbar zu machen, wird von Bloch nicht akzeptiert[66]: Die Menschheit habe bisher immer zuviel Geduld gehabt[67].

Diese begrifflichen Differenzen, die auf den ersten Blick als bloße Nuancen auf der Basis ein und desselben Verständnisses von Hoffnung erscheinen können, erweisen sich aber als Indizien für zwei grundlegend unterschiedene Sichtweisen. Neben der Frage nach der Verwirklichung der Hoffnung im Bereich menschlichen Handelns stellt sich auch diejenige nach dem Verhältnis von Aktivität und Passivität, wie es für die Hoffnung bestimmt werden kann. Durch die Verwendung des Begriffes *Geduld* scheint sich nun Marcel ganz und gar auf die Seite einer passiven Hoffnung geschlagen zu haben. Es vermag aber aufgezeigt zu werden, daß es Marcel gelingt, eine fundamentale Zurückweisung der *spes militans* zu verbinden mit der Konzeption einer dennoch im höchsten Maße tätigen Hoffnung.

Was beinhaltet für Marcel eine Hoffnung, die sich als kämpferisch ausgibt und die Nähe zur Auflehnung betont? In einer Anmerkung zu einem Text aus *Sein und Haben* aus dem Jahr 1943, die einem Gedankengang über den Verlust beigefügt ist, unterscheidet Marcel die beiden Ordnungen, in denen ein Verlust möglich ist: diejenige des Seins und diejenige des Habens. Die Möglichkeit des Verlustes auf beiden Ebenen ist zwar in gewissem Sinne gleichermaßen Grundlage der Hoffnung; die Hoffnung, die sich auf die Wiedergewinnung personaler Bezüge richtet, ist zunächst verwandt mit derjenigen, die sich auf den Wiedererhalt einer verlorenen Sache richtet. Für Marcel besteht jedoch bereits hier ein Rangunterschied, der, wenn die in ihm angedeuteten Linien ausgezogen werden, zur Schlüsselstelle für die Kennzeichnung eigentlicher Hoffnung wird.

---

lische Theologie der Hoffnung zwischen Blochs utopischem Denken und der reformatorischen Rechtfertigungslehre; H. Sonnemans, Hoffnung ohne Gott? In Konfrontation mit Ernst Bloch.

65 Vgl. GM-Bloch 54.

66 Vgl. ebd., 46.

67 Vgl. ebd., 54.

»Es wäre äußerst interessant, gleichsam der Spur dieses Abstiegs zu folgen. Diesen Weg verfolgend, würde man klar sehen, daß der hervorgerufene Protest, je mehr der Verlust das Haben betrifft, desto mehr den Charakter einer Forderung annimmt, und gleichzeitig stimmt die Haltung desjenigen, der diesen Protest erhebt, der diese Forderung stellt, um so weniger mit der wirklich echten Hoffnung überein, wie ich sie definiert habe. Kurz gesagt: Es könnte also sein, daß die wirklich echte Hoffnung immer darin besteht, eine bestimmte Gnade von einer Macht zu erwarten, deren Natur man sich selbst nicht notwendigerweise klarmacht, aber deren Großzügigkeit man glaubt, keine Grenzen setzen zu können. Auf das Gefühl dieser gütigen Macht ist die Hoffnung zentriert, während der Geist der Forderung definitionsmäßig um sein Selbstbewußtsein und das, was diesem gebührt, kreist«[68]. Es tritt hier eine Spaltung in den Vordergrund, die Marcel über viele Jahre hin philosophisch reflektiert und unter jeweils verschiedener Rücksicht, in stets neuen Variationen zu erfassen versucht hat: zwischen dem Bereich des Habens und demjenigen des Seins. Sein Vorgehen entspricht hier zumeist einer via negativa. In der phänomenologischen Beschreibung des Habens ist das ontologische Interesse die treibende Kraft: So muß auch eine Analyse der Fehlformen der Hoffnung, insofern sie für Marcel ontologisch ausgerichtet ist, diesen Bereich des Habens in das Fragen einbeziehen.

Spes militans - wurzelnd in der Ordnung des Habens

Auf die Gegenüberstellung von *außen* und *innen*, die dem Haben grundlegend eignet, da es sich um eine Beziehung von einem Qui zu einem Quid handelt, war schon hingewiesen worden. Die augenscheinlich nur äußerliche Relation, die in dem Umgriffenwerden des Objektes von einem Subjekt besteht, wandelt sich im Extremfall in der Rückwendung zu einem In-Beschlaggenommen-Sein des Subjektes durch seinen Besitz. Der Besitz wird zu einer Quelle möglichen Verlustes, und je mehr das Subjekt diesem Besitz verbunden ist, sich ihm

---

68 EA I 112f/ SH 98/ MWA II 209. (SH übersetzt »sentiment« mit »das dunkle Wissen«, MWA II mit »Gefühl«. Sprachlich genauer ist hier MWA II, sachlich treffender SH.)

anheimgegeben hat, umso mehr wird diese Möglichkeit - und somit der Besitz selbst - zu einem Strudel von Angst und Furcht[69]. Es zeigt sich hier, daß eine Gegenüberstellung zweier Begriffsreihen möglich ist, mit der sich die Grundscheidung, der das Werk Marcels auf weite Strecken verhaftet bleibt, ausdrückt. Auf der einen Seite stünden dann das Haben, der Wunsch, die Angst[70]; auf der anderen Seite wären das Sein, die Hoffnung und die Verzweiflung anzusiedeln. Das Haben gehört der Ordnung des Problematischen an[71]: das ist jener Bereich, in dem die Subjekt-Objekt-Gegenüberstellung unüberwunden bleibt. Es ist ebenso der Bereich, in dem die Techniken (im weitesten Sinne) anwendbar sind[72], ein kausales Verhältnis ausdrückend, in dem ein bestimmtes Tun ein bestimmtes Ergebnis hervorbringt. Wenn nun in der Sicht Marcels der Wunsch (le désir) auf diesen Bereich beschränkt bleibt, bedeutet dies, daß hier im Letzten kein der Hoffnung verwandtes Streben vorliegt, sondern ein Anspruch besteht, etwas zu erlangen, das meinen Einflußbereich, meine Macht vergrößert[73], eine Forderung, die zu ihrer Verwirklichung Techniken einzusetzen vermag und sich ganz und gar auf mich selbst bezieht[74]. Der Wunsch in diesem Sinne geht aus auf ein Machbares, das als solches nur von dem richtigen Gebrauch der richtigen Techniken abhängt und dann als notwendiges Ergebnis erreicht werden kann. Er setzt ein Urteil (une caractérisation) über ein bestimmtes Vorgehen, über eine bestimmte Situation voraus und rechnet mit einem Ergebnis, das in seiner Gestalt von vornherein festlegbar ist[75].

---

69 Vgl. EA I 203f/ SH 174/ MWA I 93.

70 Die Angst erscheint hier, anders als in der Affektenlehre, in die sie Spinoza einordnet, nicht als das Gegenteil der Hoffnung, sondern des Wunsches, vgl. EA I 92/ SH 80/ MWA II 196.

71 Vgl. EA I 217/ SH 185/ MWA I 101.

72 Vgl. ebd.

73 Im Hinblick auf eine Fehlform des Gebetes im Sinne einer Bitte (demande) formuliert Marcel dies so: »Plus ma prière se rapproche de la demande, plus elle porte sur quelque chose qui peut être assimilé à un moyen pour accroître ma puissance« (JM 220/ MT 309/ MWA II 87).

74 Vgl. EA I 210/ SH 179/ MWA I 97: »Le désir est auto-centrique«.

75 In dem Urteil ist jene Subjekt-Objekt-Gegenüberstellung zur Gänze durchge-

Denkt man diesen Gedanken weiter, der letztlich auf eine Gleichsetzung des Wunsches und des Machbaren hinausläuft, ergibt sich eine politisch relevante Aussage: Dort, wo ein Urteil über einen geschichtlichen Zustand, ein geschichtliches Ziel gefällt wird und bestimmte Techniken zu seiner Verwirklichung als notwendig erklärt werden, erlangt ein Streben, das sich als Hoffnung ausgibt, jenen militanten Charakter, den Marcel abzuwehren versucht. Erst, wenn ein »Sinn der Geschichte« festgelegt und so in den Bereich des Machbaren hineingezogen wird, werden Techniken zu seiner Erfüllung als möglich oder notwendig ausgegeben. Dies alles kann dann unter dem Namen der Hoffnung auftreten. In der Konsequenz kann jedes gegenläufige Verhalten um der Erfüllung dieser »Hoffnung« willen unterbunden werden. Doch diese Vorstellung, die Hoffnung auf ein vorgängiges Urteil über einen Sinn der Geschichte auszurichten, stellt für Marcel eine Unmöglichkeit dar und beruht auf einer durch den Idealismus grundgelegten Hybris des denkenden Subjektes[76].

Der Einwand ist hier zumindest möglich, daß die Konstatierung einer Situation der Gefangenschaft ebenso ein Urteil über ein Ziel einschließt. Das phänomenologische Vorgehen Marcels legt aber eine weniger anmaßende Gestalt der Hoffnung frei: Am Beginn seiner Analyse steht wohl die Betrachtung über die Situationen, aus denen die Hoffnung einen Weg zur Befreiung öffnen will; das darin enthaltene Urteil bezieht sich jedoch nur auf die Bedrängnis und Zerstörung der Person, legt letztlich kein Ziel als absolut fest und erlaubt sich keine endgültige Festlegung der Wege, die zur Befreiung führen und die als Techniken verstanden werden müßten. In der gleichen Linie der Gedanken läßt sich auch eine Verbindung von Hoffnung und

---

halten, die dem Haben zugrundeliegt: »Caractériser, c'est une forme de posséder«(EA I 213/ SH 181/ MWA I 98).

76 Vgl. HcH 173ff/ ErM (2) 181ff passim. R. Schaeffler, Was dürfen wir hoffen, 170, stellt bei Bloch den Weg zu einem solchen Urteil über die Geschichte dar. Aus dem Dualismus, der die »alte Welt« der Utopie gegenüberstellt, wird das Urteil über die Geschichte letztlich zu ihrer Verurteilung. Dann darf legitimerweise Gewalt angewendet werden, um den »Sinn der Geschichte« zu verwirklichen. »Für ein solches Denken ist es seiner Struktur nach notwendig, revolutionäre Gewalt als den strafenden Arm der welthistorischen Gerechtigkeit zu legitimieren«.

Fortschritt zurückweisen. Marcel weist der Rede vom Fortschritt ihren Platz dort an, wo auch die Technik möglich ist, letztlich also im Bereich der darlegbaren Objekte, die dem Haben zugänglich sind[77].

2. Der Überstieg des Bereiches der Technik und des Habens durch die Hoffnung

Was zeichnet demgegenüber die Hoffnung aus? Die Hoffnung überschreitet wesentlich den Bereich des Habens und somit diejenige Ordnung, innerhalb derer Techniken anwendbar sind. Sie hat ihr eigenes »Objekt« in einer Wirklichkeit, die dem Hoffenden selbst nicht zu Gebote steht und den Marcel mit *Gnade* zu beschreiben versucht[78]. Damit ist zunächst eine Rücknahme jeglichen Urteilens verbunden, das für Marcel auf einer Anmaßung beruht. Die Hoffnung besitzt kein besonderes Wissen, das sich als Teilhabe am »Rat Gottes oder der Götter« verstehen und so auf den Ausgang einer Situation rechnen könnte[79]. Weder über eine bedrängende Situation selbst, über ihre Dauer oder ihre Ausweglosigkeit, noch über das Jenseits einer erfahrenen Dunkelheit erlaubt sich die Hoffnung eine fixierende Stellungnahme[80]. Die Hoffnung begibt sich dadurch auch jeder Möglichkeit, eine Technik anzuwenden; sie erachtet ihr Ziel nicht als etwas Machbares[81]. Mit dieser Entsagung ist nicht in erster Linie eine Schwäche des Hoffenden gemeint, sondern eine Aussage getroffen über die Art

---

77 Vgl. EA II 23/ SH 200; SagTra 228/ TraWei 177 und die dort vorgebrachte Kritik an dem evolutionsbegründeten Fortschrittsoptimismus Teilhard de Chardins, der für Marcel auf einer Verwechslung von Fortschritt und Optimismus beruht.

78 Vgl. EA I 112f/ SH 98/ MWA II 209, Anm. 1; in dem bereits zitierten Dialog mit Ernst Bloch (GM-Bloch) wird der Begriff der Gnade zu einem weiteren Kristallisationspunkt der Differenzen zwischen Marcel und Bloch. Marcel: »Et l'on peut aussi sans doute se demander si l'espérance n'est pas une sorte de grâce«(61). Folgt hier zunächst eine Zustimmung Blochs, so stellt er den Begriff der Gnade dann doch in Frage: Er sei verbunden mit der Entmenschlichung der Herrscher-Untertan-Beziehung, in deren Kontext er entstanden sei (62).

79 HV 47/ HVd 38/ MWA I 124.

80 Vgl. StructEsp 50.

81 Vgl. EA I 94/ SH 81f/ MWA II 197.

des Erhofften. Es entzieht sich - als Mysterium im Marcelschen Sinne - jedem Ergreifen, das letztlich als Technik verstanden werden müßte. Ist die Hoffnung wesentlich religiöser Natur[82], dann gilt für sie, was Marcel im Bezug auf den Glauben, die »Religion in ihrer Reinheit« sagt: Das Subjekt weiß sich einem Etwas gegenübergestellt, das zu erfassen ihm verweigert ist (sur quoi toute prise lui est précisément refusée)[83]. So muß auch das, was Marcel als Gnade bezeichnet, vor jeder Vergegenständlichung bewahrt bleiben. Die Umschreibungen, die Marcel benutzt, belegen diese Absicht seiner Reflexionen: Bereits in der Wirklichkeit einer *Gabe (don)* sieht Marcel die reine Übertragung eines Gegenstandes von einem Subjekt auf ein anderes weit überschritten[84]. Jede Gabe schließt ein Sich-Schenken ein[85], welches wiederum ein großmütiges Verströmen, Sich-Verströmen ist[86]. Die Großmut beschreibt Marcel mit der für ihn wesentlichen Metapher des Lichtes: »ein Licht, das Lust wäre, Licht zu sein«[87]. Die Parallele zu Marcels ontologischen Reflexionen ist unübersehbar. Wesentlich ist für ihn bereits in jeder Gabe ein Merkmal vorhanden, das das ontologische Mysterium widerspiegelt: die Unerschöpflichkeit und die Unumgreifbarkeit.

Das Erhoffte kann nun unter diesem Blickwinkel, in dem es als Gnade ausgewiesen ist, verstanden werden als eine *Antwort des Seins*[88]. Gnade erscheint dabei als ein Zustrom von Sein (afflux d'être)[89]. Sie leuchtet dann in der Begegnung auf, wenn diese über sich hinausweist und so eine der Weisen der konkreten Annäherung an das ontologische Geheimnis darstellt[90]. Es scheint also, daß die Hoffnung wesentlich jeder Haltung entgegengesetzt ist, die auf ihr eigenes Urteil

---

82 Vgl. HV 65/ HVd 59/ MWA I 136.

83 EA II 28/ SH 203.

84 Vgl. ME II 119/ GeS 431.

85 Vgl. ME II 119/ GeS 432.

86 Ebd.

87 ME II 120/ GeS 433.

88 HV 40/ HVd 29/ MWA I 119.

89 HoPro 69/ MePro (3) 56.

90 Vgl. HoPro 70/ MePro (3) 56f.

rechnet und die Situation der Bedrängnis wie auch das Ziel der Befreiung ihrem Urteil unterwirft und die Wege bestimmt, auf denen es zu erreichen wäre.

3. Kennzeichen der Hoffnung: Demut und Geduld

Auf diesem Weg werden die Aussagen Marcels verständlich, die die beiden Größen *Demut* und *Geduld* mit der Hoffnung verbinden. Die Demut, die am Grund der Hoffnung steht[91], und die als der Verzicht erscheint, die Techniken zur Erlangung eines Zieles einzusetzen, führt Marcel zu der Aussage: »L'espérance est propre aux êtres désarmés«, »die Hoffnung gehört den unbewaffneten Lebewesen«[92]. Sie unterscheidet sich von der Kapitulation vor einem *fatum* dadurch, daß sie eine Erwartung auf ein Unerschöpfliches hegt, wohingegen die Kapitulation den Blick über die Dunkelheit hinaus aufgegeben hat. Die Demut wurzelt nicht in der *Demütigung*, sondern in dem Bewußtsein, aus eigener Vollmacht nichts zu sein und zu vermögen, sondern nur, »insoweit mir beigestanden, ja ins Sein geholfen wird von Dem, der alles ist und alles kann«[93]. Das Gegenteil der Demut ist daher nicht der Mut oder das Wagnis, sondern die Hybris, die die Anerkennung eines Heiligen ablehnt, die »Anmaßung, die im Glauben bestünde, allein sich selber untertan zu sein oder sich selbst schaffen zu können«[94]. In ebensolcher Weise ist die Geduld mit der Hoffnung verbunden[95]. Sie besteht wesentlich in einem Vertrauen auf einen Prozeß, den ich nun nicht sich selber überlassen kann, sondern von innen heraus fördern soll[96]. Eine scharfsinnige Analyse untersucht die Verbindung von Hoffnung und Geduld: der umgangssprachliche Ausdruck: »*sich Zeit nehmen*« läßt erahnen, daß es um das Anerkennen eines bestimmten Rhythmus geht. Dort, wo es sich um einen

[91] StructEsp 50; vgl. HV 47/ HVd 38/ MWA I 124; PosApp 73f/ MWA I 76.

[92] EA I 94/ SH 82/ MWA II 197.

[93] ME II 86/ GeS 394; vgl. auch HcH 187/ ErM (2) 195f.

[94] ME II 87/ GeS 395.

[95] Vgl. HV 52/ HVd 43/ MWA I 127.

[96] Vgl. HV 53/ HVd 45/ MWA I 128.

Vorgang der Erziehung (im weitesten Sinn) handelt, die ein gewisser Ausdruck der Hoffnung ist, geht es nicht darum, dem anderen Wesen den eigenen Rhythmus aufzuzwingen, sondern Vertrauen zu haben in einen Vorgang des Wachsens und Reifens. Eine Teilhabe an diesem Vorgang ist damit nicht ausgeschlossen, sondern in einer intersubjektiven Einheit mit dem anderen Wesen wird ein Beitrag zum Fortgang seiner Entwicklung geleistet; dies aber nicht so, daß von außen eine Einwirkung auf dieses Wesen als Objekt besteht.
Etwas problematischer wird die Rede von Geduld und Vertrauen dort, wo es sich nicht um einen interpersonalen Vorgang handelt, sondern wo - noch einmal - die Gefangenschaft im Mittelpunkt der Überlegung steht. Wie kann eine Vertrautheit, ein Vertrauen dort aufgebracht werden, wo die Situation, in der sich ein Wesen befindet, als bedrohlich und auflösend erfahren wird, ohne daß der Verdacht aufkommt, es handle sich um eine bloße Ergebung in ein von unbekannter Hand verhängtes Schicksal?
Die Bestimmung der Existenz, wie Marcel sie entwickelt hat, kann den Blick hier öffnen: Die Prüfung, die als Fundament der Hoffnung aufgezeigt worden war, kann ich nicht von mir abtrennen, kann sie nicht als mir rein äußerlich betrachten. Das bedeutet jedoch keine Ergebenheit, sondern die Auffassung von der Prüfung als etwas, »das zu uns selbst gehört und zugleich die Bestimmung hat, sich von einem gewissen schöpferischen Prozeß aufsaugen zu lassen und sich darin zu verwandeln«[97]. Marcel gesteht die Schwierigkeit ein, die darin liegt, eine Haltung der Vertraulichkeit (intimité)[98] gegenüber dem Geschehen, das mich gefangenhält, aufzunehmen. Doch hält er es für angemessen, in dieser Weise die Haltung des Hoffenden zu beschreiben. Es scheint ihm möglich, daß der Mensch im Hinblick auf dieses Geschehen oder mehr noch auf das, was dieses Geschehen aus ihm macht, einen Typus der Beziehungen, eben eine Vertraulichkeit entwickelt, die analog zu jenem interpersonalen Band gedacht werden

---

[97] HV 53/ HVd 44/ MWA I 127f.

[98] HV 54/ HVd 45/ MWA I 128.

muß, das es mir ermöglicht, die Entwicklung eines anderen Wesens zu fördern[99].

Ein weiterer Begriff kann hier zur Verdeutlichung angeführt werden. Marcel spricht im Zusammenhang mit der Haltung des Hoffenden von einer *Entspannung (détente)*[100]. Durch diesen Ausdruck kann es gelingen, die Art der Vertrautheit mit der Prüfung klarer zu umreißen. Es kann so scheinen, als genüge zur Erklärung der Kräfte, die der Hoffnung eignen, die Idee der Autosuggestion. Wenn ich mich nur in eine Situation ganz und gar hineinstelle und alle geistigen Kräfte auf ihren Ausgang konzentriere, ist das Ergebnis, soweit es von mir abhängt, wohl dasselbe, das der Hoffnung zugeschrieben wird. Diesen Einwand wehrt Marcel mit dem Hinweis ab, daß die Autosuggestion verstanden werden muß als das Umkrampfen einer bestimmten Vorstellung; »wir können sie [die Autosuggestion] kaum anders fassen denn als Seelenlähmung«[101]. Man würde nicht fehlgehen, wenn man hier wiederum eine Weiterführung dieser Gedanken in Richtung eines apriorischen Urteils und einer dem Bereich des Habens zugehörigen Anmaßung vornimmt.

Die Entspannung dagegen, die Marcel als Begleitung der Hoffnung ausmacht, gründet in der ontologischen Unerschöpflichkeit dessen, worauf sich die Hoffnung richtet. Da die Hoffnung sich trotz ihrer Tendenz auf Befreiung keine Rechte anmaßt[102], keine Forderung und kein »Rechnen auf...« darstellt[103], sondern die konkreten Formen von Heil, bzw. von Befreiung oder Heilung überstiegen werden, kann sich die Fähigkeit zur Entspannung angesichts einer Prüfung aufbauen. Der Kranke, den Marcel hier als Beispiel anführt, begreift in der Tiefe seines Herzens, »daß keineswegs alles verloren ist, auch wenn die Heilung nicht eintritt«[104]. In dieser Überschreitung gewinnt der Hoffende eine neue Freiheit. »Man kann, wenigstens theoretisch, die

---

99 Vgl. ebd.

100 HV 53/ HVd 44/ MWA I 127.

101 ME II 162/ GeS 482: »contracture psychique«.

102 Vgl. HV 74/ HVd 69/ MWA I 142.

103 HV 74/ HVd 68/ MWA I 142.

104 HV 62/ HVd 55/ MWA I 134.

innere Haltung (disposition) eines Menschen begreifen, der keine Bedingung stellt, keine Grenze setzt, sich einem absoluten Vertrauen überläßt und eben dadurch jede mögliche Enttäuschung überwindet (transcendra) und eine Sicherheit des Seins oder im Sein erfährt, die der grundlegenden Unsicherheit des Habens entgegensteht«[105].

4. Untätige Hoffnung?

Es bleibt noch - vermutlich aufgrund der Gratwanderung, die die Unterscheidung von Geduld, Demut und Entspannung von den Formen der Kapitulation vor dem Fatum notwendig machte - ein Einwand zurück, der Beachtung verdient: Wie kann die hier als *spes patiens* vorgestellte Hoffnung abgegrenzt werden gegen eine Hoffnung, die als schlechthin untätig aufgefaßt werden müßte? Näherhin geht es hier auch um das Verhältnis von Aktivität und Passivität in der Hoffnung, das von vornherein durch die Einführung der Begriffe Gnade, Demut und Geduld zugunsten einer passiven Hoffnung entschieden zu sein scheint.

Drei Hinweise können diesem Eindruck widersprechen.

1) In einem Vorgriff auf die Verbindung der Hoffnung mit der Intersubjektivität kann hier die Beschreibung Marcels zu Wort kommen, die er in *Geheimnis des Seins* von dem hoffenden Menschen gibt als von dem, der gleichsam »innerlich rege« ist[106]. Die Regsamkeit bedeutet beispielsweise in einer Situation eines unterdrückten Volkes »nicht bloß für sich allein hoffen«, sondern »Hoffnung *verbreiten*«[107]. Diese Ausstrahlung allein vermag die Hoffnung aufrechtzuerhalten. Hoffnung geht einher mit einer gegenseitigen Ermutigung, einer gegenseitigen Förderung aller Kräfte, die die Hoffnung nähren und dem Zurückweisen jener anderen, die in die Verzweiflung zu fallen streben. Dieses Bild von der Hoffnung im intersubjektiven Kontext weist aber auch zurück auf die intersubjektive Wirklichkeit, die jedes einzelne Wesen mit sich selbst bildet, so daß im Hinblick auf das zu Er-

---

[105] Ebd.

[106] ME II 161/ GeS 480: »comme intérieurement actif«.

[107] ME II 161/ GeS 481.

hoffende der Mensch auch in sich selbst diese Wege zur Ermutigung finden muß[108].

2) Die Hoffnung hat ihre innere Verbindung nicht mit dem Wunsch, wie oben gezeigt worden war. Ihre eigene Kraft besteht im Wollen[109] und ist so zutiefst Aktivität. Die zunächst verwirrende Verbindung einer Hoffnung, die als wesentlich geduldig benannt worden war, mit dem Willen klärt sich auf, wenn die Differenz zwischen Wunsch und Wille erfaßt wird. Der Wunsch, so war bereits gezeigt worden, bewegt sich in der Ordnung des Habens und richtet sich auf ein Mögliches, das mit benennbaren Techniken zu erreichen ist. Der Wille begreift demgegenüber eine Ablehnung in sich, nach dem Möglichen zu fragen[110]. Diese Bestimmung beinhaltet keine Blindheit des Willens, sondern »wollen heißt gewissermaßen, sich *über* den Standpunkt stellen, von dem aus das Mögliche und das Unmögliche unterschieden werden können«[111]. Der Wille schließt eine Unbefangenheit ein, die ein Urteil über die Hindernisse einer Tat nicht unterschreitet, indem sie von ihnen absieht, sondern sie überschreitet, indem sie sich dem Urteil verweigert, daß diese Hindernisse wirklich meine Tat zu verhindern vermögen. »Wollen heißt nicht: sich vereinfachen, sondern sich vereinfacht, ja preisgegeben haben, so zwar, daß die Idee dieser Preisgabe nicht vorwaltet«[112]. Es wird deutlich, daß eine Trias Wille - Demut - Hoffnung auf diesem Hintergrund plausibel erscheint. Wenn mein Wollen im Sein eingewurzelt ist, und so sein Vermögen nicht rein aus sich selbst bezieht, ist es verwandt mit der Demut, die sich aufgrund der Anerkenntnis der Unerschöpflichkeit des Seins weigert, einen Inhalt des Strebens zu fordern, zu umschreiben, in einem Anspruch die Hand darauf zu legen. Ein Wollen, das sich zu

---

108 Vgl. ebd.

109 Vgl. PosApp 75/ MWA I 76f; vgl. Thomas von Aquin, STh II-II 18,1; I-II 40,2; I-II 40, 8.

110 Vgl. PosApp 75/ MWA I 76f.

111 JM 182/ MT 257/ MWA II 58.

112 JM 183/ MT 258/ MWA II 59; vgl. JM 280/ MT 391/ MWA II 130: »Wollen heißt, es fertigbringen, sich vor der Tat nicht zu teilen. Wenn ich mich vor der Tat in einer bestimmten Weise betrachte, ist es um meinen Willen geschehen. Im besten Falle ringe ich mir eine Geste ab, die mein Innerstes verleugnet«.

der Äußerung versteigt: »Ich will, also kann ich«[113] ist wiederum nur denkbar auf der Basis der Hoffnung, um nicht als Vermessenheit gelten zu müssen. »Könnte man von da aus die Hoffnung nicht definieren als einen Willen, der sich auf das richtet, was nicht von ihm abhängt (s'appliquant à ce qui ne dépend pas d'elle)«[114]?
3) Es besteht eine Verbindung im Werk Marcels zwischen dem Engagement und der Demut bzw. der Hoffnung, die er exemplarisch hinsichtlich der Treue formuliert hat. Die Treue wird letztlich, so Marcel, nur dort möglich, wo dieselbe durch einen »Anruf (appel) begründet wird, der aus der Tiefe meiner Dürftigkeit *ad summam altitudinem* gerichtet wird. [...] Dieser Anruf setzt als Grundhaltung des Subjekts die Demut voraus, eine Demut, die in Polarität zu der Transzendenz dessen steht, den sie anruft. Wir stehen hier gleichsam an der Verbindungsstelle zwischen dem strengsten Engagement und der äußersten Erwartung«[115]. Diese Verbindungsstelle wird von Marcel mit der Hoffnung umschrieben. So wird deutlich, daß der Hoffnung, auch wenn sie als *spes patiens* oder *humilis* beschrieben werden soll, nicht jene Kraft fehlt, die sie zu einer tätigen Hoffnung werden läßt, daß sie aber auf dieser Basis unterschieden werden kann und muß von der militanten Hoffnung.
Auf die Ausgangsfrage zurückkommend, die sich in die Alternative von Annahme oder Verweigerung gestellt sah, kann nun die Hoffnung als eine positive Nicht-Annahme verstanden werden, die sich von der Auflehnung (révolte) unterscheidet und in einem Transzendieren des über das hoffende Wesen Verhängten besteht[116].

---

113 HV 67/ HVd 61/ MWA I 138.

114 PosApp 75/ MWA I 77.

115 EPC 249f/ SchTr 160/ MWA III 199f.

116 Vgl. HV 51f/ HVd 42f.

III. Die Hoffnung als Transzendenz der geschlossenen Erfahrung - Hoffnung und Erinnerung

Bereits in den klassischen Definitionen der Hoffnung zeigt sich ein bestimmtes Verhältnis dieser Tugend zur Zeit. Durch die Bestimmung des Objektes der Hoffnung zeigt sich ihre Ausspannung nach zwei Richtungen: in die Vergangenheit und in die Zukunft. Thomas von Aquin nennt das Objekt der Hoffnung ein *bonum arduum futurum possibile adipisci*[117]: Wenn dadurch einerseits der nach vorne auslangende Charakter der Hoffnung beschrieben ist, die auf ein *bonum futurum*, ein künftiges Gut ausgeht, liegt anderseits in der Definition dieses Gutes als possibile auch jener Akzent offen, der hier behandelt werden soll. Die Bewertung eines Gutes als *possibile* schließt ein Urteil ein, das sich auf die eigene Erfahrung, die eigene Vergangenheit, wie auch auf die Vergangenheit und Erfahrung jener erstreckt, deren Situation derjenigen entspricht, in der ich mich befinde, oder die aufgrund ihrer Lebenserfahrung eine vergleichbare Situation vor Augen haben und angemessen beurteilen können. So scheinen zwei Fragenkomplexe in diesem Zusammenhang durch die Hoffnung berührt:

- Wie stellt sich die Hoffnung zur Größe der Erfahrung?
- Wie fließt die Bewertung der Vergangenheit in die Hoffnung ein bzw. wie kann oder muß die Vergangenheit behandelt werden, damit sie der Hoffnung noch Raum geben kann?

1. Marcels Verständnis von »Erfahrung«

In einem ersten Schritt gilt es, den Begriff der *Erfahrung*, so wie Gabriel Marcel ihn verwendet, zu umreißen. Dabei wird deutlich, daß hier zumindest zwei verschiedene Verwendungsweisen des Begriffes auftauchen: In der Schau der Existenz fällt der Begriff der Erfahrung weitgehend mit dem der Unmittelbarkeit zusammen. Die Erfahrung meint dort in einer erkenntnistheoretischen Konzeption den direkten Zugang zur Wirklichkeit, eine Weise des Erkennens, die in Gegenüberstellung zur Idee der vermittelten Erkenntnis eine nichtobjekti-

[117] Thomas von Aquin, STh I-II 40,1; I-II 40,2 u. ö.

vierbare Relation zwischen dem Subjekt und der dieses Subjekt umgebenden Welt sowohl der »Dinge« als auch der Personen zum Ausdruck bringen will.

So ist es ein zentrales Anliegen Marcels, »der menschlichen Erfahrung ihr ontologisches Gewicht zurückzuerstatten«, darauf aufmerksam zu machen, daß sich in der erfahrenen Existenz ein Weg zum Sein öffnet und durch die Erfahrung der Anruf des Seins vernehmbar wird[118]. Die Annäherungen an das Sein, die in der Ontologie Marcels konkret sein *müssen,* bauen auf der Erfahrung auf. Marcels Reflexionen über die *Empfindung,* die in einer nicht-instrumentalen Vision des Leibes mit dem Charakter der Unfehlbarkeit ausgezeichnet[119] und als unmittelbare Teilhabe gefaßt wird[120], markieren denselben Weg.

Insofern nun diese Umschreibung der Erfahrung den Blick auf das Mysterium nicht verstellt, sondern allererst ermöglicht, wird die Hoffnung als innerlich verknüpft mit der Erfahrung gedacht werden müssen. Sie ist eine Teilhabe an der Wirklichkeit, durch die diese in die Existenz hinein aufgenommen wird und dem Existierenden die konkreten Annäherungen zum Sein hin eröffnet, die Möglichkeiten zur Seinsteilhabe bereitstellt und die Haltung der Hoffnung insofern ermöglicht, als die Hoffnung ausgespannt ist auf die Unerschöpflichkeit des Seins, dessen Anruf an den Existierenden ergeht[121]. Die aufsteigende Sehnsucht nach dieser Teilhabe darf dann bereits selbst als eine Form dieser Teilhabe angesehen werden[122].

Um die Aufnahme der Wirklichkeit in das Bewußtsein geht es in dem zweiten Bedeutungsfeld von *Erfahrung* ebenso. Allerdings kann bereits die Verwendung des Terminus *Bewußtsein* den ersten Hinweis geben auf die Differenz zu dem bisher erläuterten Verständnis von Erfahrung. Ging es dort um das konkrete existierende Wesen, das

---

118 DigHum 103/ MeWü 96; vgl. DigHum 110/ MeWü 102: Das ontologische Gewicht menschlicher Erfahrung ist die Last an Liebe, die diese auf sich zu nehmen vermag.

119 JM 131/ MT 188/ MWA II 14.

120 JM 251/ MT 352/ MWA II 109.

121 JM 176/ MT 249/ MWA II 53: Erfahrung ist ein lebendiger Zuwachs.

122 Vgl. PosApp 51/ MWA I 63.

durch sie zur Teilhabe am Sein geführt wird, so ist - in einem idealistischen Konzept des Bewußtseins - der Akzent gesetzt, der die Ambivalenz der Erfahrung ausmacht. Sobald nämlich ein Urteil über die Wirklichkeit abgegeben wird, das sich auf eine allgemeine Erfahrung beruft, aufgrund einer als allgemein anerkannten Vernunft den Bereich eigener Erfahrung verläßt und damit bereits eine Reduktion der konkreten Wirklichkeit vornimmt, kann sich die Erfahrung als Hindernis der Hoffnung in den Weg stellen. Dies vor allem aus dem Grund, daß mit dieser Reduktion der Wirklichkeit auch ein verminderndes Abwägen der Möglichkeiten, die diese Wirklichkeit in sich birgt, Hand in Hand geht. Dabei wird die so in einer allgemeinen Erfahrung fixierte Wirklichkeit als ganze ausgegeben. Terminologisch kann die Differenz zwischen beiden Verständnissen von Erfahrung in der Unterscheidung gefaßt werden, die Marcel von Bergson entlehnt hat: des Offenen vom Geschlossenen[123]. So darf die unmittelbare Erfahrung als »offene Erfahrung« bezeichnet werden, das zweite vorgestellte Verständnis von Erfahrung bezeichnet die »geschlossene Erfahrung«[124]. Diese geschlossene Erfahrung tritt der Hoffnung in unterschiedlicher Gestalt entgegen. Eine Reflexion kann hier erläuternd angefügt werden: Wie differenziert Marcel die Begriffe: Meinung - Überzeugung - Glaube?

Die *Meinung* setzt nach Marcel immer eine gewisse Distanz zu dem Objekt, worüber ich mir eine Meinung bilde, voraus. Weitgehend könnte sogar gesagt werden: »Meinung gibt es ganz allgemein nur von etwas, das man nicht kennt«[125]. Über das, was uns nahesteht, seien es Personen, seien es beispielsweise die Werke großer Komponisten, die uns in einem Erlebnis großer Dichte begegnet sind, ist die

---

[123] Vgl. ME II 78/ GeS 383.

[124] Vgl. HV 68f/ HVd 62f/ MWA I 138f.

[125] ME II 70/ GeS 374. Vgl. zum folgenden auch EPC 182ff/ SchTr 119ff/ MWA III 167ff; dort (EPC 184/ SchTr 119/ MWA III 168) der Verweis auf die Analysen Platons zu diesem Gegenstand (ohne nähere Angaben); vgl. aber Gorgias 454e-455a: Kennzeichen der Rhetorik ist es, einen Glauben (*pistis*) hervorzubringen, der in einer Unkenntnis verbleibt. Der Gegenbegriff zu diesem negativen Verständnis von Glaube (*pistis*) ist die Kenntnis (*epistêmê*); vgl. auch G. Thibon, Une métaphysique de la communion, 155-157.

Ausbildung einer Meinung nicht möglich[126]. Die Meinung liegt in der Linie jener verobjektivierenden Erkenntnis, die eine äußerliche Relation zwischen Objekt und Subjekt herstellt. Dies wird noch einmal deutlicher, wenn Marcel sich über das Entstehen einer Meinung äußert. Es ist für eine Meinung wesentlich, durch eine Vermittlung entstanden zu sein, die sich zwischen den Betrachter und den Gegenstand schiebt. Derjenige, der eine Meinung von etwas hat, empfing sie von einem Medium, das im politischen Bereich häufig die Zeitung ist, die er jeden Morgen aufschlägt[127] oder die Umgebung, in der er sich bewegt, in die er gleichsam eingetaucht ist[128]. Wesentlich ist für all diese Fälle eine nur durch ein Medium überbrückte Distanz zwischen dem Träger und dem Gegenstand der Meinung[129].

Zwischen der Meinung und dem Glauben steht als Übergangsbegriff die *Überzeugung*[130]. Durch ihren auf Endgültigkeit ausgerichteten Charakter steht sie dem Glauben näher als die Meinung. In der Art des Urteils, das die Überzeugung voraussetzt, steht sie aber in deutlicher Nähe zu der verobjektivierenden Feststellung und Betrachtung der Wirklichkeit, die auch für die Meinung in Geltung ist. Die Überzeugung beruht auf einem abschließenden Urteil über die Wirklichkeit bzw. einen bestimmten Teil der Wirklichkeit. In der Regel ist in der Überzeugung die Möglichkeit ausgeschlossen, die Wirklichkeit werde noch einen Gesichtspunkt offenbaren, der dazu angetan ist, meine Denkweise zu ändern. »Der Mensch, der sich für überzeugt erklärt, setzt gewissermaßen eine Schranke«[131].

2. Glaube und Hoffnung als teilhabende Erfahrung

Glaube und Hoffnung hingegen sind in zweifacher Weise von dieser Gestalt des Urteils zu unterscheiden. Weder die Meinung noch die

---

[126] ME II 70/ GeS 374.

[127] ME II 72/ GeS 376.

[128] ME II 72/ GeS 377.

[129] Letztlich stimmt die Welt der Meinung mit derjenigen des Man überein, in der eine unmittelbare Erkenntnis für verzichtbar erklärt wird.

[130] ME II 76/ GeS 382.

[131] ME II 77/ GeS 383.

Überzeugung bestehen in einer wirklichen Teilhabe. Durch ein Urteil *über* die Wirklichkeit wird diese umschlossen und so betrachtet, als stehe sie dem Subjekt ganz gegenüber. Jeder, der dann den Standpunkt des Betrachters einnimmt, muß zu demselben Urteil gelangen wie dieser. Das Subjekt wird austauschbar - es handelt sich hier um die Vorstellung eines allgemeinen Bewußtseins, dessen Erkenntnisse für jeden Gültigkeit haben müssen. Das Subjekt des Glaubens ist aber in keiner Weise einem solchen allgemeinen Bewußtsein gleichzusetzen[132]. Es kann nur als konkretes, in einem Teilhabeverhältnis zur Wirklichkeit stehendes Subjekt vorgestellt werden. Zum anderen betrachten Glaube und Hoffnung die Wirklichkeit, die durch die Erfahrung zugänglich wird, niemals als abgeschlossen. Glauben bedeutet, der Wirklichkeit Kredit einräumen[133]. Das meint, daß ich bereit bin, von der Wirklichkeit mehr zu erwarten, als sich dem von außen auf sie gerichteten Blick darbietet; das bedeutet zudem aber auch, daß ich mich selbst dieser Wirklichkeit zur Verfügung stelle, meinen Gegenüberstand zu ihr aufgebe. Ich bejahe im Glauben und in der Hoffnung, daß es in der Wirklichkeit etwas gibt, was »über die Gefahr triumphiert«, wohingegen die abgeschlossene Erfahrung jenem Pessimismus Vorschub leistet, »der die Ohnmacht der Realität behauptet oder der ihr die Fähigkeit abspricht, das zu berücksichtigen, was doch nicht nur unser Gut ist, sondern von dem wir annehmen, daß es ein Gut im absoluten Sinne des Wortes ist«[134]. Marcel fordert für die Hoffnung die Ungültigkeit der Behauptungen, die uns aufgrund festgelegter Erfahrungen in einen Zirkel einschließen wollen, aus dem es kein Entrinnen gibt; er nennt dies das Eingeständnis, »daß sich das Wirkliche, je wirklicher es ist, desto weniger auf Grund der erworbenen Erfahrung für die Möglichkeitsberechnung eignet«[135]. Die Hoffnung weist die Belehrungen, die von einer festgelegten Erfahrung her

---

[132] Vgl. JM 41/ MT 65.

[133] ME II 78/ GeS 384; dieselbe Definition gibt Marcel der Hoffnung, vgl.EA I 92/ SH 80/ MWA II 196.

[134] EA I 93/ SH 80/ MWA II 196.

[135] HV 69/ HVd 63/ MWA I 139.

gegeben werden, mit einer verblüffenden Naivität (ingénuité) zurück[136].

An die grundlegende Unterscheidung erinnernd, die Marcel zwischen dem Sein und dem Haben getroffen hat, könnte von einer Erfahrung, die ich *habe* und von einer Erfahrung, die ich *bin*, gesprochen werden. In der Erfahrung, die ich *habe*, stehe ich außerhalb der erfahrenen Wirklichkeit; sie umschließt die Wirklichkeit als ein Ganzes und verschließt sie so. Die Hoffnung, die auf einer lebendigen, im Werden begriffenen Erfahrung aufbaut, steht dieser nicht gegenüber, sondern, so Marcel, ist in sie eingeflochten wie in ein Gewebe, ein Gewebe eines noch nicht abgeschlossenen Abenteuers[137]. Von diesem Standpunkt aus greift Marcel eine ganze Richtung der Philosophie an. Die Hoffnung und die mit ihr verbundenen Blickweisen erweisen sich für Marcels Denken als so zentral, daß ihr Fehlen in seinen Augen ein grundlegendes philosophisches Defizit darstellt. In einem Artikel aus dem Jahr 1947 nennt Marcel diese abgelehnte philosophische Haltung ein »bien-penser«, ein »wohlmeinendes«, »rechtes« Denken[138], das zunächst einmal, so der Ausgangspunkt für Marcels Überlegungen, in der Leugnung eines Jenseits übereinkommt. Die Voraussetzungen, unter denen dieses Urteil gefällt wird, sind genau jene, die als geschlossene Erfahrung beschrieben worden sind. Ein apriorisches Urteil über die Wirklichkeit trägt bei zu einem »étiolement progressif de l'imagination créatrice«, zu einem fortschreitenden Verkümmern der schöpferischen Einbildungskraft bei den Denkern unserer Zeit[139]. Gekoppelt an das Bewußtsein der Min-

---

136 Vgl. HV 70/ HVd 64/ MWA I 139.

137 Vgl. ebd.

138 De l'audace en métaphysique, 233; in HcH 163/ ErM (2) 171 nennt Marcel diese Haltung den Dogmatismus der ernsthaften Geister (des esprits posés). Seine eigentliche Außerkraftsetzung sieht Marcel dort in zeitgeschichtlichem Kontext: Durch die Erlebnisse des letzten Weltkriegs wurde dieser Dogmatismus, der die Erfahrung als Abschluß betrachtet und sich in einer Situation eingerichtet hat, die als grundlegend umumstürzlich erscheint, durch und durch unglaubwürdig. »Im Lichte unserer Erlebnisse erscheint uns dieses Bewußtsein als eine Anmaßung«(ebd.).

139 De l'audace en métaphysique, 233; vgl. EA I 27/ SH 26/ MWA II 167: Das Vorurteil besteht in dem Glauben, »daß wir an einem Punkt angelangt sind, an

derwertigkeit, das der Philosoph einer bestimmten Richtung gegenüber den Ergebnissen bzw. der Vorgehensweise der Naturwissenschaften hegt, gibt sich dieser Verlust der schöpferischen Einbildungskraft vor sich selbst als Ausschluß unerlaubter Vorgehensweisen aus, ist aber nichts anderes als eine Flucht vor dem Wagnis, dem Risiko (devant le hasardeux)[140]. Die Philosophie wird damit ihrer Berufung untreu, wenigstens als äußerste Möglichkeit den Charakter des Abenteuers, des »schönen Wagnisses« zu bewahren[141]. Die Philosophie muß als ganze eine Grundbewegung aufweisen, die sie der Hoffnung nahebringt, wenn es darum geht, »de briser les cadres dans lesquels nous avons coutume de disposer tant bien que mal les phénomènes«, »de briser les apparences qui confèrent à la vie quotidienne, au monde quotidien, leur caractère mortifiant«[142].

3. Der Vergangenheitsbezug der Hoffnung

Es stellt sich für die Reflexion über die Hoffnung an diesem Punkt der Erörterung die Frage, die zu einem ernsthaften Einwand gegen Marcels Konzeption des Verhältnisses von Hoffnung und Erfahrung werden kann. Die Hoffnung erscheint ja nicht nur als jenseits einer »geschlossenen Erfahrung« stehend: Wenn die Wirklichkeit als nicht determinierte und nicht determinierbare verstanden wird, wenn also ein Urteil über sie nicht nur aufgrund der mangelnden Fähigkeiten des urteilenden Subjektes, sondern wesensmäßig nicht gefällt werden kann, dann erscheint die Wirklichkeit, die Situation als etwas grundlegend Unbestimmtes, der Gegenstand der Hoffnung in seinem Verhältnis zur gegenwärtigen Wirklichkeit als ein - wenigstens möglicherweise - ganz und gar Neues und der hoffende Mensch als ein wesentlich geschichtsloser Mensch, dessen Vergangenheit zumindest in ihrer Bedeutung soweit vernachlässigt werden kann, als sie keiner Eindeutigkeit der Bestimmung unterliegt. Als offene Vergangenheit

---

dem wir nicht mehr glauben können, daß... Dem liegt ein bestimmter apriorischer Gedanke von Erfahrung und Fortschritt zugrunde ...«.

140 De l'audace en métaphysique, 234.

141 Ebd., vgl. Platon, Phaidon 114 c.

142 De l'audace en métaphysique, 234; 240f.

kann sie auf unbegrenzte Weise Träger neuer Hoffnungen, neuer - und unobjektivierbarer, unbestimmbarer - Zukunft werden.

Man würde aber Marcel mißverstehen, wenn man ihm unterstellte, den Menschen, insofern er hofft, als ein ganz und gar geschichtsloses Subjekt zu denken. Die »Relation« der Teilhabe, die sich auf das Sein in der Situation bezieht, betrifft den Menschen in seiner Gegenwart ebenso wie in seiner Geschichte. Es geht darum, eine Weise der Vergangenheits-, der Geschichtsbezogenheit aufzudecken, in der jedoch der Mensch durch diese nicht in kausaler Weise determiniert wird, so daß für das Neue, das im Blickfeld der Hoffnung liegt, kein Platz mehr wäre. Diese Bezogenheit muß vielmehr aufgewiesen werden als eine solche, die die Hoffnung ermöglicht, d.h. durch die bzw. in der es möglich wird, der Wirklichkeit »Kredit« einzuräumen[143]. Es ist also danach zu fragen, wie der Mensch seine Vergangenheit, seine Erfahrung (als erworbene Erfahrung) teilhabend in seiner Gegenwart zu eigen hat. Es ist zu fragen nach der Rolle der Zeit für die Existenz und Geschichte des Menschen und nach der Möglichkeit die Vergangenheit durch die Fähigkeit des Gedächtnisses zu bewahren.

Auf die Frage nach der Vergangenheit - nach meiner Vergangenheit - antwortet Marcel, daß sie kein Gegebenes, »keine gegebene Größe« sei[144]. Wäre sie von einer solchen Verfaßtheit, dann müßte sie betrachtet werden als eine Ansammlung aller Einzelheiten, der Erfahrungen und Erlebnisse, die aneinandergereiht werden könnten und so ein archivierbares Gesamt meines bisher verbrachten Lebens darstellen[145]. Einem solchen Verständnis der Vergangenheit scheint sich Bergson anzunähern, wenn er von einer ganz gegenwärtigen Vergangenheit spricht. In jedem als gegenwärtig aufgefaßten Moment sind alle vergangenen Momente zugleich und nebeneinander präsent[146]. Marcel geht hingegen davon aus, daß eine solche Nebeneinanderstel-

---

143 EA I 92/ SH 80/ MWA II 196.

144 PrésImm 42/ GegUnst 61/ MWA II 269.

145 Vgl. PrésImm 43/ GegUnst 62/ MWA II 269; PrésImm 49/ GegUnst 73/ MWA II 275.

146 Vgl. PrésImm 43/ GegUnst 63/ MWA II 269f; vgl. JM 150/ MT 213f/ MWA II 30f; JM 175f/ MT 248/ MWA II 52f.

lung unmöglich ist. In ihr ginge nicht nur die zeitliche Differenz der gelebten Augenblicke, sondern auch ihre inhaltliche Relevanz verloren[147]. Es gibt, so Marcel, vieles im Leben, das als Unbedeutendes dem Verbrauch, dem Verzehr anheimfällt - und in diesem Sinne nicht bewahrt wird[148]. Die Vorstellung einer Summe, die meine Vergangenheit darstellt wie die eines Réservoirs, in dem das Leben als Addierbares enthalten ist, hält Marcel so für unannehmbar[149].
Auf den Charakter eines solchen Bewahrens zielt ein weiterer Einwand: es ist in der Tat nämlich ein lebloses Bewahren, das sich vollzieht, wenn ich mich von einem Erlebten, von der Vergangenheit, letztlich von meinem Leben zurückziehe, um es betrachtend, archivierend nebeneinanderzustellen. »In dem Maße, in dem ich mich so aus meinem Leben zurückziehe, um es zu konstatieren, stirbt es ab, möchte ich sagen. Aus diesem Leben entflieht eben das Leben«[150]. Es ist dies nicht mehr das Leben, die Geschichte, an denen ich teilhabe, sondern die Geschichte eines diesen gegenüberstehenden Subjektes, das nahezu austauschbar wird. Das Leben, aus dem ich mich zurückziehe, um es als Abfolge von Ereignissen zu betrachten, gleicht einem Fluß, »dessen Bestimmung es ist, sich in den Tod zu ergießen«[151]. In einer kurzen, änigmatischen Bemerkung aus dem Jahr 1931 nennt Marcel dieses Verständnis den Zeit-Schlund: »22. März 1931 (Ein trüber Sonntag) Die Zeit als Durchbruch zum Tod - zu meinem Tod - zu meinem *Untergang*«[152]. Dieses auf den Tod und Verlust ausgerichtete Verständnis der Zeit muß auf die Funktion zurückgeführt werden, die hier der Zeit zukommt, die sie auf das Leben ausübt. Wird die Zeit als ein Vorübergehen aufgefaßt, das jedes Erlebnis endgültig einer Vergangenheit zuführt, dieses Erlebnis einordnet in die Zahl

---

[147] Vgl. PrésImm 44/ GegUnst 64f/ MWA II 271.

[148] Vgl. PrésImm 45/ GegUnst 65f/ MWA II 271.

[149] Vgl. ebd.

[150] PrésImm 36/ GegUnst 51/ MWA II 264f.

[151] PrésImm 41/ GegUnst 58/ MWA II 268; vgl. PrésImm 50f/ GegUnst 75/ MWA II 276f.

[152] EA I 100/ SH 87/ MWA II 201: »22 mars 1931 (un dimanche triste). Le temps comme percée sur la mort, sur ma mort, sur ma *perte*. Le temps-gouffre; vertige en présence de ce temps au fond duquel est ma mort et qui m'aspire«.

vergangener Erlebnisse, so ändert auch die Vorstellung einer - statischen - Aufbewahrung dieser Ereignisse in eine als Chronik verstandenen Erinnerung nichts daran, daß mein ganzes Leben - alles Leben - auf einen Punkt zuläuft, an dem alles nur noch Vergangenheit ist. Diese wäre dann dem Leben vollständig entzogen: einen Übergang von dieser Vergangenheit zum Leben kann es nicht geben, es ist eine tote Vergangenheit, die durch keine Vorstellung der Ewigkeit zum Leben erweckt werden kann. Eine wirkliche Teilhabe an einer so vorgestellten Vergangenheit kann es nicht geben.

Aber: es kann sich der verfehlte Schluß aufdrängen, daß »meine Vergangenheit«, wenn sie nicht als ein Ganzes verstanden wird, »nichts ist«[153]. Damit wäre das Anliegen Marcels mißverstanden, denn er hat, wenn er »meine Vergangenheit« sagt, ein (allerdings nicht objektivierbares) *Etwas* im Blick und möchte nur die fehlerhaften Weisen, auf dieses Etwas hinzublicken, ausgeschaltet wissen. Dennoch tut sich auch in diesem Versuch, die eigene Vergangenheit zu bestimmen, eine Schwierigkeit auf. Sie besteht darin, die Vergangenheit, *meine* Vergangenheit, zu verstehen als den Blickwinkel, aus dem ich diese betrachte und der von meiner gegenwärtigen Situation bestimmt wäre; die faktische, in sich abgeschlossene Vergangenheit variiert nur in subjektiver Hinsicht, der Gedanke einer *an sich*, als Ganzes bestehenden Vergangenheit wäre wieder aufgetaucht. Dieses Ganze müßte dann so verstanden werden, daß es idealiter zwar vollständig erfaßt werden könnte, aufgrund der Perspektiven meiner Erinnerung tatsächlich jedoch immer nur teilweise gegenwärtig wird. Die Idee des Répertoires, das meine Vergangenheit darstellt, bzw. des Gedächtnisses, in dem diese Vergangenheit jeweils Gegenwart erlangt, ist also noch nicht abgewehrt, wenn der Schwerpunkt der Betrachtung nur auf dem jeweils unterschiedlichen Blickpunkt, der durch die Situation bestimmt wird, liegt[154].

Die hier vorgestellten Überlegungen zum Problem der Vergangenheit beruhen auf einer strikten Gegenüberstellung des Ich und seiner Vergangenheit. Ich betrachte meine Vergangenheit, indem ich mich - ihr

---

[153] PrésImm 45/ GegUnst 67/ MWA II 272.

[154] Vgl. JM 177/ MT 250/ MWA II 53f.

äußerlich - ihrer bediene, wie ich mich eines Archivs bediene. Dieses Konzept scheint also der angestrebten Klärung des Verhältnisses des Menschen zu seiner Vergangenheit nicht gerecht zu werden.

Die andere Alternative in der Verhältnisbestimmung zwischen mir und meiner Vergangenheit bietet sich unter dem Stichwort der Identität an: Kann ich sagen: ich bin meine Vergangenheit? Dies böte den Vorteil, daß ich hier vor einer unlösbaren Verbindung der Gegenwart mit meiner Vergangenheit stünde, daß also einerseits meine Vergangenheit durch meine Gegenwart dem Vergehen entrissen wäre und die verfließende Zeit nicht mehr als Schlund betrachtet zu werden brauchte, daß ich anderseits als jetzt wollendes und handelndes Subjekt durch meine Vergangenheit nicht determiniert wäre, sondern vielmehr sie (als sie selbst) in die Wirklichkeit meines Denkens, Wollens und Handelns einbeziehen könnte.

Ich bin meine Vergangenheit: dies kann wohl nur dann gesagt werden, wenn ich zwischen mir und meiner Vergangenheit ein Band denke, das sich als Teilhabe nicht verobjektivieren läßt. Was bereits in den Überlegungen zu Marcels Verständnis der Teilhabe ausgeführt worden war, gilt auch hier: Die Identifikation als Gegenstück zu einem Subjekt-Objekt-Dualismus hat die idealistische Grundsetzung noch nicht überwunden, sondern bleibt ihrer Vorstellungsweise verhaftet[155]. Die Erinnerung und das Gedächtnis sind die Ausdrucksweisen einer Teilhabe, die diese Grundsetzung hinter sich gelassen hat.

Die Vergangenheit selbst betreffend, die in der Erinnerung einer Teilhabe zugänglich wird, müssen dabei zwei Dinge festgehalten werden: Zum einen dürfen die Vergangenheit, die vergangene Erfahrung nicht als statisches Material betrachtet werden, das mir in der Erinnerung vorgegeben wäre und erst hier wieder belebt würde. Vielmehr, so sagt Marcel, muß dieses Vergangene, um als Lebendiges bewahrt werden zu können, in sich ein Vermögen tragen, sich in ein sich selbst Überlebendes zu verwandeln. Marcel nennt als Beispiele für diesen nicht leicht faßbaren Gedanken die ersten Noten einer Melodie, die durch die noch nachfolgenden umgeformt werden und von hierher einen Wert erlangen, der ihnen aus eigenem zunächst

---

[155] Vgl. JM 243/ MT 341/ MWA II 106.

nicht zukommt[156]. Zum anderen: Diese verwandelnde Bewahrung erhält ein Vergangenes dann, wenn es sich als Erlebnis der eigenen Vergangenheit interpretieren läßt mit Verweis auf die Ebene der Intersubjektivität.

Marcel findet, ausgehend von einem mit einer anderen Person erlebten Geschehen, das nun in dieser interpersonalen Gemeinschaft eingewurzelt ist, diese Struktur jedem Erlebnis eingeschrieben. Das Bewußtsein eines »unser« in Bezug auf das Erlebnis scheint selbst dort vorhanden, »wo ich mich - objektiv gesprochen - allein befunden habe; dies in dem Maße, in dem ich wesentlich und für immer für mich selbst ein Du geworden bin, wo ich eine Gemeinschaft bilde, die sich nie auf eine isolierte Subjektivität zurückführen läßt«[157]. Nur auf diese Weise kann die Vergangenheit als eine lebendige Vergangenheit in der Erinnerung gegenwärtig werden: wenn die Erlebnisse eingeschrieben sind in die intersubjektive Gemeinschaft, die ich, keimhaft, mit mir selbst bilde (was als Grundlage dient, um weitere Intersubjektivität zu denken), sind sie lebensfähig[158]. Das Gedächtnis, die Erinnerung muß also verstanden werden als eine meine Gegenwart einbeziehende, vielleicht sogar verwandelnde Aktivität, in der ich das, was ich erinnere, wiedererlebe[159]. Dieses Wiedererleben kann aber nicht so sehr punktuell gedeutet werden, sondern müßte interpretiert werden als ein beständiger Austausch, eine beständig hin- und herlaufende Daseinsweise.

Marcel nennt in dieser Richtung die Erinnerung eine »Seinsweise«[160], verweist auf den »Indice ontologique« des Gedächtnisses[161]: Das

---

[156] Vgl. JM 150/ MT 213/ MWA II 30; hier auch eine deutliche Abgrenzung gegenüber Bergson, dessen Konzept der reglosen, reinen Erinnerung als reine Abstraktion bezeichnet wird, die nicht dauern kann, sich nicht bewahren kann.

[157] PrésImm 50/ GegUnst 74/ MWA II 276.

[158] Weitergehend kann mit J. Parain-Vial gefolgert werden, daß diese Teilhabe im letzten ja eine Seinsteilhabe ist und daß daher die Fortdauer der Vergangenheit als gelebte Vergangenheit möglich wird, empfangen wird aus dem Leben des Seins (de la Vie de l'Être), an dem das Subjekt in seiner Vergangenheit und auch in dem Akt der Erinnerung teilhat. (Gabriel Marcel, un veilleur et un éveilleur, 159).

[159] Vgl. JM 177/ MT 250/ MWA II 54; JM 163/ MT 231/ MWA II 42.

[160] JM 177/ MT 250/ MWA II 53.

Verstehen der Erinnerung als eine Teilhabe *im* Sein und *am* Sein deutet letztlich den Weg an, der bereits am Beginn dieses Abschnittes die offene Erfahrung, die Erfahrung, die ich *bin*, in Abhebung von der Erfahrung, die ich *habe*, von der geschlossenen Erfahrung, in den Blick genommen hat.

Ein Beispiel sei angefügt, durch das deutlich werden kann, daß diese Überlegungen für die Thematik der Hoffnung von nicht geringer Relevanz sind. Dort, wo ein Mensch sein Leben als Ganzes nur noch als Vergangenes zu eigen hat, im Tod, wird die Frage laut, welcher Art die Beziehung sein kann, die Lebende zu diesem Verstorbenen unterhalten. Betrachten sie das Leben des Verstorbenen als ganz und gar abgeschlossen im Sinne einer Vergangenheit, die insgesamt in einer Chronik erfaßt werden könnte, dann verliert der Gedanke des Fortlebens jeden Grund. Gebet für die Verstorbenen und Gedenken an sie können nur unter der Bedingung als möglich und sinnvoll angesehen werden, daß diese nicht einer Vergangenheit ausgeliefert werden. Andernfalls besteht die Verbindung mit dem Verstorbenen nur im Bewußtsein der Lebenden, und der bereits angeklungene Gedanke, daß sich die Hoffnung auf ein Wiederfinden der Gemeinschaft mit ihnen erstreckt, verlöre so jegliche Berechtigung. Marcel geht sogar so weit, es als einen Verrat zu bezeichnen, wenn die Verstorbenen behandelt werden, als seien sie ganz und gar Vergangenheit, als seien sie in Wirklichkeit nicht mehr[162].

Unter den Grundlagen für die Hoffnung, die sich in der Situation des Menschen ausmachen lassen, war als ein zentraler Gedanke derjenige der Verbannung erschienen; die Hoffnung bot sich als Gegenstück hierzu dar in der Sehnsucht nach einer Rückkehr, wobei ein Neues, das erhofft wird, eine Ferne, auf eine schwer zu umschreibende Weise mit einem Vertrauten, mit einer Nähe verbunden ist. Unter Zuhilfenahme der Idee des *Tiefen* versuchte Marcel sich dieser Verbindung zu nähern. Übersteigt man diesen Gedanken aus der räumlichen Vorstellungswelt in diejenige der Zeit[163], so findet sich eine analoge

---

161 EA I 120/ SH 104/ MWA II 213.

162 Vgl. EA I 121/ SH 105/ MWA II 213.

163 Vgl. ME I 209/ GeS 259.

Struktur, durch welche die Vergangenheit und die Zukunft miteinander verknüpft sind. Die Hoffnung kann sich des Vergangenheitsbezuges nicht entschlagen; sie wird aber die Vergangenheit so aufnehmen müssen in ihr Auslangen nach der Zukunft, daß dadurch kein fixierender Kausalbezug hergestellt wird, sondern die Hoffnung ihr Zukunft eröffnendes Vermögen behält.

«Die Zukunft als das ganz Neue mag noch so anziehend sein: sie wird aber sicherlich nicht als tief empfunden, nur weil sie ganz neu ist. Die Tiefendimension taucht wohl nur auf, wenn die Zukunft in geheimnisvoller Weise mit der fernsten Vergangenheit zusammenfließt. Es ließe sich sogar sagen - mag dieser Gedanke zunächst noch so dunkel erscheinen - , Vergangenheit und Zukunft stürzten im Schoß der Tiefe ineinander in einem Bereich, der sich zur Gegenwart verhielte, wie ein absolutes zum kontingenten Hier. Und dieser Bereich, in dem *Jetzt* und *Einst* verschmelzen, kann nichts anderes sein, als was wir die Ewigkeit nennen»[164].

IV. Die Hoffnung und ihre Gegenbewegungen: Furcht und Verzweiflung

In den bisherigen Annäherungen an die Hoffnung hat sich das Bild, das von ihr gezeichnet werden soll, zum großen Teil via negativa, im Hinblick auf jene dunklen Seiten zusammengesetzt, in denen die Hoffnung als eine positive Gegenkraft erschienen war. Diese Art der Darstellung muß ein weiteres Mal aufgegriffen werden, um diejenige Wirklichkeit zu beschreiben, die sich direkt gegen die Hoffnung stellt: die Verzweiflung.

Sucht man unter den philosophischen Bemühungen, die sich mit der Hoffnung beschäftigen, nach Äußerungen über das Gegenteil der Hoffnung, so wird man in der Hauptsache zwei Positionen ausmachen, die in ihrer Differenz voneinander auch ein Licht zurückwerfen auf die grundlegend unterschiedenen Konzepte der Hoffnung.

---

164 ME I 209/ GeS 260.

Zum einen taucht die *Furcht* als Gegenstück zur Hoffnung dort auf, wo diese in ein System der Affektenlehre eingeordnet ist, wie Marcel es für Spinoza und die hinter ihm stehende stoische Tradition konstatiert[165]. Hier haben weder Hoffnung noch Furcht einen ontologischen Gehalt. Beide sind Abweichungen von jener Mitte, die sich in dem Ideal *'nec spe nec metu'* ausdrückt und allein eine angemessene Haltung gegenüber der Wirklichkeit gewährleistet[166]. Zum anderen taucht in der klassischen theologisch-ethischen Behandlung der Hoffnung als theologaler Tugend, wie sie exemplarisch bei Thomas v. Aquin in die Systematik eines theologischen Entwurfs eingefügt ist, die *Verzweiflung* als Sünde gegen die Hoffnung auf, begleitet von jener anderen, die als Vermessenheit die Grundbewegung und -haltung der Hoffnung in die entgegengesetzte Richtung verläßt.
Um die Eigenart der Marcelschen Konzeption der Hoffnung wie auch der gegen die Hoffnung gerichteten Bewegungen zu verstehen, ist der Rückgriff auf diese klassischen Formulierungen nahezu unabdingbar. Die Benennung und Beschreibung der Verzweiflung als *Sünde* erlaubt die Verdeutlichung eines in der Betrachtung auch für Marcel wesentlichen Aspektes, nämlich daß es sich bei der Verzweiflung um einen *Akt* handelt, eine in Entscheidung und Willen verwurzelte Tat. Dies zu unterstreichen ist auch um der Sache der Hoffnung willen erforderlich: Könnte nämlich die Abkehr von der Hoffnung nicht als Akt aufgefaßt werden, so wäre auch die im Willen liegende Wurzel der Hoffnung gefährdet. Unbeschadet der Lehre, daß es sich bei den theologalen Tugenden nicht um Tugenden des natürlichen Strebevermögens handelt, sondern daß sie in der Wirklichkeit der Gnade begründete Äußerungen des übernatürlichen Strebevermögens sind, sind sie doch jeweils als Akt des freien Menschen aufzufassen; so ist letztlich auch die Hoffnung von einer solchen Gestalt, daß der Mensch zu ihr aufgerufen sein kann und sie ihm nicht einfachhin aufgesetzt wird. Auf der anderen Seite kann auch die klassische Konzeption der Verzweiflung als Sünde von den Überlegungen Marcels her eine deutliche Bereicherung erfahren. Die Verzweiflung scheint in der durch

---

[165] Vgl. EA I 92/ SH 80/ MWA II 196.

[166] Vgl. S. Foelz, Gewißheit im Suchen, 369.

eine vertiefte psychologische Kenntnis des Menschen geprägten Gegenwart nur schwer als Sünde gefaßt werden zu können, da die willentliche Entscheidung, die dann an ihrer Wurzel sichtbar werden müßte, in der Verzweiflung gar nicht oder nur mit großer Mühe ausfindig gemacht werden kann. Der Wille und die Möglichkeit einer durch ihn getragenen Entscheidung erscheinen hier vollends suspendiert. Die Verzweiflung bietet sich in dieser Sicht als Verhängnis dar. Es müßte als verwegen angesehen werden, diese Interpretation, die durch eine Vielzahl konkreter Erfahrungen belegt ist, von vornherein im Namen einer philosophischen oder theologischen Entscheidung zurückzuweisen.

Marcels philosophische Überlegungen, aber auch sein dramatisches Werk sowie die Erfahrungen seines eigenen Lebens versuchen nun, die dunklen Zusammenhänge aufzudecken, durch die einerseits der Aktcharakter der Verzweiflung gewährleistet bleibt, anderseits aber auch die Verzweiflung als dem Menschen entzogene Macht, die von ihm Besitz ergreift, ins Bewußtsein tritt. Dies geschieht vor allem durch die Zuordnung der Gedanken Marcels zu jener grundlegenden, sein ganzes Werk durchziehenden Scheidung zwischen der Welt des Habens, des Problematischen einerseits und der Welt des Seins und des Mysteriums auf der anderen Seite. Indem die Verzweiflung in jenen größeren Zusammenhang gestellt wird, kann es gelingen, die Wirklichkeit, die der Hoffnung entgegensteht, zu erhellen.

1. Die Angst als Disposition

In der Beschreibung derjenigen Aspekte, die die Existenz zur Hoffnung hin aufschließen, war sie unter der doppelten Gestalt von Exil und Gefangenschaft in den Blick gerückt worden. Die Haltung des Menschen in der Situation der Gefangenschaft oder der Verbannung bzw. in all jenen Situationen, die als Bedrängnis, Beraubung eines Lichtes, Beraubung der Freiheit erfahren werden, ist zuallererst eine Haltung der Unruhe, der Ängstlichkeit. Diese Unruhe ist mit der Situation selbst verbunden, beinhaltet jedoch noch keine Stellungnahme über den Ausgang der Situation. Eine solche Stellungnahme geschieht erst dort, wo die Hoffnung oder die Verzweiflung als die verschiede-

nen Alternativen im Hinblick auf das Ende - oder die Endlosigkeit - ergriffen werden.
Die Angst, von der hier die Rede sein soll, liegt dieser Differenzierung in den Gegensatz von Hoffnung und Verzweiflung voraus. Sie ist gewissermaßen gebunden an die Ambivalenz der genannten Situationen, an die Tatsache, daß die Möglichkeitsbedingungen von Hoffnung und Verzweiflung zusammenfallen[167]. Vor die Alternative gestellt, in einer Situation zu verzweifeln oder sie durch die Hoffnung zu überwinden, wird dem Menschen nicht nur die Höhe des Weges bewußt, auf dem er geht, die Möglichkeit eines tatsächlichen Absturzes in die Verzweiflung, sondern auch die Verantwortung, die er selbst für den Fortgang des Weges hat. Die Situation enthüllt sich als eine solche der Wahl. Diese scheint von äußerster Bedeutung: ahnungsweise tauchen Tod und Leben in der Konsequenz der Alternativen auf, die ergriffen werden können.
Diese Sicht einer mit der Unruhe verwandten Angst erfaßt die verschiedenen Dimensionen des menschlichen Lebens. Marcel beschreibt die Situation des Menschen in der heutigen Welt als eine solche, in der es nicht mehr möglich ist, sich in einem gesicherten, vermeintlich unerschütterlichen Privatraum einzurichten[168]. Das würde in der Konsequenz bedeuten, daß die globalen Möglichkeiten der Zerstörung, des Verlustes, aber auch die Chancen, die die Menschheit ergreifen kann, immer mehr im Begriff sind, jeden einzelnen zu berühren, so daß sich niemand mehr angesichts der bedeutenden Möglichkeiten von der Unruhe befreien kann.
Die Unruhe stellt nun jedoch nicht nur ein negatives Phänomen dar. Sie muß ebenso als eine Sehnsucht nach dem Sein aufgefaßt werden[169], bzw. dieser sehr verwandt, so daß ihr Fehlen ein ernstes Symptom ist[170]. Letztlich bedeutet diese Unruhe ja die Gegenwart eines Bewußtseins von der Offenheit der Existenz; sie verweigert sich einer abschließenden beruhigenden oder lähmenden Stellungnahme.

---

[167] Vgl. EA I 115/ SH 100/ MWA II 210.
[168] Vgl. HoPro 172/ MePro (3) 124.
[169] Vgl. HoPro 181/ MePro (3) 130.
[170] Vgl. HoPro 182/ MePro (3) 131.

Die Unruhe - und mehr noch die Angst - beinhalten das Bewußtsein einer Situation, in der der Verlust möglich ist. Je größer nun dieser Verlust ist, je mehr er sich der Grenze nähert, die einen Verlust auf der Ebene des Seins bezeichnet, von desto größerem Gewicht erscheint die Stellungnahme, zu der der Mensch aufgerufen ist. Ist hiermit die Angst vor dem Verlust auf das Engste verknüpft, so ist aber gleichzeitig die Möglichkeit des Verlustes auch allein jener Grund, auf dem die Hoffnung Wurzeln schlagen kann[171]. Es scheint, daß hier die Angst als Ausdruck jener Spannung begriffen werden kann, die Marcel als wesentliches Merkmal der Hoffnung herausgestellt hat: der Spannung zwischen der »Tiefe meiner Dürftigkeit« und der »summa altitudo«, die ich anrufe[172]: Die Größe dessen, was auf dem Spiel steht, scheint die Kräfte, über die ich verfüge, bei weitem zu übersteigen - die Wahl, die Entscheidung, die von mir verlangt wird, scheint aus eigenem nicht geleistet werden zu können, so daß sie sich in einen Anruf wandeln muß. Die Erfahrung der Machtlosigkeit, die diesem Anruf zugrundeliegt, scheint mit dieser Perspektive der Angst zusammenzufallen. Zugleich wird deutlich, daß der so verstandenen Angst noch nicht jene Endgültigkeit zukommt, die für die Verzweiflung kennzeichnend ist. Sie kann zum Ausgangspunkt der Hoffnung werden: sie kann, eben wenn sie sich zum Anruf wandelt, den aktiven Widerstand gegen die Versuchung der Verzweiflung begründen.

Es darf an dieser Stelle die auf die philosophischen Äußerungen beschränkte Darlegung für eine kurze Zeit verlassen werden. Marcels Philosophie, die sich als konkrete Philosophie versteht, beruft sich nicht nur auf die Analyse oder Phänomenologie von Situationen, die als allgemein menschliche Situationen dem Philosophen als Anschauungsmaterial dienen. Sie ist ebenso gespeist aus den Quellen selbst durchlebter Erfahrung. Was im Rahmen einer rationalistischen Philosophie als entstellender Einfluß subjektiver Gegebenheiten auf den Gedanken gelten müßte, erhöht in diesem Zusammenhang die Glaubwürdigkeit der Untersuchungen. Es wird deutlich, was Marcel mit

---

[171] Vgl. EA I 112f/ SH 98/ MWA II 208.

[172] Vgl. EPC 249/ SchTr 160/ MWA III 199.

dem ambivalenten Charakter der Situation benennen will, wenn er dem Wort »Abgrund« im Zusammenhang seines eigenen Lebens eine große Bedeutung beilegt[173]. Er erfährt sein Leben als Vorwärts-gehen auf einem Grat über einen Abgrund[174]. Selbst der Glaube, den er im Jahr 1929 mit seiner Konversion angenommen hat, konnte diesen Charakter des Lebens nicht grundlegend umkehren, ohne daß Marcel dies aber auch erwartet hätte, »denn man hat in Wirklichkeit eine recht armselige und völlig verzerrte Vorstellung vom Glauben, wenn man meint, er sei so etwas wie ein Talisman oder ein Glücksbringer, während er in Wirklichkeit Leben ist, ein Leben, in dem Freude und Angst ständig nebeneinander hergehen, ein Leben, das bis zu seinem Ende von der einzigen Versuchung bedroht bleiben wird, vor der wir uns, wenn ich es recht bedenke, hüten müssen, von der Versuchung zur Verzweiflung«[175]. Diese persönliche Erfahrung steht in einem Austausch mit den philosophischen Grundentscheidungen Marcels: Eine Gesichert-heit im Sein kann es nur geben, wenn diese radikal unterschieden wird von der vermeintlichen Sicherheit, die die Welt des Habens vermittelt und die auf der Umfassung des Objektes beruht[176]. Das Sein ist das, was nicht umfaßt werden kann; die Annäherungen an die Teilhabe am Sein münden nie in einen Zugriff, der sich des Seins verobjektivierend vergewissern könnte. Auf die Welt des Glaubens übertragen, ist Gott derjenige, der niemals Objekt werden kann, niemals Es werden kann[177].

Auf diesem Hintergrund sind auch die in dem Briefwechsel Marcels mit Gaston Fessard der Öffentlichkeit zugänglich gemachten Äußerungen zu deuten. Wenn sie von einer »tristesse terrible« sprechen[178], wenn Marcel hier eine Zeit erwähnt, die er als eine der schwärzesten seines Lebens bezeichnet (une des périodes les plus noires)[179], wenn

---

[173] Vgl. PrésImm 9/ GegUnst 11.

[174] Ebd.

[175] Ebd.

[176] Vgl. HV 62/ HVd 55/ MWA I 134.

[177] Vgl. JM 137/ MT 196/ MWA II 20.

[178] GM-GF 120.

[179] GM-GF 164f.

er Augenblicke beschreibt, »où il me semble que je suis à l'agonie«[180], dann muß dies, ohne es damit in seinem Gewicht abzuwerten, als Ausdruck jener, noch nicht der Verzweiflung anheimgefallenen Existenz gelten, die sich aber gleichwohl der Abgründe bewußt ist, über die sie hinschreitet und die Versuchung zur Verzweiflung im Blick hat, die durch die Struktur der Welt scheinbar nahegelegt ist[181].

2. Die Furcht als Korrelat des Habens

Von dieser Angst, die verwandt ist mit der Unruhe und die in die Existenz eingeschlossen zu sein scheint, ist jene Furcht zu unterscheiden, die an die Welt des Habens gebunden ist[182]. Das Streben, das auf das Haben, auf den Besitz ausgerichtet ist, ist der Wunsch, die Begierde (le désir). Die Furcht als das Gegenstück zu diesem Wunsch hat ihr eigenes Objekt dementsprechend in dem Verlust, von dem jeglicher Besitz bedroht ist. Diese Einordnung der Furcht auf einer anderen Ebene als derjenigen, auf der die Hoffnung angesiedelt werden muß, erfolgt für Marcel im Hinblick auf Spinoza, der im selben Zusammenhang sowohl von Furcht als auch von Hoffnung spreche[183]. Die Furcht muß also als eine vom Besitz abhängige Größe gedacht werden. Marcels Analyse des Habens, auf die hier nochmals zurückgegriffen werden muß, ermöglicht eine Erhellung des Gemeinten. Zunächst erscheint die Relation, die im Haben aufgerichtet wird, als eine rein äußerliche, von einem *qui* zu einem *quid*[184]. Dieser Gegenüberstand scheint von Natur aus als ein solcher zu bestehen, der weder dem Objekt noch dem Subjekt einen wesentlichen Eintrag zufügt. Dennoch zeigt sich bei genauerem Hinsehen, daß hier eine en-

---

180 GM-GF 216.

181 Vgl. EA I 118/ SH 103/ MWA II 212; PosApp 66/ MWA I 71; EnChem 185.

182 Terminologisch ist bei Marcel zu unterscheiden zwischen angoisse/ anxiété/ inquiétude auf der einen Seite, die auf der beschriebenen existentiellen Ebene beheimatet sind und der Furcht (crainte) auf der anderen Seite, die auf der Ebene des Habens, des Problematischen angesiedelt werden muß. Vgl. HoPro 79/ MePro(3) 63 (vgl. dort die Anm. d. Übs.); EA I 92/ SH 80/ MWA II 196.

183 EA I 92/ SH 80/ MWA II 196; vgl. GM-Bloch 46.

184 EA I 199/ SH 170/ MWA I 90.

gere Beziehung besteht, daß das Band, durch welches *qui* und *quid* verbunden sind, kein rein äußerliches bleibt[185], daß es sogar einen »choc en retour«, eine Wirkung des Gegenstandes auf seinen Besitzer gibt[186], daß schließlich die Objekte, die ich besitze, eine Macht auf mich ausüben und dies umso stärker, je mehr ich ihnen verhaftet bin[187].

Diese Macht üben die Gegenstände des Besitzes nicht nur in einer aktuellen Situation des Habens aus, sondern auch dort, wo ich sie *noch nicht* besitze oder sie zu *verlieren* drohe. Der Wunsch, die Begierde erweist sich als eine Form des Habens, es ist ein Haben im Nicht-Haben[188] und daher mit den gleichen Einflüssen des begehrten Gegenstandes auf mich verbunden, die ein in meinem Besitz befindlicher Gegenstand ausübt. Mit der Ahnung des drohenden Verlustes gerät aber das Haben unter den Einfluß der *Furcht*. Die Furcht vor dem Verlust, die Furcht, eine Begierde nicht erfüllt zu sehen, gesellt sich dem Haben bei. Jeglicher Besitz wird so zu einer Quelle der Furcht; diese Furcht scheint mit der Ordnung des Habens von vornherein verbunden zu sein[189]. Es zeigt sich aber, wenn man die Analyse jener Welt des Habens noch fortführt, ein weiterer, tieferer Zug, der eine Verbindung jeglichen Habens mit der Furcht, ja sogar mit einer bestimmten Weise der Verzweiflung offenlegt. Jedes Haben tendiert hin auf eine größere »Fülle« des Besitzenden. Der Wunsch, meine Macht und meinen Einfluß zu vergrößern, ist die Quelle für die Begierde, etwas zu besitzen. Der Bereich, auf den mein Haben sich ausrichten kann, ist letztlich unbegrenzt.

Diese Unendlichkeit muß jedoch unterschieden werden von jener des Seins. Ist die Teilhabe am Sein von der Art, daß in jeder ihrer konkreten Formen wie der Treue, der Liebe, dem Glauben, der Hoffnung immer das Ganze aufleuchtet und begegnet, so ist die Unendlichkeit, die die Gegenstände des Habens kennzeichnet, eine addie-

---

185 Vgl. EA I 205f/ SH 175f/ MWA I 94.

186 Ebd.

187 Vgl. ebd.

188 EA I 204/ SH 174/ MWA I 93.

189 Vgl. EA I 203f/ SH 174/ MWA I 93.

rende Unendlichkeit. Unendlichkeit bedeutet hier, daß dem Besitz oder der Begierde grundsätzlich noch etwas zugefügt werden kann, daß die Begierde letztlich nie an ein Ziel kommen kann. So kann Marcel von einer »Wunde« sprechen[190], die der Besitzenwollende, in seiner Grenzform der Egoist, an sich trägt. Diese Wunde besteht genau in jener Spannung zwischen der Begierde, die mich erfüllt und deren Gegenstand zuinnerst unbegrenzt ist und der Unmöglichkeit, je zu einer wirklichen Erfüllung dieser Begierde zu gelangen. Derjenige, der der Welt des Habens verpflichtet ist, hat anderseits keine andere Möglichkeit, als seine eigene Fülle von einer Mehrung seines Besitzes zu erwarten, muß im Gegenzug aber auch erkennen, daß er ohne dieses Haben keinen Daseinsgrund, keine Fundierung seiner Existenz hätte. So zeigt sich diese Wunde als »die vernichtende Erfahrung eines Widerspruchs zwischen dem All, das ich besitzen, mir aneignen, ja, wie absurd das auch sein mag, monopolisieren möchte - und dem dunklen Bewußtsein von jenem Nichts, das ich trotz allem bin«[191].

In der Grundscheidung des Marcelschen Werkes, die zwischen dem Sein und dem Haben, dem Mysterium und dem Problem aufgerichtet ist, offenbart sich für Marcel noch eine weitere Dimension jener Tragik, die mit dem Haben verbunden ist. Der Mensch trägt ein Verlangen nach *Teilhabe* in sich, das ontologisch begründet ist und nicht anders erfüllt werden kann als in der ontologischen Teilhabe. »Die Tragödie allen Habens besteht unabänderlich in der verzweifelten Anstrengung, ganz mit etwas eins zu werden, das doch nicht eines Wesens ist und sein kann mit dem, der hat«[192]. Die unaufhebbare Distanz zwischen dem Besitzenden und dem Gegenstand wird erspürt von jener Sehnsucht nach Teilhabe, die allein Erfüllung verheißt und stellt die Grenze dar, die in der Welt des Habens nicht überschritten werden kann.

Wenn die solchermaßen um das Haben angeordneten Gedanken ein Streben im Auge hatten, das auf die gegenständliche Welt gerichtet ist

---

190 HV 19/ HVd 10/ MWA I 107.

191 Ebd.

192 ME I 114/ GeS 140.

und von ihr gleichsam gefangengehalten wird, so ist die wesentliche Ergänzung angebracht, daß die Haltung des Habens auch auf jene Wirklichkeiten ausgeweitet werden kann, die ihm normalerweise entzogen sind und die wahrhaft nur in der Weise der Teilhabe - verstanden als dyadische Bezogenheit - berührt werden können. Dort wird die beschriebene Furcht und Sorge noch stärker und nähert sich unweigerlich der Verzweiflung. Dies gilt vor allem dort, wo ich mein *Leben* oder mein *Wesen* wie einen Besitz betrachte, es in irgendeiner quantifizierenden Vorstellung wie eine Menge vor mich stelle, die verbraucht werden kann, die zerrinnt, sich auflöst. Der Tod muß dann als unausweichlicher Endpunkt erscheinen, an dem dieser Prozeß der Auflösung, des Verlustes sich vollendet, als der Punkt, an dem alles verloren ist. »In Rücksicht auf dieses Haben befinde ich mich in der Tat in dem chronischen Angstzustand des Menschen, der über dem Nichts schwebt, der insgesamt eine kleine Summe Geld besitzt, die es so lange wie möglich zu erhalten gilt, denn wenn sie vertan ist, bleibt ihm nichts mehr. Diese Angst ist die nagende *Sorge*, das lähmende Element, das jeden Elan, jede großmütige Initiative zurückhält«[193].

Auch die interpersonale Wirklichkeit kann betroffen werden von dieser Ausweitung des Habens, der Begierde. Menschen können von mir als Besitz betrachtet werden, was als die sicherste Weise gelten kann, an ihnen zu verzweifeln. Die äußerliche Relation, die das Haben darstellt, verweigert jede Teilhabe, die das Wesen des anderen zu erreichen imstande wäre[194]. Die Frage nach dem Tod des geliebten Wesens klingt hier bereits an. Die Weise, wie eine Teilhabe an dem geliebten Wesen, eine Gemeinschaft mit ihm in das Zentrum der Hoffnung tritt, wird weiter unten zur Sprache kommen; daß ein Wesen aber sicher als verloren, für mich verloren angesehen werden muß, wenn ich es als Besitz betrachtet habe, ergibt sich aus dem bereits

---

[193] EPC 86f/ SchTr 58/ MWA III 48f. Die Nähe zu der Verzweiflung, die als das eigentliche Gegenteil der Hoffnung beschrieben wird, kündigt sich hier an, indem Marcel diese Erfahrung mit dem von Thomas Hardy übernommenen Ausdruck »unhope« bezeichnet, der von Charles Du Bos mit dem frz. Neologismus »inespoir« wiedergegeben wurde.

[194] Vgl. ME I 114/ GeS 140.

Gesagten. Auch hier taucht als unweigerliche Bedrohung meines Besitzes der Tod auf und überschattet als Sorge und Furcht jegliche Gemeinschaft[195].

Mit dem Blick auf die Verzweiflung, wie sie als Akt der Hoffnung direkt entgegensteht, kann die hier vorgelegte Darstellung des Habens und der mit dem Haben verbundenen Furcht, die in ihren tiefsten Formen an die Verzweiflung rührt, als Aufweis einer Verwandtschaft betrachtet werden. Es wird nochmals darauf zu achten sein, ob die Verzweiflung nicht letztlich als mit dem Haben noch auf tiefere Weise verwoben angesehen werden muß.

3. Der Akt der Verzweiflung

Die Verzweiflung als Sünde gegen die Hoffnung bei Thomas v. Aquin

Der längere Verweis auf Thomas von Aquin ist einerseits hilfreich, um auf dem schwer zugänglichen Gebiet des Sprechens von der Verzweiflung eine gewisse systematisch-philosophische Überlegung zu begründen, die die Verzweiflung aus einem eher psychologischen Verständnis herausheben kann und sie tatsächlich als Gegenbewegung zur metaphysisch verankerten Hoffnung zu kennzeichnen vermag; anderseits ist dieses Profil eines Phänomens, das Thomas zeichnet, als Hintergrund für die Aussagen Marcels zum Phänomen der Verzweiflung zu verstehen und zu beurteilen.

Wirft man nun also einen Blick auf die Überlegungen Thomas von Aquins zum Thema der Verzweiflung, so erscheint hier die Verzweiflung als *Sünde gegen die Hoffnung*[196]. Der Grund dieser Sünde liegt in einem falschen Urteil: Aus der Zusammengehörigkeit eines Aktes der Vernunft mit einem Strebevermögen ergibt sich, daß ein Akt der richtigen Erkenntnis das ihm nachfolgende Strebevermögen gut macht, wie ein falsches Urteil das Strebevermögen verdirbt[197]. Dieses falsche Urteil kann mehrere Objekte haben. In erster Linie und

---

[195] Vgl. PrésImm 69/ GegUnst 105/ MWA II 292f.

[196] Vgl. STh II-II 20.

[197] STh II-II 20, 1: »quod est in intellectu verum vel falsum, est in appetitu bonum et malum«.

hauptsächlich bestimmt Thomas dieses falsche Urteil als eines über Gott. Das richtige Urteil des Verstandes über Gott lasse eindeutig seinen Heilswillen offenbar werden sowie die Verzeihung, die er den Sündern gewährt. Die Verzweiflung findet hier an ihrem Grund nur das Urteil, daß Gott dem reuigen Sünder die Verzeihung versagen werde. Das Gut, das ich in der Hoffnung erstrebe und das eben in dieser Verzeihung besteht, die mir den Weg zum Heil eröffnet, erscheint der Verzweiflung schon in der Wurzel als unmöglich[198].

In einer weiteren Möglichkeit erwägt Thomas die Verzweiflung, die aus einem falschen Urteil über mich selbst hervorgeht. Das Gut (der Verzeihung) als solches wird in diesem Fehlurteil wohl noch erkannt, aber es wird als mir nicht mögliches eingeschätzt. Weder aus eigener Kraft noch mit Hilfe anderer scheint dieses Gut erlangt werden zu können. Die Wurzel für ein solches Urteil liegt nach Thomas in einer allzu großen Selbstunterschätzung bzw. Niedergeschlagenheit[199]. In dieser Niedergeschlagenheit erscheint es dem Menschen unmöglich, sich noch einmal aufzuraffen, sich zu erheben zu irgendeinem Gut[200]. Wird in der Perspektive der ersten Möglichkeit das Ziel, also das Gut an sich angezweifelt, so ist es unter dieser zweiten Hinsicht der Weg zu dem an sich noch für möglich gehaltenen Gut, der aus dem Bereich des Möglichen eliminiert wird.

Es mag an dem endgültigen Charakter des Verzweiflungsaktes liegen, daß Thomas die Verzweiflung als jene Sünde betrachtet, die von der Seite des Menschen aus die größere Gefahr in sich birgt, verglichen mit den Sünden gegen die beiden anderen theologalen Tugenden, dem Unglauben sowie dem Gotteshaß als Extremform der Sünde gegen die

---

[198] Ebd.

[199] STh II-II 20, 4: »Ad hoc autem quod aliquod bonum arduum non aestimet ut possibile sibi adipisci per se vel per alium perducitur ex nimia deiectione«. Die Wiedergabe von *deiectio* mit »Selbstunterschätzung« scheint in der Aussagerichtung des Artikels zu liegen; allerdings ist durch den weiter gefaßten Terminus *deiectio* und den Kontext, den hier die Ausdrücke *acedia* und *tristitia* bilden, Selbstunterschätzung nur als ein Ausschnitt des Phänomens zu betrachten.

[200] Ebd.

Liebe[201]. Wiegen diese beiden anderen zwar an sich betrachtet schwerer, da sie sich gegen die Wahrheit und Vollkommenheit Gottes, gegen Gott selbst richten, wohingegen die Verzweiflung lediglich die eigene Teilhabe an der Vollkommenheit Gottes durch die Gnade verneint, so wohnt doch der Verzweiflung eine Tendenz inne, die den Menschen zur Selbstaufgabe und Selbstauflösung treibt. Thomas kann hier Isidor von Sevilla zitieren: Verzweifeln heißt, in die Hölle hinabsteigen[202].

Diese auf den ersten Blick erstaunliche Bewertung der Verzweiflung kann begründet werden mit jenem Terminus, der unter den Bestimmungen des Hoffnungsgegenstandes wohl die Säule, das Zentrum bezeichnet. Das Gut, das erhofft wird, ist ein *bonum arduum futurum possibile adipisci*[203]. Fällt nun die Möglichkeit dieses Gutes aus, so stürzt das ganze Gebäude der Hoffnung zusammen. Was verstandesmäßig als ein Gut an sich erkannt wird, in der Zeitperspektive als zukünftig eingeordnet und als schwer erreichbar eingestuft wird, verliert jede Kraft der Motivation, wenn die einzige Verbindung, die von diesem Gut zur Person reicht, gekappt wird, nämlich die Einstufung dieses Gutes als grundsätzlich für sie erreichbar[204].

Dies ist auch der Ansatzpunkt für jenes falsche Urteil, das Thomas am Beginn, an der Wurzel der Verzweiflung aufgedeckt hat. Die Verneinung der Möglichkeit eines Gutes besagt letztlich ja nichts anderes als eine abschließende Wertung der Wirklichkeit, die die Perspektive des Urteilenden auf das Ganze hin ausweitet. Im Kontext der Hoffnung als theologaler Tugend, in der letzten und äußersten Dimension der Hoffnung, beinhaltet dieses Urteil eine Aussage über die Möglichkeit Gottes, Heil zu wirken, bindet diese Möglichkeit an Bedingungen, die der Verzweifelte in seinem Fall nicht mehr erfüllt sieht.

---

201 STh II-II 20, 3.

202 Ebd.; Isidor von Sevilla, Sent. II 14, 2: PL 83, 617.

203 STh I-II 40, 1.

204 Ebd.: »Quarto, quod illud arduum sit possibile adipisci: non enim aliquis sperat id quod omnino adipisci non potest. Et secundum hoc differt spes a desperatione«.

Für den Verzweifelten ist die Zukunft verschlossen: die Bewertung als *impossibile* macht die anderen Prädikationen des Hoffnungsgutes zunichte: Ein *bonum*, das als *futurum* erscheinen muß, weil sein Mangel die Gegenwart bestimmt, verliert jede Anziehungskraft, wenn es als unmöglich bezeichnet wird. Im Gegenüber zur Situation, in der eine Befreiung, ein Licht zwar nicht gesehen, aber als möglich erachtet wird - ohne daß bereits notwendigerweise ein Vorausleuchten die Hoffnung begründet -, behauptet die Verzweiflung: es wird, es kann kein Licht geben. Ebenso enthält die Verbindung des *bonum arduum* mit der Qualifizierung als unmöglich jenen Abschluß, der nur in die Resignation angesichts des Gutes münden kann. Ein Gut, das als so groß erscheint, daß es als unmöglich erreichbar beurteilt wird, vermag keine Kraft mehr zu aktivieren, die in einem Auslangen auf dieses Gut bestünde. So kann die desperatio hervorgehen aus einer Übersteigerung des Gutes: »ex solo superexcessu boni«[205]. Die Verzweiflung besteht so nach Thomas in einem Akt, einer aktiven Verneinung: Von daher wird die Bezeichnung als Sünde verständlicher.
Dennoch scheint die klare Beurteilung der Verzweiflung, die hier offensichtlich vorgelegt wird, ein zu einfaches Bild von dieser dunklen Möglichkeit des Menschen zu skizzieren. Um die Komplexität des Phänomens besser einzufangen und der Tatsache eher gerecht zu werden, daß die Verzweiflung in ihrer Wurzel, nämlich dem falschen Urteil, ihrerseits auf einem Grund aufruht, der nun ungleich schwerer zu durchschauen ist, muß noch einmal zurückgefragt werden: Welche Ursachen stehen hinter diesem Urteil, das in die Verzweiflung mündet?
Die Verzweiflung als willentliche und unter Zustimmung der Vernunft vollzogene Verneinung »ist nicht als Erstes und nicht auf ein Mal da«[206]. Sie erscheint in der klassischen Theologie als eine Folge jener schwer zu umschreibenden Haltung, die als *acedia* benannt wird[207]. Diese, mit »Trägheit« unzulänglich[208], mit »geistlicher Ver-

---

[205] STh I-II 40, 4 ad 2.

[206] J. Pieper, lieben, hoffen, glauben, 226.

[207] Vgl. Gregor der Große, Moralia XXI, c. 45: PL 76, 621; Thomas von Aquin, STh II-II 35, 4 ad 2; J. Pieper, lieben, hoffen, glauben, 230ff. Neuerlich her-

drossenheit«[209], mit »Überdruß«[210] besser übersetzte Grundausrichtung meint eine Traurigkeit angesichts eines geistlichen Gutes, eine Müdigkeit im Hinblick auf die Anstrengung, die dieses geistliche Gut verlangt. »Sie ist eine Art von Schwindelgefühl, das den Menschen befällt, wenn er der Höhe inne wird, zu der ihn Gott erhoben hat«[211]. Ihr Beginn verbleibt noch im Bereich des Affektes[212], sie ist noch, nach Thomas, läßliche Sünde, solange ihr die Vernunft die Gefolgschaft versagt[213].

Dieser Beginn kann in einem Bild beschrieben werden als ein Verbleiben am Wegrand, wo man die Erholung von der anstrengenden Wanderschaft für kurze Zeit genießen will, verbunden mit der Zusicherung an die Weggefährten, den verlorenen Weg rasch aufzuholen[214]. Hier wird noch keine bewußte Entscheidung gegen das Ziel des Weges manifest, doch wohnt diesem Anfang bereits die Tendenz inne, das Ziel aus dem Auge zu verlieren. Mit zunehmender Dauer läßt diese anfanghafte *acedia* den Aufschwung ersterben, der nötig wäre, die begonnene Wanderung fortzusetzen. Währenddessen verstärkt sich der Wunsch, dort zu bleiben, wo man den Weg verlassen hat, stehenzubleiben, sich einzurichten. Der Vorwand, unter dem der Weg verlassen wurde, die kurze Rast, bietet sich unter dem Gewand des Angenehmen verheißungsvoller dar, das den in die *acedia* Hinabgleitenden sanft und nahezu unbemerkt in seinen Bann zieht, aus

---

ausgestellt hat die Bedeutung der *Acedia* M. Schneider, Aus den Quellen der Wüste. Die Bedeutung der frühen Mönchsväter für eine Spiritualität heute, 89f (Literatur!); Ders., Umkehr zum neuen Leben. Wege der Versöhnung und Buße heute, 50-53. Die Beurteilung, daß Thomas diese Sünde für die größte Sünde des Menschen halte, ist allerdings nicht belegt und so nicht haltbar.

208 Diese Abgrenzung trifft J. Pieper, lieben, hoffen, glauben, 227.

209 Thomas von Aquin, Die Hoffnung, 68.

210 Deutsche Thomas-Ausgabe Bd. 17 B, 20ff.

211 J. Pieper, lieben, hoffen, glauben, 228.

212 Vgl. ebd. 229.

213 STh II-II 35, 3.

214 Vgl. A.-M. Carré, Le désespoir comme tentation et comme péché, in: La vie spirituelle 89 (1953), 451-473, 468.

dem er sich kaum mehr zu lösen vermag[215]. Dieser nahezu undurchdringliche Beginn, der die Verzweiflung hervorzurufen vermag, wird der Wirklichkeit dieser, von Thomas als gefährlich eingestuften Sünde nun um einiges besser gerecht als die Beschränkung auf den Hinweis, daß die Ursache der Verzweiflung allein in einem falschen Urteil zu suchen sei.

Es wird also offenbar, daß es sich hier um ein Ineinandergreifen von getrübter Erkenntnis und Zustimmung, von unmerklichem Einfluß und Hingabe an die vorgetäuschte angenehme Ruhe handelt, um eine Haltung, deren täuschendes Gewand sogar die Demut sein kann, sich mit einem erreichten und überschaubaren Status zu begnügen - die sich aber letztlich als »pervertierte Demut«[216] zu erkennen geben muß und zu einer Flucht gerät, einer Flucht vor der eigenen Größe und letztlich vor Gott, »weil Er den Menschen zu einem höheren, göttlichen Sein emporgestaltet und ihn also an einen höheren Maßstab des Sollens gebunden hat«[217].

Gabriel Marcels Bewertung der Verzweiflung

Dieser Verschränkung soll nun in Marcels Bemerkungen zur Verzweiflung nachgegangen werden. Versucht man einen Vergleich zu ziehen zwischen den Ausführungen, wie sie sich im Anschluß an Thomas v. Aquin ergaben und denjenigen Gabriel Marcels zum Thema der Verzweiflung, so fällt zunächst die Parallele auf, die in der Qualifizierung der Verzweiflung als *Akt* durch beide Denker besteht. Marcel versteht die Verzweiflung wie Thomas als eine Tat, eine nicht

---

[215] A.-M. Carré verweist auf eine Passage aus G. Bernanos, Journal d'un curé de campagne (hier zitiert nach der Ausgabe Paris: Plon, 1987, 135): »Le péché contre l'espérance - le plus mortel de tous, et peut-être le mieux accueilli, le plus caressé. Il faut beaucoup de temps pour le reconnaître, et la tristesse qui l'annonce, le précède, est si douce! C'est le plus riche des élixirs du démon, son ambroisie«.

[216] J. Pieper, lieben, hoffen, glauben, 229; vgl. auch G. Bernanos: »Quelle chrétienté rampante! Le monde regorge d'humilité, mais d'une humilité pervertie, dégradée, qui n'est plus qu'une forme de la lâcheté d'esprit et de coeur«; zitiert bei H. U. v. Balthasar, Der Christ und die Angst, Einsiedeln, 1951, 47; vgl. dazu auch die Erläuterungen v. Balthasars, ebd., 45-49.

[217] J. Pieper, lieben, hoffen, glauben, 229.

in der Gestalt des Verhängnisses über den Menschen hereinbrechende Wirklichkeit, sondern etwas, dessen Ursache im Menschen gesucht werden muß, wobei die Parallelen über die äußere Benennung als Akt hinaus auch die Strukturbeschreibung dieses Aktes betreffen[218].
Thomas hatte an der Wurzel der Verzweiflung ein falsches Urteil aufgedeckt. Dieses falsche Urteil richtete sich auf den Erlösungswillen Gottes bzw. seine Möglichkeit, im Einzelfall die Erlösung zu wirken. Bei Marcel steht am Beginn der Verzweiflung als ihre direkte Ursache ebenso ein falsches Urteil, genauer, eine *Bilanz* [219]. Diese Bilanz läßt sich in die Worte fassen: ich entdecke in der Wirklichkeit nichts, was der Auflösung widersteht, die am Grund der Dinge aufscheint; nichts, aufgrund dessen ich der Wirklichkeit Kredit einräumen könnte - die Wirklichkeit kann mir keinerlei Garantie geben[220].
Im Unterschied zu Thomas zielt dieses Urteil nicht auf die Wirklichkeit Gottes, zumindest taucht diese Formulierung bei Marcel nicht explizit auf[221]. Insofern aber durch eine solche Bilanz die Wirklichkeit verschlossen wird, ihr die mögliche Offenheit auf das Sein hin nicht zuerkannt wird, erscheint in der Konsequenz ein ähnliches Bild wie bei Thomas. Es kann in der Wirklichkeit nichts geben, was über das Sichtbare hinaus angenommen werden müßte und für mich als *Heil* erfahrbar werden könnte.
Ein weiteres ergibt sich aus dem Vergleich mit den thomanischen Aussagen. Wird bei Thomas das *Urteil* als wesentlicher Bestandteil

---

218 Dort, wo Marcel von der Verzweiflung spricht, taucht dieser Aktcharakter immer auf; vgl. HV 49/ HVd 40/ MWA I 125; PosApp 68/ MWA I 72; StructEsp 48f; désespérer wird hier als »se défaire« bezeichnet. S. Foelz, Gewißheit im Suchen, 376 zitiert hierzu aus Marcels Schauspiel *Das Ende der Zeiten* (in: Le secret est dans les îles, 298; dt.: Schauspiele Bd. II 356f): »Verzweifeln, das ist, wie wenn man vor dem Erstickungstod alle Ritzen verstopft, damit keine Luft durchkommt. Es ist ein aktives Tun, eine Sünde«.

219 PosApp 68/ MWA I 72.

220 Vgl. ebd.

221 In einem anderen Zusammenhang macht Marcel jedoch darauf aufmerksam, daß ein solches Urteil über Gott in der Tat auch zur Verzweiflung führen könnte: Der Frageansatz der Theodizee ist grundlegend verfehlt: Ich würde an Gott glauben, kann es aber nicht, weil gewisse Bedingungen in der Welt seine Existenz als unstimmig erscheinen lassen. Vgl. EPC 260-271/ SchTr 167-173.

jeglichen Aktes, seiner Struktur notwendigerweise zugehörig benannt, so daß die Wurzel eines guten Aktes wesensmäßig in einem richtigen, diejenige eines schlechten Aktes in einem falschen Urteil zu finden ist, so errichtet Marcel eine andere Unterscheidung: Für ihn stellt sich weniger die Alternative eines richtigen oder falschen Urteils, vielmehr steht die Haltung, aus der heraus das Urteil gefällt wird, jener anderen gegenüber, die um die Unmöglichkeit eines Urteilens weiß. Ein Urteil setzt immer den Gegenüberstand des urteilenden Subjektes zum Gegenstand des Urteils voraus: Gerade diese Gegenüberstellung hält Marcel im Hinblick auf die Wirklichkeit als ganze für eine philosophische Unmöglichkeit, da das Subjekt als existierendes, als inkarniert existierendes, sich nie auf einen Ort außerhalb der Wirklichkeit stellen kann, von dem aus diese beurteilt werden könnte. Es wird der Wirklichkeit vielmehr nur dann gerecht, wenn es sich in einer Teilhabe, in einer dyadischen Bezogenheit zu dieser Wirklichkeit stehend weiß, die selbst nicht objektivierbar ist und ihrerseits kein objektives Urteil erlaubt. So ist es nicht in erster Linie die *negative* Bilanz, die im Sinne eines objektiv falschen Urteils an der Wirklichkeit verzweifeln läßt, sondern an der Wurzel der Verzweiflung steht die Tatsache, daß ein solches Urteil gefällt wird[222].

Denkt man die Grundunterscheidung Marcels weiter, die eine verobjektivierende Erkenntnis von jener trennt, die aus der Teilhabe hervorgeht, dann wird man erkennen, daß eine Bilanz, wie Marcel sie im

---

222 Nach P. Ricoeur macht ein Zweifaches die Verzweiflung in ihrer Bewertung durch Marcel aus: Eine Bilanz der Welt an sich, die negativ wäre, würde noch nicht zur Verzweiflung führen, wenn der »Spectateur« sich innerlich von der Welt distanziert. Erst wenn diese Bilanz sich mit dem Bewußtsein von der Betroffenheit der eigenen Existenz durch diese negative Bilanz verbindet, führt diese zur Verzweiflung. Es stellt sich hier jenseits des beobachtenden Gegenüberstandes zur Welt wieder eine Art der Teilhabe an der Welt ein, die nun aber eine pervertierte Teilhabe ist: nicht die der inkarnierten Existenz, sondern ein Bewußtsein, an diese Welt gefesselt zu sein, in sie gegen den eigenen Willen hineingebunden und mit ihr verurteilt zu sein. »Le désespoir est une sorte de va-et-vient entre une évaluation négative de la vie et une prétendue constatation de spectateur pur. C'est la désincarnation idéale qui permet un bilan négatif de l'être, mais c'est le sens diffus d'exister charnellement qui, au contact de la mort, fait cristalliser en désespoir ce constat absurde« (Gabriel Marcel et Karl Jaspers, 120).

Auge hat, letztlich immer negativ sein muß: die Wirklichkeit, die als ganze einem Urteil unterzogen wird, enthält keinen Überschuß; die Struktur des Urteils selbst ist von der Art, daß es einen Überschuß nicht geben kann. Für den Verzweifelten gibt es nichts, was seinem vermeintlich klaren Blick entgeht[223]; die Verzweiflung erscheint selbst als eine Klarsichtigkeit, die sich über die Wirklichkeit nun nicht mehr zu betrügen gewillt ist. Nicht die Verdunklung des Geistes, sondern gerade seine Schärfe geht begleitend mit der Verzweiflung einher. Augustinus zitierend weist Marcel darauf hin, daß in einem solchen Abschluß der Wirklichkeit der Keim der Verzweiflung liegt: »Alles, was ein Ende hat, ist zu kurz«[224]; alles, was eine Grenze hat, taugt nicht zu einem Grund der Hoffnung, deren Anfang darin besteht, der Wirklichkeit Kredit einzuräumen, von der Wirklichkeit etwas zu erwarten, was den Augenschein des Urteils übersteigt. Letztlich ist die Wirklichkeit nur dann der Hoffnung geöffnet, wenn sie als Ganze wesentlich unbewahrheitbar ist. Der Verzweifelte setzt eine Grenze, für ihn ist die Zeit abgeschlossen, »pour le désespéré, le temps ne coule plus«[225]; die Verzweiflung schlägt eine Tür zu[226].

Welche Konsequenzen hat nun dieses die Verzweiflung begründende Urteil, welche Gestalt der Verzweiflungsakt? Die Verzweiflung besteht in der Kapitulation vor einer derart als abgeschlossen beurteilten Wirklichkeit, vor einem Fatum[227]. Eine Situation, die offensichtlich dazu angetan ist, mich zu zerstören - Marcel nennt die unheilbare Krankheit als eine solche Situation - wird als endgültig aufgefaßt[228], als Situation ohne Ausgang, ohne Ausweg[229]. Zutiefst besteht nun die Verzweiflung in einer Vorwegnahme dieser Zerstörung, die sich auf mich richtet und gewinnt so ihre eigentliche Gestalt als Selbstzerstö-

---

223 Vgl. PrésImm 181/ GegUnst 285/ MWA I 214.

224 EA I 127/ SH 110/ MWA II 217.

225 StructEsp 51.

226 Vgl. Paschasius Radbert, De fide, spe et caritate 2,6; zitiert bei J. Pieper, lieben, hoffen, glauben, 226.

227 HV 49/ HVd 40/ MWA I 125.

228 Vgl. HV 50/ HVd 40f/ MWA I 125.

229 Vgl. StructEsp 49.

rung. Verzweifeln, »c'est essentiellement se défaire en présence de...«[230]; es ist der Verzicht auf den Spielraum zum Widerspruch, der in jeglicher Situation besteht[231], die Verweigerung des inneren Aufschwungs, »ohne den ein Mensch aufhört, ein Mensch zu sein«[232].

In der Verzweiflung »spreche ich selbst über mein eigenes Schicksal das Urteil«[233], gebe mich selbst auf, lasse mich blenden von der Idee meiner eigenen Zerstörung[234]. So stellt sich die Verzweiflung zunächst als Selbstaufgabe dar, ich verzichte darauf, ich selbst zu bleiben, gebe mich meiner durch die Situation scheinbar nahegelegten Auflösung anheim. »Se défaire, c'est perdre sa cohésion ou sa consistance intérieure«[235]. Die Verzweiflung verneint die Wirklichkeit meiner selbst, insofern diese jeder Situation transzendent ist, die mich in die Auflösung reißen will[236].

Die Verzweiflung: durch die Welt nahegelegt

Auch für Gabriel Marcel ist in einem weiteren Schritt zu fragen, welche Ursachen hinter dem Akt des abschließenden negativen Urteils über die Wirklichkeit liegen, der das Fundament der Verzweiflung

---

230 StructEsp 48.

231 Vgl. HV 50/ HVd 41/ MWA I 126.

232 StructEsp 49.

233 HV 50/ HVd 40f/ MWA I 125.

234 HV 51/ HVd 41/ MWA I 126.

235 StructEsp 49.

236 Marcel erkennt die Anklänge einer solchen Formulierung an den Stoizismus und weist darauf hin, daß allein hier die Größe des Stoizismus als *Haltung* begründet sei (HV 51/ HVd 42/ MWA I 126; vgl. HcH 20/ ErM (2) 22). Er erkennt jedoch auch die Grenze dieses Stoizismus darin, daß er von dieser Selbstbewahrung auf der Basis einer *autarkia* spricht, die Marcel nicht nachvollziehen kann. Für ihn muß - was weiter unten noch ausgeführt wird - die Selbstbewahrung, die der Verzweiflung widersteht, in der interpersonalen Wirklichkeit verankert sein, denn in seiner Tendenz neigt der Stoiker auch zu jener Einsamkeit, die ihrerseits ja auch eine Verschlossenheit gegenüber der Wirklichkeit zum Ausdruck bringt. Die Verzweiflung aber ist letztlich dekkungsgleich mit der Einsamkeit, vgl. StructEsp 51; PrésImm 123/ GegUnst 192/ MWA II 336.

bildet. In verschiedener Hinsicht scheint die Struktur der Welt, wie sie sich dem Menschen darbietet, selbst die Verzweiflung nahezulegen[237]. »Ständig vollziehen sich Ereignisse, möchte man sagen, die uns nahelegen, uns in der Verzweiflung zu vergraben«[238]. Damit sind unter Umständen alltägliche Erscheinungen gemeint; das Schauspiel beinahe endloser Wiederholung, das weite Teile des Lebens bestimmt, gehört zu diesem Phänomen. In letzter Hinsicht ist es der Tod, der als jener Punkt, auf den alles zuzustreben scheint und der die endgültige Auflösung bedeutet, der Wirklichkeit das Siegel der Verzweiflung aufprägen will. »C'est toujours en présence de la mort que notre être risque de se défaire«[239]. Angesichts des Todes scheint demjenigen, der ein Urteil über die Wirklichkeit fällt, jede andere Haltung als die Verzweiflung unangemessen. Die Begrenzung, die Umfassung der Wirklichkeit, die er in seinem Urteil vornimmt, erhält von dieser tatsächlich bestehenden Grenze her scheinbar jede Rechtfertigung. Die Vorwegnahme der Auflösung, die als Merkmal der Verzweiflung beschrieben worden war, erhält hier ihre Begründung; die Haltung, die im Gefolge Thomas v. Aquins als *acedia* beschrieben worden war, wird nahegelegt durch eine Welt, in der die Grenze jeden Tuns, scheinbar jeder Hoffnung, unabänderlich im Tod, auf den alles zuläuft, festgeschrieben ist.

L'âge du désespoir

Die bisherige Betrachtung ging weitgehend von einer Verzweiflung aus, die den einzelnen Menschen betrifft; das war nicht zuletzt deswegen von Bedeutung, um den Aktcharakter der Hoffnung deutlich werden zu lassen. Wird die Wurzel der Verzweiflung in einem Urteil oder auch in einer Bilanz gesehen, wird ferner eine Verantwortlichkeit des einzelnen für dieses Urteil vorausgesetzt, so ist in letzter Instanz der einzelne derjenige Ort, an dem Verzweiflung in Erscheinung tritt.

---

237 Vgl. PosApp 66/ MWA I 71; PosApp 69/ MWA I 73.
238 EA I 118/ SH 103/ MWA II 212.
239 StructEsp 48.

Bereits im Blick auf die *acedia* als den Wurzelboden der Hoffnung hat sich aber der Kontext schon geweitet. Es wurde deutlich, daß am Anfang eines Hinabgleitens in die Verzweiflung nicht der klar urteilende Verstand in seiner Selbständigkeit steht, sondern daß es sich hier um eine Wirklichkeit handelt, die weitgehend bestimmt ist von einer anderen Kraft, die mich dazu anhält, zu resignieren und die mir in ihrer Herkunft und Wirkung weitgehend entzogen ist. Die Plausibilität der die Verzweiflung nahelegenden Weltsicht gehört zu diesem Kontext der Verzweiflung, der über das einzelne Subjekt hinausreicht. Zur Frage gewendet, bedeutet dies: Kann von einer geschichtlichen Stunde, von einer Gesellschaft mehr als von einer anderen gesagt werden, sie gebe den Rahmen ab für die Verzweiflung, verleite zur Resignation? An welchen Merkmalen wird ablesbar, daß eine Zeit die Verzweiflung nahelegt? Die Frage nach der Verzweiflung gerät nun in den Blick als eine solche nach den Bedingungen, die sie in einer bestimmten *Zeit* ermöglichen und wird so zu einem Bestandteil einer gesellschaftskritischen Analyse, trägt dazu bei, die geschichtliche Situation bis auf den Grund zu durchleuchten.

Marcel beantwortet die Frage nach der Gestalt unseres Zeitalters im Jahr 1933 mit der Feststellung, daß wir offensichtlich in das Zeitalter der Verzweiflung eingetreten seien: Es könnte scheinen, »als seien wir heute geradezu ins Zeitalter der Verzweiflung eingetreten«[240]. Der Hauptfaktor, aufgrund dessen die Zeit als eine solche der Verzweiflung bezeichnet werden kann, ist der Tod, »das Schauspiel des Todes, das diese Welt uns vorführt«[241]. Gehört der Tod auch als jeder geschichtlichen Situation gleichermaßen auferlegtes Geschick nicht einem besonderen Zeitalter als sein eigenes Merkmal an, so ist doch die Macht, die ihm eingeräumt wird, zu jeder Zeit eine andere. Es kann sogar gesagt werden, daß der Tod bzw. die Macht, die ihm eingeräumt wird, den Schlüssel zum Verständnis der Zeit bietet und die Frage nach den Gründen, die eine Gesellschaft für ihre Haltung

---

240 PosApp 72/ MWA I 75: »il peut sembler que nous soyons entrés dans l'âge du désespoir«.

241 PosApp 66/ MWA I 71: »le spectacle de mort que ce monde nous propose«.

dem Tod gegenüber besitzt, die tiefsten Strukturen dieser Gesellschaft offenlegt.
Zwei miteinander verwandte Merkmale, die Marcel benennt, verdeutlichen das Gemeinte: Nur unter der Bedingung erhält der Tod seine letzte auflösende Macht, daß er als die Grenze jedes menschlichen Tuns, jeder menschlichen Existenz verstanden wird. Die Lage des Menschen ist erbarmungswürdig »von dem Augenblick an, wo der Horizont nicht mehr über die Grenzen der irdischen Existenz hinausreicht«[242]. Die »Reduzierung des Lebens auf das unmittelbar Gelebte«, eine düstere Variante des antiken *»carpe diem«* ist die Folge[243]. Eine solche Welt ist der Ermüdung ausgeliefert. Marcels Sprache nimmt an dieser Stelle seiner Ausführungen einen beschwörenden Ton an: Eine solche Welt leide an einer Not, »die so tief ist, daß sie sich selbst nicht mehr als eine solche erkennt. Gleichzeitig aber - und das ist das Schrecklichste - zielt ein parasitäres Denken darauf ab, der Welt die trügerischsten Rechtfertigungen zu geben«[244]. Diese Rechtfertigungen erscheinen nun unter einer zweifachen Gestalt, deren beide Elemente eng miteinander verwandt sind. Dies ist einerseits die Idee der *Funktion*, anderseits die Welt der *Technik*, die Welt des *Problematischen*. Zu Beginn seines Essays *Position et approches concrètes du mystère ontologique* beschreibt Marcel die Welt als eine solche, in der die Idee der Funktion übermächtig geworden sei[245]. Der Mensch wird nur noch betrachtet als ein Bündel von Funktionen, die von ihm ausgeübt werden. Seine Existenz ist verrechenbar, sie kann vollständig in ein System von Zwecken eingeordnet werden. Mit der Verringerung der Fähigkeit eines Menschen, seine Funktionen zu erfüllen, verliert dieser an Bedeutung, sein Ort in der Gesellschaft wird in zunehmendem Maße gleichgültiger. Der Tod schließlich erscheint in dieser Sicht als der Punkt, an dem alle Funktionen zum Erliegen kommen müssen und der damit die Existenz der Bedeutungslosigkeit überantwortet.

---

242 HcH 138/ ErM (2) 147.

243 HcH 137/ ErM (2) 146.

244 HcH 139/ ErM (2) 148.

245 Vgl. PosApp 46ff/ MWA I 60ff.

Eine solche Bedrohung durch die letzte Bedeutungslosigkeit, in die jedes Leben versinken wird, überschattet die ganze Welt, die von der Idee der Funktion beherrscht wird. Die so verfaßte Welt mündet in die Verzweiflung. Die Verrechenbarkeit der Existenz in ihre Funktionen besagt im Grunde, daß nichts an ihr bleibt, nichts an ihr der Auflösung standhält. Diese Welt ist leer, sie klingt hohl[246]. Sie ist in ihrer Überschaubarkeit genau von jener Plausibilität, die die *Acedia*, die Resignation, den Überdruß hervorruft. Keine Mühe, kein Einsatz scheint dort von Nutzen, von Bedeutung, wo die Grenze allen Tuns mit dem Tod ständig vor Augen steht. Die Vernichtung jeder Existenz tritt derart in den Blick, daß die Tendenz zur Verzweiflung sich dem Menschen aufnötigt.

Die zweite Bestimmung, mit der Marcel die Welt kennzeichnet und die ebenfalls in ihren Auswirkungen auf die Verzweiflung betrachtet wird, bezeichnet die Welt als die Welt des Problematischen. Die Welt, die weitgehend als ein in Probleme zerlegbares Ganzes betrachtet wird, wird beherrscht von den Techniken, die diesen Problemen zugeordnet sind. Der Bereich dieser Techniken hat sich im Laufe der Zeit immer mehr ausgeweitet, so daß die ganze Welt nicht anders betrachtet wird, denn als der Technik zugänglich, durch sie gestaltbar und lösbar. Die Verzweiflung, so Marcel, bestehe nun darin, die letzte Unwirksamkeit der Techniken zu erkennen, ohne aber gleichzeitig in der Lage zu sein, sich dorthin zu erheben »wo alle Technik als unvereinbar mit den Grund-Wesenszügen des Seins erkannt würde, des Seins, das dem Wesen nach unserem Zugriff entgeht«[247].

Das Bewußtsein von der Grenze des technischen Handelns, die jene Welt umschreibt, auf die wir einen Zugriff haben, und das Wissen darum, daß eine letzte Lösung, die diese umgreifbare (dem Haben vrefügbare) Welt unendlich transzendieren müßte, von der Technik nicht erwartet werden kann, werden dann unweigerlich zu einer Aufforderung zur Verzweiflung; dies in umso stärkerem Maße, als die Techniken zum alles prägenden Moment einer Gesellschaft geworden sind und vorgeben, auch für jene Bereiche zuständig zu sein, die ih-

---

[246] Vgl. PosApp 49/ MWA I 61.

[247] PosApp 72/ MWA I 75.

nen wesensmäßig entzogen sind. Eine fortschreitende Ausweitung der Technik sowie ein Optimismus, der sich für die Lösung der großen Menschheitsprobleme auf den technischen Fortschritt beruft, tragen für Marcel den Keim der Verzweiflung in sich, führen den Menschen dazu, jeden Aufschwung, der über diesen greifbaren Bereich hinausgeht, aufzugeben und die Frage nach dem schlechthin Möglichen zu reduzieren auf die Frage nach dem technisch Möglichen. Die Verwandtschaft zwischen dem technischen Fortschrittsoptimismus und einer in die Verzweiflung führenden Philosophie kann auch die Unterscheidung deutlich werden lassen, die Marcel zwischen (technischem) Optimismus und Hoffnung erkennt, denn in beiden Fällen waltet eine Distanz zwischen dem Beobachter der Welt, seinem Urteil, und der Welt mit ihren - das Technische übersteigenden - Möglichkeiten, die der Fortschrittsoptimist letztlich nicht wahrnehmen kann[248]. Dort, wo die Frage nach dem Menschen, nach seinem Vermögen, nicht weiter reicht als die Frage nach seinen technischen Möglichkeiten, geht der Grund der Hoffnung, die Ausrichtung auf ein nicht in seiner Macht stehendes, geschenktes Gut verloren. »Auf die Frage 'Was vermag der Mensch?' antworten wir immer noch: 'Der Mensch kann das, was seine Technik kann'; aber gleichzeitig müssen wir anerkennen, daß diese Technik sich als unfähig erweist, *den Menschen vor sich selbst zu retten,* und sich sogar geneigt zeigt, mit dem Feinde in seinem Innern die furchtbarsten Bündnisse zu schließen«[249].

Der Triumph der Verzweiflung: der Selbstmord

Die Darstellung der Überlegungen Marcels, welche die Verzweiflung betreffen, erhält einen neuen bzw. verstärkenden Akzent, wenn man den Blick auf die Äußerungen wirft, die sich in Marcels Werk zum Thema Selbstmord finden. Der Zusammenhang von Selbstmord und Verzweiflung leuchtet ohne weiteres ein: Dort, wo eine negative Bilanz aus dem Leben gezogen wurde, das Leben als solches und auf Dauer hin nichts mehr versprechen kann, ist der Rückzug vom Leben

---

[248] Vgl. PosApp 73/ MWA I 75; Cérisy 250.

[249] PosApp 72/ MWA I 75.

eine Konsequenz, die im Gefälle der Verzweiflung selbst liegt[250]. Dieser Akt des Rückzugs vom Leben, der im Selbstmord endgültig und unwiderruflich vollzogen wird, beleuchtet seinerseits noch einmal die Verzweiflung aus jener Perspektive, die im Selbstmord zum Tragen kommt: in der Verzweiflung steht das Verhältnis zwischen mir und meinem Leben in Frage, ferner die Art meines Eingefügtseins in diese Welt, die dann noch konkreter ins Auge gefaßt werden muß als die Gestalt der Beziehungen, die mich mit den Menschen verbinden. Auch diese Relationen werden durch den Selbstmord zerrissen; dabei scheint eine solche Loslösung genau das zu sein, was im Selbstmord angestrebt ist.

In einem Vortrag aus dem Jahr 1937[251] beschreibt Marcel jene Auffassung vom eigenen Leben, in der ich mich von ihm gleichsam zurückgezogen habe, um es zu betrachten als eine Folge von Losziehungen[252], als etwas, das mir von außen zukommt, das mir gegenübersteht, das abläuft, ohne mich eigentlich einzubeziehen, das letztlich auf mich keine Rücksicht nimmt. Von einer solchen Sicht des Lebens aus, die verwandt ist mit der an der Wurzel der Verzweiflung aufgedeckten Bilanz, erscheint der Selbstmord als eine letzte Tat der Freiheit, die jenes Todesurteil, das vom Beginn meiner Existenz an ihren Endpunkt, den Endpunkt jener Folge von Losziehungen markiert, von eigener Hand zu unterzeichnen und zu datieren sich vorbehält[253]. Die Ziehung einer Bilanz aus dem Leben, die Auffassung, ich könne mein Leben in seiner Ganzheit beurteilen und bewerten nach einem Maßstab, der ein vorgestellter, idealer Maßstab ist, legt den Grund zum Selbstmord. Wenn in diesem so beurteilten Leben gewisse Bedingungen nicht erfüllt sind, eine gewisse Fülle verweigert scheint, erkenne ich mir das Recht zu, mich aus dem Verzeichnis der Lebenden zu streichen; das Schauspiel, das sich *vor mir*, wirklich von außen betrachtet, abspielt, und welches mein Leben ist, verliert seine

---

[250] Vgl. zum Zusammenhang von Selbstmord und Verzweiflung EA 115/ SH 100/ MWA II 210.

[251] Das Transzendente als Metaproblematik: EPC 210-219/ SchTr 136-141.

[252] EPC 210/ SchTr 136.

[253] Vgl. ebd.

Rechtfertigung[254]. Mein Leben, mein Leib werden in dieser Hinsicht wie eine Sache behandelt, der ich mich entledigen kann, wenn sie mir unbrauchbar erscheint[255]. In dieser Loslösung, der Gegenüberstellung zum eigenen Leben, die jene dyadische Relation, jene dialogisch zu nennende Selbstbezogenheit verleugnet, in der ich mir allein gerecht werden kann, liegt die wesentliche Voraussetzung für den Selbstmord, verstanden als in einer Linie stehend mit der bilanzierenden Verzweiflung. Diese Bilanz erstreckt sich hier nicht nur auf die äußere Wirklichkeit, sondern schließt ebenso das eigene Leben ein[256].

Wird das Leben, das eigene Leben wie eine Sache betrachtet, über die mir allein die Verfügungsgewalt zusteht, so ergibt sich eine weitere Möglichkeit, die Haltung zu beschreiben, die in den Selbstmord ausmündet. Das Leben ist für den, der sich das Recht zuspricht, es auszulöschen, im engsten Sinne des Wortes ein *Absolutum*[257], also etwas, das in keinerlei Beziehung zu etwas anderem steht; das aus der Welt herausgenommen werden kann, da es innerlich nicht mit ihr verbunden ist. Aus dem Stehen in der Welt wird dieser noch kein bindender, verpflichtender Charakter zuerkannt: Nichts hat das Recht, mein Leben, meine Existenz zu beanspruchen, weil diese durch nichts wesentlich in die Welt hineingebunden ist. Eine Verantwortung für mein Leben gegenüber der Welt, die mich verpflichten würde, es in dieser Welt zu bewahren, gibt es nicht.

Eine letzte Zuspitzung ist dann gegeben, wenn die interpersonale Wirklichkeit daraufhin betrachtet wird, wie sie von einer Tat wie dem Selbstmord betroffen ist. Derjenige, der das Band zerreißt, das ihn mit der Welt verbindet, genauer, der sich dem Anruf verweigert, in einer dyadischen Bezogenheit in der Welt zu stehen, löscht auch jede

---

[254] Vgl. EA I 114/ SH 100/ MWA II 210.

[255] Vgl. EA I 196/ SH 167/ MWA I 88.

[256] Es liegt aber in der Konsequenz des menschlichen Seins, daß eine solche Stellungnahme, die das Band zwischen mir und meinem Leben zerreißt, möglich sein muß. Die dyadische Bezogenheit ist wie im interpersonalen Bereich so auch hier keine notwendige, sondern hat die Gestalt eines Anrufs; vgl. SagTra 67/ TraWei 58.

[257] EA I 114/ SH 99/ MWA II 209.

Gemeinschaft mit anderen Wesen aus[258]. Die gewählte Unabhängigkeit von jedem menschlichen Band, von jeder einem anderen Wesen gegenüber eingegangenen Verpflichtung, die auf den ersten Blick als Manifestation der Freiheit erscheinen kann, zeigt sich hier in einer großen Nähe zur Verzweiflung, ja zum Selbstmord. Der Selbstmörder erkennt sich diese Unabhängigkeit zu, verneint dadurch das Bestehen einer wirklichen dyadischen Bezogenheit der Wesen untereinander, entzieht sich jeder an ihn herantretenden Verpflichtung, die aber nicht als auferlegtes Gebot verstanden werden müßte, sondern als Anruf, der mit der Teilhabe an anderem menschlichen Sein, als dem Mitsein inhärent angenommen werden müßte.

So zeigt sich in der Phänomenologie jener Haltung, die zur Verzweiflung und über sie zum Selbstmord führt, das Unverfügbarsein als wesentlicher Charakterzug. Der Mensch, der in der so verstandenen Unabhängigkeit und Freiheit steht, die als ihre äußerste Möglichkeit die Selbstauslöschung ansieht, ist ein unverfügbarer Mensch: dem Mitsein verschlossen, erkennt er sich selbst in der Autarkie die einzige Verfügungsgewalt über sich selbst zu.

Die verfügbare Seele (l'âme disponible) ist vor der Gefahr und der Versuchung der Verzweiflung wie des Selbstmordes gefeit: der höchste Gebrauch, den sie von ihrer Freiheit macht, besteht darin, anzuerkennen, daß sie sich selbst nicht gehört[259], daß sie eingefügt ist in einen unobjektivierbaren Zusammenhang mit anderen Wesen, den sie um des Seins willen nicht verlassen kann. Das Höchstmaß von Verfügbarsein führt zur äußersten Freiheit, zur Unbegrenztheit des Seins, zu einer Fülle des Lebens. Das Unverfügbarsein, das sich als Freiheit versteht, führt zum Selbstmord, ist der vorweggenommene Selbstmord. In dem Abschluß von der Welt, in den Stufen: Rückzug von der Welt, Rückzug vom Interpersonalen, Rückzug von sich selbst, wird die Sinnlosigkeit der Existenz bewußt: der Mensch sieht, beurteilt, daß er aus der Existenz verschwinden kann, ohne daß irgendetwas sich ändert: gleichviel, ob ich bin oder nicht: die Welt läuft auf ihr Ende zu.

---

[258] Vgl. EPC 212f/ SchTr 137.

[259] PosApp 87/ MWA I 84; vgl. EA I 155/ SH 134/ MWA II 234.

Zwei Differenzierungen sind an dem bisher gezeichneten Bild noch anzufügen.

1) Der Selbstmord wird von Marcel weitgehend in einer monokausalen Weise gefaßt als die Tat dessen, der sich von der Welt abschließt, der sich unverfügbar macht. Es muß aber darauf hingewiesen werden, daß auch hier ein Wechselverhältnis vorliegt. Marcels Urteil über die Gesellschaft, in der jene Ideen herrschen, die dem Menschen die »Bilanz« nahelegen, die an ihrem Ende negativ ist, die dem Menschen suggerieren, er gehe in seiner Funktion auf, anstatt sie zu übersteigen, verbietet es, die Schuldfrage hinsichtlich des Selbstmordes zu beantworten, indem man die Verantwortung für sein Tun dem Selbstmörder selbst ganz aufbürdet. Vielmehr kann auch ein Mensch dazu gebracht werden, sich dem Eindruck anzuschließen, der ihm von allen Seiten nahegelegt wird: als Funktionsträger sei er ersetzbar; letztlich: Er werde nicht geliebt in einem Sinne, der alles Funktionale hinter sich läßt. Der im Unverfügbarsein Verschlossene kann auch der in die Einsamkeit Geworfene sein.

2) Die äußere Nähe, die das *Opfer* zum Selbstmord hat, erfordert eine wesentliche Unterscheidung: Während der Selbstmord auf dem Unverfügbarsein aufruht, ist das Opfer Ausdruck einer Haltung des Verfügbarseins: Der, der sein Leben hingibt, stellt sein Sein über sein Leben, d.h. er ist bereit, die äußerste Konsequenz dessen zu tragen, was er als den Anruf des Seins in den konkreten Formen der Treue oder des Verfügbarseins, letztlich des Mitseins angenommen hat. Er weiß, daß sein Sein nicht mit seinem Leben in eins fällt. Die Bereitschaft dazu ist nur möglich für den, der hofft, d.h. der in der Hingabe seines Lebens wider allen Anschein die Offenbarung des Seins erwartet[260].

Die beiden Weisen des Weltverhältnisses, die beide als Loslösung umschrieben wurden, sind hier in Erinnerung zu bringen. Die Loslösung nach innen, in die Bezogenheit, in die Treue, die Hoffnung, das Leben hinein, um es nach innen - letztlich auf das Sein hin - zu transzendieren, ist radikal verschieden von der Loslösung nach außen hin, auf die Gegenüberstellung zur Welt zu. Marcel nennt diese beiden

---

260 Vgl. EPC 121/ SchTr 80/ MWA III 68.

Weisen der Loslösung diejenige des Heiligen und diejenige des Zuschauers[261].

V. Der Zukunftsbezug der Hoffnung - prophetische Hoffnung

In den bisherigen Überlegungen kam die Hoffnung zur Sprache im Sinne der Abgrenzung: gegenüber den existentiellen Situationen der Gefangenschaft und der Verbannung als Hoffnung auf Befreiung; auf dem Hintergrund der Bewertung der Größe »Erfahrung«; mit dem Blick auf die Verzweiflung als die ihr eigentlich entgegenstehende Wirklichkeit.

Die Betrachtung der Hoffnung hat sich nun ihrer eigentlichen Dimension zuzuwenden. Allgemein erscheint diese als die Dimension der Zukunft. In zunehmender Konkretisierung muß die Zukunft dann befragt, gedeutet werden im Hinblick auf ihre von der Hoffnung zu ergreifenden Inhalte. Auf welche Gestalt der Zukunft geht die Hoffnung aus? Wie vermag sie diese Inhalte zu ergreifen? Was bewirkt die Hoffnung?

Daß die Fragen nach dem Gegenstand der Hoffnung und nach der Zukunft nicht im Sinne einer abschließenden Auskunft beantwortet werden können, hängt mit dem erkenntnistheoretischen Einfluß der Hoffnung zusammen. Durch diesen wird der Gang durch die angedeuteten Dimensionen der Zukunft bestimmt. Es kann sich hierbei nicht um ein System handeln, um einen Schlüssel, mit dem die Zukunft in eine greifbare Gestalt gebracht werden könnte. Marcels Denken verweigert sich besonders auf dem Gebiet der Hoffnung, beim Fragen nach der Zukunft, jeder Systematisierung[262]. Es muß festgehalten

---

[261] EA I 22/ SH 21f/ MWA II 163f.

[262] Obwohl die Frage nach der Zeit zum Wesentlichen seines Denkens gehört (vgl. EnChem 72), hat Marcel nie eine »Philosophie der Zeit« entwickelt. Aus den wenigen Bemerkungen und Skizzen läßt sich daher sicher kein System einer Zeit- und Geschichtsphilosophie konstruieren; es lassen sich jedoch einige Tendenzen aufzeigen. Dies hat J. Parain-Vial, Gabriel Marcel, un veilleur et un éveilleur, 145ff versucht. Dabei erscheinen Parallelen zum Denken Augu-

werden, daß Marcel bei allen Versuchen, in der Hoffnung die Zukunft vorwegzunehmen, sich niemals auf den Boden derjenigen Vermessenheit begibt, die eine solche hoffende Vorwegnahme umwandeln würde in eine, die ein *Wissen* um die Zukunft zu besitzen glaubt[263].

So richtet sich in dem skizzierten Gedankengang das Augenmerk zunächst auf den formalen Aspekt des Verhältnisses von Hoffnung und Zukunft. Wie, so kann eingangs gefragt werden, ist ein Verhältnis zur Zukunft denkbar, wenn diese Zukunft nicht als Gegebenes aufgefaßt werden soll und sie durch die Größe »Freiheit« bestimmt bleibt? Ist eine Unterscheidung möglich von den verschiedenen Formen der Zukunftswissenschaft, der Prognostik, die als Akt der Erkenntnis sich auszeitigt in die alternativen Haltungen des (auf technischen Fortschritt aufbauenden) Optimismus und des Pessimismus, der die wahrnehmbaren Linien zu einem katastrophischen Ende hin auszieht? Marcel spricht - damit ist der Kern dieses Abschnittes angesprochen, vom prophetischen Charakter der Hoffnung. Welche Eigenschaften weisen diese prophetische Vorwegnahme, dieses prophetische Anrühren der Zukunft gegenüber der Prognostik aus?

---

stins.

263 Von dieser Warte aus ergibt sich eine deutliche Differenz zu E. Bloch, dessen Konzept der Antizipation im Grunde darauf aus ist, der Hoffnung wissend einen Inhalt zu geben, die Hoffnung als *docta spes* die Tendenzen im Prozeß von Materie, Welt und Mensch kennen zu lassen. Antizipation wäre so ein auslangendes Überschreiten, indem sie die Tendenzen kennt, die in der Materie angelegt sind und dem Prozeß folgt, in dem diese Tendenzen in Erscheinung treten. Antizipation steht an der Front des Prozesses und greift in der Prozeßrichtung über diesen hinaus, treibt ihn im Entwerfen dieses Zieles voran und kann allein so auf wirklich Neues im Sinne Blochs ausgehen (vgl. E. Bloch, Das Prinzip Hoffnung, 2). Damit wird aber eine deutliche Modifikation des Bildes der Zukunft sichtbar, die immer schon aus den Tendenzen der Materie ablesbar sein muß; ferner wird eine interpersonale Konzeption der Hoffnung aufgegeben, da diese Hoffnung, so wie Bloch sie versteht, nicht mehr auf ein Gegenüber hoffen kann: die Marcelsche Formulierung: »ich hoffe auf dich für uns« liegt außerhalb des Horizontes der Blochschen Hoffnungskonzeption.

1. Erkenntnismöglichkeiten hinsichtlich der Zukunft

Wohl im Zusammenhang mit verschiedenen parapsychologischen Erfahrungen, die Marcel während des 1. Weltkrieges gesammelt hatte[264], stellen sich die ersten Fragen bezüglich des Zusammenhanges von gegenwärtigen und künftigen Situationen, die darauf hindeuten, daß Marcel auch die Möglichkeit einer Ablesbarkeit der Zukunft an der Gegenwart zu erklären versucht. Den Zusammenhang zwischen Gegenwart und Zukunft versucht er hier zu deuten unter Zuhilfenahme dessen, was er die »schöpferische Einbildungskraft« eines Dichters nennt: er hat hier einen Zusammenhang im Auge »zwischen gleichzeitig ersonnenen Gedanken, die zwar untereinander irgendwie verknüpft sind, jedoch nur nacheinander verwertet werden sollen«[265]. Er denkt hierbei an die Szenen eines Dramas, die dem Dichter unter Umständen gleichzeitig gegeben sein können, obwohl sie sich nacheinander entfalten. Mit diesen Gedanken begibt sich Marcel auf die Suche nach einem Mittelweg zwischen zwei verschiedenen Auffassungen von der Zeit und ihrer Entwicklung.

Die eine Position, als deren Vertreter Bergson namhaft gemacht wird, nennt Marcel diejenige eines Universums, das reine Improvisation wäre[266]. Durch das Fehlen eines Planes, eines determinierten Ablaufes - Kennzeichen einer idealistischen Philosophie, die Geschichte zur Notwendigkeit werden lassen mußte, - erlangt die Freiheit in der Geschichte eine neue Macht. Geschichte gerät aber hier zugleich in die Nähe der Beliebigkeit, kein Vorgriff irgendeiner Art wird möglich. Weder ein Postulat eines Zieles der Geschichte noch gar eine kognitive Wahrnehmung von etwas Zukünftigem können angenommen werden. Die zweite Position geht von einem Weltbild aus, in dem die Ereignisse der Geschichte sich darstellen als Ausfaltung eines ewigen Inhaltes in der Zeit[267]. Die letztlich daraus resultierende Gleichgültigkeit gegenüber dem Konkreten, die Irrelevanz des einzelnen Er-

---

264 Vgl. PhilTest 85f/ MWA III 324f; EnChem 100ff.

265 JM 135/ MT 194/ MWA II 18.

266 Vgl. ebd.

267 Vgl. JM 136/ MT 195/ MWA II 18f.

eignisses, der einzelnen Situation, läßt aber eine solche Auffassung, die grundsätzlich ein Wissen um die Zukunft ermöglicht, für Marcel unannehmbar werden.
Die eingangs erwähnten Erfahrungen während des 1. Weltkrieges schärfen Marcels Blick für die Problematik, die mit beiden Positionen verbunden ist und lassen ihn die Suche nach einem philosophisch vertretbaren Mittelweg aufnehmen. Besonders ein Erlebnis, in dem Marcel auf dem Weg eines Kontaktes mit einem Verstorbenen ein zukünftiger Sachverhalt beschrieben worden ist, hat ihn nach der Möglichkeit der Vorhersage, der Weissagung fragen lassen[268]. In der Idee einer Präfiguration des Ganzen, das sich aber erst nach und nach entwickelt, wie es in der schöpferischen Einbildungskraft des Dichters oder Musikers der Fall ist, entdeckt Marcel so eine erste Anregung, die Offenheit der Entwicklung mit einem gewissen Gegebensein der Zukunft zusammenzudenken[269]. Marcel nähert sich dem Problem durch die Idee eines Bewußtseins, das die Zukunft entwerfend, schaffend bereits als Gegenwart besitzt und durch die Teilhabe eines endlichen Bewußtseins die Vorhersage ermöglicht. Dann könnte die Zukunft in einem bestimmten Sinne als gegenwärtig betrachtet werden: diesem Allbewußtsein gegenwärtig, das die Zukunft nicht wie ein

---

[268] Marcel berichtet über diese Erfahrungen PhilTest 85f/ MWA III 324f und in EnChem 100ff. Neben den Auskünften über lebende Personen, die Marcel noch als Gedankenübertragung bewerten konnte, erhält er eine Auskunft über eine Schlacht des 1. Weltkrieges, die drei Monate später stattfinden sollte und von äußeren Konstellationen her nicht zu erschließen war (EnChem. 106f; PhilTest 86/ MWA III 325). Bergson, dem Marcel davon berichtete, zeigte Interesse an dem Phänomen spiritistischer Kontakte, sträubte sich aber aufgrund seiner philosophischen Konzeption heftig, das Faktum der Vorhersage anzuerkennen. Marcel antwortete ihm: »Que voulez-vous, une théorie ne peut résister à une expérience!« (EnChem 107). Marcel nennt dieses Ereignis, die ganze Kette solcher Erfahrungen aus dem Winter 1916/ 17 trotz aller späteren Vorbehalte entscheidend für sein Denken (Vgl. EnChem 100; 108). Es kann hier nicht *in extenso* auf die Bedeutung solcher Erfahrungen eingegangen werden; allerdings muß die diesbezügliche Auskunft Marcels vorurteilsfrei angenommen werden. R. Troisfontaines, in: Christlicher Existentialismus, 228 bezeichnet diese Erfahrungen Marcels als Teil einer »Irrfahrt«, die er erst mit dem Eintritt in die Ontologie überwunden habe; eine solche Beurteilung wird weder dem Phänomen noch der Biographie Marcels gerecht.

[269] Vgl. JM 135f/ MT 194f/ MWA II 18f; EnChem 108f.

fixum sieht, sondern schafft. Zugleich aber wäre sie noch tatsächliche Zukunft, das Moment der Freiheit nicht überspielt[270]. Diesen Lösungsversuch bezeichnet Marcel jedoch selbst im Rückblick als übereilt[271].

Im Frühjahr/ Sommer 1919 beschäftigt er sich noch ein weiteres Mal eingehender mit der Möglichkeit einer Vorausschau auf die Zukunft. Diese Überlegungen sind dokumentiert in mehreren Eintragungen in das *Metaphysische Tagebuch*[272]. Am Ausgangspunkt dieser Überlegungen formuliert Marcel den grundlegenden Einwand gegen die Möglichkeit einer Vorausschau: Man könne nur sehen, was *ist*, die Zukunft aber sei nicht. »Darin«, so leitet Marcel ein, »liegt jedoch ein Fehlschluß. Es ist sicherlich unzulässig zu sagen: was noch nicht ist, ist in keiner Weise«[273]. Sehen aber, so insistiert dieser Einwand, könne man dennoch nur das, was *augenblicklich* wirklich ist. Analog zu dem Verhältnis des Menschen zu seiner Vergangenheit versucht dieser Einwand, das Sehen zu reduzieren auf das Abbilden: So sei beispielsweise die Erinnerung nicht Schau, sondern Rekonstruktion der Vergangenheit im subjektiven Gedächtnis. Marcel aber lehnt, gestützt auf seine Konzeption der Teilhabe wie auch im Rückgriff auf phänomenologisches Gedankengut, diese Sichtweise ab: Die Vergangenheit wird teilhabend erinnert, und zwar sie selbst, insofern ich sie *bin*[274]. »Bin ich aber auch meine Zukunft? Die Frage selbst ist höchst unklar«[275].

Eine Möglichkeit, die Schau der Zukunft zu erklären, besteht darin, der Zukunft ein Sein in der Gegenwart zuzusprechen, so daß sie tatsächlich an und in der Gegenwart geschaut werden könnte[276]. Damit aber wäre letztlich nichts anderes ausgesagt als eine Gesetzmäßigkeit notwendiger Entfaltung; ein freies Hervorgehen der Zukunft aus der

---

270 Vgl. JM 151f/ MT 215f/ MWA II 31f.

271 Vgl. JM 190/ MT 268/ MWA II 62.

272 JM 189-194/ MT 267-274/ MWA II 62-65.

273 JM 189/ MT 267/ MWA II 62.

274 JM 189/ MT 267f/ MWA II 62.

275 JM 189/ MT 268/ MWA II 62.

276 JM 190/ MT 268/ MWA II 62.

Gegenwart müßte ausgeschieden werden. Marcel verweigert auch dieser Lösung seine Zustimmung. Hier könne es nur eine »qualitative Bindung«, eine »melodische Verkettung« geben[277]. Unter den Metaphern, die Marcel verwendet, stehen die musikalischen mit an oberster Stelle. In vorliegendem Fall verwendet Marcel den Ausdruck der melodischen Verkettung, um die Freiheit zu betonen, in der ein zeitliches Nacheinander - einer Melodie, einer Improvisation - sich ausfaltet, wenn auch die Einheit des sich so auslegenden Motivs durchaus in einem Vorgriff erfaßt werden kann. Die Art dieses Vorgriffs untersucht Marcel dann im Folgenden. Seine Grundfrage bleibt: Kann die Zukunft gegeben sein - und das müßte heißen: jemandem gegeben?[278]. Einem Überbewußtsein, einem Allbewußtsein hatte Marcel in seinem vorhergehenden Versuch dieses Gegebensein zuerkannt. Er erkennt aber hier, daß diese Sicht noch zu vertiefen, im Wesentlichen auch noch zu korrigieren ist: Einerseits muß deutlich sein, daß zwischen diesem Überbewußtsein und dem Werden keine äußerliche Subjekt-Objekt-Relation bestehen kann. Dann wäre dieses Überbewußtsein ja kontingent zum von ihm geschauten Werden und die Frage nach dem Gegebensein der Zukunft müßte sich für dieses Bewußtsein erneut - und unbeantwortbar, es sei denn durch unendlichen Regreß - stellen. Die Ablehnung der so verstandenen Beziehung zwischen Bewußtsein und Werden wollte Marcel bereits mit der Rede vom »Entwurf« der Zukunft zum Ausdruck bringen.
Was nun die Korrektur anbelangt, die Marcel an seinen früheren Versuchen anbringt, so besteht sie darin, daß er sich der Schwierigkeiten bewußt wird, den Entwurf als ein Objekt der Schau vorzustellen. Es geht bei der Realisierung, der schöpferischen Verwirklichung des Entwurfes um das Ausrollen eines Ganzen, »doch ist diese globale Einheit der Erzählung oder der Improvisation nicht notwendig die eines als solchen erfaßten Objekts: dies ist es, was ich nicht erkannt hatte. (Wir finden in unserer Erfahrung die Illustration dessen, was mir vorschwebt, zum Beispiel, wenn wir unter einem plötzlichen Im-

---

[277] Ebd.

[278] Ebd.

puls das Wort ergreifen und sich spontan formt, was wir sagen)«[279]. Es geht Marcel um eine unteilbare und erfühlte Einheit, nicht um eine solche, die sich in klar voneinander abgrenzbare Momente auseinanderlegen lassen könnte, bevor sie noch verwirklicht ist. Und hier deckt Marcel dann die Hauptschwierigkeit auf, die in einer so verstandenen Einheit des Werdenden als des Entworfenen liegt, wenn sie überführt werden soll in ein Geschautes oder Vorhersehbares: Der Übergang einer solchen Einheit zu dem als konkretes zukünftiges Ereignis Geschauten, zu einer Zukunft also, die sich dem Seher stückweise darbietet, scheint nicht ohne große Probleme möglich zu sein[280].

Marcel versucht, zögernd und in seinen Folgerungen sehr behutsam, diese Schwierigkeit zu lösen, indem er den Gedanken einer »anderen Gegenwart« einführt, deren Zeitgenosse der Seher wird[281]. Innerhalb einer Idee des »Zeitquerschnittes«, die davon ausgeht, es gebe eine gleiche und im Sinn einer Momentaufnahme faßbare Zeit für die Welt im Ganzen, innerhalb derer jeweils eine Übertragung von Informationen möglich ist über das, was sich zu einer gleichen Zeit an verschiedenen Orten abspielt, ist ein Sehen, ein Wissen nur über das je Gegenwärtige oder Vergangene denkbar[282]. Geht man jedoch davon aus, es gebe andere Ebenen des Bewußtseins, jenseits der Ebene des nach außen in Erscheinung tretenden Handelns, dann bleibt diese Möglichkeit der Schau zumindest offen. Wenn auch die Idee einer Zeichenübertragung, einer Informationsübermittlung zwischen Zukunft und Gegenwart undenkbar ist, die Zukunft also nicht *befragt* werden

---

279 JM 191/ MT 270/ MWA II 63f; zur Frage der Improvisation vgl. auch EA I 17f/ SH 17f/ MWA II 161.

280 Vgl. JM 191f/ MT 270/ MWA II 64; V. Berning, Das Wagnis der Treue, 227-230 behandelt Weissagung und Telepathie als »Sonderfälle des Dyadischen«: damit ist einerseits deutlich die Teilhabe-Relation aufgewiesen, die Marcel immer im Blick hat, wenn er von einer Vorhersage der Zukunft spricht: der »Seher« muß an dieser Zukunft teilhaben. Gleichzeitig wird dadurch aber genau die hier behandelte Schwierigkeit thematisiert: die dyadische Teilhabe setzt immer voraus, daß eine mögliche Vergegenständlichung aufgegeben wurde, d.h. auch keine *Darlegung* mehr möglich ist.

281 JM 193/ MT 272 (MT 272-274 sind in MWA II ausgelassen).

282 Vgl. JM 193/ MT 272f.

kann, »hat man nicht das Recht, zu schließen, sie könne nicht gesehen, nicht erlebt, nicht vorerlebt werden«[283]. Marcel gesteht ein, daß er sich hier auf schlüpfrigem Boden befindet und ein Nacheinander, das für die Geschichte als Freiheitsgeschichte unabdingbar ist, hier leicht in ein Zugleich verwandelt werden kann. Mit dieser Vorsicht muß auch die Rede von dem »metaphysischen Vorsprung« aufgenommen werden, welchen Marcel bei dem Wesen anzunehmen geneigt ist, für das etwas schon sein könnte, auch wenn es noch nicht für mich ist.

Diese Versuche aus dem *Metaphysischen Tagebuch* der Jahre 1918/19, die hier mit sehr großer Vorsicht ausgeführt werden, erlangen besonders im Zusammenhang mit zwei Begriffen Marcels, die er im Lauf der Zeit als immer wesentlicher erkennt, ihre volle Bedeutung. Eine Lösung deutet sich an, je mehr Marcel das *Sein* und die *Teilhabe* in den Blick rückt. Bereits 1929, noch vor seinem Essay über das ontologische Geheimnis, enthüllt sich die Teilhabe als wesentlich in ihren Folgerungen auch für den auf die Welt gerichteten Erkenntnisvorgang. Der Mensch ist nicht *Spectator*, sondern er muß ein Teilhabender sein, und nur auf diese Weise kann eine Erinnerung, aber auch eine Vorherschau möglich sein. Marcel beschreibt hier den Menschen als »coaevus universo«: Er steht *in* einer Vergangenheit, betrachtet sie nicht von außen, da es letztlich für ihn kein Außerhalb dieser Vergangenheit gibt; er hat teil an der Gegenwart und kann einen Vorgriff auf die Zukunft dann wagen, wenn auch hier das strenge Ablaufschema der Zeit (Marcel vergleicht es mit einer filmischen Darstellung) überstiegen wird[284]. Daß die »andere Gegenwart«, die Marcel im *Metaphysischen Tagebuch* angenommen hat, ontologisch begründet ist, enthüllt sich in den Äußerungen über den prophetischen Charakter der Hoffnung (s. u.).

Jede prophetische und theologische Aussage über die Zukunft kann nur gewagt werden, wenn die Möglichkeiten solcher Vorherschau - letztlich der Prophetie - grundlegend bedacht worden sind. Dabei ist eben die Hauptfrage, wie und ob ein Überspringen der linearen Zeit

---

283 JM 194/ MT 274.

284 Vgl. EA I 21/ SH 21/ MWA II 163.

überhaupt möglich ist[285]; wie die Freiheit der Geschichte noch gewahrt werden kann, wenn ein Standpunkt angenommen wird, der jenseits der Zeit liegt und von dem aus sich alles »gleichzeitig« darbietet; ferner, wie dann ein Übergang von dieser Un-Zeit in die Zeit hinein möglich wird. Diese Grundfragen hat Marcel in den hier vorgestellten Überlegungen gestreift. Dabei wird anscheinend deutlich, daß eine Vorhersage, die sich als Prophetie versteht, einen anderen Standpunkt einnehmen muß als den der Prognostik. Hier wird eine Verlängerung der Gegenwart in die Zukunft hinein vorgenommen, deren Aussagekraft über die Wahrscheinlichkeit nicht hinausreichen kann. Jedes Darüber-hinaus ist Vermessenheit.

Allein die ontologische Verwurzelung vermag die Hoffnung, insofern sie prophetisch ist, davor zu bewahren, als vermessen zu gelten: ihr Vorgriff läßt der Freiheit Raum, wenn das Sein, dessen Korrespondent sie ist, wirklich als unerschöpflich Konkretes angesehen werden muß[286].

2. Prophetisches Zeitverständnis

Die Schau »nach der Quer«

Marcel fundiert die prophetische Kraft der Hoffnung im Sein. Es ist nun hilfreich, von theologischer Seite aus einen Gedanken zu verfolgen, der eine gewisse Konvergenz zu demjenigen Marcels aufweist. Damit soll die Denkmöglichkeit einer »Gleichzeitigkeit zur Zukunft« auf ein breiteres Fundament gestellt werden: Prophetie einerseits und

---

285 Vgl. Augustinus, Confessiones, lib. IX, 18f.

286 Die Verbindung von Vorgriff und Gegenwart einerseits, von Gegebensein und freier Entfaltung anderseits bringt Marcel auf der letzten Seite von *Geheimnis des Seins* mit der musikalischen Metapher zum Ausdruck: »...sobald wir - anfangs wohl nur unerprobte und anmaßende Einzelspieler - uns dem Eindringen des Unsichtbaren auftun, finden wir uns beglückt und brüderlich zu einem Orchester zusammen, darin jene, die wir unziemlich die Toten nennen, gewiß Ihm nähersitzen, Der die Symphonie nicht so sehr leitet als vielmehr diese Symphonie selbst ist in ihrer tiefen und intelligiblen Einheit, zu der wir nur unmerklich zu gelangen hoffen dürfen, in Einzelbewährungen, deren Ganzes zwar keiner von uns im Voraus kennt und das doch von seiner eigenen Berufung unzertrennlich ist« (ME II 188/ GeS 512 (Übersetzung leicht abgeändert); zur Deutung vgl. J. Parain-Vial, in: Cérisy 194f).

die Rede von einem »Überbewußtsein«, dem die Zukunft schauend - und gestaltend - zu eigen wäre, andererseits sind Begriffe, die letztlich nur von der theologischen Seite her befriedigend erhellt werden können. Paul Schütz, ein theologischer Denker, dessen Werk von der prophetischen Kraft der Hoffnung durchdrungen ist und der hier als Gewährsmann für den angestrebten theologischen Brückenschlag angenommen wird, sieht im Verlassen der linearen Zeit den Wesenszug der Weissagung: »Hellsehen kann es nur geben, weil das Künftige in Wirklichkeit Gegenwärtiges ist«[287]. Dieses Durchbrechen der linearen Zeit ist für Schütz nicht einfachhin möglich, es setzt voraus, daß der Prophet in der »Gotteszeit« steht. Gotteszeit im Gegensatz zur Menschenzeit ist nach der Unterscheidung Martin Luthers diejenige Zeit, diejenige Sicht der Zeit, der alle Zeit gleich nahe ist. Schütz zitiert hier die entscheidende Aussage Luthers: »Denn Gott sieht nicht die Zeit nach der Länge, sondern nach der Quer. Als wenn du einen langen Baum, der vor dir liegt, über quer ansiehst, so kannst du beide Enden zugleich ins Gesicht fassen.... Für Gott aber ist alles auf einem Haufen. Was vor uns lang ist, ist vor ihm kurz, und wiederum. Denn da ist kein Maß noch Zahl«[288]. Die Parallele dieser Konzeption der »Gotteszeit«, in der es auch dem Propheten gegeben ist, die lineare Zeit zu durchbrechen, zu Marcels »anderer Gegenwart«, deren Zeitgenosse der Seher wird, ist augenfällig und verdeutlicht auch, daß Marcels philosophische Reflexionen auf diesem Gebiet in die Theologie hineinverweisen. Die Hoffnung, wird sie als prophetische Macht verstanden, hängt mit diesem Schauen »nach der Quer« eng zusammen; daß sie es sich aber nicht als sichere Auskunft im Sinne eines empirischen Wissens anmaßt, daß sie sich ferner der Quelle dieser Schau, letztlich des Seins, das unerschöpflich ist, nicht bemächtigen kann und will, das unterscheidet sie von den Formen prognostischer Entwürfe.

---

287 P. Schütz, Das Mysterium der Geschichte, Werke II, 124.

288 Ebd., 122f. Vgl. auch Ders., Historismus und Prophetie. Überlegungen zu Luthers Geschichtsdenken, Werke II, 369-81.

In einer sehr pointierten Gegenüberstellung von Wissenschaft und Prophetie, die Paul Schütz in seinem umfangreichen Werk »Parusia« vornimmt und in »Charisma Hoffnung« erneut aufgreift, findet sich eine klare Zuordnung der Begriffe »Notwendigkeit« und »Vergangenheit« zur Wissenschaft, von »Freiheit«, »Zukunft«, vom »Offenen« und »Überraschenden« zur Prophetie[289]. Die Prognostik im Sinn einer Wissenschaft müßte also in ihrem Bezug auf die Vergangenheit, auf das *factum* als *perfectum* erkannt werden können, um sie zu unterscheiden von der Prophetie, die ihre Wurzeln in der Zukunft hat.
Die Wissenschaft, wie sie seit dem 17. Jahrhundert für unser abendländisches Denken prägend geworden ist[290], kann ihre Berechtigung von dem Erkenntnisvorgang der Naturwissenschaft herleiten: hier besteht die Möglichkeit, aufgrund vorliegender *facta* eine Hypothese aufzustellen, die Hypothese anhand des methodisch klar festgelegten Geschehens zu überprüfen und aus der gewonnenen Erkenntnis den Boden für eine fortschreitende Hypothese zu bereiten. Aus diesem Vorgehen der Wissenschaft, das nahezu unbegrenzt fortschreiten kann, lassen sich drei Merkmale der Wissenschaft benennen: »Sie ist methodische Erkenntnis, ist zwingend gewiß und allgemein«[291]. In ihrer heutigen Ausprägung ist die Wissenschaft universal: alles kann ihr zum Objekt werden, letztlich nichts ihr entzogen bleiben[292]. Sie kann grundsätzlich einen Anspruch erheben, der auf das Ganze aus ist, d.h. deduktiv von einer als ganz vorgestellten Wirklichkeit ausgehen, die entdeckt, in ihren Prinzipien durchschaut und entschlüsselt werden kann. Auf dieser Basis steht letztlich auch der Historismus. Er geht, so Paul Schütz über Troeltsch, davon aus, das Ganze könne entschlüsselt werden; ein Gesetz könne aufgestellt werden, nach welchem die einzelnen Ereignisse der Geschichte gedeutet und eingeord-

---

289 P. Schütz, Werke III, 439; Charisma Hoffnung, Werke II, 435.

290 Vgl. K. Jaspers, Vom Ursprung und Ziel der Geschichte, 110.

291 Ebd., 111.

292 Vgl. ebd., 112.

net werden können[293]. Welche Konsequenzen hat eine solche Auffassung von Aussagen über die Zukunft?
Die Möglichkeit einer Erkenntnis des *Ganzen*, eines Schlüssels der Geschichte erstreckt sich über das Vergangene hinaus; anhand dieses Schüssels kann eine Aussage über die Zukunft getroffen werden. Dabei werden einzelne Ereignisse relativiert: Sie erhalten im Hinblick auf das allgemeine Gesetz und ihm untergeordnet einen eindeutigen Ort. Die Zukunft erhält auf diese Weise eine eindeutige Gestalt. Eine weitere entscheidende Konsequenz ist, daß es von hier aus ein Jenseits der Geschichte nicht geben kann. Aus der Perspektive der Überschau über das Ganze gibt es grundsätzlich keine Transzendenz. Wird ein Ziel, ein Ergebnis der Geschichte prognostiziert, so erhält auch dieses seinen Ort *innerhalb* der Geschichte und reicht nicht über den grundsätzlich objektivierbaren Raum der Geschichte hinaus.
Geht man aber jetzt von diesen Grobeinstellungen, die Geschichte, Historie als Wissenschaft begründen, zurück auf die Feineinstellung der Vorgänge wissenschaftlicher Erkenntnis, so scheint ein Widerspruch zum bisher Gesagten aufzutauchen. Es war die Rede davon, daß die Wissenschaft den Anspruch erhebe, ein Ganzes zu kennen bzw. dieses Ganze grundsätzlich der Erkenntnis zugänglich zu machen. Dieses Postulat besagt im Großen zwar nicht, daß das Ganze erkannt, wohl aber, daß es grundsätzlich erkennbar sei, so daß das Postulat der Erkennbarkeit an sich schon den Punkt bildet, der mit »Perspektive der Überschau« bezeichnet worden war. Im Einzelnen aber, in der wissenschaftlichen Erkenntnis stellt sich das Bild grundsätzlich anders dar. Hier gilt: »Die moderne Wissenschaft ist grundsätzlich unfertig«[294]. Das beständige Fortschreiten in das anscheinend Unbekannte ist ihr Kennzeichen[295]. Sie erscheint unter der Flagge der Offenheit für neue Erkenntnis.

---

[293] Vgl. P. Schütz, Werke III, 429f.

[294] K. Jaspers, a. a. O., 112.

[295] Vgl. K. R. Popper, Auf der Suche nach einer besseren Welt, 11-40 und 65-77. Popper kann als exemplarisch für ein solches Verständnis von Erkenntnis und Wissenschaft angesehen werden, dessen Modell von Wahrheitssuche im wissenschaftlichen Vorgehen - grob vereinfacht - als dialektisches Fortschreiten in einem »Vermutungswissen« (13) bezeichnet werden kann, das jeweils auf

Genau dies ist der Ansatzpunkt, an dem Prognostik und Prophetie unterschieden werden müssen, weil hier ihre Ähnlichkeit bis ins Detail geht. Welcher Art ist die Unfertigkeit der Wissenschaft, welcher Art die Offenheit der Prophetie? Wie kann gesagt werden, daß die Zukunftshaltung der Wissenschaft Optimismus (oder Pessimismus) sei, während diejenige der Prophetie sich als Hoffnung zu erkennen gibt?

Die Unfertigkeit der Wissenschaft ist keine wesensmäßige Offenheit. Das Merkmal der Hypothese ist eine eingeschränkte Dialektik, die ein »so oder so«, ein »wahr oder falsch« verbinden kann mit einem »...aber keinesfalls *so*«. Sie nimmt ihre Sicherheit, mit der sie die Hypothese auf einzelne Möglichkeiten reduziert, aus der Zielrichtung eines gesetzten Ganzen. Die Blickrichtung und das Fundament der Wissenschaft liegen grundsätzlich in der bekannten Vergangenheit. Auf eine historische Wissenschaft angewandt ist die Konsequenz, daß die vermeintliche Unfertigkeit einhergeht mit einem Abschluß, einem Sinn der Geschichte[296].

Gegen dieses Vorgehen können zwei Einwürfe vorgebracht werden:

- Mehr und mehr scheint sich die Erkenntnis Bahn zu brechen, daß das »Ganze vom endlichen Geist nicht gehabt werden« kann[297], und zwar nicht nur quantitativ, was grundsätzlich, von der Seite des Erkenntnisobjekts her noch keine endgültige Aussage zu sein brauchte, sondern qualitativ.
- Die Unfertigkeit wissenschaftlicher Erkenntnis bewegt sich *innerhalb* eines Systems; die Unfertigkeit hat ein Ziel, das selbst auch innerhalb des Systems liegen muß. Überträgt man das auf die Geschichte, so heißt das, daß das Ziel der Geschichte als letzter Ge-

---

»gesicherten Erkenntnissen« aufbauend nach Fehlern sucht, Fehlerelimination betreibt und so zu neuer Erkenntnis, neuer Wahrheit fortschreitet (vgl. 12f).

296 Bereits hinsichtlich des formalen Aspektes der Marcelschen Philosophie läßt sich hier eine Differenz ausmachen: Marcel unterscheidet sein philosophisches Vorgehen, das er »recherche« nennt, von einer wissenschaftlichen Vorgehensweise, die er mit dem Ausdruck »enquête« bezeichnet. In letzterer verbindet sich das Offene der Untersuchung mit der Fixierung auf einen Vor-Begriff, den die philosophische Untersuchung, so wie Marcel sie versteht, nicht hat (vgl. S. Foelz, Gewißheit im Suchen, 206ff).

297 P. Schütz, Werke III, 431; vgl. K. Jaspers, a. a. O., 113.

genstand der Erforschung grundsätzlich innerhalb des Gebietes der Geschichte liegt. So auch jede Konstruktion.

Die negativen Konsequenzen einer solchen Auffassung hat Karl Jaspers besonders im Blick auf das Gewicht menschlicher Existenz aufzuzeigen versucht[298]:

- Die Unmittelbarkeit jeder Existenz zum Ziel der Geschichte fällt dahin, wenn sie mediatisiert wird zu einem Punkt in einem Ablauf, der erst am *Ende* auch am *Ziel* sein wird.
- »In dem Wissen vom Ganzen fällt die größte Masse der menschlichen Realität, fallen ganze Völker, Zeitalter und Kulturen als gleichgiltig (sic!) beiseite. Sie sind nichts als Zufall und Beiläufigkeit des Naturgeschehens«[299].
- Ende und Anfang der Geschichte sind in solcher Konstruktion bekannt. Die Geschichte aber, so Jaspers, ist offen.

Positiv läßt sich von zwei Seiten her - vom Standpunkt christlicher Geschichtsauffassung - auf das hier konstitutive Jenseits der Geschichte verweisen:

- Die christliche Geschichtsauffassung blickt über die Geschichte hinaus. Mit Christus beginnt das Ende der Geschichte[300]. K. Löwith konstatiert für die verschiedenen Geschichtsauffassungen ein in der Neuzeit erst eigentlich auftauchendes Vorhaben, ein sinnvoll fortschreitendes Geschehen zu konstruieren[301]. »Wären die letzten Dinge nur die spätesten Ereignisse in einer kontinuierlichen Reihe weltlichen Geschehens, dann verfiele die Hoffnung auf sie in der Tat der Desillusionierung. Nur weil die letzten Dinge eschatologisch qualifiziert sind, können der Glaube und die Hoffnung auf sie zurecht bestehen«[302].
- Die Prophetie lebt von diesem Jenseits der Geschichte. Nun ist dieses Jenseits der Geschichte kein angenommener, gedachter Standpunkt, wie es der einer wissenschaftlich-historischen Ge-

---

298 Vgl. K. Jaspers. a. a. O., 320f.

299 Ebd., 320.

300 Vgl. K. Löwith, Weltgeschichte und Heilsgeschehen, 180.

301 Vgl. ebd., 175.

302 Ebd., 187.

schichtsauffassung ist. Es war deutlich gemacht worden, daß dieser letztlich auch innerhalb der Geschichte verbleibt. Sein Bezugspunkt sind die *facta,* nicht eine die lineare Zeit sprengende Zukunft. Das Jenseits der Geschichte ist eine wirkliche Zukunft, die von vorn auf uns zukommt. »Der Historismus scheitert mit dem wissenschaftlichen Denken an der Wirklichkeit selbst. Aus dem ins Unbegrenzte erweiterten Horizont des Wirklichen kommt vor unseren Augen heute die biblische Prophetie neu, von vorn, von den Ursprüngen her, die *vorne, nicht hinter uns im Vergangenen liegen,* wieder auf uns zu »[303].

Betrachtet man nun von diesen Voraussetzungen aus die beiden »üblichen« Grundhaltungen angesichts der Zukunft: Zukunftsoptimismus, der auf verschiedenen konkreten Fundamenten geschichts- oder sozialwissenschaftlicher Art, einer Erkenntnis der Vernunft in der Geschichte, dem Vertrauen auf den Fortschritt der Wissenschaft und Technik, dem Wissen um die Evolution sich erhebt; sowie Pessimismus, der auf einer entgegengesetzten Interpretation derselben Wirklichkeiten beruht, so wird deutlich, daß beide, Optimismus und Pessimismus, auf dieselbe Anmaßung zurückgehen, die Geschichte abschließend beurteilen zu können[304].

Der Optimismus

Marcels Aussagen über den Optimismus nennen diese Wurzeln im wissenschaftlichen Weltbild und Fortschrittsdenken nicht explizit. In seiner Gegenüberstellung von Hoffnung und Optimismus ist dieser

---

303 P. Schütz, Werke III, 434.

304 J. Pieper, Über das Ende der Zeit, 71ff zeichnet die Linien dieser beiden Grundhaltungen nach. Erst mit dem 18. Jahrhundert scheint beides voll zur Blüte zu gelangen. (Eine m. W. noch nicht hinreichend untersuchte Frage könnte den philosophischen Voraussetzungen von Optimismus und Pessimismus in den apokalyptischen oder millenaristischen Strömungen vergangener Jahrhunderte nachgehen.) - Die Gestalt des innergeschichtlichen Optimismus findet wohl ihre markantesten Vertreteter: 1) in einer idealistischen Konzeption (Kant); 2) in einer Sozialutopie (angefangen bei Marx bis hin zu Bloch); 3) in dem Evolutionsoptimismus P. Teilhard de Chardins. Von diesen Formen ist die zweite am augenfälligsten mit der Philosophie und Theologie der Hoffnung verzahnt. Für alle gilt aber das bis hierher Gesagte.

Hintergrund jedoch erahnbar. Die Verschränkung bzw. Verwandtschaft zwischen technischem Fortschrittsoptimismus und einer Philosophie der Verzweiflung kennt auch Marcel[305]. Letztlich beruhen diese beiden auf derselben Haltung einer geschichtsimmanenten Vollkommenheit, die im Vermögen des Menschen und im Horizont seiner Leistungsfähigkeit steht, wohingegen die Hoffnung diese Ebene in eine Richtung verläßt, wo das Wesentliche nicht mehr vom Hoffenden abhängt. Die Verwandtschaft mit der menschlichen Hybris deutet die Motivation an, von der ein Fortschrittsoptimismus in seinem Extrem getragen ist[306]. Die verschiedensten Formen des Optimismus, ob sie nun auf sentimentalen oder rationalen Gründen aufbauen, sind in den Augen Marcels eng miteinander verwandt. Zum Kernbestand des Optimismus gehört die Überzeugung, »daß die Dinge 'sich einrichten' müssen«[307]. Ob sich dieser Optimismus auf empirische Betrachtungen stützt, ob er sich auf metaphysische oder theologische Argumente zurückführt, er scheint jeweils den gleichen Habitus vorauszusetzen[308].

Hier führt Marcel ein Kennzeichen des Optimismus ein, das zunächst nichts mit den Merkmalen der Prognostik gemeinsam zu haben scheint, die sich auf ein wissenschaftliches Weltbild zurückführen. Für Marcel beruft sich der Optimist stets auf eine Erfahrung, die er nicht in ihrem innersten Kern erfaßt hat und die wirklich gelebt wäre, »sondern stets auf eine Erfahrung, die aus einer Entfernung betrachtet wird, die ausreicht, daß gewisse Gegensätze verblassen oder in einer allgemeinen Harmonie verschmelzen«[309]: »Vielleicht gibt es keinen tiefen Optimismus«[310]. Bei näherem Hinsehen kann diese innere Haltung des Optimisten aber durchaus in einer Parallele gesehen werden zu der Einstellung, die bereits als die wissenschaftliche beschrie-

---

305 Vgl. PosApp 73f/ MWA I 75f.

306 Vgl. PosApp 74/ MWA I 76.

307 HV 45/ HVd 35/ MWA I 122; zur Unterscheidung von Hoffnung und Optimismus vgl. Cérisy 250.

308 Vgl. ebd.

309 HV 46/ HVd 36/ MWA I 122.

310 HV 45/ HVd 35/ MWA I 122.

ben worden ist. Der Optimist ist wesentlich, wie der Wissenschaftler, ein Zuschauer, der die Dinge von außen betrachtet, der nicht wie der Hoffende in ein Geschehen - letztlich in die Geschichte - verwickelt ist, an ihr nicht teilhat[311].

Welche Konsequenzen ergeben sich daraus? Der Zuschauer nimmt für sich einen Punkt in Anspruch, von dem aus er meint, das Geschehen, eine Entwicklung angemessen betrachten zu können. Ganz im Gegensatz aber zum Hoffenden gelingt es ihm nicht, den Bereich des Faktischen zu verlassen. Er kann - so die ontologische Fassung dieser Haltung - nicht zu einer Transzendenz der Geschichte vordringen, er kann das Sein nicht erreichen, für ihn verbleibt alles in einer äußerlichen Relation.

Die beiden Weisen der Loslösung, die Marcel in *Sein und Haben* miteinander verglichen hatte, müssen noch einmal ins Gedächtnis gerufen werden. Die Loslösung des Zuschauers wandelt das Wirkliche in ein rein Äußerliches um; es ist eine Loslösung nach außen, die Welt erscheint nur noch als das Problematische. Die Loslösung nach innen, die Marcel als die Loslösung des Heiligen bezeichnet hatte, dringt dagegen zu jenem Bereich vor, der eine wirkliche Teilhabe auszeichnet, worin im Konkreten das Mysterium des Seins offenbar wird.

Ist nun der Optimismus dem Bereich des Problematischen zugeordnet, in dem allein reine Kausalität und auch Machbarkeit herrschen, so wird deutlich, daß der Optimismus einerseits die Geschichte nicht in ihrem Tiefsten erfaßt, daß er zugleich aber diese Geschichte auch nicht wirklich transzendieren kann. Die Bilder, die er entwirft, bleiben als »späteste« Bilder im Bereich der Geschichte selbst, Elongaturen des Faktischen, sie »erhoffen« letztlich nur dasjenige, was als das Mögliche im Sinne technischer Machbarkeit oder wissenschaftlicher Wahrscheinlichkeit in den Blick kommt.

Der Hoffende hat zwar nicht von sich aus einen eigenen, vermessenen Zugang auf den Sinn der Geschichte, aber er »rechnet« mit dem Neuen, schließt letztlich nichts aus. Dies kann er, weil er in der konkreten Wirklichkeit an die Unerschöpflichkeit des Seins anrührt; von hier

---

311 Vgl. HV 47/ HVd 37/ MWA I 123.

aus ist er fähig zu einer Vision der Geschichte, die nicht mit Gewißheit ausgestattet ist, wenn man darunter empirische Gewißheit verstehen will, aber mit einer ontologischen Sicherheit[312].

3. Der prophetische Charakter der Hoffnung

Die Hoffnung ist auf diesem Hintergrund zu bestimmen als eine *prophetische* Macht, die von der Prognostik durch ihren ontologisch anders qualifizierten Status abzugrenzen ist. Die Linien, die sich hier andeuten, müssen nun in Beziehung gesetzt werden zu den Äußerungen Marcels, die eine prophetische Macht in der Hoffnung sehen. Dabei ist ein Zweifaches zu beachten:

1) Als prophetische »Vision« geht ein kognitiver Aspekt der Hoffnung hin zur Zukunft. Die Hoffnung scheint jenes Vermögen zu sein, in dem jenseits einer empirischen Gewißheit die Zukunft offenbar wird.

2) Die Hoffnung besteht ferner in einem *Streben* auf diese Zukunft hin. Dieses Streben übersteigt aber die Grenzen des Machbaren und gleicht einem Postulat, einer Forderung an die Zukunft. (Dabei ist die Rede von einem Postulat mit den Vorbehalten zu versehen, die hinsichtlich der postulatorischen Hoffnung Kants gemacht werden müssen und die weiter unten noch zur Sprache kommen werden.)

Die Hoffnung ist prophetisch, indem sie jenseits der Angst steht[313]; jenseits der Angst, d.h. jenseits eines Einschlusses, der durch die Erfahrung und das Ausziehen der Linien der Erfahrung hin auf ein Unvermeidbares den Menschen einschließt. Dieser Einschluß war bereits anhand der Unterscheidung der offenen von der geschlossenen Erfahrung aufgezeigt worden. Der hoffende Teil der Seele, so Marcel, steht jenseits dieser geschlossenen Erfahrung in dem Sinne, daß er

---

312 Vgl. EA I 100/ SH 86/ MWA II 201.

313 Vgl. StructEsp 53; J. Parain-Vial, Gabriel Marcel, un veilleur et un éveilleur, 85f: Die Hoffnung offenbart eine Freiheit, die der Ordnung des Geistes angehört (85). Diese Freiheit, die an der Wurzel der Hoffnung steht, impliziert eine offene Zeit, in der Schöpfung und Neu-Werden (innovation) möglich ist. Sie begegnet in der prophetischen Hoffnung dem Vertrauen auf Gott; erst aus diesem Zusammenwirken, aus der Zusammenschau dieser beiden Faktoren kann die Hoffnung als prophetisch ausgewiesen werden (86).

wie von einem Licht erleuchtet ist[314]. Dieser Sachverhalt, in der für Marcel bedeutsamen Metapher des Lichtes ausgedrückt, besagt näherhin folgendes: Die Hoffnung überschreitet den Bereich der Erfahrung in der Gewißheit des Stehens in einer transzendenten Ordnung[315], die aber nicht als Besitz oder sicheres Wissen im Sinne empirischen Wissens betrachtet wird. Die Haltung, die die Hoffnung so im Blick auf die Erfahrung einnimmt, hat zwei Seiten. Einerseits nimmt sie gegenüber den Urteilen, die eine Erfahrung so darstellen, als könne man ihr nicht entkommen nahezu die Gestalt des Trotzes an. »Mit einer Ärgernis erregenden Unbekümmertheit erklärt die Hoffnung solche Behauptungen für falsch«[316]. Die andere Seite ist der erhofften Zukunft selbst zugewandt. Als eine Erkenntniswirklichkeit nimmt hier die Hoffnung jene Zeitgenossenschaft einer anderen Gegenwart ein, von der im Zusammenhang mit der Weissagung die Rede war. Sie berührt die Zukunft, rechnet auf sie, kassiert sie sozusagen im voraus ein[317]. Dabei bewahrt sie aber jenen Schwebezustand, der nicht vermessen die Zukunft zu besitzen glaubt. »Man kann gewiß nicht sagen, die Hoffnung sehe das, was sein wird; aber sie besteht darauf, *als ob* sie es sähe (elle affirme *comme si* elle voyait); man könnte sagen, daß sie ihre Autorität aus einer verdeckten Vision schöpft, auf die sie zählen darf, ohne sie zu besitzen (dont il lui est donné de faire état sans en jouir)«[318]. In der Weise des Strebens, in der aktiven Ausrichtung auf diese Wirklichkeit nimmt die propheti-

---

[314] Ebd.

[315] Vgl. EA I 93f/ SH 81/ MWA II 197.

[316] HV 68/ HVd 62/ MWA I 138. Gemeint sind jene Urteile, die Marcel als »man«-Urteile bezeichnet. Darunter fallen eben auch diejenigen von Optimismus und Pessimismus. Es scheint, daß die Unbekümmertheit (désinvolture) zum Wesentlichen der Hoffnung gehört. In StructEsp nennt Marcel dies den kindlichen Geist (esprit d'enfance), der auf Unendliches rechnet, die Erfahrung nicht eingrenzend wirken läßt, aber im gleichen Atemzug auch keinen vermessenen Vorgriff auf die Zukunft leistet. Die Hoffnung bewahrt so einen offenherzigen und durchsichtigen Charakter (un caractère ingénu et limpide) (StructEsp 53).

[317] Vgl. HV 57/ HVd 49/ MWA I 131.

[318] HV 71f/ HVd 66/ MWA I 141.

sche Hoffnung dann Züge an, die in direktem Zusammenhang stehen mit der Forderung des Seins, mit der »Exigence ontologique«[319]. Die Hoffnung fordert eine Zukunft ein: dies aber nicht im Rückgriff auf ein Sollen, auf etwas, das sein müßte, sie sagt: Das wird sein[320]. Sie kann diese Forderung aufstellen, ohne vermessen zu sein, wenn die »Sicherung im Sein« im Blick bleibt[321]. Sicherung im Sein meint jene »Co-présence« in einer die empirische Wirklichkeit übersteigenden Wirklichkeit, die anhand der Vision, der Vorausschau aufgezeigt worden war. Die Hoffnung ist ein Sprung, ein Elan in diese Wirklichkeit des Seins hinein[322]. Im Bezug auf die eigene erhoffte Wirklichkeit, d.h. also in Verbindung einer eher allgemeinen Hoffnung mit der Hoffnung auf das individuelle Heil stellt die Hoffnung das Postulat auf: Es gibt im Sein etwas, das im Einverständnis (connivence) mit mir steht[323]. »Abgesehen von aller Erfahrung, aller Wahrscheinlichkeit, aller Statistik behaupte ich, daß eine gewisse Ordnung wiederhergestellt werden wird, daß die Wirklichkeit mit mir *ist* in dem Bestreben, daß es so sei. Ich wünsche nicht: ich bejahe (j'affirme); das möchte ich den prophetischen Widerhall der wahren Hoffnung nennen«[324]. So kann auch Marcel die beiden Größen Hoffnung und Wille aneinanderbinden, den Willen hier verstanden als dasjenige Streben, das über dem Standpunkt steht, von dem das Mögliche und das Unmögliche unterschieden werden können[325]. Der Wille weiß nicht um die Einwände, die ihm entgegenstehen werden. Tauchen diese Einwände auf, so ist der Wille nicht mehr gesammelt, gerichtet: Der Wille, so sagt Marcel, ist nur dort, »wo wirkliche, also

---

[319] Vgl. PosApp 51/ MWA I 62.

[320] Vgl. EA I 98/ SH 85/ MWA II 199.

[321] Vgl. EA I 100/ SH 86/ MWA II 201.

[322] EA I 98/ SH 85/ MWA II 200; vgl. P. Schütz, Werke III, 93: »Die Hoffnung wagt den Glauben in die Zukunft hinaus: Von der Zukunft, vom Erhofften her schließt sich das Ganze zusammen.«

[323] PosApp 68/ MWA I 73.

[324] PosApp 69/ MWA I 73.

[325] JM 182/ MT 257/ MWA II 58.

nicht als solche erkannte Unbefangenheit ist«[326]. Diese Unbefangenheit im Hinblick auf die Möglichkeiten zeichnet auch die Hoffnung aus. Sie kümmert sich nicht um das *Wie* [327], sie weigert sich, die Möglichkeiten zu berechnen[328].

Die Hoffnung kann also insofern als prophetisch bezeichnet werden, als sie, im Sein verwurzelt, über den Augenschein des Faktischen hinaus eine Vision der Zukunft, eine Vision des Ganzen hat. Diese Vision unterscheidet sich von der Prognostik dadurch, daß ihr Standpunkt nicht eine Verlängerung des Gegebenen hin zu einem »spätesten« Gegebenen ist, sondern als gleichsam offene Vision jeden Abschluß der Wirklichkeit ablehnt. Diese Offenheit der in der Hoffnung möglichen prophetischen Vision ist begründet in der Unerschöpflichkeit des Seins. In der Gestalt des Willens wird diese Schau in ein Streben, in ein Postulat überführt. In der »Sicherung im Sein« vermag dieses Streben in einer großen Unbekümmertheit über den Augenschein der entgegenstehenden Erfahrungen hinwegzugehen.

VI. Der Ursprung der Hoffnung

Die Frage, die in diesem Abschnitt zu beantworten ist, grenzt an die theologische Fragestellung, die sich mit dem Charakter, dem Unterscheidenden der theologalen Tugenden auseinandersetzt. »Welche Stellung werden wir einnehmen müssen, wenn es um die Frage geht, ob die Hoffnung von uns abhängt oder ob sie im Gegenteil einerseits die Frucht einer angeborenen Veranlagung, anderseits eine echte Gnade und so, in letzter Analyse, das Merkmal eines übernatürlichen Beistandes ist«[329]?

Eine erste Antwort kann aus dem bereits über die Existenz Gesagten vorsichtig erhoben werden. Die Existenz, als Gefangenschaft betrach-

---

[326] JM 183/ MT 258/ MWA II 59.

[327] Vgl. HV 69/ HVd 63/ MWA I 139.

[328] Vgl. EA I 98/ SH 85/ MWA II 200; PosApp 69/ MWA I 73; PosApp 75/ MWA I 76f.

[329] HV 83/ HVd 79/ MWA I 148f. (Übersetzung abweichend von MWA I).

tet, bot einen ersten möglichen Hinblick auf den Wurzelgrund der Hoffnung. Allerdings ist damit zuallererst die äußere Möglichkeitsbedcingung der Hoffnung aufgezeigt. Hier steht eher die Quelle in Frage, die die Hoffnung hervorbringt. Es muß um die Suche nach demjenigen Ort im Menschen gehen, an dem die Hoffnung aufbricht. Die alternative Fragestellung bei der Beschreibung dieses Ortes, ob nämlich die Hoffnung hier aus dem Subjekt selbst entspringt oder ob sie ihm von außen gegeben wird, lenkt die Blickrichtung auf eine kausale Ebene, sie fragt nach der Wirkursache der Hoffnung. Marcel wird auch an dieser Stelle den Versuch unternehmen, eine solche rein kausale Betrachtung der Hoffnung und ihres Grundes zu vermeiden. Ferner wird so auch deutlich werden, daß sich eine Antwort nicht im Sinne einer klaren Zuweisung geben läßt. Beide hier möglichen Antworten würden der umfassenden Realität der Hoffnung nicht gerecht. Marcel will sich in der Lösung der Frage nicht auf theologisches Gebiet wagen[330]. Das bedeutet den Verzicht auf das klassische theologische Vokabular ebenso wie auf die von diesem gemeinte Realität, wenn dort versucht wird, eine Begründung des Charakters der theologalen Tugend als solcher und noch einmal verschärft für die Hoffnung als theologaler Tugend zu geben. Die trinitarische Verwurzelung, die auf theologischem Gebiet mit mehr oder weniger gutem Recht geleistet wird bzw. aufgezeigt werden soll[331], ist für Marcel

---

330 Vgl. ebd.

331 Es scheint, daß diese analoge Deutung der Trias der theologischen Tugenden zur Dreifaltigkeit Gottes *nicht* zum ursprünglichen Bestand der Trias gehört; vgl. dazu A. Michel, Art. Vertu, DThC XV/ 2, 2739-2799, bes. 2743-2753. In der augustinischen Tradition ist damit wohl eher eine überwiegend symbolische Übertragung gemeint, die zudem mit den drei Seelenkräften (memoria - intellectus - voluntas) arbeitet und erst dann als Analogie der Trinität im Sinne einer Wirkkraft, die göttlichen Ursprungs ist, möglich wird, wenn die *aretê* zur *dynamis* wird und damit für die menschliche Tugend und die Art göttlichen Handelns dasselbe Wort verwendet (vgl. E. Schockenhoff, Bonum hominis, 237f). Thomas v. Aquin scheint sich gegen sie zu wenden (vgl. E. Schockenhoff, a. a. O., 280 und die dort zitierten Stellen). Neuere Entwürfe versuchen diese trinitarische Verwurzelung noch einmal, so K. Rahner mit dem zentralen Terminus des »Von-sich-weg«, das die Hoffnung auszeichnet (Zur Theologie der Hoffnung, in: Schriften zur Theologie VIII, 561-579, hier 569). Relevant ist auch der bis dahin dargelegte Gang der Argumentation, durch den die

nicht zugänglich. Er verbleibt auf dem Gebiet der Philosophie. Dennoch läßt auch Marcel bereits in der Formulierung der Ausgangsfrage Raum für die mit der theologischen Überlegung aufgezeigten Sachverhalte, wenn er die Hoffnung in der Alternative, die er hier stellt, als »echte Gnade« oder »Merkmal eines übernatürlichen Beistandes« benennt. Diese Möglichkeiten liegen also zumindest in seinem Horizont. Bereits in *Position et approches concrètes du mystère ontologique* taucht bei aller Bescheidung auf die Philosophie die Möglichkeit, vielleicht sogar die Notwendigkeit eines Rückgriffes auf »Offenbarung« auf, wenn Marcel in einer klaren Unterscheidung Natur und Übernatur auseinanderhalten will. Die Erkenntnis, daß es im Menschen eine Disposition gibt, die er selbst, aus eigener Kraft, aus der Mühe der Reflexion nicht zu füllen vermag, sondern die nur von einer Offenbarung erfüllt werden kann, für die er sich verfügbar halten muß, gilt für Marcel nicht nur im Hinblick auf die Glaubensgeheimnisse des Christentums, sondern auch für die von ihm aufgezeigte Wirklichkeit des ontologischen Geheimnisses[332] .

Es müßte also bei der Untersuchung derjenigen Aussagen Marcels, die sich mit dem Ursprung der Hoffnung befassen, immer die Möglichkeit in Betracht gezogen werden, daß eine Lösung angestrebt wird, die der Wirklichkeit der »theologalen Tugend« sehr nahe

---

Hoffnung als bleibend (*menei*) nach 1Kor 13 bezeichnet werden kann, anderseits auch bleibend auf Glaube und Liebe bezogen. Für Rahner ist so auch das Getragensein der Hoffnung durch und in Christus aufzuweisen (575). Zu fragen bleibt hier jedoch, ob der Terminus des »Von-sich-weg« exakt genug ist, um der Hoffnung auch in ihren klassischen theologischen Formulierungen (die Rahner voraussetzt (562f)) gerecht zu werden. - H. U. v. Balthasar ist als zweiter Vertreter eines solchen Bemühens zu nennen. In einer eher augustinisch geprägten Tradition stehend, verbindet er das Symbolische der augustinischen Hoffnungsdeutung mit seinem speziell ausgearbeiteten Analogiedenken. Eine Nähe zu Rahners Modell des »Von-sich-weg« ist damit durchaus gegeben. Die Gedanken v. Balthasars sind dargelegt in: Zu einer christlichen Theologie der Hoffnung: MThZ 32 (1981), 81-102, ferner in: Theodramatik IV, 122-167 sowie in dem Aufsatz *Die Einheit der theologischen Tugenden*. Als Frage bleibt, ob das Modell, das - ausgehend von der Formulierung der Trinitätstheologie - Glaube, Hoffnung und Liebe zu deuten versucht, auf Gott rückübertragen werden kann.

332 Vgl. PosApp 90f/ MWA I 86.

kommt[333], ohne daß eigentlich die Philosophie in Richtung auf die Theologie verlassen würde.

1. Der Ursprung der Hoffnung im Subjekt

Ein oberflächlicher Blick auf die Hoffnung kann in ihr so etwas wie eine organische Weigerung sehen, die aus der physiologisch-psychologischen Konstitution des Menschen aufsteigt und ein Anzeichen für den Rest an Vitalität ist, der dem Subjekt verblieben ist, auch wenn es in einer Situation äußerster Bedrohung steht[334]. Eine solche Deutung des Ursprungs der Hoffnung vermag aber nicht zu erklären, daß die Hoffnung auf etwas ausgerichtet ist, wodurch sie selbst grundlegend überstiegen wird. Die Hoffnung, die nur aus der psycho-physischen Realität als ein Prozeß erklärt wird, der sich in Situationen der Angst in Gang setzt, endet auch bei derselben, rein immanenten Wirklichkeit. Die Hoffnung könnte hier nichts weiter im Blick haben als die Wiederherstellung des eigenen leib-seelischen Gleichgewichts. Die Vorwürfe, die Marcel gegen die Affektenlehre richtet, verdeutlichen seinen Standpunkt. Wird die Hoffnung nur als Wunsch eines Guten (im Gegensatz dazu die Furcht vor einem künftigen Übel) in die affektive Welt verlegt, so bleibt sie abgeschnitten von der Wirklichkeit, eine Stimmung, die im Höchstfall die Grenzen des eigenen Tuns positiv erweitern kann, jedoch nie zu einer Teilhabe an der Wirklichkeit gelangt, wie Marcel sie konzipiert.

Die Hoffnung zielt nun aber genau auf das, was nicht von uns abhängt[335], was ich nicht selbst hervorbringen kann. Marcel scheint nun diese allgemeine Bestimmung des Gegenstandes der Hoffnung als das, was dem Hoffenden schlechthin unverfügbar und seiner Herstellungskraft entzogen ist, auf den Ursprung der Hoffnung zu übertragen.

Dies geschieht einerseits in einer tieferen Bestimmung dessen, was ich selbst hervorbringen kann. Dieses, so Marcel, ist etwas, das mir äußerlich bleibt. Das, was ich aus dem bloßen Vermögen meiner Sub-

---

[333] Dies gilt zumal dann, wenn die Begründung als theologale Tugend aus deren Ursprung versucht wird.

[334] Vgl. HV 48/ HVd 38/ MWA I 124.

[335] PosApp 73/ MWA I 76.

jektivität hervorbringe, aus eigenem erstelle, auch all das, was ich an Entscheidungen zu treffen vermag, die scheinbar von nichts anderem abhängig sind als als von meinem Willen, all dies bleibt mir gegenüber gleichgültig, gehört nicht wesentlich zu mir, hierin bin ich austauschbar. Mein Sein ist demgegenüber das, was ich nicht betrachten kann als etwas, das von mir abhängig ist; ich verdanke nicht mir selbst dieses Sein. Es ist jedoch genau das, was mich unverwechselbar sein läßt[336].

Die ontologische Begründung, die sich hier andeutet, scheint auch in dem anderen Bild auf, das Marcel einsetzt, in einer vorsichtigen Abgrenzung gegen Bergson: Die Hoffnung ist der Schöpfung verwandt. In ihrem Auslangen auf die Zukunft, in dem prophetischen Vorwegnehmen des Kommenden zeigt sich eine Verwandtschaft zum künstlerischen, schöpferischen Prozeß.

2. Vermittlungsmodelle zwischen subjektivem Ursprung und Vorgegebenheit

Der schöpferische Prozeß

Für Bergson wird das Schöpferische, die Entwicklung, geradezu zum Merkmal seiner Philosophie. Dies versteht er allerdings so, daß der Hauptakzent auf der hervorquellenden Innovation liegt (innovation jaillissante). Damit verliert aber Bergson in den Augen Marcels jene Verwurzelung der Schöpfung im Sein aus dem Blick, die für letzteren entscheidend ist. Bei der Schöpfung handelt es sich nicht um die Hervorbringung eines herkunftslos Neuen, sondern offensichtlich um die Ausführung einer im Sein verwurzelten Idee[337]. Dies soll weiter unten noch dargestellt werden. Bereits hier kann aber als bedeutsam festgehalten werden, daß Marcel die Hoffnung aus dem Bereich einer bloß subjektiven Anlage herausführt, nicht aber, indem er genau das Gegenteil, eine Herkunft der Hoffnung »pure ex gratia« formuliert[338],

---

[336] Vgl. HV 84/ HVd 79f/ MWA I 149.

[337] Vgl. PosApp 76f/ MWA I 77f, wo Marcel auch den Begriff der schöpferischen Treue einführt.

[338] Vgl. Thomas von Aquin, Sth II-II 17, 1 ad 2. Richtig verstanden dürfte das aber auch bei Thomas nicht als das strikte Gegenteil einer autarken Verfassung

sondern indem er nachweist, daß in dem Bereich, den ich mir als den eigensten zurechnen möchte, letztlich auch der Anteil dessen, was ich mir nicht selbst verdanke, sondern was mir zukommt, am größten ist. Implizit ist damit eine Charakterisierung des Hoffenden verbunden. Er ist von einer gewissen Durchlässigkeit, Transparenz[339]. Diese Durchlässigkeit besteht zum einen in jenem Verfügbarsein gegenüber dem vom Sein an ihn herantretenden Anspruch, das in genauer Entgegensetzung steht zu einem auf sich selbst bezogenen Verständnis von Autonomie, das in letzter Konsequenz in die Verzweiflung führt[340]. Anderseits besteht der zum Sein verhelfende Selbstbesitz in der Hingabe an die konkreten Formen der Seinsannäherung, der Annäherung an das Geheimnis des Seins: Marcel nennt diese Erscheinungsform, die das Leben in solcher Perspektive annimmt, ein ausstrahlendes Leben, »une vie rayonnante«[341] und setzt es der Hoffnung gleich. Das Verfügbarsein dem Seinsgeheimnis gegenüber wird hier in seiner doppelten Ausgespanntheit kenntlich: Es kann, auch in der Hoffnung, keinen Ausgriff auf das Sein geben, der sich der intersubjektiven Wirklichkeit entziehen würde. Die intersubjektive Natur der Hoffnung[342] vermag die Frage nach dem Ursprung der Hoffnung sicherlich nicht in einer kausalen Form zu beantworten; von der Erscheinungsgestalt der Hoffnung aber ist es für Marcel evident, daß sie genau dadurch von einer bloß inneren Disposition, einem psychologischen Status unterschieden werden kann. Es ist nun die andere Seite zu prüfen: Wenn die Hoffnung nicht eine Hervorbringung des Hoffenden ist, muß sich der Anstoß, der den Menschen von außen her zur Hoffnung antreibt, ausfindig machen lassen. Da jedoch der Befund negativ ausfallen wird, wenn man bei Marcel nach einem kausalen Ursprung der Hoffnung fragt, muß die Frage anders gestellt wer-

des Menschen gefaßt werden, da Gnade immer den Anknüpfungspunkt in der menschlichen Natur voraussetzt und nicht denkbar ist außerhalb einer *cooperatio*.

339 Vgl. PosApp 86/ MWA I 83.

340 Vgl. PosApp 87/ MWA I 84.

341 StructEsp 56.

342 Vgl. ebd.

den: Lassen sich überhaupt Kennzeichen dafür ausmachen, daß die Hoffnung gleichsam von außen bestimmt ist?

Hoffnung als Erfahrung

Die Parallele zum Gedanken des Schöpferischen kann als ein erster Hinweis gelten. Eine weitere Andeutung findet sich dort, wo Marcel die Hoffnung als eine Erfahrung beschreibt[343]. Diese Erfahrung, die er an den Ausgangspunkt seiner Überlegungen über die Hoffnung stellt, zeichnet sich genau dadurch aus, daß ihr die Determination durch ein konkretes, festlegbares Objekt fehlt. Die Abhängigkeit könnte in diesem Fall als eine eindeutig fixierbare erscheinen: In dem Ausdruck: »ich hoffe, daß ...«, in dem ein bestimmtes Ereignis, ein bestimmter Zustand angezielt ist, kommt ein sehr enges Verursachungsverhältnis zum Vorschein: Ein konkretes, außerhalb meiner liegendes Geschehen, dessen Eintritt ich wünsche, oder ein konkreter Gegenstand, in dessen Besitz ich sein möchte, rufen in mir eine affektive und voluntative Ausspannung auf dieses Objekt hervor[344]. Läge das auch noch in der Linie einer Argumentation, die die Entzogenheit des Ursprungs der Hoffnung, also ihre Abhängigkeit von einem »Außen« nachweisen will, so ist doch diese Abhängigkeit von einem konkreten Objekt nicht als Erhellung des Ursprungs wirklicher Hoffnung zu verstehen, sondern vielmehr als Verzerrung, als verkümmertes Abbild dieser Hoffnung[345]. Wenn es Marcel um den

---

343 HV 39/ HVd 28/ MWA I 118.

344 Marcel nennt diese Hoffnungen, dieses Hoffen, das nur ein konkretes, überschaubares Objekt anzielt, ein »j'espère dégradé«, ein entwertetes Hoffen (HV 39/ HVd 28/ MWA I 118). Damit und mit den hier dargestellten Überlegungen ist allerdings keine Hoffnung angestrebt, die gegenstandslos und damit gleichsam in eine idealisierte Absolutheit entrückt wäre. Die konkrete Philosophie Marcels geht nicht nur phänomenologisch vor, indem sie die konkreten Situationen zum Sprungbrett einer sie übersteigenden Hoffnung nimmt, sondern die Hoffnung, obgleich sie in ihrer Tendenz alles Gegenständliche übersteigt, richtet sich sehr wohl auch auf ein in diesem Sinn Immanentes (die Befreiung des Vaterlandes, die Rückkehr des geliebten Wesens). Vielleicht aber kann man sagen, daß in diesen Gegenständen, die die Hoffnung anzielt, ein Unerschöpfliches durchscheint.

345 Vgl. HV 39/ HVd 28/ MWA I 118.

Nachweis der den eigenen Kräften entzogenen Anfänge und Gründe der Hoffnung geht, so muß dabei für ihn doch gewährleistet sein, daß - in augustinischer Tradition - diese Ursprünge »im Grunde dessen, was ich bin (au fond de ce que je suis) verwurzelt sind«[346]. Stützte sich die Hoffnung lediglich auf ein im Sinne des konkreten Objektes Äußeres, fände sie ihre Quelle nur in einem gegenständlichen Bereich, dann müßte gesagt werden, daß die Hoffnung nichts ist, was in der Tiefe meiner selbst verwurzelt ist, dann reduzierte sich die Hoffnung auf »die Lösung eines kleinen praktischen Wahrscheinlichkeitsproblems«[347].

Die Entzogenheit der Ursprünge der Hoffnung manifestiert sich noch in einem anderen Phänomen, das hier zur Sprache kommen soll. Mit dem Blick auf die Situation der *Prüfung*, die Marcel als Möglichkeitsbedingung der Hoffnung ansieht, bemerkt er, daß wir nicht wissen können, was eine Prüfung aus uns machen wird, welche Kraftquellen wir zur Verfügung haben, um die Prüfung zu überstehen[348]. Der Gedanke einer »Physik der Hoffnung« erscheint Marcel absurd; die Hoffnung ist nicht konstruierbar in dem Sinne, daß ich ihr Auftreten mit Notwendigkeit voraussagen kann, wenn nur ihre Möglichkeitsbedingung in Gestalt einer bestimmten bedrängenden Situation zusammentrifft mit benennbaren psychologischen Prädispositionen[349]. Dies hält Marcel für Versuche, a posteriori zu erklären, was in sich nicht erklärbar ist, das in sich Geheimnis bleibt, »qui demeure en soi mystère«[350]. Wahr ist vielmehr, daß die Hoffnung unverfügbar ist, d.h. jedem »technischen« Zugriff entzogen, der sie hervorbringen wollte. So wie mir die Gründe für ihr Auftreten insofern entzogen sind, daß ich sie als außerhalb meiner liegend denken muß, so ist mir auch die Tatsache des Auftretens der Hoffnung entzogen: ich kann auf die Hoffnung nicht rechnen, sie nicht aus einer gegebenen Konstellation errechnen.

---

346 HV 40/ HVd 29/ MWA I 118.

347 Ebd.

348 HV 49/ HVd 40/ MWA I 125.

349 Vgl. HV 49/ HVd 39/ MWA I 124f.

350 HV 49/ HVd 39/MWA I 125.

Das wirft nun eine Reihe von Problemen auf.

- Wenn, was im folgenden noch zu zeigen ist, ein personales Seiendes am Grund der Hoffnung gedacht wird, dann verleitet das über die Unverfügbarkeit der Hoffnung Gesagte dazu, dieses Sein als willkürlich »Handelndes« zu betrachten.
- Ist der Anfang der Hoffnung solchermaßen in zweifacher Weise entzogen, einmal in erkenntnismäßiger Weise, so daß ich die Quelle nur als verborgen annehmen kann, zum anderen im Hinblick auf das tatsächliche Entstehen der Hoffnung, dann muß so etwas angenommen werden wie eine Hoffnung auf die Hoffnung.
- Damit ist dann schließlich auch die Frage nach dem Charakter der Hoffnung als theologaler Tugend zu stellen, soweit sie hier überhaupt beantwortet werden kann. Wenn das *»in nobis sine nobis«* als grundlegend angesehen wird, handelt es sich dann überhaupt noch um etwas, das im Sinne einer *»virtus«* in meiner eigenen Strebekraft wurzelt?

Cooperatio als Schlüsselbegriff einer Lösung

Diese Fragen, die das Problematische der Überlegungen um den Ursprung der Hoffnung verschärft aufzeigen, finden ihre Lösung nur in einem Modell, das es versteht, die Faktoren, die meiner Verfügung ganz und gar entzogen sind, und diejenigen, die die Hoffnung als äußerste Aktivität meiner selbst, als aktive Teilhabe und tiefes Engagement bestimmen, gleichermaßen zu integrieren. Ein solches Modell wird die Züge einer *cooperatio* zwischen dem mir entzogenen Ursprung der Hoffnung und meinem eigenen Vermögen annehmen.
Es ist hier noch einmal zurückzugreifen auf den in der Hoffnung gegebenen schöpferischen Aspekt. In den verschiedenen Annäherungen, die Marcel an den Begriff des Schöpferischen heranführen, wird die Verschränkung von Hervorbringen und Empfangen, von Eigenstem und Fremdem, von Autonomie und tiefster Abhängigkeit sichtbar. Die Zugehörigkeit der Hoffnung zu einem schöpferischen Prozeß bringt Marcel dort zum Ausdruck, wo er die Hoffnung gegen den Verdacht einer rein subjektiven Einstellung in Schutz nehmen will[351].

---

[351] Vgl. HV 77/ HVd 72/ MWA I 144.

Diese auf den ersten Blick paradoxe Bemerkung - ist doch die Schöpfung in der Regel *der* Ausdruck höchster Eigenständigkeit und Selbstwirksamkeit - verliert ihr Widersprüchliches, wenn die Überlegungen Marcels zur Schöpfung, zum schöpferischen Prozeß näher in den Blick genommen werden[352].
Die Schöpfung, das Erschaffen, ist für Marcel nicht zu verwechseln mit dem Produzieren[353]. Das Produzieren in einem mehr technisch verstandenen Sinn bindet Marcel wohl eher an den Begriff der Funktion an, auf dessen Hintergrund die Marcelsche Fundamentalunterscheidung zwischen dem Mysterium und dem Problem, dem Sein und dem Haben erkennbar wird. Sobald es sich aber um Schöpfung im eigentlichen Sinn handelt, so Marcel, befinden wir uns im Bereich des Seins[354]. Diese lapidare Notiz muß aber im Hinblick auf konkretes schöpferisches Tun erläutert werden. Zur Erhellung der Fragestellung nach der Vermittlung von äußerer Abhängigkeit und selbständiger Spontaneität im Zustandekommen der Hoffnung findet sich dort eine Antwort, wo Marcel die Schöpfung einordnet in den Bereich des Mysteriums, außerhalb dessen es keine wirkliche Schöpfung geben könne[355]; außerhalb eines Mysteriums, »das den Schöpfer umgibt und durch ihn hindurchdringt, so daß das, was wir Schöpfung (création) nennen, im Grunde eine Vermittlung ist, in der, wie die Romantiker es sahen, Passivität und Aktivität sich vereinen und verschmelzen«[356]. Der Schöpfer stellt sich einer Sache zur Verfügung, die einerseits von ihm abhängt, in ihrem Sein, ihrer Entstehung und konkreten Ausführung, die aber anderseits diesen Bereich überschreitet; der Begriff des Verfügbarseins, den Marcel hier verwendet und der zu seinem bevorzugten Vokabular gehört, deutet an, daß es sich hier um etwas handelt, »das jenseits von dem liegt, was er [der Schöpfer] ist, ... was er

352 Zum Begriff der »Création« vgl. S. Plourde, Vocabulaire philosophique de Gabriel Marcel, 154-163.

353 Vgl. HV 31/ HVd 22/ MWA I 115.

354 Vgl. EA I 188/ SH 161/ MWA II 253.

355 Vgl. EPC 180/ SchTr 117/ MWA III 102.

356 Ebd.

geradezu und unmittelbar aus sich selbst zu ziehen sich zutrauen kann«[357].

Deutlich wird das vor allem auf dem künstlerischen Gebiet: Der Künstler, so Marcel, ist nicht in erster Linie *Erfinder*. Das Erfinden im Sinne eines reinen Ausdenkens ordnet Marcel der eigentlichen Schöpfung unter, insofern diese nicht vollständig, vielleicht nicht einmal hauptsächlich aus eigenem Wunsch, aus eigener Vollmacht zu erklären ist[358]. Die Schöpfung sei »wesentlich ein Keimen«[359], und es sei schwierig, den Anteil des Eigenen in diesem Prozeß dieses Keimens zu bestimmen. In ähnlicher Weise läßt sich der Begriff des Schöpferischen auch anwenden auf das Tun eines interpretierenden Künstlers, beispielsweise eines Musikers, der, indem er ein Musikwerk wiedergibt, die Zeichenschrift der Partitur dechiffriert, nicht nur etwas reproduziert, sondern, weil er sich diesem Werk zur Verfügung stellt, tatsächlich schöpferisch tätig ist, in dem bereits angedeuteten Sinn, daß in diesem Vorgang eigenes Tun, strengstes Engagement mit dem Verfügbarsein für das von außen auf den Schöpfer Zukommende, mit höchster Rezeptivität verschmilzt[360]. Von diesen Bemerkungen über den Begriff des Schöpferischen, der Schöpfung, zumal in der künstlerischen Gestalt, sollen nun noch einmal diejenigen Merkmale der Hoffnung ins Licht gehoben werden, welche die gemeinte Verwandtschaft zwischen der Hoffnung und dem Schöpferischen vertieft aufzeigen können.

---

[357] HV 31/ HVd 23/ MWA I 115.

[358] Vgl. PrésImm 134/ GegUnst 209/ MWA II 343. Diese Sicht des Künstlerischen wendet Marcel auch an, wenn er über sein eigenes dramatisches Werk spricht (vgl. ebd.). Es ist für ihn wichtig, daß man seine Dramen nicht als »Illustrationen eines Vorgedachten«, also als »théâtre philosophique« ansieht, sondern als ein Geschehen zwischen Seienden, in welchem sich Existenz wirklich offenbart und nicht konstruiert wird. So kann Marcel sagen, daß seine Dramen häufig der philosophischen Reflexion vorausgehen, sie prägen und im lebendigen Dialog vorwegnehmen. Damit beansprucht er für sich die Rolle des wahrscheinlich existentiellsten Denkers der gegenwärtigen Philosophie (vgl. PhilTest 85/ MWA III 324).

[359] PrésImm 134/ GegUnst 210/ MWA II 343.

[360] Vgl. PrésImm 18/ GegUnst 23f.

So nennt Marcel die Hoffnung in Abgrenzung von einem technischen und auf reine Zweckmäßigkeit ausgerichteten Vorgehen eine Berufung auf das Vorhandensein einer gewissen Schöpferkraft in der Welt (l'existence d'une certaine *créativité* dans le monde)[361] , womit genau dies gemeint ist: die Disponibilität für eine mir selbst unverfügbare Schöpferkraft, die zwar das je eigene Engagement nicht ausschließt, die es vielmehr einfordert, es aber zugleich auf eine höhere Stufe stellt, wo es zu einem demütigen Empfangen nicht mehr in Widerspruch steht.

Daher sind alle diejenigen Elemente einem wirklich schöpferischen Empfangen, einem Engagement, das sich einem schöpferischen Prozeß zur Verfügung stellt, zutiefst fremd, welche eine Berufung allein auf die aus eigenem zur Verfügung stehenden Mittel beinhalten. Wenn die Hoffnung von Marcel in die Nachbarschaft des *Willens* gestellt wird[362] , dann ist damit nicht eine Anspannung, eine Versteifung gemeint, eine verhärtete Autonomie (crispation, contraction, repli sur soi)[363] , sondern gerade jene Transparenz, die die Schöpfung als Entspannung (détente) erscheinen läßt[364] . Dieses Schöpferische lebt ja nicht aus den selbstgefertigten Quellen des Subjekts und muß sich daher auch nicht allein auf diese konzentrieren, sondern kann in der Sammlung, in demütigem Empfangen in eine weitere ontologische Dimension vordringen, die einem auf sich selbst bezogenen Subjekt verborgen bleiben muß[365] .

Mit der Erwähnung der ontologischen Dimension ist ein Stichwort gefallen, mit dessen Hilfe diese Verbindung von Engagement des Hoffenden und Unverfügbarkeit der Hoffnung noch einmal tiefer gedeutet werden kann. Vorausgesetzt ist dabei die Ablehnung jener vom Idealismus herkünftigen Deutung des Seins, die von einem das Sein

---

361 HV 69/ HVd 63/ MWA I 139 (Hervorhebung vom Vf.).

362 PosApp 75/ MWA I 76.

363 PosApp 76/ MWA I 77.

364 PosApp 75/ MWA I 77.

365 Vgl. PosApp 76/ MWA I 77. In poetisch überzeugender Form erscheint dieser Aspekt der Hoffnung in den Seiten über den *Schlaf* in: Ch. Péguy, Das Tor zum Geheimnis der Hoffnung, 153ff.

setzenden Bewußtsein ausgeht[366]. Das Sein ist für Marcel vielmehr das, was in dem Schlüsselbegriff der »Exigence ontologique«, der Seinsforderung hervortritt. Sie erscheint zunächst als aufsteigend aus der Erfahrung einer Welt, die dem Un-Sinn anheimfallen müßte, wenn es das Sein nicht gäbe. Sie erhebt sich im Subjekt als ein Verlangen, das keine logische Notwendigkeit postuliert, sondern einen Anruf darstellt[367]. Zugleich aber - und diese Tatsache verdient im hier behandelten Zusammenhang das Augenmerk - stellt sich diese Seinsforderung als etwas dar, dessen *Sitz* ich eher bin als daß ich es hervorbringe[368]. Daß Marcel diese beiden Gesichter der »Exigence ontologique« aufzeigt und damit gerade die Frage nach dem Ursprung dieser Seinsforderung in der Schwebe hält, da er beide »Seiten« in einem Zugleich an der Wurzel der Seinsforderung stehen läßt, läßt sich analog auf die Hoffnung übertragen[369].
Versucht man nun nach den angesprochenen Überlegungen eine umfassendere Antwort auf die Frage nach dem Ursprung der Hoffnung, so kann diese nur in der Richtung der bereits angedeuteten *cooperatio* liegen. Diese muß einerseits die Unverfügbarkeit der Hoffnung als deren zentrales Merkmal beinhalten. Die Hoffnung ist wesentlich *Gabe*[370], nicht aus eigenen Kräften hervorzubringen. Anderseits bedeutet diese Gabe zugleich auch eine Anforderung an den Menschen, der sich ihr stellt, sie wird nur dort empfangen, wo sie auf ein verfügba-

---

366 Vgl. PosApp 54/ MWA I 64.

367 Vgl. PosApp 51/ MWA I 62f.

368 PosApp 56/ MWA I 66: »... une affirmation que je suis plutôt que je ne la profère; ...dont je serais le siège plutôt que je n'en serais le sujet«.

369 Aus dieser Schwebe heraus ist die zunächst befremdliche Interpretation von P. Kampits zu verstehen, der die exigence ontologique einseitig im Sinne einer Forderung des Seins (genetivus subiectivus) deutet, als ein vom Sein ausgehendes Verlangen, »einer an mich als den Fragenden gerichteten Forderung« (Gabriel Marcels Philosophie der zweiten Person, 24). Verständlich wird diese Interpretation, auch wenn sie zunächst nicht aus den Texten Marcels unmittelbar aufscheint, durch die Erklärung von Kampits, daß sich diese Forderung nicht als etwas darstellt, was ich behaupte, sondern das sich in mir behauptet (62). Damit ist die Verschränkung von Engagement des Subjekts und von außen kommendem Anruf besser dargestellt.

370 Vgl. HV 84/ HVd 80/ MWA I 149.

res Wesen trifft. Hoffnung bedeutet nicht so sehr die Ausrichtung eines Strebens auf ein bestimmtes Objekt, sondern hoffen heißt »in der Hoffnung leben«[371], heißt sich hineinstellen in eine dem Zugriff unverfügbare Ordnung. An der Wurzel der Hoffnung entdeckt Marcel etwas, das uns »buchstäblich angeboten wird (qui nous est littéralement offert)«[372]; die Gabe offenbart sich als *Ruf*, den zu bejahen wir aufgefordert sind, dem wir uns aber auch verweigern können[373].
Mit dieser Anforderung an das Subjekt ist auch gegeben, daß Marcel die Hoffnung als eine Tugend bezeichnen kann, als »besondere Ausprägung (spécification) einer bestimmten inneren Kraft«[374], die auch den Fortbestand der Hoffnung, ihr Durchtragen in Stunden der Dunkelheit ermöglicht. Damit ist dann der hier nicht weiter ausgeführte Aspekt einer Treue zur Hoffnung angesprochen.
Die Grundgestalt der Antwort auf den Ruf wie auch der Bedingung der Möglichkeit auf seiten des Subjekts dafür, daß dieser Ruf überhaupt empfangen werden kann, besteht in der Verfügbarkeit. Diese ist in die den wichtigsten Aufsatz Marcels über die Hoffnung abschließende Definition eingegangen und nimmt hier den zentralen Ort ein. »Die Hoffnung«, so schreibt Marcel hier, »ist von Wesen her die Verfügbarkeit einer Seele, die sich in eine Erfahrung der Gemeinschaft innerlich genug eingelassen hat, um gegen den Widerstand des Willens und der Erkenntnis jenen transzendierenden Akt zu verwirklichen, durch den sie die lebendige Dauer (la pérennité vivante) bestätigt, für die diese Erfahrung zugleich Unterpfand (gage) und Anfang (prémices) ist«[375]. Das Verfügbarsein erscheint in dieser Definition als *das* Grundcharakteristikum der Hoffnung, das in der Verwirklichung der Teilhabe zu seiner vollen Gestalt aufbricht. Dabei empfängt der Hoffende allererst die Strebekraft, die die Hoffnung als transzen-

---

[371] HV 82/ HVd 78/ MWA I 148; HV 85/ HVd 80/ MWA I 149.

[372] HV 84/ HVd 80/ MWA I 149. HVd übersetzt fälschlicherweise »angeboren wird«. Es scheint sich um einen Druckfehler zu handeln, der aber leider auch in MWA I 149 übernommen wird.

[373] HV 84/ HVd 80/ MWA I 149.

[374] Ebd.

[375] HV 90f/ HVd 87/ MWA I 154.

dierenden Akt kennzeichnet, aus der Erfahrung der Gemeinschaft (expérience de communion)[376].
Die Anknüpfungspunkte einer solchen Konzeption der Hoffnung zu dem traditionellen Verständnis der Hoffnung als Tugend liegen offen zutage. Eine Verschränkung zwischen einer Disposition, einem guten Willen und denjenigen »Initiativen, deren Ursprung unserem Zugriff entzogen ist und da liegt, wo die Werte Gnaden sind«[377], ist hier wie dort Grundmodell. Marcel nimmt diese Struktur für die Erfassung des ontologischen Mysteriums ebenso an wie für die Hoffnung, die hier einen Aspekt bildet. Nur ein »être engagé«, ein engagiertes Wesen ist in der Lage, das, was im Sinne einer Offenbarung an dieses Wesen ergehen muß, zu empfangen[378].

VII. Das Wirken der Hoffnung

Stellt man die Frage nach dem Wirken der Hoffnung, nach dem, was sie zu leisten vermag, was sie hervorbringt, so treten mehrere Probleme in das Blickfeld. Die Frage zielt in eine Richtung, die bereits mit den Überlegungen verbunden war, welche das Zukunftsverhältnis des Hoffenden zum Gegenstand hatten: Als prophetische Hoffnung steht sie in einem Teilhabeverhältnis zur Zukunft, das als schöpferisch gekennzeichnet worden war.
Dabei muß nun aber einen Schritt weitergegangen werden. Handelt es sich bei der Hoffnung lediglich um eine Schau, eine Vorausschau, oder läßt sich hier ebenso von einem Einfluß sprechen in dem Sinne, daß die Hoffnung selbst als gestaltende Macht auf die Zukunft wirkt? Liegt es in der Intention der Hoffnung, diejenigen Kräfte zu mobilisieren, die eine Veränderung der Gegenwart im Hinblick auf das in der Hoffnung gegenwärtige Bild der Zukunft bewirken können? Oder, ohne diese Umsetzung in das Feld des Handelns zu leisten, hat

---

[376] Ebd.

[377] HV 85/ HVd 81/ MWA I 150.

[378] Vgl. Pos App 90f/ MWA I 86.

die Hoffnung nur eine sekundäre, die Haltung des Hoffenden verändernde Wirkung? Ruft sie, durch die gewonnene Überzeugung, daß am Ende alles gut ausgehen wird, »nur« einen Perspektivenwechsel beim Hoffenden hervor, so daß dieser, über den Ausgang der Prüfung, in der er sich befindet, beruhigt, die Gegenwart in einem helleren Licht sieht? Die günstigere Stimmung des Hoffenden könnte dann als Ausstrahlung auf die mit ihm gemeinsam in der Prüfung Befindlichen wirken und so die Gegenwart erträglicher gestalten. In diesem Sinne wäre die Hoffnung eine zwar vorausschauende, aber in ihrem Wirken auf die unmittelbare Gegenwart begrenzte Hoffnung; letztlich wäre ihre Wirkung eine rein subjektive Änderung der Sichtweise, kaum zu unterscheiden von einer Autosuggestion, die mit dem Blick auf eine erträglich zu gestaltende Gegenwart sich selbst eine gute Zukunft einredet[379]. Der tatsächliche Einfluß der Hoffnung auf die Zukunft könnte dann nur noch verstanden werden als diesem Prozeß nachfolgender.

Marcel nennt - aus dem Kontext der Entstehung seines Essays über die Hoffnung - die Situation des unterdrückten Vaterlandes als eine exemplarische Situation, in der die Hoffnung entsteht[380]. Wäre nun die Hoffnung eine bloß subjektive Tröstung über die nicht endlos

---

[379] Vgl. HV 60/ HVd 52f/ MWA I 132f. Die Hoffnung erscheint als »psychologischer Mechanismus«; HV 48/ HVd 38/ MWA I 124: hier erscheint dasselbe Phänomen als Ausdruck einer organischen Weigerung, eine unerträgliche Lage anzunehmen. Allerdings hat Marcel an derjenigen Seite der Hoffnung, die als Autosuggestion erscheint, gewisse Akzente anzubringen. Die Hoffnung auf Zukunft erscheine als »mächtiger Hebel« für unzählige Unterdrückte und Kämpfer (ME II 150f/ GeS 468). Verurteilt man die Hoffnung als Autosuggestion, dann steht man letztlich in einer Spaltung der Welt in Subjekt und Objekt, weist die Autosuggestion auf die Seite rein subjektiver Angelegenheit (vgl. ME II 161f/ GeS 481f) und gesteht zwar ein, daß z.B. bei einem Kranken diese Hoffnung »Genesungskräfte zeugen« kann, aber als Autosuggestion sei sie eine »Selbstnasführung«, die im Gegensatz stünde zu »einem sachlichen Verfahren, das auf autonome Weise abliefe« (ME II 162/ GeS 481). Neben der Tatsache, daß auch der Skeptiker nicht beantworten kann, wie dann solche tatsächlich beobachtbaren Wirkungen der Autosuggestion zustandekommen (ME II 162/ GeS 482), muß aus der Sicht Marcelschen Denkens eine solche Trennung bloß subjektiver Veränderung und bloß objektiver Wirklichkeit verworfen werden.

[380] z.B. HV 64f/ HVd 58/ MWA I 136.

dauern könnende Besetzung der Heimat, so müßte ihr Einfluß auf die tatsächliche Situation insofern begrenzt sein, als sie nichts weiter versuchte, als diese Gegenwart geduldig zu ertragen und so die Kräfte, die man in der Verzweiflung aufzehren würde, für den zwar herbeigesehnten, aber am Horizont noch nicht erkennbaren Tag der Befreiung und die ihm folgende Zeit zu bewahren.

Mit einer zweiten Grundsituation, derjenigen des Kranken, der auf seine Heilung hofft, kann verdeutlicht werden, was hier gemeint ist. Die Hoffnung kann hier vom Standpunkt einer Kritik, die um die Unheilbarkeit der Krankheit weiß, als »organische Weigerung« betrachtet werden, diese unerträgliche Lage anzunehmen; sie sei, so wendet man ein, das Maß für einen Rest an Vitalität, der dem Subjekt noch verblieben ist, und ihre einzige Wirkung bestehe darin, die noch verbleibende Zeit solange als möglich erträglich zu gestalten[381]. Mit einem gewissen Wohlwollen könnte die Hoffnung in einer noch nicht aussichtslosen Lage auch als eine innere Triebfeder betrachtet werden, »eine durchaus nützliche Hilfe für jeden, der sich mit seinem ganzen Sein für ein Werk einsetzt«[382]. Sie ist hier nur subjektive Haltung (disposition subjective)[383], subjektives Anregungsmittel (stimulant subjectif)[384], das letztlich nicht in einem Bezug zur Wirklichkeit steht, aber durchaus hilfreich ist, um einen Prozeß, z.B. den einer Heilung oder auch den Aufbau eines Landes oder einer Institution zu fördern. Die Hoffnung selbst wird hier zu einem Mittel, einsetzbar für einen Zweck.

Damit scheinen die möglichen Alternativen ausreichend angedeutet zu sein. Entweder ist die Hoffnung zu verstehen als eine die Zukunft gestaltende Macht, die Kräfte freisetzt und durch das Bild der Zukunft den Einsatz dieser Kräfte legitimiert oder unterstützt, oder ihre Wirkung beschränkt sich auf die Stimmungslage des Hoffenden.

---

[381] HV 48/ HVd 38/ MWA I 124.

[382] »... elle est propre à stimuler utilement ceux qui s'y engagent de tout leur être« HV 77/ HVd 71f/ MWA I 144.

[383] HV 77/ HVd 72/ MWA I 144.

[384] HV 77/ HVd 72/ MWA I 144f.

Die erste Möglichkeit konnte bereits aufgrund ihres Charakters als *spes militans* beurteilt werden. Ihr Gegenbild, für das sich Marcel zu entscheiden scheint, war als dasjenige der *spes patiens* beschrieben worden. Der (letztlich zurückgewiesene) Kausalnexus, der für eine kämpferische Hoffnung zwischen dem Hoffenden und seinem Ziel aufgedeckt worden war, bleibt aber auch dann fortbestehen, wenn zwar nicht ein direkter Einfluß auf die Zukunft nachgewiesen wird, aber doch ein sekundärer Einfluß angenommen wird, der den Hoffenden durch seine von der Zukunft geprägte Stimmung zu einem Gestalten der Zukunft befähigt. Lehnt man es ab, für die Hoffnung überhaupt diese kausale Ordnung gelten zu lassen - und Marcel ist aufgrund seiner Konzeption des »Mystère« auf dieser Seite zu finden -, so muß man sich einem Einwand stellen, der die Hoffnung letztlich als nutzlos, unsinnig, schwach, ohne Interesse an der Gestaltung der Welt schelten würde und die Frage nach der Hoffnung daher als verzichtbar beiseitelegen könnte.

Will man diesen Einwand widerlegen, d.h. aufzeigen, daß in der Hoffnung tatsächlich eine wirkmächtige Kraft vorliegt, daß es sich in ihr nicht um eine untätige Vorausschau handelt, sondern daß die Hoffnung vielmehr tatsächlich etwas bewirkt, daß sie nicht ohnmächtig dem, was sie vorfindet, gegenübersteht; möchte man anderseits aber vermeiden, sich in die aufgezeigten Alternativen der kausalen Ordnung zu begeben und in der Hoffnung auf jeden Fall ein *Mittel* zu sehen, dann muß nach einer Ordnung gesucht werden, nach einem Verständnis der Hoffnung, das *jenseits* des Kausalen noch Einflußmöglichkeiten findet, das der Hoffnung eine reale Macht zuspricht, so daß sie der Vorwurf der Gleichgültigkeit gegenüber der Zukunft nicht treffen kann[385]. Bedeutsam wird diese Fragestellung vor allem im Hinblick auf die verschiedenen philosophischen oder theologischen Konzepte der Hoffnung, die in erster Linie die Umwandlung der Gesellschaft durch diesen Begriff abzudecken bestrebt sind. In diesen

---

[385] Dieses Unterfangen wird dadurch problematisch, daß man sich sprachlich immer in den Bereich dieser kausalen Ordnung begibt, sobald man von »Einfluß«, »Macht« etc. spricht. Diese Schwierigkeiten sind wohl unvermeidbar und müssen für den weiteren Verlauf des Kapitels im Blick behalten werden.

Konzeptionen muß die Hoffnung dann in erster Linie als ein effizientes Prinzip gelten, um Zukunftsbilder zu entwerfen; in deren Gefolge dient dann die Hoffnung dazu, die Realisierung dieser Zukunftsbilder voranzutreiben. Die Hoffnung wird dadurch zu einer verfügbaren, einsetzbaren Größe. Ob ein solches Bild der Wirklichkeit der Hoffnung gerecht wird, muß sich auf dem Hintergrund der tieferen Frage erweisen, ob in der Hoffnung überhaupt ein solches kognitiv-entwerfendes oder pragmatisch ausgerichtetes, in jedem Fall aber kausales Prinzip vorliegt.

In den Aufzeichnungen über die Hoffnung, die in *Sein und Haben* vorliegen, nennt Marcel die Frage nach der Wirksamkeit der Hoffnung das »schwierigste metaphysische Problem, ein Problem, das in den Begriffen beinahe widersprüchlich erscheint«[386]. Die Widersprüchlichkeit ist für Marcel deswegen gegeben, weil er hier zwei auf den ersten Blick unvereinbare Dimensionen miteinander verbunden sieht. Einerseits ist er sich klar über die Notwendigkeit, die Hoffnung von jeder Art der Technik radikal unterscheiden zu müssen; sie kann keine Technik verwerten[387], ja sie kann sogar regelrecht als »Nicht-Technik« bezeichnet werden[388]. Die Frage nach der Wirksamkeit scheint aber anderseits die Hoffnung gerade auf jenes Terrain zwingen zu wollen, womit diese unbewußt einer Technik gleichgesetzt wird, »die auf eine geheimnisvolle, sagen wir ruhig magische Weise, operiert«[389]. Vermeidbar ist dieses Dilemma nicht[390]; die Frage, wie der Nicht-Technik eine Wirksamkeit zukommen kann, ist für Marcel nicht zu umgehen[391]. Eine Lösung wird hier nur gelingen, wenn sie zweierlei umfassen kann: Einerseits muß der Begriff der Wirksamkeit so gefaßt sein, daß er auch außerhalb einer technischen, im weiteren

---

[386] EA I 94f/ SH 82/ MWA II 197.

[387] Vgl. ebd.

[388] EA I 96/ SH 83/ MWA II 198.

[389] EA I 95/ SH 82/ MWA II 197.

[390] Vgl. EA I 95f/ SH 83/ MWA II 198.

[391] Diese Frage weist für Marcel noch über die Hoffnung hinaus und steht für ihn im »Herzen der Probleme, welche uns von den wesentlichen christlichen Gegebenheiten gestellt werden, wie z. B. besonders vom Problem des Nichtwiderstandes gegen das Böse«(EA I 96/ SH 83/ MWA II 198).

Sinne kausalen Ordnung in Geltung bleiben kann; zum anderen muß die Wirklichkeit, auf die sich die Hoffnung richtet, als eine solche erwiesen werden, die zu einer Technik inkompatibel ist, zu der also die Technik keinerlei Zugang bietet, die aber dennoch als zentrale, lebenswichtige Wirklichkeit so beschaffen ist, daß die Frage nach ihr und nach den Wegen, die das Subjekt zu ihr einschlagen kann, nicht als überflüssig bezeichnet zu werden vermag.

1. Versuch einer Annäherung über das parallele Problem der Wirksamkeit des Gebetes

Eine Andeutung zu einer solchen Lösung ergibt sich durch Marcels Überlegungen zu der Frage nach der Wirksamkeit des *Gebetes*. Marcel selbst verweist auf die Verwandtschaft, auf die Parallelen zwischen der Hoffnung und dem Gebet[392]. Die Spur, die hier verfolgt werden soll, verdeutlicht die Parallelen. Ebenso wie für die Hoffnung gilt es für das Gebet, daß hier eine kausale Ordnung verlassen werden muß[393], daß aber anderseits dieser Akt des Gebetes von dem Verdacht befreit werden soll, rein subjektive Wirklichkeit oder gar subjektive Interpretation der Wirklichkeit zu sein, die gegenüber dem tatsächlichen Geschehen kontingent wäre[394].
Die Annäherung an die denkerische Möglichkeit des Gebetes vollzieht sich in zwei Schritten: Zum einen muß nachgewiesen werden, inwiefern jedes Kausale hier auszuschließen ist. Dies versucht Marcel durch die strikte Trennung zweier Ordnungen, von denen nur in einer das Gebet seinen Platz finden kann. Nur der Glaube kann ein Geschehen von dem Gebet aus interpretieren, dessen Anliegen jenes Geschehen war. Dem, der außerhalb des Glaubens steht und dem daher die Wirklichkeit des Gebetes schlechthin unzugänglich ist, kann diese Interpretation nicht nachvollziehen; »und damit wäre hinlänglich erwiesen, daß man nicht wirklich von Kausalität im strengen Sinn des

---

[392] Vgl. EA I 95/ SH 82/ MWA II 197, Anm. 1 zu der Fragestellung nach der Wirksamkeit der Hoffnung: »Man braucht kaum darauf hinzuweisen, daß sich dies alles auf das metaphysische Problem des Gebetes bezieht«.

[393] Vgl. JM 86/ MT 127.

[394] Vgl. JM 87/ MT 129.

Wortes sprechen kann; denn das Kausalitätsurteil ist definitionsgemäß objektiv, das heißt gültig für jeden, wer immer es aussagt; gültig für ein Denken überhaupt«[395]. Es ist für das religiöse Denken nun *wesentlich*, jenseits dieses kausalen Bereichs zu stehen; der Glaube, wenn er in seinem Wesen freigelegt ist, kann nicht nur darauf verzichten, seine Aussagen (auch die über die Wirklichkeit des Gebetes) von einem »Denken überhaupt« bestätigt zu finden, er muß sogar eine solche Bestätigung, eine Einsetzung in seine Rechte durch ein solches Denken von seinem Wesen her ablehnen. Er kann seine Aussagen nicht anders bestätigt finden als innerhalb des Glaubens. »Das 'Medium' des religiösen Denkens, des Glaubens, muß dem Gläubigen (sofern er seinen Glauben denkt) als wesentliche, eigentliche Bedingung erscheinen, außerhalb derer dem Gebet keine Wirksamkeit zuerkannt werden kann«[396].

Was aber als latente Gefahr dieser Konzeption vorgeworfen werden kann, ist, daß in dem betonten Verzicht auf jede Verifizierung, auf jede Objektivierung von Aussagen, die sich auf die Wirklichkeit des Gebetes beziehen, eine Ausflucht liegt, die davon ablenken will, daß es sich bei der Idee der Wirksamkeit des Gebetes um rein subjektive Vorstellungen handelt, letztlich um Illusionen[397]. Hier entgegnet Marcel, daß ein Sprechen von Subjektivität ja nur dann möglich wäre, »wenn es eine objektive Wirksamkeit des Geschehens gäbe, in bezug auf welche die Interpretation wirklich als kontingent anzusehen wäre«[398]. Seine Erwiderung, die sich an dieser Stelle sehr lapidar ausnimmt, stellt fest: »Nun, wir wissen, daß dem nicht so ist«[399]. Diese Antwort wird nur verständlich, wenn man die Konzeption Marcels von Existenz und Teilhabe im Auge behält, deren wesentliche Linien sich bereits eine geraume Zeit vor dem *Metaphysischen Tagebuch* skizziert fanden.

---

395 JM 87/ MT 128.

396 JM 87/ MT 128f.

397 Vgl. JM 87/ MT 129.

398 Ebd.

399 Ebd.

Diese tastenden Überlegungen, die um die Möglichkeit des Gebetes kreisen, führt Marcel an dieser Stelle keiner klaren Lösung zu. Er beläßt es bei den Abgrenzungen, die wenig mehr vermögen, als das Gebet, wie auch einschlußweise jeden religiösen Akt, der Zone der Kausalität einerseits, der Idee bloßer Subjektivität anderseits zu entheben.

Etwas weitergehend formuliert Marcel an einer späteren Stelle des *Metaphysischen Tagebuchs* so etwas wie eine Definition des Gebetes. Er faßt es hier als das Gebet für andere, das aber in die Grundgestalt des »Betens für...« zurückgeführt werden kann, wenn dieses, wofür ich bete, verstanden wird als dasjenige, woran ich teilhabe. »Beten heißt postulieren, daß die Wirklichkeit der anderen, wenn auch unabhängig von mir, trotz allem auf eine Weise vom Akt abhänge, durch den ich sie setze, daß dieser irgendwie zu jener Wirklichkeit beitrage«[400]. Die Formulierung bleibt zugegebenerweise vage, hält sich in jener Schwebe, die die Unabhängigkeit in einem kausalen Sinne festhalten will, gleichzeitig aber auf die Bedeutung, den Einfluß eines Aktes, wie ihn das Gebet darstellt, hinweist. In *Position et approches concrètes du mystère ontologique* formuliert Marcel in der Verknüpfung der Hoffnung mit der ontologischen Thematik einen ähnlichen Gedanken: Er nennt die Hoffnung eine Bejahung, eine Affirmation, daß jenseits alles Gegebenen, jenseits alles Greifbaren es im Sein ein geheimnisvolles Prinzip geben müsse, das mit mir im Einverständnis stehe, das mit mir zusammenwirke[401]. Dieses vom Sein ausgehende Wirken, das, was im Sein in der Richtung meines Willens und Hoffens liegt, kann nicht als schlechthin objektivierbares Wirken gesehen werden, das unabhängig von meinem auf dieses »Prinzip« gerichteten Streben seine Wirkung entfaltet. Es muß hier eine Teilhabe, eine *cooperatio* angenommen werden, die aber wiederum nicht in ihre Anteile zerlegt werden kann, so als wäre es möglich festzustellen, in welchem Grad Gebet oder Hoffnung des Subjektes dazu beigetragen haben, das gewissermaßen präparierte Geschehen ins Werk zu setzen. Damit wäre bereits wieder eine Kausalität eingeführt, die sich unge-

---

400 JM 133/ MT 191/ MWA II 16.

401 Vgl. PosApp 68f/ MWA I 73.

fähr in folgender Aussage wiedergeben ließe: Jedesmal, wenn ein Wesen hofft, betet, steht dieses geheimnisvolle Prinzip bereit, um sich ins Werk setzen zu lassen. Doch es läßt sich in diesen Beziehungen, die das Gebet herstellt und unterhält, niemals ein Gesetz aufstellen, nie ein Berufungsfall konstruieren[402].

Es ist mit diesen wenigen Andeutungen bislang noch kaum ein positiver Hinweis erkennbar, mit dem sich die Wirksamkeit des Gebetes bestimmen ließe. Deutlich geworden ist jedoch die Schwierigkeit, diese positiven Hinweise zu formulieren, ohne in eine Ordnung des Kausalen, Allgemeingültigen, Gesetzmäßigen zu geraten.

2. Der a-technische Charakter der Hoffnung

Kehrt man von hier aus zu Marcels Überlegungen zur Hoffnung zurück, dann muß zunächst der a-technische Charakter der Hoffnung betont werden[403]. Marcel beschreibt die Hoffnung als etwas, das grundlegend nicht als ein Anspruch aufgefaßt werden kann, der eine bestimmte Wirkung hervorbringen will[404]; die Verbindung der Hoffnung mit der Geduld[405], auf die bereits hingewiesen worden war, muß als Ausprägung dieses Charakters der Hoffnung verstanden werden, wird doch hier der Verzicht deutlich, eine Wirkung festlegen zu wollen, die von einem bestimmten Akt der Hoffnung hervorgebracht werden soll. Die Hoffnung ist vielmehr »schweigsam und schamhaft« (silencieuse et pudique), begleitet von Schüchternheit (timidité)[406]. All dies sind Merkmale der Hoffnung, die unterstreichen, daß hier ein eindeutig kausales Wirkungsverhältnis nicht in Geltung sein kann. In einem Vorgriff auf die Frage nach dem Gegenstand der Hoffnung bzw. mit dem Blick darauf, was bereits über die Situationen gesagt worden war, die an der Wurzel der Hoffnung stehen, kann dies von anderer Seite noch verdeutlicht werden. Marcel hatte von der Gefan-

---

402 Vgl. JM 258/ MT 362/ MWA II 116.

403 Vgl. HV 69/ HVd 63/ MWA I 139.

404 Vgl. EA I 112f/ SH 98/ MWA II 208f, Anm. 1.

405 Vgl. HV 52ff/ HVd 43ff/ MWA I 127ff.

406 HV 68/ HVd 62/ MWA I 138.

genschaft gesprochen, die als Beraubung einer gewissen *Fülle* verstanden werden müsse[407]. Diese Fülle ist als dasjenige, was in der Hoffnung angestrebt wird, nun nichts, was vermittels einer Technik, eines bestimmten Einwirkens auf die als Gefangenschaft erfahrene Situation wiedererlangt werden kann. Bedenkt man den ontologischen Untergrund, in denen Marcels Überlegungen verankert sind, und in denen das Sein selbst als eine unerschöpfliche Fülle beschrieben wird, dann ist offensichtlich, daß es keinen Zugriff auf diese Fülle geben kann, daß hier nichts vorliegt, das im Bereich des Machbaren liegt. Vor diesem Hintergrund können nun die positiven Bestimmungen eines Wirkens der Hoffnung in mehreren Schritten entwickelt werden.

Die positive Seite einer Haltung, wie sie sich in der Hoffnung ausdrückt, nämlich als in erster Linie demütige, keinerlei Anspruch stellende, liegt darin beschlossen, daß die Hoffnung auf eine außerhalb ihrer liegende Macht vertraut. Der Hoffende beruft sich auf das Vorhandensein einer gewissen schöpferischen Macht in der Welt[408]; jenes Verhältnis des Schöpfers zu demjenigen Wesen, dem ersich zur Verfügung stellt, muß in Erinnerung gerufen werden. Es liegt kein Bedingungsverhältnis vor, so daß der Hoffende diese Macht einfachhin anrufen könnte, daß sie ihm bzw. seinem Hoffen in dinglicher Weise verfügbar wäre, und doch ist diese Macht von einer Art, daß sie nicht einfachhin so wirkt, als sei das auf sie gerichtete Hoffen kontingent. Die Hoffnung erstrebt die Gnade einer Macht, »deren Großzügigkeit man glaubt, keine Grenzen setzen zu können«[409]; sie ist damit auch nicht einzubeziehen in ein Kalkül, das ein bestimmtes, determiniertes Ergebnis ins Auge faßt.

Was oben als Geduld bezeichnet wurde, um die Hoffnung abzugrenzen gegen die Möglichkeiten kausalen Wirkens, erweist sich in der hier verfolgten Linie als Vertrauen. Dieses besitzt in der Darstellung Marcels exakt jene Doppelgestalt ineinandergreifenden Wirkens, das

---

407 Vgl. HV 41/ HVd 30/ MWA I 119.

408 Vgl. HV 69/ HVd 63/ MWA I 139.

409 EA I 113/ SH 98/ MWA II 209, Anm. 1.

eine kausale Verkettung nicht zuläßt[410]. Als ein Vertrauen auf einen bestimmten, mir eigenen Rhythmus entdeckt Marcel diese Haltung in der umgangssprachlichen Wendung »sich Zeit nehmen«[411]. Damit ist eine Gleichstimmung mit dem angesprochenen Rhythmus gemeint, eine Entspannung, die die Bereitschaft beinhaltet, sich selbst, aber auch die Prüfung, in der man sich befindet, von einem »gewissen schöpferischen Prozeß aufsaugen zu lassen und sich darin zu verwandeln«[412]. Mit der Ausweitung der Hoffnung auf die Hoffnung für den anderen wird dieses Vertrauen zu einer Anerkenntnis dieser Wirklichkeit, dieses Rhythmus in demjenigen, für den ich hoffe. Ausgeschlossen ist damit, daß ich, der ich um die Wirklichkeit des anderen ein umfassendes Wissen zu haben vorgebe, durch die Hoffnung irgendwie auf ihn einwirke, mich durch die Hoffnung dazu verleiten lasse, eine Umformung des anderen nach einem Bild, das ich als Ideal von ihm entwerfe, zu bewerkstelligen. »Es geht darum, daß wir diesen anderen nicht wie eine Sache behandeln, der jeder eigene Rhythmus fehlt und die wir damit nach Gutdünken verdrehen und verbiegen könnten«[413]. Wiederum ist damit keine Passivität gemeint, die die Wirklichkeit schlechthin sich selbst überließe. »Nein, vertrauen bedeutet hier, wie mir scheint, daß wir uns irgendwie mit diesem Prozeß des Wachsens und Reifens ineinssetzen (épouser), um ihn von innen heraus zu fördern«[414].

Damit scheint etwas für den vorliegenden Gedankengang Zentrales angesprochen. Ein Element, das zu einer positiven Bestimmung der Wirksamkeit der Hoffnung beiträgt, kristallisiert sich heraus. Zum einen kann dieses hier gemeinte Vertrauen nur dort verwirklicht werden, wo ein Verhältnis der Teilhabe besteht, das jede gegenständliche

---

410 Vgl. HV 54/ HVd 46/ MWA I 128.

411 Vgl. HV 52f/ HVd 43f/ MWA I 127.

412 HV 53/ HVd 44/ MWA I 127f »... traiter d'abord l'épreuve comme partie intégrante de soi-même, et du même coup, vouée à se résorber et à se transmuer au sein d'un certain processus créateur«.

413 HV 53/ HVd 44f/ MWA I 128.

414 HV 53/ HVd 45/ MWA I 128: »... épouser en quelque manière ce processus, de manière à le favoriser du dedans«.

Sicht auf den anderen hinter sich gelassen hat[415]; zum anderen ist durch die Andeutung, daß der Prozeß, in dem ich den anderen hoffend begleite, von innen heraus gefördert wird, daß um ihn geworben wird, eine Spur angedeutet, wie der Hoffnung ein Wirken eingeräumt werden kann. Dieses Wirken übergeht nicht die Freiheit, die in einem solchen Prozeß waltet. Sie ist eher als ein Anruf zu verstehen, der auf eine Freiheit trifft und dabei eine Antwort erwartet, die dieser Anruf nicht erzwingen kann und nicht erzwingen will.

Einschlußweise kann damit auch eine Aussage gewonnen werden über den Grund der Hoffnung bzw. über das Ziel, das in der Hoffnung angestrebt wird. Es scheint so, daß dieser Prozeß, den ich, wie Marcel sagt, von innen heraus fördere, sowohl mein Vermögen als auch dasjenige des anderen, für den ich hoffe, übersteigt. Wäre dieser Prozeß etwas, das ich oder der andere im Horizont des eigenen Tuns erblicken könnte, dann wäre die Hoffnung höchstens ein dieses Tun begleitender Affekt. Hier allerdings richtet sich ja die Hoffnung auf eine über den eigenen Möglichkeiten stehende Macht. Es darf angenommen werden, daß in dem von Marcel angedeuteten »Werben (épouser)« der Anruf an eine personale Macht ergeht. Diese Macht kann in keiner Weise beansprucht werden, sie kann nur angerufen werden, wobei sich bereits jener Aspekt andeutet, der für die interpersonale, für die Teilhabestruktur der Hoffnung wesentlich ist: Hoffnung *für* ein Wesen setzt eine Teilhabe meiner *an* diesem Wesen voraus, ein co-esse, eine wirkliche Gegenwart, mein Verfügbarsein für den anderen[416]. Hinzu kommt, ohne daß man hier im eigentlichen Sinn eine Trennung vornehmen kann, ein Teilhabeverhältnis zu jener Macht, die ich anrufe und von der ich überzeugt bin, daß das geliebte Wesen für jene Macht kein Objekt ist, sondern sich auch in einer nichtobjektivierbaren Teilhabe zu ihm verhält[417]. Die Struktur, die

---

[415] Auch hierfür gilt, was Marcel das »supra-relationale« Element in der Hoffnung nennt (HV 47/ HVd 37/ MWA I 123).

[416] Vgl. PosApp 85/ MWA I 83.

[417] Diese Gedanken werden weiter unten ausgeführt. Es scheinen sich hier aber zwei Linien zu schneiden: zum einen die Überlegungen Marcels aus dem MT, die einerseits dieses Teilhabeverhältnis des geliebten Wesens an Gott zu fassen versuchen (und damit das geliebte Wesen einer »in bezug auf jedes Urteil

für die Hoffnung wesentlich ist, deutet sich an: »Ich hoffe auf dich für uns«[418]. Dabei ist jeweils dieses Band vorausgesetzt, das eine Trennung des *Du* und des *Wir* ausschließt.

Kann dieser dyadischen Bezogenheit, die in der Hoffnung ihren Ausdruck findet, in irgendeiner Weise eine Wirksamkeit zugesprochen werden, die außerhalb dieser dyadischen Bezogenheit selbst liegt? Ohne daß dies als ein Mangel konstatiert werden müßte, kann diese Frage wohl verneint werden. Mit einem neuerlichen Rückgriff auf Marcels Betrachtungen, die sich mit dem Gebet beschäftigen, kann dies begründet werden[419]. Wenn sich das Gebet auf nichts anderes richten würde als auf die Erfüllung dieser Bezogenheit, die hier angedeutet wurde, dann müßte es in der Tat so sein, daß es auf außerhalb dieser Wirklichkeit liegende Wirkungen gar nicht bedacht sein muß. »Genaugenommen gehört das Gebet wohl immer zur Grundform: 'Sei mir nahe, steh mir bei'«[420]. In der Erfüllung dieser Gegenwärtigkeit liegt bereits die Erfüllung jeden Betens und jeder Hoffnung beschlossen.

Es bleibt hier sicherlich die Schwierigkeit bestehen - und sie kann vermutlich nicht völlig ausgeräumt werden - , wie nun eine Vermittlung dieser im Vertrauen begründeten Hoffnung zu den konkreten Hoffnungen bzw. der Hoffnung in den konkreten Situationen vorgenommen werden kann. Anders gefragt: Wird Marcel selbst dem gerecht, was er an den Ausgangspunkt seiner Überlegungen zur Hoffnung stellt und was für ihn als konkreten Denker der einzig mögliche Ansatz ist? Die konkreten Erfahrungen der Gefangenschaft, der Un-

---

transzendenten Ordnung« einfügen, in der kein gegenständliches Betrachten und Wirken möglich ist (JM 66/ MT 99)), die anderseits die Frage aufwerfen, ob es für Gott Empirisches geben könne, was aus dem Duktus der Marcelschen Philosophie verneint werden muß (vgl. JM 224/ MT 315/ MWA II 91). Die andere Linie, die hier relevant ist, bedenkt die Möglichkeiten einer Mittlerschaft, in der das geliebte Wesen gleichsam in das eigene Teilhabeverhältnis zu Gott mit aufgenommen wird.

418 HV 81/ HVd 76/ MWA I 147.

419 Gerade die dyadische, auf Gott bezogene Gestalt der Hoffnung findet sich als Struktur des Gebetes wieder: »Im Grunde bete ich zu Gott für uns« (JM 219/ MT 308/ MWA II 87).

420 JM 220/ MT 309/ MWA II 87.

terdrückung, der Krankheit: alle diese Situationen stellen für Marcel den Untergrund dar, auf dem die Hoffnung entsteht und auf Erlösung von diesen Prüfungen aus ist; kann nun gesagt werden, daß Marcel die Hoffnung zwar von diesen Bildern her konzipiert, sie aber dann auch von ihnen ablöst, um sie zu einem Akt werden zu lassen, der letztlich keinen Bezug mehr zu diesen Ursprüngen hat? Kann gefolgert werden, daß der Verzicht auf die Nennung konkreter Ergebnisse der Hoffnung auch den Verlust einer die konkreten Situationen prägenden Kraft der Hoffnung mit sich bringt? Handelt es sich um eine präsentische Gestalt der Hoffnung, die in dem Umgreifenden der Teilhabe das Interesse an der konkreten Zukunft verliert?

All diese Einwände müssen insofern ernstgenommen werden, als die theologisch prägende Gestalt des Redens von der Hoffnung mit dieser Frage umgeht und sie in mehr als einer Hinsicht anders als Marcel entscheidet. Hoffnung, die nicht die Geschichte im Blick hat, als konkrete Geschichte, die es handelnd zu bewältigen und zu gestalten gilt, kann in jener Konzeption keinen Ort finden. Es muß also nach den Möglichkeiten einer Vermittlung zwischen einer auf die transzendente Ordnung sich gründenden, diese gleichsam anrufenden Hoffnung und den konkreten Orten des Entstehens und der Entfaltung der Hoffnung gesucht werden. Dabei kann gezeigt werden, daß in der dyadischen Bezogenheit, die das Hoffen *für uns* kennzeichnet, in keinem Fall die konkreten Situationen von Prüfung und Gefangenschaft vergessen werden.

Zwei mögliche Weisen der Vermittlung deuten sich an:

Die eine bestünde darin, daß von dieser nicht zergliederbaren dyadischen Bezogenheit, die in der Hoffnung besteht, dergestalt ein Einfluß auf die Wirklichkeit ausgeübt wird, daß diese in einem gewissen Sinn miteinbezogen wird in die »sur-relation«[421] und von dieser Einbeziehung her eine Verwandlung der Situation angestrebt wird. Wenn Marcel vom Verfügbarsein spricht oder auch davon, daß ich mit dem Geschehen, in dem ich stehe, einen »Typus von Beziehungen, eine Weise der Vertraulichkeit entwickle, vergleichbar der Haltung, die ich dem anderen gegenüber annehme, wenn ich Geduld mit ihm ha-

[421] Vgl. HV 47/ HVd 37/ MWA I 123.

be«[422]; wenn er den Hoffenden beschreibt als jemanden, »der in einen bestimmten Prozeß verwickelt ist«[423], dann scheint diese Weise der Vermittlung dem Marcelschen Denken zu entsprechen. Damit wäre aber gesagt, daß die Hoffnung sich tatsächlich aller Möglichkeiten des Handelns begibt; ein wirksamer Einfluß auf die Situation kann dann tatsächlich nur von jener Macht ausgehen, die in der Hoffnung angerufen wird.

Die andere Weise der Vermittlung könnte in einer Art Analogie gesehen werden. Die Grundgestalt der Bezogenheit, die in der Hoffnung waltet, würde sich dann übersetzen in die verschiedenen Möglichkeiten des Hoffenden selbst, durch das Verfügbarsein, durch die Aufnahme der Bezogenheit, der Teilhabe mit anderen Wesen, durch eine Ausstrahlung, einen Prozeß der Umwandlung, der von der Hoffnung getragen ist, zu beginnen. Auch für diese zweite Weise finden sich in Marcels Gedanken verschiedene Hinweise, denen hier nachgegangen werden soll. Es sind in besonderer Weise diese konkreten Formen der Übersetzung jener Haltung des Vertrauens, das weiter oben beschrieben wurde, die deutlich werden lassen, welches Interesse die Hoffnung an den konkreten Situationen aufbringt; die Ausformungen, die das oben erwähnte »Fördern von innen heraus« annimmt, belegen, daß die Hoffnung durchaus in der Lage ist, auf das Konkrete einzuwirken, wiederum aber frei von den Vorstellungen kausaler Verbindung.

Die im Verfügbarsein sichtbar werdende Hoffnung - das in der Hoffnung liegende Verfügbarsein

Verschiedentlich ist bereits auf die Bedeutung hingewiesen worden, die im Denken Marcels eine »offene Dialogizität« hat, d.h. eine solche, die in einem Du keine abgeschlossene, umgreifbare Größe sieht, sondern ein geradezu Unerschöpfliches, dem ich mich in einem dyadischen Bezug anheimgebe. In diesem Geschehen - es muß letztlich die Liebe so beschrieben werden - liegt eine doppelte Unerschöpflichkeit beschlossen: Zum einen erscheint der andere als derjenige, von

---

[422] HV 54/ HVd 45/ MWA I 128.

[423] HV 47/ HVd 37/ MWA I 123.

dem ich etwas Undefinierbares, etwas Unvorhergesehenes erwarte[424], d.h. daß hier ein in seinen Möglichkeiten für mich schier unbegrenztes Wesen gegenübersteht, daß von diesem Leben auch Erfüllung meines eigenen Lebens auf eine nicht bestimmbare Weise mir zukommen kann. Zum anderen bedeutet dieses Geschehen, daß ich mich zugleich durch diese dyadische Bezogenheit an das geliebte Wesen so binde, daß ich ihm in der Liebe die Möglichkeit gebe, den auf es gerichteten Erwartungen zu entsprechen.

Ich selbst entäußere mich gleichsam, verliere für mich selbst jenen Status des Umgreifbaren (des wenigstens für mich Umgreifbaren), da in diesem Geschehen dieses Unbestimmte, als dessen Quelle ich den anderen ansehe, mich selbst in einer für mich noch nicht erkennbaren Weise umformen und wandeln soll[425]. Dieses Ineinander von Erwarten und Geben geschieht auf der Ebene der Hoffnung; es scheint, daß die Hoffnung in gewisser Hinsicht ineins fällt mit jener hier gemeinten äußerst gefüllten Erwartung, in die ich mich selbst hineingebe. Es scheint aber anderseits auch für das Wirken der Hoffnung selbst etwas zutage zutreten. Die Hoffnung, als vertrauende Hoffnung in Analogie zu dem grundlegenden Vorgang des Vertrauens, besteht gleichsam als eine sich bindende Hoffnung. Man dürfte wohl sagen, daß darin eine Kraft liegt, die, indem sie sich verschenkt, sich jeder Möglichkeit kausalen Wirkens begibt, die aber in diesem Verschenken eine zuhöchst gespannte Erwartung zutage treten läßt, eine Ausgespanntheit auf ein Ziel, zu dessen Erreichen sich der Hoffende selbst zur Verfügung stellt. Das Ziel besteht in jener undefinierbaren Gestalt der Erfüllung, die nicht auf technischem Wege erreicht werden kann. So läge in diesem Sich-zur-Verfügung-Stellen genau jene Art des Wirkens der Hoffnung, die zwischen Passivität und Technik in der Schwebe gehalten werden muß. Dieses Verfügbarsein kann nun in verschiedenen Dimensionen aufgefunden werden.

Zum einen findet sich dieses Verfügbarsein, das derart als nichtkausale Wirkweise der Hoffnung verstanden werden muß, in der Gestalt der Selbstbezogenheit. Wenn die Verzweiflung sich darstellt als ein

---

[424] HV 66/ HVd 60/ MWA I 137.

[425] Vgl. ebd.

Rückzug meiner von mir selbst[426], als eine Selbstaufgabe, die zur Bedingung hat, daß ich mir selbst gegenüber unverfügbar bin bzw. mich aus diesem Verfügbarsein mir selbst gegenüber zurückgezogen habe, dann entwirft die Hoffnung ein Gegenbild, das gleichsam als eine sich zur Verfügung stellende Hinwendung zu mir selbst erscheint. Damit ist die Bedingung der Möglichkeit gegeben, mich selbst auf Zukunft hin zu verstehen und umwandeln zu lassen; letzteres deswegen, weil Marcel in diesem intersubjektiv angelegten Verständnis der Person selbst diese nicht als selbstgenügsam, als eine Art Monade konzipiert. Vielmehr scheint in dieser Hinwendung zu mir selbst letztlich das absolute Du auf, wie auch die umfassende intersubjektive Verbindung mit anderem Sein[427]. Hier wird bereits die andere Dimension der Bezogenheit sichtbar, die konstitutiv ist für die Hoffnung: Die Hoffnung selbst erscheint als eine *Antwort* an das unendliche Wesen, dem ich mich ganz verdanke, und dem ich, antwortend, keine Bedingung stellen kann[428]. Die Antwort, die hier gemeint ist, ist von solcher Gestalt, daß nicht in erster Linie gesagt werden kann, diese Antwort werde von mir gegeben, sondern vielmehr festgehalten werden muß, daß ich diese Antwort selbst bin.

In der Perspektive dessen, was eine solchermaßen verstandene antwortende Hoffnung bewirkt, kann gesagt werden, daß die dyadische Relation, die in dieser Antwort aufscheint, alle anderen Bezüge, in denen ich stehe, mit einbeschließt; es kann gefolgert werden, daß ich *für* diejenigen Wesen, mit denen ich verbunden bin, sowohl stellvertretend als auch »fürbittend« hoffe.

Schließlich erscheint das Verfügbarsein im Hinblick auf die anfängliche Fragestellung nach dem Wirken der Hoffnung in seiner deutlichsten Gestalt dort, wo es um das Verfügbarsein für andere Wesen, für konkrete Situationen geht. Dieses Verfügbarsein ist einerseits von der gleichen Struktur wie seine bereits benannten Dimensionen: es besteht

---

[426] Vgl. HV 51/ HVd 41/ MWA I 126.

[427] Vgl. HV 81/ HVd 77/ MWA I 147. Von dieser Perspektive aus wird auch sichtbar, daß die in der Verzweiflung erfolgte Selbstaufgabe die Aufgabe intersubjektiver Bezogenheit umschließt.

[428] HV 63/ HVd 56/ MWA I 134.

in der Anerkenntnis der Unumgreifbarkeit und Unerschöpflichkeit dieser Situationen. Anderseits ist das Verfügbarsein in dieser Erscheinungsform eingebunden in das Verfügbarsein, das ich mir selbst gegenüber aufrechterhalte und in jenes, das sich als Antwortrelation an das absolute Du versteht. Alle Wirkungen, die daher von einer solchermaßen gedachten Hingabe an andere Wesen oder an eine Mitarbeit an der Befreiung aus einer Situation der Prüfung ausgehen, können letztlich nur beurteilt werden von dieser - in einem auf das absolute Du offenen Sinne - ontologischen Fundierung her.

In seinen Überlegungen zum Begriff des Gegenwärtigseins wie auch zu dem des Verfügbarseins deutet Marcel die Verwobenheit dieser Wirklichkeiten mit der Hoffnung an[429]. Die Gegenwärtigkeit, das Gegenwärtigsein für den anderen gehört in dieser Perspektive untrennbar zur Hoffnung, deren Ziel die unerschöpfliche Gemeinschaft mit dem geliebten Wesen sein muß. Das verfügbare Wesen ist jenes, so schreibt Marcel, »welches fähig ist, ganz und gar mit mir zu sein, wenn ich es brauche«[430]. Es ist das Wesen, das in seiner Selbsthingabe, durch das Verfügbarsein, nicht ein bestimmtes Ziel erreichen will, sondern letztlich als hoffendes Wesen sich selbst und den anderen auf eine Zukunft hin versteht, die in keiner Weise festgelegt werden kann. Daß die Gestalt dieser Zukunft aber durch die im Verfügbarsein gewährte Wirklichkeit des Mit-Seins bestimmt ist, indem ich durch mein Verfügbarsein dem anderen Wesen zu verstehen gebe, daß ich mit ihm sein werde: das ist eine Aussage, die hier hoffend über die Zukunft abgegeben werden kann und die, indem ich selbst für sie einstehe, auch als eine von der Hoffnung getragene »Wirkung« bezeichnet werden kann, denn ich selbst bin der, der hier eine hoffnungsvolle Gestalt der Zukunft nicht nur ankündigt, sondern der sich dieser Zukunft widmet und so zur Heraufkunft dieser Zukunft selbst beiträgt.

Daß Marcel dieses Verfügbarsein tasächlich als ein aktives Geschehen versteht, erhellt aus der Abgrenzung dieses Begriffs gegenüber den Vorstellungen, die hier nur einen leeren Raum sehen, gegenüber einer

---

429 PosApp 82/ MWA I 81.

430 PosApp 83/ MWA I 82.

Passivität, die sich beliebig in Beschlag nehmen läßt. Es handelt sich vielmehr um die Fähigkeit, »sich dem hinzugeben, was uns begegnet und sich durch dieses Hingeben zu binden, oder die Fähigkeit, bloße Umstände in Gelegenheiten oder gar in günstige Situationen zu verwandeln, das heißt, an seinem eigenen Geschick mitzuarbeiten, indem man ihm das eigene Erkennungsmal aufdrückt«[431]. Daß das Geschick der anderen von dieser Perspektive mit umschlossen wird, bedarf keiner weiteren Erläuterung.
Durch eine Bemerkung Marcels über die Idee des *Dienens* kann bestätigt werden, daß das, was hier als Wirkung der Hoffnung bezeichnet worden ist, die aus dem Verfügbarsein des Hoffenden hervorgeht, nicht kausal, nicht technisch zu verstehen ist. Durch die Unterscheidung von *Dienen* und *Dienen zu* wird genau jene Differenz von kausalem und nichtkausalem Wirken ins Licht gehoben. Das *Dienen zu* kann letztlich nur von einem Werkzeug, von einem Ding ausgesagt werden, das in eine eindeutige Zweck-Mittel-Relation gestellt werden kann. Von einem Menschen hingegen kann nur gesagt werden, daß er *dient,* was Marcel dahingehend auslegt, daß dieses Dienen eine Hingabe, eine »*Weihe an*« ist; das Ziel dieser Hingabe kann verschieden sein, die Art und Weise bleibt gleich[432].

Ausstrahlung der Hoffnung in den intersubjektiven Kontext

Die zweite Form der »Übersetzung« der grundlegenden Haltung von Vertrauen und Hoffnung in eine die konkreten Situationen gestaltende Hoffnung kann dort ausgemacht werden, wo die Ausstrahlung des Hoffenden in Frage steht. Damit ist näherhin ein Verbreiten der Hoffnung gemeint, das einen umwandelnden Einfluß auf die konkreten Situationen ausüben kann. Mit Bezug auf die Situation der Unterdrückung, in der sich die Bewohner vorübergehend unterworfener Gebiete befinden, findet Marcel in diesem Verbreiten der Hoffnung eine wesentliche Eigenschaft: Auf dem Hintergrund der Intersubjektivität meint das, daß hier ein Austausch stattfindet, in dem ich selbst wiederum nur unter der Bedingung hoffen kann, daß die Hoffnung

---

[431] HV 28/ HVd 20/ MWA I 113.

[432] Vgl. HV 174/ HVd 174f.

nicht bei mir selbst verbleibt, sondern in eine Gemeinschaft hinein ausstrahlt und zurückstrahlt auf mich[433]. Außerhalb dieser intersubjektiven Dimension der Hoffnung scheint hier aber noch etwas weiteres auf, das mit einem Rückgriff auf den prophetischen Charakter der Hoffnung erklärt werden kann, ebenso aber in jenes Feld gehört, auf dem von den Wirkungen der Hoffnung die Rede ist.

Die Aussage, die die Hoffnung über die Zukunft zu machen imstande ist, hat nicht rein kognitiven Charakter. Sie ist auch nicht rein postulierend in einem ethischen Sinne, gleichsam als ob es darum ginge, aus dem empfangenen Bild der Zukunft normativ zu verkünden, wie dieses Bild in die Wirklichkeit überführt werden müßte. Vielmehr liegt in der Ankündigung, die der Hoffende gibt, selbst der Anfang dessen, was er verkündet. »Wer die Heraufkunft einer Welt erhofft, in der Gerechtigkeit waltet, der beschränkt sich nicht auf die Aussage, solch eine Welt sei einer ungerechten bei weitem vorzuziehen, er kündet ihr Kommen - und hierin ist sie [die Hoffnung] prophetisch«[434]. Diese Ankündigung der Zukunft sieht Marcel nun nicht beschränkt auf die bloß verbale Weitergabe einer Gewißheit, er deutet sie vielmehr als eine tatsächliche Vorbereitung dessen, was Gegenstand dieser prophetischen Hoffnung ist. »Pour autant que j'annonce l'événement, je le prépare«[435]. Wiederum ist hier darauf zu verweisen, daß gerade diese Vorbereitung keinen kausalen Charakter an sich trägt[436]. Es geht vielmehr darum, daß jenes Band, das mich mit der Ursache meiner Hoffnung verbindet, durch die Hoffnung verstärkt und durch die Verzweiflung gelockert und so des Raumes beraubt wird, in dem es sich entfalten könnte.

3. Die Hoffnung: ein meta-technisches Wirken

Marcel konzipiert die Hoffnung und damit auch das Wirken der Hoffnung abseits von kausaler Wirksamkeit oder Tätigkeit, abseits

---

433 Vgl. ME II 161/ GeS 481.

434 ME II 160/ GeS 480.

435 StructEsp 50.

436 Vgl. HV 65/ HVd 58/ MWA I 136.

von jeder Technik, auch von jeder determinierten oder auf ein determiniertes Ziel gerichteten Tätigkeit. Dennoch ist die Hoffnung nicht passiv, mit der Herausnahme aus jeder Art von Kausalität wird ihr keineswegs ein Wirken abgesprochen. Die Wirksamkeit oder Aktivität, die Marcel hier aber im Auge hat, ist eine meta-technische Aktivität[437], etwas, das die Tat »unterspannt oder überfliegt«[438], das aber in einer solchen Verschränkung mit dem in der Hoffnung wirklich gegebenen Aktiven steht, daß es fallen müßte, wenn der Hoffende sich selbst als ein bloß Erwartender verstünde[439].

Allerdings taucht an dieser Stelle auch eine Ambivalenz Marcelschen Denkens auf. In den ersten tastenden Versuchen, sich der Hoffnung zu nähern, wählt Marcel, bereits im Bewußtsein der zentralen Aufgabe, von der Hoffnung jeden Anschein von Technik fernzuhalten, für die Hoffnung eine Grundlage, die er als »Wechsel der Ebene« bezeichnet. Dieser Wechsel müßte dort stattfinden, wo die Möglichkeiten auf dem »Terrain der Tat« erschöpft sind, und allererst dieser Wechsel lasse berechtigterweise von Hoffnung sprechen. »Ich möchte sagen, daß sich die Mündungen der Hoffnung nicht direkt ins sichtbare Universum verlegen«[440]. Es scheint also, daß sich bei allen Spuren, die sich im Werk Marcels auch für eine innerweltlich relevante Hoffnung finden, jene Schwebe erhalten bleibt, durch die die Hoffnung nicht als innerweltlich determinierbare Kraft erscheint. Ausgeschlossen bleibt somit jede eindeutige Vereinnahmung der Hoffnung

---

437 DéclSag 41f/ UWei 54. Hier, in einer relativ späten Schrift, liegt der Akzent, ohne die grundlegenden Ansätze zu verlassen, in einem stärkeren Maße als vorher auf dem Handeln, darauf, daß durch die meta-technischen Aktivitäten tatsächliche Wirkungen in der Welt auftreten. Anderseits findet sich hier auch der deutliche Hinweis darauf, daß die meta-technischen Aktivitäten ihren Ort im Kontext der Charismen haben, also nicht aus eigener Vollmacht ins Werk gesetzt werden können.

438 PosApp 75/ MWA I 76.

439 Vgl. ebd.; von hierher läßt sich auch die Verbindung zwischen Hoffnung und Wille plausibel machen.

440 EA I 95/ SH 82f/ MWA II 198; vgl. auch PosApp 75/ MWA I 76: L'espérance m'apparaît comme le prolongement dans l'inconnu d'une activité centrale, c'est-à-dire, enracinée dans l'être«.

als gesellschaftlich bindende Kraft durch ein von vornherein gebildetes Ideal der Zukunft.

Wirft man noch einmal einen Blick auf die in der Frage nach der Wirkung der Hoffnung anklingende Problematik des Verhältnisses von präsentischer und futurischer Hoffnung[441], dann läßt sich von Marcels Denken aus eine Vermittlung zwischen zwei scheinbar unversöhnlichen Positionen vorstellen. Während eine rein futurische (horizontale) Struktur der Hoffnung den Rekurs auf ein Gegebenes ablehnen muß um der Radikalität des Begriffes »Zukunft« willen, steht eine präsentische (vertikale) Hoffnung in einem Bezug zu einem gegebenen Grund, der jede Zukunft schlechthin umgreift.

Beide Positionen müssen einander aber nicht notwendigerweise ausschließen. Marcel geht davon aus, daß der Bezug auf das *absolute Du,* der wohl der letzte Grund aller Hoffnung ist und diese eher als präsentisch-vertikal qualifizieren müßte, keineswegs einen Abschluß der Zukunft bedeutet. Vielmehr geht die Hoffnung von einer offenen Zukunft aus. Vom absoluten Du aus kann die Zukunft nicht determiniert werden, das Wirken der Hoffnung bezieht sich nicht auf ein klar benennbares Ziel.

Was sich als durchgehendes Moment der Hoffnung hier bereits ankündigt und als das eigentliche Feld erscheint, auf dem die Hoffnung wirkt, ist die durch dieses absolute Du unterfangene und von ihm getragene dyadische, d.h. nicht mehr verobjektivierbare, sondern ganz und gar gelebte Gemeinschaft der Wesen untereinander. Dies wird an späterer Stelle noch entfaltet. Es kann jedoch bereits gesagt werden, daß hier der Grund liegt, warum die Hoffnung präsentisch-vertikal und futurisch-horizontal zugleich sein kann: Das Stehen in der dyadischen Bezogenheit erweist sich auf dem Hintergrund der Ontologie Marcels als ein Unerschöpfliches, so daß hier keineswegs ein Abschluß, sondern überhaupt erst eine Öffnung der Zukunft vorliegt.

Was ein solches Hoffen an Wirkung zeitigt, ist nicht kausal und nicht instrumental; die Unerschöpflichkeit des Erhofften schließt diese Möglichkeit von vornherein aus.

---

441 Vgl. H. U. v. Balthasar, Theodramatik IV, 122-167.

Vom Wirken der Hoffnung ist ihr Ziel nicht zu trennen; bereits im vorliegenden Kontext deutet sich an, daß die letzte Ausrichtung der Hoffnung in einer durch das absolute Du begründeten unerschöpflichen und unaufhebbaren Gemeinschaft umfassender Intersubjektivität liegt.

VIII. Der Gegenstand der Hoffnung

Mit der Frage nach dem Gegenstand der Hoffnung wird der Fragenkreis eröffnet, der in die beiden für Marcel bedeutendsten Komplexe im Zusammenhang mit der Hoffnung führt. Wenn in den folgenden Abschnitten die Hoffnung in ihrem auf Gemeinschaft aufbauenden und auf sie zielenden Charakter beschrieben wird, wenn ferner die Hoffnung ihre letzte Tiefe dort erreichen wird, wo sie als Hoffnung auf Unsterblichkeit ausgewiesen ist, so erfordern diese Themen die Behandlung der grundlegenden Frage, ob hier überhaupt die Rede sein kann von einem Gegenstand der Hoffnung, wenn Gegenstand im strengen Sinne als Objekt verstanden wird.

1. Grenzen einer möglichen Rede vom Objekt der Hoffnung

Geht man von der Voraussetzung aus, es ließe sich tatsächlich von einem Objekt der Hoffnung sprechen, so impliziert diese Grundaussage eine Reihe weiterer Bestimmungen, die den Charakter der Hoffnung selbst betreffen.

Ein Objekt der Hoffnung müßte benennbar sein; es müßte sich klar umgrenzen lassen. Nach Thomas v. Aquin kann die Hoffnung sich auf verschiedene Objekte beziehen, insofern diese die gemeinsamen Merkmale aufweisen, die er festlegt: es muß sich um ein *bonum arduum futurum possibile adipisci* handeln. Dies gilt von den irdischen Hoffnungen, dies gilt auch von der Hoffnung, die als Gipfel über allen anderen aufragt, der Hoffnung auf das Heil. Wenn man allerdings die Unterscheidungen zwischen *den Hoffnungen* und *der Hoff-*

nung einführt[442] und im Grunde nur der letzteren die Qualität der Hoffnung im vollen Sinne zubilligt, dann verschiebt sich das Bild: Ist hier eine genaue Benennung, Klassifizierung überhaupt möglich?
Spreche ich von einem Objekt der Hoffnung, dann schließt diese Rede ein, daß die Hoffnung in einer Subjekt-Objekt-Gegenüberstellung verbleibt. Ein Objekt ist wesenhaft das, worauf sich - in Marcelscher Terminologie - ein wie immer geartetes Haben richten kann. Die Hoffnung würde in einem platonischen Grundmuster verbleiben, das im ερως aufsteigend dahin strebt, das Schöne, das Gute auf immer zu besitzen[443]. Marcels Denken der Teilhabe scheint etwas anderes zu meinen. Am Sein als dem unerschöpflichen Konkreten teilhabend, stehe ich diesem nicht gegenüber - es ist die Frage, ob ein Seinsbesitz im strengen Sinne in der Hoffnung überhaupt angestrebt werden kann.
Die anscheinend wichtigste Frage, die hier angesprochen ist, führt mitten in theologisch Relevantes. Wenn von einem Objekt der Hoffnung die Rede ist, dann ist als Ziel der Hoffnung der »Besitz« dieses Objektes definiert. Damit ist aber Folgendes ausgesagt: die Hoffnung erreicht einen *status finalis*, der sie selbst aufhebt. Damit stünde man in theologisch gut ausgewiesener Tradition (*in patria evacuatur spes*)[444]. Diese geht von der - übrigens auch von Marcel geteilten - Voraussetzung aus, es gebe Hoffnung letztlich nur dort, wo eine Situation als Mangel, als Bedrängnis erfahren wird; die letztlich angestrebte Erfüllung kann keinen Raum mehr für einen solchen Mangel lassen, womit dann auch die Hoffnung vergehen muß. Ein Heil, in dem noch etwas zu erhoffen ausstünde, wäre in sich widersprüchlich.
Daß aber, ausgehend von 1 Kor 13 das »Bleiben« *(menei)* auf die Trias von Glaube, Hoffnung und Liebe bezogen werden kann und somit die Hoffnung als göttliche Tugend ein Hausrecht im göttlichen Leben selbst hat und damit auch innerhalb der Vollendung, zeigt ein Blick auf die theologischen Bemühungen der Gegenwart wie auch der Blick auf die theologische Tradition. Eine solche Interpretation kann

[442] Vgl. P. L. Landsberg, Die Erfahrung des Todes, 41.

[443] Platon, Symposion 206 a.

[444] Thomas von Aquin, Sth II-II 18, 2.

unterstützt werden durch ein Denken der Hoffnung, das auf die Bestimmung eines Objektes der Hoffnung verzichtet. Mit solchem Verzicht fällt auch die Notwendigkeit eines *status finalis* (im geschichtlichen Sinn, der auf diese Weise doch in die Vollendung eingeführt würde) dahin, es fällt die Möglichkeit, das Ende als ein Haben im platonischen Sinn, als einen Besitz zu fassen. Diese theologische Blickrichtung ist sicherlich nicht die Leitidee Marcels; was sich höchstens feststellen läßt, ist ein Zusammenklang[445].

Daß für Marcel ein im Haben verwurzelter und durch den Besitz eines Objektes gekennzeichneter *status finalis* nicht denkbar ist, liegt für ihn nicht am Ausgangspunkt, sondern im Gefolge seines Denkens. Versucht man nämlich, das Ziel der Hoffnung anders zu fassen als in der Kategorie des Objektes, dann wird hier folgerichtig für die Frage nach dem Bleiben der Hoffnung eine neue Perspektive eröffnet, die dieses Bleiben nun nicht mehr als Ausdruck eines Mangels, einer Prüfung ansieht, sondern vielmehr als Ausdruck eines Wandels, der stattgefunden hat. Die Hoffnung, die ihren (denkerischen wie auch realen) Anfang genommen hat in den konkreten Situationen der Bedrängnis, wandelt sich angesichts des Todes, der ihr »Sprungbrett« ist, zu einer absoluten Hoffnung[446], die in ihrer ontologischen Verwurzelung eher das Korrelat der Unerschöpflichkeit des Seins darstellt als dasjenige einer grundsätzlich erfüllbaren, abschließbaren - in der Hoffnung aber noch unerfüllten Situation.

2. Der unbewahrheitbare Gegenstand der Hoffnung

Aus dem bereits Gesagten kann die Fragestellung nochmals verdeutlicht werden: Man sieht sich angesichts der Hoffnung vor die Alternative gestellt, ob die Hoffnung die irdische Lösung unserer Schwierigkeiten betreffe oder eine »Entwicklung im Unsichtbaren, die sich vielleicht erst mit dem Tode anbahnt«[447]. Während sie sich im ersten Fall der Gefahr ausgesetzt findet, dauernd Lügen gestraft zu werden,

---

[445] Vgl. dazu den letzten Abschnitt der Arbeit.

[446] Vgl. EA I 115/ SH 100f/ MWA II 210.

[447] ME II 163/ GeS 483.

verlegt sie sich im zweiten Fall in das nicht zu Bewahrheitende, wodurch sie gezwungen wird, sich von dem Vorwurf zu befreien, sie stelle nichts als eine Fopperei dar[448]. Von der Beantwortung der Frage nach dem Objekt der Hoffnung hängt also Wesentliches ab. Die Verlegung in den Bereich des Unbewahrheitbaren, das in dieser Textstelle im Hinblick auf den Tod auftaucht, bedeutet ja nichts anderes, als daß die Hoffnung auf die Definition eines ihr eigenen Objektes grundsätzlich verzichtet.

Es scheint, als ob diese Bestimmung der Hoffnung in ihrem formalen Aspekt von Marcel bereits dort angesetzt wird, wo es noch nicht um die Frage nach dem Tod geht. Das erhellt aus zwei Überlegungen, die Marcel in seinem Essay über die Hoffnung in *Homo Viator* anstellt. Getragen von der in seinem Denken zu dieser Zeit bereits fest verwurzelten Theorie der Teilhabe bestimmt Marcel den Hoffenden im Gegenüber zu zwei Gestalten: dem Optimisten[449] und dem, der die Hoffnung aus dem Blickwinkel einer festgelegten Erfahrung verurteilt[450]. Den Haltungen, die in diesen Gestalten ihren Ausdruck finden, ist es zu eigen, eine Gegenüberstellung zur Situation einzunehmen, die es erlaubt, die Situation selbst und ihren möglichen Ausgang zu verobjektivieren.

Demgegenüber ist der Hoffende jemand, »der in einen bestimmten Prozeß verwickelt ist«[451], die Hoffnung ist eingeflochten »in das Gewebe einer im Werden begriffenen Erfahrung, oder, anders ausgedrückt, eines noch nicht abgeschlossenen Abenteuers«[452]. Diese sich so auslegende Teilhabe erlaubt keine Verobjektivierung - weder der Situation noch ihres möglichen Zieles, das durch die Hoffnung erstrebt ist. Das, woran ich teilhabe, ist vom Wesen her nicht verobjektivierbar. Jeder Entwurf eines Objektes der Hoffnung muß aufruhen auf einer Betrachtung, die sich aus der Teilhabe an der eigenen Existenz zurückgezogen hat. Er müßte rekurrieren auf eine von außen

---

448 Ebd.

449 Vgl. HV 45ff/ HVd 35ff/ MWA I 122f.

450 Vgl. HV 70/ HVd 64/ MWA I 139.

451 HV 47/ HVd 37/ MWA I 123.

452 HV 70/ HVd 64/ MWA I 139.

betrachtete Gesamtheit von in der Erfahrung vorhandenen und sich an dieser messenden Möglichkeiten. Durch die Unterscheidung Marcels von offener und geschlossener Erfahrung[453] konnte dies bereits abgewiesen werden. Die Hoffnung, in der sich ein Vertrautes und ein Neues begegnen, muß andere Wurzeln haben als die Erfahrung, von der allein her die Kriterien erfüllt sein können, die an einem Objekt der Hoffnung aufzuweisen wären.

Dennoch weicht Marcel der Frage, was denn das Objekt der Hoffnung sei, nicht aus; er beantwortet sie aber im bereits angedeuteten Sinn: Es gilt auch in den konkreten Situationen, durch welche die Existenz in einem weiteren Sinn als Gefangenschaft verstanden werden muß, »daß die Hoffnung vermöge eines ihr eigenen *nisus* (Aufschwungs) das unüberwindliche Streben hat, die besonderen Objekte, an die sie sich zunächst zu hängen scheint, zu transzendieren«[454]. Die Bilder, deren sich die Hoffnung bedient, sind offensichtlich von der Art, daß sie nicht einen genau umschreibbaren Zustand wiedergeben, sondern sie sind vage, unbestimmt, so daß sich in einem gewissen Sinne auch sagen läßt, man wisse in einer konkreten Situation nicht, worauf man hoffe[455]. Die Hoffnung findet ihre Mündungen im Unsichtbaren[456] - was nun nicht eine vorläufige Verborgenheit ist, die zu einem fortgeschrittenen Zeitpunkt in eine klare Sichtbarkeit übergehen könnte, sondern eine wesentliche Unverifizierbarkeit[457]. Es scheint, daß hier wie überall, wo es um das Sein geht, nur Annäherungen möglich, konvergente Wege beschreitbar sind, »le long desquelles il nous est possible de progresser dans la direction de ...«. Marcel besteht darauf, das Ziel durch Auslassungs-

[453] Vgl. Abschnitt III des vorliegenden Kapitels.

[454] HV 43/ HVd 33/ MWA I 121.

[455] Vgl. GM-Bloch 49. Die Hoffnung kann auch für ein Volk, das unterdrückt ist, sich kein genaues Bild der Freiheit machen. »Et c'est pourtant une attente, un espoir de..., de quelquechose de très indéterminé«.

[456] Vgl. EA I 97/ SH 84/ MWA II 199; EA I 95/ SH 82f/ W II 198.

[457] Vgl. EA I 93/ SH 81/ MWA II 197.

punkte offenzuhalten; jeder Abschluß müßte das Wesentliche dieser Bewegungen auf das Sein hin verfälschen[458].

3. Freiheit und Heil als Bilder des unverifizierbaren Gegenstandes der Hoffnung

Von dieser offenhaltenden Art sind nun auch die Begriffe und Bilder, die Marcel verwendet, um das zu beschreiben, dessen Korrelat die Hoffnung darstellt. Dabei rührt Marcel an die Grenzen des Theologischen, ist aber bemüht, sie nicht zu überschreiten, sondern in der Argumentation auf dem Boden seines Philosophierens zu verbleiben[459]. Im Horizont der grundlegenden Aussage, daß die Hoffnung in einer Situation der Prüfung, der Gefangenschaft auftritt[460], ist evident, daß sich die Hoffnung wesentlich als Hoffnung auf Befreiung darstellt[461]. Diese Befreiung erscheint in der Sprache Marcels auch als Licht, dem sich die Hoffnung zuwendet, als verschleiertes Licht, das nur ahnungsvoll vorauswahrgenommen werden und der Nacht ein Ende bereiten kann[462]. In der Krankheit wird diese Befreiung als Heilung thematisiert - einer der weiteren Komplexe, um die sich Marcels Gedanken über die Hoffnung ansiedeln[463]. Aber wenn die Befreiung auch gleichsam als der gemeinsame Nenner all der konkreten Hoffnungen, die das Leben begleiten, angesehen werden kann, so liegt hier dennoch keine Objektivierbarkeit der Hoffnungsziele vor. Es erscheinen diese konkreten Verwirklichungen der Befreiung gleichsam als Präfigurationen einer jede konkrete Befreiung überschreitenden Größe. Auch die phänomenologische Ausgangsbasis des Begriffspaares Gefangenschaft - Befreiung wird überschritten.

---

458 StructEsp 49; vgl. PosApp 75/ MWA I 76: Hier erscheint die Hoffnung als »prolongement dans l'inconnu d'une activité centrale«.

459 Vgl. ME II 180/ GeS 503.

460 Vgl. HV 40f/ HVd 30/ MWA I 119.

461 Vgl. GM-Bloch 43f.

462 Vgl. HV 42/ HVd 32/ MWA I 120.

463 Vgl. EA I 93/ SH 81/ MWA II 197; HV 48/ HVd 38/ MWA I 124; HV 49f/ HVd 40/ MWA I 125; HV 60/ HVd 53/ MWA I 133.

Im Bezug auf die Krankheit und die Hoffnung auf Heilung formuliert Marcel, »die Integrität des Organismus [sei] wie die vorweggenommene Vorstellung, wie der symbolische Ausdruck einer höchsten Integrität«[464]. Diese höchste Integrität kann nicht anders beschrieben werden als mit dem Begriff *Heil*. Es ist dies die häufigste, nahezu in allen Äußerungen Marcels über die Hoffnung wiederkehrende Formel: Jede Hoffnung sei wesentlich Hoffnung auf Heil[465]. Diesseits des Theologischen behält der Begriff die für Marcel notwendige Offenheit; die Anleihen, die er auf theologischem Gebiet macht, um die Gestalt des Heils konkreter zu fassen, entstammen einer Spiritualität, als deren Vertreter Gregor von Nyssa namhaft gemacht wird[466] und innerhalb derer das Heil nicht so sehr als Zustand, sondern viel eher als Weg aufgefaßt wird[467]. Marcel nennt es einen lebendigen Frieden und hebt es ab von einer »Erstarrung, darin unser Leben wie im Anschauen irgendeines Fixsterns gewissermaßen zu Eis würde«[468].
Das Erbe Bergsons wird in diesem Kontext wieder spürbar. Gleichzeitig kann gesagt werden, daß hier die theologische Relevanz Marcelschen Denkens nicht mehr zu verhehlen ist; in der Diskussion um eine unabschließbare Eschatologie kann Marcels Beitrag von umso größerem Gewicht sein, als es sich hier nicht um eine Randaussage handelt, sondern nahezu um den Kern seiner Philosophie.
Die Präzisierung, die Marcel nun noch vornimmt, soll hier nur erwähnt werden, da sie die Grenze zur Theologie, zum christlichen Glauben tatsächlich überschreitet und daher später noch ausführlicher behandelt werden soll. Marcel nennt die Hoffnung auf Heil an zwei Stellen explizit Hoffnung auf Auferstehung[469]. Das Verständnis der Auferstehung weist in die oben aufgezeigte Richtung: Es geht um ein

---

464 EA I 93/ SH 81/ MWA II 197; vgl. PosApp 69/ MWA I 73: »... j'affirme qu'un certain ordre sera rétabli«.

465 HV 40HVd 29/ MWA I 119; ME II 181/ GeS 503; EA I 93/ SH 81/ MWA II 197; GM-Bloch 58; vgl. auch S. Plourde, Vocabulaire philosophique, 452-457.

466 ME II 183/ GeS 506.

467 Vgl. ebd.

468 ME II 183/ GeS 507.

469 StructEsp 54; GM-Bloch 58.

»renouvellement éternel«[470]; die Verheißung der Auferstehung verschmilzt mit der Hoffnung, insofern sie mit dem »offenen Denken« (pensée ouverte) verschmilzt, und zwar dort, wo dieses am weitesten wird. Verständlich wird von dieser Bestimmung des Heils und der Auferstehung her, was Marcel mit dem Begriff der *absoluten Hoffnung* meint[471]. Jeder eine Bedingung stellende Vorbehalt und jede Vorstellung sind hier überstiegen; die Hoffnung hat sich erhoben über jede Möglichkeit, ihr eigenes Objekt vor sich zu stellen, ein Objekt überhaupt zu definieren. In dem, was die absolute Hoffnung anstrebt, nämlich im Heil und in der Auferstehung, offenbart sich eine jeder Verobjektivierung entzogene Dimension.

IX. Die Hoffnung im intersubjektiven Kontext

Innerhalb der Grundvoraussetzungen, auf denen das Werk Marcels aufruht und in denen sein Reden über die Hoffnung verwurzelt ist, steht die Intersubjektivität an herausragender Stelle. In ihr treffen sich Marcels Überlegungen zur Existenz mit denen seiner konkreten Ontologie. Dennoch war im bisherigen Verlauf der Untersuchung von diesem Aspekt im Zusammenhang mit der Hoffnung kaum die Rede. Der Versuch, Marcels Gedanken zur Hoffnung in etwa zu systematisieren, mußte in der Betrachtung des formalen Aspektes der Hoffnung zunächst zu einer Ausblendung ihrer dialogischen, intersubjektiven Struktur führen. Das erschien notwendig, um eine Basis zu finden für den Vergleich mit anderen Konzepten der Hoffnung, die von ihr hauptsächlich in ihrer individuellen Gestalt sprechen. Dennoch ist auch die Struktur der Hoffnung selbst von der Intersubjektivität betroffen; die Intersubjektivität ist nicht erst dort zu finden, wo die Frage nach dem Gegenstand der Hoffnung gestellt wird. Auch wenn durch den Aufbau der Untersuchung dieser Gedanke nahegelegt wird, ist ein Schema, das zunächst von einer in sich bestehenden Hoffnung

---

470 StructEsp 55.

471 Vgl. HV 62f/ HVd 56/ MWA I 134.

ausgeht und als eine ihrer Konkretionen, als ein Hinzukommendes, die intersubjektive Dimension aufzeigt, zurückzuweisen. Bereits dort, wo im bisherigen Verlauf der Untersuchung die Verfügbarkeit als Haltung des Hoffenden zur Sprache kam, deutete sich die Öffnung der Hoffnungsthematik für den anderen, für die Frage nach dem anderen an. Ferner muß die Frage nach dem Ursprung der Hoffnung, da dieser nicht beim Hoffenden selbst liegt, auf der Suche nach einer Antwort auf die intersubjektiven Relationen treffen, die den Hoffenden bestimmen. Eine Ausweitung auf diese Dimension hin war zwangsläufig auch dort gegeben, wo die Hoffnung auf ihr Wirken untersucht wurde: Insofern sie eine Ausstrahlung ist, kann sie aus dem Geflecht intersubjektiver Bezogenheit nicht herausgelöst werden. Mit der Thematisierung des Gegenstandes der Hoffnung ist nun dieses gesamte Feld, das im grundlegenden Abschnitt über die Fundamente der Marcelschen Überlegungen zur Hoffnung abgesteckt worden war, endgültig vor Augen getreten. Soll überhaupt ein Gegenstand der Hoffnung benannt werden, dann muß er in der Richtung der Intersubjektivität gesucht werden. »Es hat keinen Sinn, vom Vorgang der Hoffnung zu sprechen, ohne zugleich von dem der Liebe zu sprechen«[472].

Die Verschränkung der Hoffnung mit der intersubjektiven Bezogenheit, die in ihrer Vollgestalt als Liebe bezeichnet wird, kann auf zweifache Weise ausgemacht werden. Zum einen geht es darum, zu zeigen, wie die Hoffnung ihre Wurzeln in der Intersubjektivität/ communio hat, inwiefern es für die Hoffnung wesentlich ist, daß sie aus einer Gemeinschaft nicht herausgelöst werden kann, daß sie ferner als Ziel eine nur unter dem Bild der Gemeinschaft zu beschreibende Realität anstrebt.

Anderseits besteht die Verschränkung noch in einer zweiten Richtung. Die intersubjektive Bezogenheit, wie Marcel sie versteht, gehört dem Bereich des Mysteriums an, d.h. sie ist nicht objektivierbar in ihrer Gestalt, nicht fixierbar auf einen Status; es geht hier jedoch nicht um

---

472 HV 78/ HVd 74/ MWA I 145; vgl. über die Zusammengehörigkeit von Glaube, Hoffnung und Liebe auch ME II 171/ GeS 492; HV 78/ HVd 73/ MWA I 145: Zur Hoffnung gehört die Gemeinschaft; StructEsp 52: »... l'espérance est liée à l'intersubjectivité«.

eine offene, d.h. unbestimmte Relation, die keinerlei Ziel hätte. Da sie in der Gestalt der Treue als eine der konkreten Annäherungen an das Sein erscheint, gilt für sie die ontologische Grundausrichtung. Angestrebt wird in ihr das Sein, das nicht jenseits, sondern *in* der intersubjektiven Beziehung angetroffen wird, sich aber in ihr noch einmal insofern als transzendent erweist, als es hier als unerschöpflich aufscheint und auch die konkrete intersubjektive Beziehung als unerschöpflich konstituiert, wenn sie denn im Sinne des Marcelschen Mysteriums als nichtobjektivierbar und nicht herstellbar realisiert und als eine Wirklichkeit erkannt wird, die es nur zu empfangen gilt.
Das meint nichts weiter, als daß der intersubjektive Bezug nie in seiner Fülle oder Vollständigkeit darin gesucht werden kann, den anderen, das geliebte Wesen ganz und gar zu erkennen, d.h. zu fassen, zu haben im Sinne eines Objektes[473]. Höchstens könnte von der Liebe als einer höheren Erkenntnis gesprochen werden insofern ich in ihr die Unerschöpflichkeit des anderen wie auch den Mysteriumcharakter der dyadischen Bezogenheit selbst, über die ich keinerlei Auskunft geben kann, bewußt halte[474]. Dann aber nimmt die Intersubjektivität selbst eine Gestalt an, die der Hoffnung verwandt bzw. von der Hoffnung durchdrungen ist. Die Offenheit, Unabschließbarkeit der dyadischen Bezüge ist nicht von der leeren Gestalt einer sozusagen leeren Zukunft her gewährt, sondern von derselben Fülle des Seins, die auch in der Hoffnung angestrebt wird. Beide Themen durchdringen einan-

---

473 Vgl. die Schlußszene des *Iconoclaste*: »Voir, entendre, toucher. - Tentation dont le plus pur de toi n'est pas dupe. Va, tu ne te satisferais pas longtemps d'un monde que le mystère aurait déserté. L'homme est ainsi fait« (zitiert nach EPC 226/ SchTr 146/ MWA III 186).

474 Marcel sagt zwar, daß die Erkenntnis eines Wesens an den Akt der Liebe gebunden sei (HV 29/ HVd 21/ MWA I 113f); daß aber die Rede von Erkenntnis nur in einem analogen Sinn im Zusammenhang mit der Liebe Verwendung finden kann, bezeugt eine Stelle aus JM 63ff/ MT 95ff. Hier formuliert Marcel zwar, die Liebe sei wirkliche Erkenntnis (JM 63/ MT 95); in einer vertiefenden Reflexion legt er aber Rechenschaft über das Mißverständliche des Begriffes »Erkenntnis« in diesem Zusammenhang ab. Dieser Begriff lege den Verdacht nahe, die Liebe sei auf eine Erkenntnis der »Essenz« des Geliebten aus, auf eine Wirklichkeit des Geliebten »an sich« (JM 64/ MT 97). Aber: »Die Liebe richtet sich auf das, was jenseits der Essenz ist; sie geht über jedes mögliche Urteil hinaus«(ebd).

der derart, daß gesagt werden kann: Ohne die Grundhaltung der Hoffnung, die sich aller Bilder begibt, die auf jede Objektivierung verzichtet um des Seinsgeheimnisses willen, kann intersubjektive Bezogenheit tatsächlich nicht entstehen. Sie wäre sonst von vornherein als Erwartung eines Objektiven darauf angelegt, die Wirklichkeit des anderen zu verfehlen.

1. Verbindungen der Hoffnung zu bestehender Intersubjektivität

Marcel scheint keine logisch-kausale Verbindung der beiden Begriffe Hoffnung und Gemeinschaft aufzustellen. Vielmehr ist die Verbindung grundgelegt in der für Marcel entscheidenden Erfahrung des Todes des geliebten Menschen, die seiner Kindheit eine erste Prägung gab. Von dieser Zeit an gilt seine Suche einerseits der Möglichkeit, eine Gemeinschaft mit dem geliebten Wesen aufrechtzuerhalten, d.h. die Gemeinschaft tritt selbst als zentral in das Blickfeld, anderseits wird sich Marcel bewußt, daß diese Gemeinschaft *in statu viatoris* die Gestalt der Hoffnung annehmen muß. Fragt Marcel also von seinen Überlegungen zur Hoffnung aus, was ihr Gegenstand sei, dann besteht zwar die Antwort zunächst in dem Hinweis auf den Überstieg aller konkreten Objekte, den die Hoffnung kraft des ihr eigenen Aufschwunges leistet[475]; am Ende des Aufsatzes aus *Homo Viator* steht aber die Gemeinschaft im Mittelpunkt der Definition, die Marcel zu entwerfen versucht[476]. Ein erster Anhaltspunkt dieser Verschränkung ergibt sich also von der Perspektive des »Objektes« der Hoffnung her. War dies zunächst unter anderem beschrieben worden als eine Gemeinschaft, die im Tod zerstört wurde und die es nun wiederzufinden gilt, so können in Marcels Schriften auch genügend Hinweise aufgedeckt werden auf die Gründung dieser Gemeinschaft in der Hoffnung und der hier gegebenen Verheißung, daß der Tod ihr nichts anhaben kann[477].

---

475 Vgl. HV 43/ HVd 33/ MWA I 121.

476 Vgl. HV 90f/ HVd 87/ MWA I 154.

477 Vgl. das Wort aus dem Drama Marcels *Le mort de demain*: »Einen Menschen lieben heißt ihm sagen, du wirst nicht sterben« (zit.: ME II 154/ GeS 472; vgl. ME II 154ff/ GeS 472ff).

Eine zweite Verbindung von der Hoffnung zur Gemeinschaft ergibt sich dort, wo nach den Bedingungen der menschlichen Existenz gefragt wird. Hier setzt sich Marcel deutlich von jeder Auffassung ab, die den Menschen als ein autarkes, autonomes Wesen verstehen will. Der Mensch, der autonom sein will und dies als eine Bedingung seiner Freiheit ansieht, betrachtet sein Leben von außen, wie einen Besitz, den es zu verwalten gilt. Dort, wo es aber um Kategorien geht, die dem Haben entzogen sind, wie es beispielsweise jede künstlerisch-schöpferische Fähigkeit ist, wird diese Autonomie brüchig; hier ist nichts mehr, was in irgendeiner Weise »verwaltet«, von außen betrachtet und verobjektiviert werden kann[478]. Ein Engagement, wie es auch die Hoffnung darstellt, kann von einer solchen Autonomie aus nicht mehr verstanden werden. Das Engagement setzt eine Teilhabe voraus, die einerseits Teilhabe am Sein ist (und nicht mehr als Heteronomie verstanden werden kann, da hier das Verhältnis des Besitzes nur umgekehrt wäre) anderseits auch eine Ordnung des »Wir«[479]. In ihr ist der Ort der Hoffnung und allein auch eine Zielrichtung auf eine Fülle möglich, die das autonome Wesen nicht erreichen kann. »Das Vollkommene ist nicht, was sich selbst genügt«[480].

Die Verwandtschaft zwischen der Hoffnung und einem schöpferischen Tun war anläßlich der Frage nach dem Ursprung der Hoffnung bereits angedeutet worden. Hier ist nun unter dem Gesichtspunkt daran zu erinnern, daß die Schöpfung in den Augen Marcels keinesfalls einer autonomen Aktivität gleichgesetzt werden kann. Sie ist vielmehr ein Engagement im obengenannten Sinne, ein »Akt, durch den er [der Künstler] sich einer Sache zur Verfügung stellt, die ohne Zweifel in einem gewissen Sinne in ihrem Sein von ihm abhängt, die sich ihm aber zugleich als etwas darstellt, das jenseits von dem liegt, was er ist, und jenseits von dem, was er geradezu und unmittelbar aus sich

---

478 Vgl. EA I 217f/ SH 185f/ MWA I 101f.

479 Vgl. HV 68/ HVd 62/ MWA I 138.

480 JM 207/ MT 291/ MWA II 76; zur Intersubjektivität jenseits von Autonomie und Heteronomie vgl. H. Pfeiffer, Gott erfahren. Der Beitrag Gabriel Marcels zur Gottesfrage, 140.

selbst zu ziehen sich zutrauen kann«[481]. Diese am Tun des Schöpfers verdeutlichte Realität gerät dann zum Kennzeichen der Person, wenn sie, wie Marcel es tut, als von Wesen her verfügbar bezeichnet wird[482]. Von diesem Grundmerkmal der Person, das sich letztlich auch in der Hoffnung widerspiegelt, wird deutlich, daß die Hoffnung nicht in einer Selbstgenügsamkeit bestehen kann. In der Hoffnung transzendiert sich der Hoffende auf das Sein hin, wird aber ebenso verfügbar in einer Gegenwärtigkeit für den konkreten Anderen[483].

Durch den Rückgriff auf die bereits dargestellten Gedanken Marcels zur Verzweiflung bietet sich eine dritte Verbindung der beiden Realitäten Hoffnung und Gemeinschaft an[484]. Die Verzweiflung impliziert als Wesensmerkmal einen Abschluß der Person, der in die Richtung der Zeit ebenso geht wie in diejenige der existentiellen Bezogenheit. Der Verzweifelte schließt die Zukunft ab, indem er konstatiert, daß es in ihr nichts geben könne, was die verzweifelte Perspektive wesentlich verändert. Er schließt sich aber auch von jeder Gemeinschaft aus, die in den Augen Marcels selbst einen Zugang zu einer Wirklichkeit darstellt, die mit unendlichen Möglichkeiten geladen ist[485].

Diese beiden Aspekte sind vor allem in dem Vortrag Marcels *Structure de l'espérance* aus dem Jahr 1951 miteinander verbunden. Diese Verbindung ist hier stärker akzentuiert als in dem Aufsatz in *Homo Viator*[486]. Die geschlossene Zeit des Verzweifelten ist für Marcel wie eine pervertierte Ewigkeit, eine »contre-éternité«[487]. Es ist die Ewig-

---

481 HV 31/ HVd 23/ MWA I 115.

482 Vgl. HV 28-35/ HVd 20-27/ MWA I 113-117.

483 Vgl. PosApp 75-79/ MWA I 76-79. Hier zieht Marcel die Gedankenlinie: Hoffnung - Schöpfung - schöpferische Treue - Gegenwärtigkeit.

484 Vgl. HVd 73/ MWA I 145: Man müßte sich fragen, »ob Verzweiflung und Einsamkeit nicht im Grunde identisch sind«.

485 Vgl. HV 66/ HVd 60/ MWA I 137.

486 Sie wird zwar hier auch erwähnt (HV 80/ HVd 75/ MWA I 146), dann aber nicht weiter entfaltet.

487 StructEsp 51. Mit aller Deutlichkeit muß hier noch einmal die Vorstellung Marcels hinsichtlich der *Treue* abgegrenzt werden von dieser geschlossenen Zeit. »Die Treue als Sieg über die Zeit« schreibt Marcel in *Sein und Haben*. Die Treue ist keine *stehende* Zeit, kein Abschluß der Zeit, sondern ein Sieg

keit der Hölle, ein *nunc stans*, dies nun aber nicht als *tota simul ac perfecta beatae vitae possessio*[488], sondern als ein totes Stehen, das keinen Zugang mehr zum Leben ermöglicht. »Die Verzweiflung ist die Hölle. Und mir scheint, man könnte hinzufügen, daß dies die Einsamkeit ist«[489]. Marcel sieht hier eine Verbindung, die eine Wechselwirkung beinhaltet. »In dieser unbeweglichen Zeit eingeschlossen zu sein, bedeutet im selben Atemzug jene emporquellenden (jaillissantes) Kommunikationen mit dem Nächsten zu verlieren, die zum Wertvollsten gehören, was es im Leben gibt, ja die das Leben selbst sind. ... In der geschlossenen Zeit gibt es keine mögliche Freundschaft mehr«[490]. Und im Gegenzug beginnt dort, wo die Freundschaft wieder auflebt, die Zeit sich wieder zu bewegen, »und, im selben Augenblick, wie verschwommen auch immer, erwacht die Hoffnung, wie eine Melodie sich am Grund des Gedächtnisses erhebt (s'émeut)«[491].

Die Verbindung von Verzweiflung und Einsamkeit ist für Marcel dermaßen zentral, daß sich an ihr geradezu die Grundlage jeden Nachdenkens über die Hoffnung ablesen läßt. Diese Frage enthebt ein Mühen um die philosophische Durchdringung und Erhellung der Thematik dem Verdacht, bloß um ihrer selbst willen betriebene Spekulation zu sein und verdeutlicht an der Verbindung von Hoffnung und Gemeinschaft die existentielle Bedeutung der gesamten Thematik. Marcel formuliert sie so: Das eigentliche Problem, dessen Lösung wir suchen, besteht in der Frage, »ob die Einsamkeit das letzte Wort hat, ob der Mensch wirklich dazu verdammt ist, allein zu leben und zu sterben, und ob es ihm nur durch die Wirkung einer Lebensillusion gelingt, sich darüber hinwegzutäuschen, daß das wirklich sein Los

---

über die Zeit in dem Sinn, daß die Zeit als mich unterwerfender Ablauf (also als Zeitquantum, das mich einerseits verzehrt und mich anderseits an *meinen* Ab-lauf erinnert), überwunden wird. Die Treue ist schöpferisch, d.h. sie verwirklicht den Anruf des Seins in einer Weise, die von der Zeit nicht mehr angegriffen werden kann; vgl. R. Bespaloff, Notes sur Gabriel Marcel, 84.

488 Boethius, De consolatione philosophiae V, 6.

489 StructEsp 51.

490 Struct Esp 52.

491 Ebd.

ist«[492]. Die »Zuflucht zur Gemeinschaft und die Zuflucht zur Hoffnung«[493], die letztlich als eine innere Einheit erscheinen, bieten einzig die Möglichkeit, gegen alle Formen der Verzweiflung anzukämpfen.

2. Der Hoffnungscharakter aller intersubjektiven Bezogenheit

Die Intersubjektivität im Denken Marcels steht unter dem Vorzeichen des »Mystère«[494]. Die Schlußszene des Dramas *L'Iconoclaste*, die Marcel als wesentlich für die Bestimmung dieses Begriffes ansieht, verdeutlicht diesen Bezug[495]. Es gilt, hier für den Fall des geliebten Menschen, der verstorben ist, daß im letzten keine Gewißheit mehr im Sinne eines Berührens, Sehens und Hörens zwischen mir und ihm etabliert werden kann. Das gilt aber bereits dort, wo die Gewißheit der Liebe noch nicht durch den Tod auf ihre härteste Probe gestellt ist. Eine Welt, aus der das Mysterium verschwunden wäre, die also insgesamt dem Zugriff des Menschen offenstünde, ließe keine Luft mehr zum Atmen.

Die Definition des Mysteriums, die Marcel vorlegt, auch um es von falschen bzw. in anderen philosophischen Systemen vorkommenden Vorstellungen abzugrenzen, sei noch einmal in Erinnerung gerufen, da hier der Schlüssel liegt, mit dessen Hilfe die Intersubjektivität in ihrem Hoffnungscharakter bestimmt werden kann. Das Mysterium wird von Marcel nicht »als eine Lücke des Erkennens interpretiert, als eine Leere, die man füllen muß, sondern im Gegenteil als eine Fülle, ja ich möchte sogar sagen: als der Ausdruck eines Willens, einer Forderung, die so tief ist, daß sie sich selbst nicht erkennt, daß sie sich unaufhörlich verrät, indem sie sich falsche Gewißheiten schmiedet,

---

492 HV 78/ HVd 73/ MWA I 145. Von der Bestimmung der Existenz her, die eine Existenz in Verbundenheit ist, formuliert Marcel sogar, daß es die Existenz ohne Bande letztlich nicht geben könne (vgl. HcH 51/ ErM (2) 54f); vgl. EPC 40f/ SchTr 29/ MWA III 22: »Die Existenz, oder besser ... die Existentialität ist die Teilhabe, insofern diese nicht objektivierbar ist«; EA I 166/ SH 143/ MWA II 240: »... je mehr ich mich als seiend behaupte, desto weniger entwerfe ich mich als autonom«.

493 HV 81/ HVd 76/ MWA I 147.

494 Vgl. ME II 13ff/ GeS 305ff.

495 S. o. (Anm. 473).

ein ganz illusorisches Wissen, mit dem sie sich jedoch nicht zufrieden geben kann und das sie dadurch zerbricht, indem sie die Schwungkraft verlängert, der sie gewichen ist, um diese Gewißheiten zu erfinden«[496]. Der *Trieb zum Wissen* wird hier nicht befriedigt, sondern transzendiert.

Betrachtet man diese Formulierung näher und versucht man, ihre Konsequenzen für ein Sprechen von der Intersubjektivität abzuschätzen, dann ergibt sich ein Dreifaches:

1) Beim Mysterium handelt es sich um eine Fülle. Diese Fülle ist aber kein Gegebenes, sondern vielmehr ist sie erstrebt, angestrebt. Die Intersubjektivität scheint also nie aufgefaßt werden zu können als ein abgeschlossener Zustand, sondern das Merkmal der Fülle kommt ihr insofern zu, als sie wesentlich unabschließbar ist. Darin liegt nun allerdings die Gefahr, die Intersubjektivität als bloßes Ideal oder als ein »Wertideal« im Sinne Schelers anzusehen, das denjenigen, der an ihm ausgerichtet ist, in eine ständige Überforderung durch den Anspruch des noch nicht Erreichten, ja wesentlich Unerreichbaren drängt. Es deutet sich jedoch eine Perspektive an, die von sich aus auf einen Abschluß verzichtet und in einem Engagement, das tatsächlich auf das Unabschließbare aus ist, dieses nicht als Überforderung wertet, sondern als das mit dem Geheimnischarakter Verbundene und so ontologisch Relevante, d.h. sich tatsächlich dem Sein Nähernde betrachtet. Die Intersubjektivität, wenn sie so verstanden wird, ist dann wohl als unerreichbar in einem »technischen« Sinne einzustufen, aber diese Unerreichbarkeit stellt keinen Mangel dar - keine »Lücke« - , sondern, indem überhaupt dieses technische Verständnis zurückgewiesen wird, erweist sich im Mysterium das Anerkennen dieses Unabschließbaren als eine Transzendenz.

---

[496] EPC 227 SchTr 146/ MWA III 187; vgl. zur Konzeption des »Mystère« im Bezug auf das Theater Marcels G. Fessard, Théâtre et Mystère. Le sens de l'oeuvre dramatique de G. Marcel; J. P. Dubois-Dumée, Einsamkeit und Gemeinschaft im Bühnenwerk Gabriel Marcels, 308 : »Gerade im Mysterium finden die Helden Marcels schließlich die Klarheit, nach der sie sich alle sehnen. In ihm werden sie zugleich über sich selbst und über ihre Beziehungen zu den anderen aufgeklärt«.

2) Das Gesagte bezieht sich nun in der Intersubjektivität auf zweierlei. Zum einen bedeutet es, daß das mir gegenüberstehende Du nicht erkannt werden kann in einem empirischen Verständnis. Die Intersubjektivität versetzt mich nicht in den Stand, den anderen wie ein Objekt zu behandeln, das am Ende eines Erkenntnisweges ganz und gar vor mir ausgebreitet wäre. Insofern stellt die Intersubjektivität den formalen Aspekt der Erkenntnis (bzw. Nicht-Erkenntnis) bereit, in der mir der andere, das Du, als Geheimnis aufscheint. Dies bedeutet aber nicht, daß mir der andere fremd bleiben muß. Vielmehr kann gesagt werden, daß ich dort, wo ich ihn als Geheimnis anerkenne, ihn nicht verobjektiviere, in der Intersubjektivität, die sich als eine Rücknahme technisch-empirischer Gewißheit versteht, genau jene Weise der Teilhabe verwirkliche, die Marcel mit einer *Transzendenz* des technischen Wissens meint und die der Wirklichkeit des anderen allein angemessen ist und ihn tatsächlich aus dem *kennenden* Gegenüberstand in eine *nicht-kennende* Teilhabe übernimmt, wohingegen jedes technisch-empirische Wissen, das ich von ihm zu haben meine, ihn im Zustand eines Gekannten beläßt und ihn so geradezu verfehlen muß[497].

3) Daneben aber hat die Intersubjektivität an sich selbst auch noch einmal den Charakter des Mysteriums. Sie kann nicht, da in ihr ja die Relationalität überwunden ist, Gegenstand eines Wissens sein. Im Übergang zu einer Dyade, d.h. einer Teilhabe, die nicht mehr aus zwei gegenüberstehenden Subjekten besteht, zwischen denen eine Beziehung walten würde, die selbst wieder objektivierbar wäre, verliert das Mit-Sein mit dem anderen jegliche Hinterfragbarkeit, es wird zu einer »Co-présence«, einem »Co-esse«, um das im strengen Sinn nicht

---

[497] Vgl. JM 157/ MT 222/ MWA II 37: Das Du kann keinem umgrenzten, beschränkten Inhalt gleichgesetzt werden; JM 145/ MT 207/ MWA II 27: Marcel denkt sich einen Übergang von der reinen Dialektik zur Liebe in dem Maße, als das Du immer tiefer und tiefer ein Du wird. Dabei bleibt der andere als Du dennoch anderer, wirklich von mir geschieden, ich hebe seine Individualität nicht auf (vgl. JM 146/ MT 208f/ MWA II 27f; EA I 133/ SH 116/ MWA II 221.) Diese Hinweise richten sich mit P. Kampits gegen die Interpretation Marcels durch M. Theunissen, a. a. O., der die Gefahr sieht, daß in der Konzeption Marcels das Dyadische letztlich in eine Identität falle; vgl. P. Kampits, a. a. O., 132, Anm. 24.

gewußt werden kann. Die beiden Glieder dieser »Co-présence« können lediglich in ihr stehen. Sobald eines sich ihr gedanklich gegenüberstellt, um diese Art des Mitseins von außen zu betrachten, ist dieses im Grunde bereits aufgehoben.
Die Gemeinschaft, die Teilhabe erscheint vor dem Hintergrund dieser Umschreibungen des »Mystère« also als eine Fülle jenseits einer Gewißheit, einer Erkenntnis, eher als Anerkenntnis des Unumgreifbaren, das nicht Objekt werden kann. Damit aber erlangt diese Intersubjektivität einen Charakter, der sie auf die Hoffnung verweist. In ihr gilt, daß ein Gegenstand im strengen Sinne nicht gegeben sein kann, daß jeder Gegenstand überstiegen wird. Man könnte sagen, daß die Intersubjektivität nicht verwirklicht werden kann, wenn Verwirklichung einen Zustand meint, der einhergeht mit einer Fixierung, einer Festlegung[498]. Eine Verwirklichung der Intersubjektivität könnte letztlich nur so gedacht werden, daß in ihr die Unerschöpflichkeit des Du wie auch der dyadischen Bezogenheit anerkannt wird. Diese Anerkennung kann wiederum nicht von außerhalb des dyadischen Bezugs her geschehen, sondern nur gleichsam von innen. Das hieße dann aber, daß derjenige, der in eine intersubjektive Relation eintritt, einerseits um die Unumgreifbarkeit dieses Bezuges weiß und sie akzeptiert in einer Rücknahme des »Triebes zum Wissen«, die aber tatsächlich dessen Transzendenz bedeutet[499]; daß er anderseits auch die unerschöpflichen Möglichkeiten dieser Intersubjektivität in der Hoffnung aufnimmt[500]. Die eigene Gestalt, die die Hoffnung auf dem Gebiet der Intersubjektivität annimmt, erscheint unter zwei Begriffen,

---

498 Vgl. S. Plourde, Gabriel Marcel, a. a. O., 71: Die Intersubjektivität, das Wir ist ein Lebendiges, das sich jeder Erstarrung versagt; »elle [l'intersubjectivité] demeure en proie au changement«, sie bleibt dem Wechsel unterworfen. Was hier als Zeichen der Lebendigkeit erscheint, birgt - darauf muß hingewiesen werden - auch die Gefahr in sich, daß ein »Rückfall« in die Selbstgefangenheit des Subjektes, des Ich möglich bleibt. Marcel selbst macht darauf aufmerksam: GM-Ricoeur 122f; das Ich kann jederzeit wieder als ein sich dem anderen Gegenüberstellendes »moi, je« (vgl. HV 15ff/ HVd 5ff/ MWA I 104ff) in Erscheinung treten und den anderen als Objekt einschließen.

499 Vgl. EPC 227/ SchTr 146/ MWA III 187.

500 Vgl. ME II 157/ GeS 476.

denen Marcel eine große Aufmerksamkeit gewidmet hat: Verfügbarsein (disponibilité) und Gegenwärtigsein (présence)[501].
Beide Begriffe kristallisieren sich um Marcels Überlegungen zur Treue. Eine der Hauptfragen dabei ist, wie ich jemandem treu sein kann, dessen Zukunft ich nicht kenne, wie ich auch in Anbetracht meiner eigenen mir unbekannten Zukunft ein Engagement eingehen kann, zu dessen Wesen es gehört, in gewissem Sinne unbedingt zu sein, d.h. von konkreten Gegebenheiten abzusehen[502]. Eine Behauptung über die Zukunft kann damit nicht gemeint sein[503]. Würde man die Treue ansehen als eine starre Bewahrung und Fixierung, wie es Marcel bei der Kritik Bergsons an der Treue auszumachen glaubt[504], dann wäre freilich die Kenntnis der Zukunft, ja deren Einfrieren auf einen mir bekannten Status, unbedingt vonnöten.
Nun ist aber in der Sicht Marcels die Treue schöpferisch[505]; was das bedeutet, erläutert Marcel an dem von ihm bevorzugten Beispiel des Künstlers, von dem man sagt, er sei sich selber treu. Er ist, so Marcel, sich selbst gegenüber dann treu, wenn er sich nicht von einer Schöpfung aus seiner Hand oder von der Wirkung, die sie erzielt hat, hypnotisieren läßt und beginnt, sich selbst zu kopieren, nachzuahmen: In diesem Fall wird er zum Fabrikanten, der ein Werk nach bestimmten, fixierten Vorstellungen abliefert[506]. Um sich selbst treu zu bleiben, muß er antworten auf einen Ruf, der vor allem in der Verpflich-

---

501 Die Übersetzung von »présence« ist nicht eindeutig zu leisten; MWA II übersetzt den Titel *Présence et immortalité* folgendermaßen: *Das Unsterbliche im Gegenwärtigen*. MWA II 262, Anm. 1 wird aber darauf hingewiesen, daß »présence« im Text aufgrund seiner Bedeutungsvielfalt mit »Präsenz«, »Anwesenheit«, »Gegenwärtigkeit«, »Gegenwärtigsein« wiedergegeben wurde; vgl. auch R. Troisfontaines, Der Begriff der Gegenwärtigkeit bei Gabriel Marcel.

502 Vgl. EA I 49/ SH 43f/ MWA II 179; EA I 57/ SH 50/ MWA II 184; HV 178/ HVd 178f.

503 Vgl. EA I 50/ SH 44/ MWA II 180.

504 Vgl. PosApp 77/ MWA I 78.

505 Vgl. EPC 228ff/ SchTr 147ff/ MWA III 187ff; HV 184/ HVd 185f; PosApp 77/ MWA I 77; PosApp 80/ MWA I 80.

506 Vgl. HV 179/ HVd 179.

tung besteht, weiterzuleben und folglich sich zu erneuern[507]. »Um sich selbst treu zu bleiben, muß man zunächst lebendig bleiben, und eben das ist nicht leicht«[508]. Das Wesen, das sich selbst treu ist, ist also alles andere als starr und fixierend; es erkennt als Gegenstand seiner Treue etwas, das zunächst über es selbst hinausweist; Treue, Verfügbarkeit bedeutet ein Aus-sich-heraus-Streben[509].

Inwiefern kann nun ein solches Bild der Treue abgegrenzt werden von einer durch die Wandlung der Situationen hervorgerufenen beständigen Anpassung, von dauernder Wandlung, die ja letztlich als das Gegenteil der Treue erscheinen muß? Was ist der innerste Kern jener Identität und Permanenz, der in der Treue vorgefunden werden muß, damit sie diesen Namen zu Recht trägt? Marcel bezeichnet die schöpferische Treue als das aktive Aufrechterhalten eines Zustandes der Durchlässigkeit (perméabilité)[510]. Diese ermöglicht, daß ein nicht formal, sondern ontologisch Dauerndes von mir anerkannt wird[511]. Dieses kann nicht ausschließlich mein eigenes Sein sein, das in einer unbedingten Treue aufrechterhalten wird; damit käme dann das jeweils konkrete Gegenüber meiner Treue in den Verdacht der Austauschbarkeit[512], es bliebe »eine Art Vorwand; er [der Gegenstand der Treue] könnte nicht in den Zirkel eintreten, den der Wille mit sich selbst bildet, um seine eigenen Fähigkeiten zu demonstrieren«[513]. Marcel wird dazu geführt, in der Treue, wenn sie tatsächlich Treue ist, das Sein selbst gemeint zu sehen[514]; dies aber nicht in erster Linie als eine vom Subjekt ausgehende und in ihm gründende Bewegung,

---

507 HV 179/ HVd 180.

508 HV 181/ HVd 182.

509 HV 31/ HVd 22/ MWA I 114; vgl. zur Idee des Schöpferischen in diesem Zusammenhang J. Delhomme, Zeugnis und Dialektik, 189.

510 PosApp 80/ MWA I 80.

511 PosApp 77/ MWA I 78.

512 Vgl. EA I 64f/ SH 56f/ MWA II 188f.

513 EA I 65/ SH 57/ MWA II 189 (Übersetzung nach EA I abweichend von MWA II).

514 »Es ist notwendig, beim *Sein selbst* zu beginnen - beim Engagement für Gott« EA I 66/ SH 58/ MWA II 189.

sondern vielmehr als eine »prise de l'être sur nous«[515], einen Zugriff des Seins auf das Subjekt, das sich ihm zur Verfügung stellt. Das meint nun gerade nicht die Beliebigkeit, Austauschbarkeit dessen, demgegenüber ich Treue zu üben habe, sondern in der ontologisch fundierten Treue ist überhaupt erst die Bedingung der Möglichkeit gegeben, einem anderen Wesen gegenüber ein Engagement einzugehen, auch wenn ich die Zukunft dieses Wesens als mir entzogen erfahren muß[516]. Ich suche dann am anderen nicht bestimmte Eigenschaften, von deren Bestand ich die Einhaltung der Zusage an ihn abhängig mache[517], vielmehr stelle ich mich, in dem Wissen, daß dieses im Sein gesichert ist, dem *Geheimnis* des anderen zur Verfügung[518]. Ich bin dann in der Lage, ganz und gar *mit* dem anderen zu sein[519]; dieser steht nicht mehr einfachhin *vor* mir; »zwischen ihm und mir knüpft sich eine Beziehung, die in einem gewissen Sinn das Bewußtsein, das ich davon bekommen kann, übersteigt; er ist nicht mehr nur vor mir, er ist auch in mir; oder genauer, diese Kategorien sind überstiegen, sie haben keinen Sinn mehr«[520].
Bedenkt man, daß diese - alle Kategorien der Relationalität übersteigende - Beziehung nun auch die ungewisse Zukunft des Wesens umschließt, dem ich Treue zugesagt habe, daß ich in dieser Zusage ein

515 PosApp 79/ MWA I 79.

516 Vgl. EPC 249/ SchTr 160/ MWA III 199.

517 Allerdings wäre an dieser Stelle die vorsichtige Kritik anzubringen, daß, in dieser Überschreitung aller Eigenschaften des anderen, dieser als konkreter anderer aus dem Blick zu geraten droht. Wie weit gehören die Eigenschaften des anderen zu seiner unverwechselbaren Situation, zu seinem »être incarné«, »être au monde«?

518 Vgl. HV 181f/ HVd 182f.

519 Vgl. PosApp 83/ MWA I 82; von R. Troisfontaines, Der Begriff der Gegenwärtigkeit bei Gabriel Marcel, wird die ontologische Fundierung des »Co-esse« in gewisser Weise überinterpretiert, wenn er in jeder Objektivität nur zerfallene Intersubjektivität sieht (vgl. 290f). Dagegen scheint Marcel einen Bereich diesseits der Intersubjektivität anzunehmen, der für ihre Ausbildung offen und somit auch ein Raum der Hoffnung ist; vgl. S. Foelz, Gewißheit im Suchen, 86: Wir stehen nicht von Natur aus in einer nichtobjektivierbaren Relation in der Welt, in der Situation; vgl. auch JM 145/ MT 207/ MWA II 27.

520 PosApp 81/ MWA I 80.

Verfügbarsein meiner selbst für diese Zukunft ausgesagt habe, dann wird die Parallele bzw. die Beziehung zur Hoffnung deutlich[521]. Das Verfügbarsein kann keine endgültige Gestalt haben, durch die es sich selbst eine Grenze setzen würde. Es nimmt selbst die Gestalt der Hoffnung an, die den ganzen Bereich der Intersubjektivität durchzieht. Es ist in sich und im Hinblick auf den anderen von unabschließbarer Gestalt und hat seinen Anhalt in der Unerschöpflichkeit des Seins, durch die auch keine fixierbare Grenze gesetzt werden kann. Ich kann mich dem anderen nicht in einer dieses Verfügbarsein bereits im vorhinein begrenzenden Weise zur Verfügung stellen; das Verfügbarsein erreicht seine Vollgestalt erst dort, wo es »absolutes Verfügbarsein« ist, »absolute Gabe des Selbst«[522]. Das *Ganze* des Verfügbarseins meint ein unabschließbares *Immer mehr*, dessen Zielgestalt, vollkommene Intersubjektivität, ich in der Hoffnung wahrnehmen kann.

Marcel nennt die Intersubjektivität »le fait d'être ensemble dans la lumière«, »die Tatsache, zusammen im Licht zu sein«[523]. Das in der Lichtmetapher Ausgesagte umschreibt den Hoffnungscharakter jeglicher Gemeinschaft. Sie ist auf das Sein, im Sein gegründet. Dies aber kann nicht umfaßt werden und ist nicht anders gegeben als in der Hoffnung.

Mit diesen beiden Abschnitten, die den Verweisungszusammenhang von Hoffnung und Intersubjektivität in doppelter Hinsicht aufgezeigt haben, ist der Zugang zu den Formulierungen ermöglicht, in denen nun diese Verwiesenheit von Hoffnung und Gemeinschaft aufeinander von Marcel direkt angesprochen wird.

Die Hoffnung nimmt hier zum einen die Gestalt der Hoffnung *für* das geliebte Wesen (l'être aimé) an; zum anderen erscheint sie als Hoffnung *auf* den anderen, auf ein Du, wobei diese Aussagen sowohl ein konkretes menschliches Du meinen können, als auch offen sind für

---

[521] Vgl. PosApp 82/ MWA I 81; in diesem Kontext von Treue, Intersubjektivität und Hoffnung nennt Marcel die Familie »l'espérance en tant qu'elle a pris corps« (Existentialisme et pensée chrétienne, 168).

[522] EA I 85/ SH 74/ MWA II 192.

[523] PrésImm 189/ GegUnst 298/ MWA I 221.

das absolute Du. Beide Aussagereihen konvergieren in der für Marcels Philosophie der Hoffnung zentralen Aussage: »Ich hoffe auf dich für uns«[524]. Damit scheint das Wesen der Hoffnung am klarsten ausgesprochen zu sein: Im Blickpunkt der Hoffnung steht die Gemeinschaft, die auf das absolute Du gegründet ist, von ihm her besteht, von ihm her erhofft wird. Es muß von hier aus in einem weiteren Schritt noch einmal gefragt werden, *wie* diese Begründung der Gemeinschaft im absoluten Du aussieht; das Verhältnis der Hoffnung auf Gemeinschaft und der Hoffnung auf das absolute Du muß geklärt werden.

1) Die Hoffnung für den anderen, die Hoffnung auf eine Gemeinschaft, der ich angehöre, drückt die bereits angesprochene Untrennbarkeit von Hoffnung und Liebe aus[525]. Die Liebe (agape) steht für Marcel an der Wurzel der Hoffnung[526]. Insofern ich nun in einer intersubjektiven Gemeinschaft mit dem anderen stehe, hat diese Hoffnung die Gestalt des Vertrauens, einer Förderung des anderen von innen heraus[527]. Der andere steht mir nicht als Objekt gegenüber, das ich formen kann, dessen Wachstum ich hervorbringen kann, sondern als ein Wesen, das mit einem eigenen Rhythmus ausgestattet ist, der nur in der Weise der Teilhabe unterstützt werden kann. Die Hoffnung für den anderen sieht diesen nie als eine von mir trennbare Größe an; sein »Heil« ist in der Hoffnung nie etwas, das er als ein unabhängig von mir bestehendes Subjekt erlangen kann. Diese Aussagen deuten ein mögliches Mißverständnis an: es könnte scheinen, daß in der Verbindung von Hoffnung und Liebe die Hoffnung für den anderen eine Art Abhängigkeitsverhältnis erstellt; daß ich das Heil des anderen tatsächlich an den Akt binde, den ich frei bin, auszuüben oder zu unterlassen. Damit wäre Marcel aber mißverstanden. Das Zugehörigkeitsverhältnis des anderen zu mir und meiner zum anderen hat von vornherein eine grundlegend andere Gestalt; etabliert sich zwischen uns ein Band der Intersubjektivität, so wird dieses von mir in der

524 HV 81/ HVd 76/ MWA I 147.

525 Vgl. HV 78/ HVd 73f/ MWA I 145.

526 Vgl. GegUnst 228/ PrésImm 145/ MWA II 352.

527 Vgl. HV 53/ HVd 45/ MWA I 128.

Aussage besiegelt: »Ich gehöre dir«, also in einem Akt der Selbstübereignung, des totalen Verfügbarseins für den anderen. Demgegenüber wäre die Aussage: »Du gehörst mir« völlig abwegig, da sie ein Besitzverhältnis zum Ausdruck bringt, das sich anmaßt, die Freiheit des anderen zu überspielen[528].

Die Bindung des anderen an mich und somit die Hoffnung für den anderen im Sinne dieser Förderung von innen heraus, oder einer »conspiration originelle«[529] kann also nur von mir ausgehen und die Freiheit des anderen anrufen, sie aber nicht mit Beschlag belegen. Hoffnung für den anderen und Verfügbarsein geraten in äußerste Nähe zueinander. Die Hoffnung für den anderen ist unlösbar mit der Aussage meines Verfügbarseins für ihn verknüpft. Wenn ich sage, ich hoffe für jemanden, dann heißt das im Grunde, ich trenne ihn nicht von mir; das meint mehr als bloß ein Gegenwärtighalten des anderen, wie eine Erinnerung gegenwärtig gehalten wird. Es meint eine Verknüpfung meines Schicksals mit dem des anderen[530]. Wenn nun hier die Hoffnung sich scheinbar darauf beschränkt, das Verfügbarsein für den anderen auszusagen und darüberhinaus keine Anstrengungen unternimmt, in einem gestaltenden, technischen Sinn den Zustand des anderen zu fördern, dann liegt das an dem bereits aufgezeigten Charakter jeder Hoffnung, die letztlich a-technisch ist, kein kausales Band zwischen einem Tun und einer Wirkung aufstellt.

2) Die Hoffnung auf den anderen, auf das Du, konnte bereits insofern aufgezeigt werden, als sie dem grundsätzlich unabschließbaren und auf eine immer größere Fülle angelegten Charakter jeder intersubjektiven Bezogenheit innewohnt. »Ein Wesen lieben, heißt etwas Undefinierbares, etwas Unvorhersehbares von ihm erwarten«[531]. Die Intersubjektivität selbst trägt diesen Hoffnungscharakter. Es kommt aber noch etwas Grundlegenderes zum Vorschein, wenn als Wesensmerkmal der Hoffnung angegeben wird, daß sie immer etwas meint,

---

528 Vgl. EPC 150ff/ SchTr 98ff/ MWA III 85ff.

529 PrésImm 150/ GegUnst 235/ MWA II 355.

530 Vgl. PrésImm 145/ GegUnst 227f/ MWA II 352.

531 HV 66/ HVd 60/ MWA I 137.

was nicht von mir abhängt, was nur empfangen werden kann[532]. Die Hoffnung begibt sich letztlich der Möglichkeiten, die ein autonomes, autarkes Wesen an sich voraussetzt, daß nämlich das Wesentliche Ergebnis eigenen Tuns sei.

Schließlich kann die Hoffnung noch in einem weiteren Sinne als Hoffnung auf ein Du qualifiziert werden. Verzweiflung und Einsamkeit waren bereits als engstens miteinander zusammenhängende Größen dargestellt worden. Die Verzweiflung ist jene Kraft, in der das Subjekt sich in sich selbst verschließt; die Hinordnung, Zentrierung auf sich selbst ist ihr Wesensmerkmal. Die Intersubjektivität ist nun insofern dieser Zentrierung entgegengesetzt, als sie als eine Eroberung dessen angesehen werden kann, was mich ständig versucht, mich in mich selbst einzuschließen[533]. Durch diese, nun vom anderen her zu erwartende Aufschließung des Ich, die fortschreitend wieder Hoffnung ermöglicht und gewährt, kann einzig der Verzweiflung Einhalt geboten werden. Die Hoffnung auf den anderen ist somit eine Hoffnung, von mir selbst befreit zu werden, insofern ich dazu neige, mich in mir selbst zu verschließen[534]; diese Befreiung und diese Hoffnung können nur vom anderen ausgehen.

3) Wenn Marcel die Formel »ich hoffe auf dich« gegenüber der Formel »ich hoffe« als zutreffender bezeichnet[535], dann scheint hier die gemeinte intersubjektive Gestalt der Hoffnung auf. Diese wird aber, wie der Kontext dieses Zitates zeigt, bereits in einem gewissen Sinne geöffnet für die Hinwendung der Hoffnung zum absoluten Du. Die Intersubjektivität kann scheinbar nicht losgelöst werden von ihrer Begründung durch eine Teilhabe am absoluten Du, so daß offensichtlich die Formel »ich hoffe auf dich« in eine um diese Dimension bereicherte Fassung überführt werden muß: »Ich hoffe auf dich für uns«[536].

---

532 Vgl. PosApp 73/ MWA I 76.

533 Vgl. SagTra 68/ TraWei 59; GM-Ricoeur 122f.

534 Vgl. JM 217/ MT 305/ MWA II 84.

535 Vgl. HV 55/ HVd 46/ MWA I 129.

536 HV 81/ HVd 76/ MWA I 147; PhilFrie 32. Auffällig ist, daß in HVd die Kleinschreibung »auf dich« in Anlehnung an den frz. Text »en toi« übernom-

Die Tatsache, daß zur Hoffnung Gemeinschaft gehört[537], kann einerseits bedeuten, daß die Hoffnung im Raum einer Gemeinschaft sowohl erst bestehen kann als auch, daß sie sich in die Gemeinschaft hinein auswirkt, daß also die Gemeinschaft von ihr her besteht. Hoffen ist dann ein Für-uns-alle-Hoffen, ein Ausstrahlen der Hoffnung; hoffen heißt immer auch Hoffnung verbreiten[538].
Aber, indem die Zuflucht zur Hoffnung auch ganz wesentlich die Zuflucht zur Gemeinschaft einbegreift[539], tritt dieser Gemeinschaftsaspekt der Hoffnung noch in einer anderen Weise in den Blick. Die Gemeinschaft selbst wird - mit allen Einschränkungen, die im Hinblick auf diesen Begriff bereits getroffen sind, zum Gegenstand der Hoffnung: »L'espérance est toujours centrée sur un nous, sur une relation vivante«[540]. Diese Gemeinschaft, so Marcel, die zwar aus dem gegenseitigen Verfügbarsein der darin eingebundenen Subjekte besteht, muß noch eine darüber hinausgehende Wirklichkeit in sich tragen. Marcel sieht hier eine Dimension, die letztlich auf eine allen menschlich-personalen Möglichkeiten transzendente Wirklichkeit verweist und so die Intersubjektivität als durch das absolute Du begründete erahnen läßt. Die »menschliche Liebe ist nichts, betrügt sich selber, wenn sie nicht mit unendlichen Möglichkeiten beladen ist«[541]. Diese unendlichen Möglichkeiten können ihr nicht anders zugesprochen werden als durch ein Du, das diese menschliche Liebe fundiert. Jenes Du, auf das ich für uns hoffe, ist der Garant für unsere Einheit;

men wird, so daß hier möglicherweise noch von einer Begründung der Intersubjektivität durch ein konkretes menschliches Du ausgegangen werden kann. In PhilFrie ist sowohl durch den Kontext dieser Formulierung als auch durch die Großschreibung »auf Dich« der Verweis auf das absolute Du eindeutig. J. Parain-Vial, Gabriel Marcel, Un veilleur et un éveilleur, 86f, verweist darauf, daß in dem Wechsel zwischen »j'espère en toi« und »j'espère en Toi« durchaus mehr als nur eine Inkonsequenz in der Schreibweise zu sehen ist; vielmehr werde auf diese Weise die Fundierung des menschlichen Du im göttlichen Du deutlich.

537 Vgl. HV 78/ HVd 73/ MWA I 145.

538 Vgl. ME II 161/ GeS 481; StructEsp 51.

539 Vgl. HV 81/ HVd 76/ MWA I 147.

540 StructEsp 50.

541 ME II 157/ GeS 476.

Marcel geht sogar noch weiter und nennt es den »Zement selbst, der den Grund für sie legt«, da nicht eine bereits aus sich bestehende Einheit durch dieses Du gleichsam bestätigt wird, sondern tatsächlich erst in diesem absoluten Du ihren Ursprung hat[542].

Universalisierung der intersubjektiven Hoffnung

Besonders in seinen nach dem 2. Weltkrieg entstandenen Überlegungen zur Hoffnung in *Geheimnis des Seins* und *Structure de l'espérance* scheint eine Akzentverschiebung im Hinblick auf diese Gemeinschaft, auf die Intersubjektivität einzutreten. In den bis dahin vorliegenden Texten, den ersten Annäherungen in *Sein und Haben*, den Äußerungen innerhalb der ontologischen Ausführungen *Position et approches concrètes du mystère ontologique* taucht dieser Gemeinschaftsaspekt sehr zögernd auf. In der ausführlichen Studie über die Hoffnung in *Homo Viator* gewinnt dieser Aspekt deutlich an Einfluß, scheint sich aber vor allem auf die intersubjektive Gemeinschaft zwischen zwei Liebenden zu beziehen; das erfährt in den Nachkriegsjahren aber nahezu eine Universalisierung. Das »Für-uns-Hoffen« wird erweitert: »Für uns alle«; die Hoffnung wird zu einem »Akt, der gewissermaßen die Gemeinschaft umschlingt, meine Gemeinschaft mit all denen, die an meinem Wagnis teilgenommen haben«[543]. Hierbei besteht sicherlich eine Annäherung an die Hoffnung für die Welt bzw. für die Gesellschaft, wie sie später in der Theologie der Hoffnung formuliert wird: Nicht mehr nur die zwischen kleinsten Einheiten bestehenden intersubjektiven Bindungen sind Gegenstand der Hoffnung »für uns«. Indem Marcel jeden Partikularismus der Hoffnung ausschließt, indem er sagt, durch einen solchen verliere die Hoffnung ihren Sinn, formuliert er sie als eine »affirmation d'un *nous tous*, d'un *tous ensemble*«, die Perspektive der Hoffnung weitet sich auf die ganze Menschheit aus. Das liegt letztlich in der Konsequenz Marcelschen Denkens: Wenn die Existenz von ihm über die konkreten Gegebenheiten des eigenen Leibes, der eigenen Situation hinausgehend als eine Zugehörigkeit zur Welt (être au monde) formuliert wird, dann wäre es unverständlich, wie die Hoffnung, die in den

---

542 HV 81/ HVd 77/ MWA I 147.

543 ME II 172/ GeS 493.

konkreten Situationen entsteht, nicht diese Grundverfaßtheit der Existenz im Blick haben sollte[544]. Versteht Marcel die Existenz und das Leben insgesamt als eine Art Prüfung, dann kann eine Ausweitung, wie sie hier vorliegt, nicht ausbleiben.

Das Proprium der Marcelschen Konzeption einer Hoffnung »für uns«, auch in Absetzung von säkularisierten Formen der Hoffnung, findet sich aber, wenn die oben beschriebene Begründung der Intersubjektivität im absoluten Du und durch das absolute Du mitbedacht wird. Die »unanimité« dieses »wir alle, alle gemeinsam« kann nur in dem Anruf an dieses absolute Du gegründet sein, in der »invocation de l'Unique«[545].

Diesem Verständnis der »Hoffnung für uns« muß noch ein weiterer Aspekt hinzugefügt werden. Die Blickrichtung Marcels ist nicht die Menschheit »im allgemeinen«. Seine Wendung zum Konkreten in den Erfahrungen des 1. Weltkrieges, als er im Vermißtensuchdienst des Roten Kreuzes arbeitete und die Dimension des konkreten Schicksals von Personen hinter den Aufzeichnungen von Karteikarten entdeckte, deutet bereits an, daß für ihn die konkreten Gemeinschaften im Mittelpunkt der Überlegungen stehen, insofern sich hier tatsächlich dyadische Bezogenheit entwickeln kann. Diese Anstöße bleiben auch dann als wirksame Quelle erhalten, wenn die Überlegungen über die Hoffnung ausgeweitet werden über die Beziehung Ich-Du hinaus. Die Hoffnung Marcels richtet sich auf konkrete Gemeinschaften: Von der Hoffnung getragenes Leben meint für ihn: »participation fervente à une certaine communauté concrète«[546]. In ihnen kann wohl allein jene »communion universelle«[547] begründet sein, die Marcel als Gegenstand der Hoffnung ausmacht, denn hier ist jene dyadische Bezogenheit, die in einer verwirklichten Verfügbarkeit für ein konkretes Du besteht, ein tatsächliches Band zwischen mir und dem anderen, noch

---

544 Vgl. HcH 94/ ErM (2) 100: Die Intersubjektivität ist im Grunde mit dem In-der-Welt-Sein verbunden.

545 StructEsp 57. Hier muß auch darauf verwiesen werden, daß Marcel erhebliche Einwände gegen ein bestimmtes Bild von Einheit und Gleichheit vorgebracht hat, die sich im Wesentlichen auf Schelers Theorie des Ressentiments stützen.

546 StructEsp 53.

547 StructEsp 57.

sichtbar, das verschwinden müßte, sobald in einem Interesse an der Menschheit im allgemeinen die konkrete Zugehörigkeit zu menschlicher Gemeinschaft aus dem Blick gerät.

Hoffnung auf die Unzerstörbarkeit der Intersubjektivität

Es scheint, daß auch nur die erläuterte dyadische Bezogenheit in der Lage ist, den Grund für eine Hoffnung abzugeben, die nicht nur meine persönlichen Möglichkeiten zur Konstituierung dieser Gemeinschaft übersteigt, sondern auch über jede zeitliche Gestalt dieser Gemeinschaft hinausblickt, indem sie ihre Unzerstörbarkeit erhofft. Marcel sieht das Hauptmerkmal dieser Hoffnung auf Unzerstörbarkeit nicht so sehr als eine Unzerstörbarkeit des in sich abgeschlossenen anderen, sondern als Unzerstörbarkeit des Bandes, das mich mit dem anderen verbindet[548]. Das Versprechen, daß unsere Gemeinschaft nicht aufgehoben werden kann, ist letztlich nur aus dem absoluten Du zu begründen. Die Verbindung zwischen einem intersubjektiven Band und seiner Begründung im absoluten Du wird nur dort einleuchtend, wo dieses Band tatsächlich als ein solches erfahren wird, dessen Unzerstörbarkeit ich um des Geliebten willen wie auch um meiner selbst willen erhoffen *muß*: für ein Wir, dessen Auflösung nicht nur eine Trennung besagen würde, sondern jeden von uns tatsächlich zerstören müßte.

Dann gilt aber, daß diese Intersubjektivität auch der Gegenstand jener Hoffnung ist, die über den Tod hinausreicht; dann gilt auch, daß der Glaube an Gott als das absolute Du untrennbar verbunden ist mit dieser Hoffnung. Letztlich geht es um die Frage, »ob der Glaube an einen in seiner Heiligkeit gedachten Gott grundsätzlich zu scheiden ist von jeglicher Aussage über das Schicksal der intersubjektiven Einheit, von Menschen gebildet, die einander lieben und im anderen, durch den anderen leben. Um das Schicksal dieser Einheit nämlich geht es wirklich, keineswegs aber um das einer abgesonderten und in sich verschlossenen Wesenheit. Sie ist mehr oder minder ausdrücklich gemeint, wenn wir unseren Glauben an die persönliche Unsterblichkeit bekennen«[549].

---

[548] Vgl. ME II 155/ GeS 474.

[549] ME II 156/ GeS 475.

Marcel beendet seine ausführlichen Betrachtungen über die Hoffnung in *Homo Viator* mit einer versuchsweisen Definition, in der sich die hier angesprochenen Elemente begegnen. Im Mittelpunkt dieser Definition steht die Gemeinschaft. Wird sie als Intersubjektivität so verwirklicht, daß sich das Subjekt ihr bedingungslos zur Verfügung stellt, dann trägt die Intersubjektivität die Verheißung einer Dauer in sich, die nur vom absoluten Du her zugesagt werden kann. »Die Hoffnung, könnte man sagen, ist von Wesen die Verfügbarkeit einer Seele, die sich in eine Erfahrung der Gemeinschaft innerlich genug eingelassen hat, um gegen den Widerstand des Willens und der Erkenntnis jenen transzendierenden Akt zu verwirklichen, durch den sie die lebendige Dauer bestätigt, für die jene Erfahrung zugleich Unterpfand und Anfang ist«[550].
In der Hoffnung steht beides in der Blickrichtung des Hoffenden: jenes konkrete Du, dessen Gemeinschaft mit mir als unzerstörbar und unerschöpflich erhofft wird, und jenes absolute Du, auf das diese Hoffnung sich gründet. Aus dieser Perspektive ergibt sich eine Frage, die das Verhältnis jenes konkreten Du zum absoluten Du betrifft: Liegt für Marcel eine Differenz zwischen der Unerschöpflichkeit des konkreten Du und derjenigen des absoluten Du?
In der Hoffnung, so Marcel, ergeben wir uns dem absoluten Du[551]. Dieser Akt des Verfügbarseins gegenüber dem absoluten Du scheint auch jeden Akt des Verfügbarseins gegenüber jedem konkreten menschlichen Du einzubeziehen, insofern ich in diesem ein im Absoluten begründetes Unerschöpfliches wahrnehme. Wie aber kann in dieser Sicht der Verdacht abgewehrt werden, es handle sich um die Relation zum absoluten Du, die sich an dem konkreten Du entzündet, aber stets darüber hinausschaut, darüber hinaushofft?
Marcel vermutet eine Verbindung zwischen dem Glauben an das absolute Du und jener Bedingungslosigkeit, die zwischen Geschöpfen bestehen kann, die einander lieben[552]. Insofern aber Marcel in seiner Beobachtung von der Möglichkeit jener bedingungslosen Liebe aus-

---

550 HV 90f/ HVd 87/ MWA I 154.

551 Vgl. HV 63/ HVd 56/ MWA I 135.

552 Vgl. EPC 205f/ SchTr 133/ MWA III 180.

geht und hier nicht sofort eine Transzendenz dieser Wirklichkeit in den Blick nimmt, bleibt das konkrete Du als eigenständiger, Bedingungslosigkeit verdienender, weil unerschöpflicher Gegenstand der Liebe erhalten. Es sieht danach aus, als könne hier nur ein Fundierungsverhältnis zwischen Glaube und intersubjektiver Verbundenheit vorliegen, das auch dort seinen Weg findet, wo ein solcher Glaube höchstens als impliziter Glaube gedacht werden kann.[553]

X. Hoffnung als Hoffnung auf Unsterblichkeit

1. Die Bedeutung des Todes bei G. Marcel[554]

Von frühester Kindheit an ist Marcel von der Realität des Todes berührt. Er bezeichnet den Verlust seiner Mutter im Alter von vier Jahren als das Trauma seiner Kindheit, durch welches sein ganzes philosophisches Leben geformt wurde[555]. In diesen Zusammenhang ist auch das Erlebnis einzuordnen, das er im Alter von acht Jahren hat und das er in der Erinnerung als seine philosophische Berufung erkennt. Es ist dies ein Gespräch, das er mit seiner Tante und späteren Stiefmutter im Parc Monceau führt und in dessen Verlauf er den Eindruck erhält, man könne über das Schicksal der Verstorbenen nichts sagen. »... und ich rief damals aus: 'Später werde ich versuchen, hier klar zu sehen'. Es wäre ein schwerer Irrtum, erblickte man darin nichts als eine Kinderei: Es ist absolut sicher, daß diese Besorgnis, ja diese Betroffenheit in meinem Fall ... in allem durchscheint, was ich geschrieben habe«[556].

Es ist daher nicht übertrieben, zu sagen, daß die Erfahrung des Todes in der nächsten Umgebung die für das ganze Leben Marcels bestim-

---

[553] Vgl. ebd.

[554] Vgl. dazu R. Troisfontaines, Le Mystère de la mort; P. Colin, Christlicher Existentialismus, 86-115.

[555] Vgl. PrésImm 182/ GegUnst 286f/ MWA I 214f.

[556] SagTra 40f/ TraWei 35f; vgl. DigHum 43/ MeWü 40; GM-Boutang 10f; PhilTest 82/ MWA III 320; Cérisy 24.

mend bleibende Triebkraft des Nachdenkens geworden ist. Die Frage nach dem Tod und damit nach der Unsterblichkeit durchdringt alle anderen Gedanken und bildet ein ständig wiederkehrendes Motiv Marcelscher Philosophie. Er nennt das Problem der Unsterblichkeit den Angelpunkt der Metaphysik[557]: »Die entscheidende metaphysische Wahl wird auf dem Boden der Unsterblichkeit getroffen«[558].

Der Tod ist für Marcel allerdings mit einer gewissen Einschränkung Thema der Philosophie. Diese Einschränkung deutet ihrerseits auf die zentrale Gegebenheit Marcelscher Philosophie hin: Der Tod, der Marcels Denken seinen Stempel aufprägt, ist nicht der eigene Tod, sondern der des Nächsten[559]. Diese Fragestellung, die für Marcel bereits früher erkennbar geworden ist (sie taucht in einer ersten Reflexion bereits in den *Fragments philosophiques* auf[560]), bemüht er sich auch in späteren Jahren immer wieder als die eigentliche Fragestellung angesichts des Todes zu verdeutlichen und verteidigt damit seine Philosophie gegen den Vorwurf, in der Hauptsache um den eigenen Tod zu kreisen. Der Kongreß für Philosophie im Jahr 1937, auf dem Marcel die Frage nach dem Tod in einem Vortrag thematisiert hatte[561], markiert einen Einschnitt, insofern Marcel hier genötigt war, die Bedeutung des Todes des geliebten Wesens explizit ins Licht zu heben. Léon Brunschvicg hatte auf dem Kongreß an Marcel den Vorwurf gerichtet, seinem eigenen Tod eine zu große Bedeutung beizumessen, worauf Marcel entgegnete: »Was zählt, ist weder mein Tod noch der Ihre, sondern der Tod der Person, den wir lieben«[562].

Wie gelangt Marcel nun aber dazu, den eigenen Tod als Gegenstand seines philosophischen Bemühens weitgehend auszuschalten? Erscheint das Zulaufen des eigenen Lebens auf den Tod nicht als Anlaß zur Verzweiflung, gegen den sich dann die Kräfte der Hoffnung zu

557 EA I 10/ SH 11/ MWA II 157.

558 ME II 151f/ GeS 469.

559 Vgl. PrésImm 182/ GegUnst 287/ MWA I 215.

560 FragPhil 78-90/ ReflInt 85-94.

561 EPC 210-219/ SchTr 136-141.

562 PrésImm 182/ GegUnst 287/ MWA I 215; vgl. HV 205/ HVd 204f; ME II 152/ GeS 470.

richten hätten? Marcel erkennt diese Realität an, jedoch nur unter gewissen Bedingungen: Erst, wenn die Realität des eigenen Seins und der eigenen Freiheit verkannt werden, wird der Tod als eigener Tod zur Quelle der Verzweiflung. Daß ihm die Möglichkeit innewohnt, den Menschen zur Verzweiflung anzuhalten, leugnet Marcel nicht. Die Versuchung zur Verzweiflung ist angesichts des Todes ständig gegeben[563]. Dennoch ist die Verzweiflung im Hinblick auf den eigenen Tod wesentlich zu unterscheiden von der Sorge und dem Nachdenken dort, wo der Tod das geliebte Wesen betrifft.

Der eigene Tod

Die Frage, wie ein Mensch zu seinem eigenen Tod stehen kann, ist in sich zweideutig: Was für eine Aussage ist dem empirischen Subjekt über das Schicksal, das ihn als dieses Subjekt mit dem Tod erwartet, möglich[564]? Marcel ist der festen Überzeugung, daß der »Abgrund, der mich anzusaugen scheint«[565], wenn ich auf meinen eigenen Tod blicke, nicht ohne meine Freiheit bestehen kann, ja von ihr selbst geschaffen ist. »In der Tat ist mein Tod kein Ding in sich oder an sich. Die Macht zur Vernichtung, die er zu besitzen scheint, kann er nur aufgrund des Zusammenspiels mit einer Freiheit behaupten, die sich selbst verrät, um ihm solche Macht einzuräumen«[566]. Die Wurzeln dieser Überzeugung können bereits in dem frühen Text *Aufzeichnungen über das Problem der Unsterblichkeit* aus dem Jahr 1912/13 aufgedeckt werden[567]. Dieser Text hat gegenüber den späteren Stellungnahmen zum Problem des eigenen Todes den Vorteil, daß er nicht nur, wie diese, die Zusammengehörigkeit von verratener Freiheit und Verzweiflung angesichts des eigenen Todes feststellt, sondern auch den zu dieser Behauptung führenden Argumentationsgang sichtbar werden läßt.

---

[563] Vgl. StructEsp 48; EPC 211f/ SchTr 137.

[564] Vgl. SuWaGe 67f; FragPhil 80f/ ReflInt 86f.

[565] SuWaGe 71.

[566] Ebd.; vgl. SchTr 137.

[567] FragPhil 78-90/ ReflInt 85-94; vgl. dazu V. Berning, Das Wagnis der Treue, 177f; Ders., Kommentar ReflInt 190f; S. Foelz, Gewißheit im Suchen, 59-63.

»Wie ... kann der Tod von der Freiheit her gedacht werden«[568]? Das Denken, so Marcel, kann »sich nur durch einen illusorischen Akt als zu nichts aufgehoben begreifen«[569]. Er setzt sich mit den Einwänden auseinander, die gegenüber dieser Ausgangsthese vorgebracht werden können: Es könnte sein, daß zu den subjektiven Bedingungen, die den Vollzug des Denkens ermöglichen und verhindern, daß es ganz und gar gelähmt ist, die *praktische Unmöglichkeit* gehört, daß das Denken sich selber als nichtexistent denkt. Darüber hinaus könnte, ja müßte evtl. das Denken die theoretische Wahrheit seiner eigenen Sterblichkeit behaupten. Seine eigene Zerstörung wäre das, was das Denken, insofern es aufrichtig ist, als äußerste Tatsache setzen bzw. anerkennen müßte[570].

Das aber kann Marcel nicht akzeptieren, denn, so die Frage, was resultierte daraus für das Wesen des Denkens? Es müßte sich als Element setzen, d.h. als schlechthin abhängige Funktion; es müßte zugeben, »nichts mehr durch sich selbst zu sein«[571]. Es wäre, eine Unterscheidung vorwegnehmend, auf die sich Marcel selbst erst später stützen wird, nur noch »gedachtes Denken (pensée pensée)« und kein »denkendes Denken (pensée pensante)«. Dieses gedachte Denken wäre dann tatsächlich mit der Vergänglichkeit auch der Bedeutungslosigkeit ausgeliefert.

Bis hierher hat die Überlegung noch einen durchaus idealistischen Klang, der von einer Selbstsetzung des Denkens nicht weit entfernt scheint. Dennoch behält diese Überlegung auch in der weiteren Entwicklung Marcels seine Gültigkeit, wird verstärkt durch sein ontologisches Interesse, das ein Nicht-Sein des Bewußtseins in der Forderung nach Sein (exigence ontologique) hinter sich läßt, nicht zugeben kann. Es scheint aber so, daß trotz dieser, von der logisch nachvollziehbaren Voraussetzung der Undenkbarkeit des eigenen Nicht-mehr-

---

568 FragPhil 81/ ReflInt 87.

569 Ebd.; der Text behält seine Relevanz als grundlegende Analyse, auch wenn Marcel hier die Frage nach der Unsterblichkeit vom »Denken« her angeht - ein Weg, den er später zugunsten der Frage nach der konkreten Existenz verlassen hat.

570 Vgl. FragPhil 82/ ReflInt 88.

571 Ebd.

Seins des Denkens ausgehenden Behauptung der eigene Tod und die Vision eines tatsächlichen Vergehens des Bewußtseins die Wirkung der Verzweiflung hervorbringen kann. Dem Denken ist theoretisch der Weg, den Marcel aufgezeigt hat, möglich: daß das Denken sich als Element setzt, als reine Funktion, als gedachtes Denken.
Jetzt kommt Marcel an den Kern seiner Überlegung: Dadurch, daß das Denken sich solchermaßen versteht, verliert es seine Freiheit, letztlich verrät es seine Freiheit; es ist eine Tat dieser Freiheit, sich selbst zu verraten. Dies kann sogar in der Absicht geschehen, dem denkenden Subjekt die äußerste Freiheit zu bewahren, die darin bestünde, die Möglichkeiten der Selbstaufhebung in das Denken hineinzunehmen. Tatsächlich wird die Freiheit aber damit aufgegeben, pervertiert. So erscheint die von Marcel angedeutete Unmöglichkeit, sich selbst als vernichtet zu betrachten, nicht als Denknotwendigkeit, sondern er erfaßt sie als »das Symbol dieser Art Verpflichtung, die es dem Denken unmöglich macht, sich, ohne sich selbst zu verraten, als etwas Zerstörbares zu betrachten; es ist offensichtlich, daß diese Verpflichtung selbst ein Glaube ist, der Glaube, durch den die Freiheit sich weigert, sich in eine Sache zu verwandeln«[572]
Marcel gelangt, ohne hier bereits jene Fundierung der Frage in der Ontologie und in der Unterscheidung von Problem und Mysterium zu leisten, zu einer Formulierung, die eine dann nicht mehr zurückgenommene philosophische Position markiert: »Für den Glauben, das heißt für ein Denken, welches das Abstrakte und Imaginäre überwunden hat, *ist der Tod nicht*: 'O Tod, wo ist dein Sieg'«[573].
Damit ist der Grund für die späteren Aussagen Marcels über den eigenen Tod gelegt und für die gegenüber der gewohnten Sicht abweichende Blickrichtung, die Marcel einnimmt, wenn es um den Tod geht[574]. Ebenso ist hier die Position bestimmt, die Marcel gegenüber dem Heideggerschen Begriff des »Seins zum Tode« einnimmt. Zunächst, so Marcel, sei dieser Begriff sprachlich nicht eindeutig zu

---

572 Ebd.

573 FragPhil 84/ ReflInt 89.

574 Allerdings verbindet bereits der Text aus ReflInt, der hier im Mittelpunkt stand, den Tod als Problem mit der Liebe.

bewerten: er könne sowohl eine innere Finalität zum Ausdruck bringen wollen, als auch eine bloße Richtung; beide Grenzfälle seien durch die Schwierigkeiten angedeutet, die bei einer Übersetzung in die französische Sprache entstehen, wenn sich der Übersetzer vor die Alternative gestellt sehe, »être *pour* la mort« oder »être *vers* la mort« als angemessene Wiedergabe des Heideggerschen Terminus zu wählen[575]. Marcel sieht hier aber einen tieferen Sachverhalt zutage treten: Die Bestimmung meiner selbst im Hinblick auf meinen Tod ist nicht eindeutig; sie kann nicht eindeutig festgestellt werden. »Dieses Verhältnis steht zur Wahl, es muß geschaffen, ja in gewisser Weise erfunden werden«[576].

Den Grund für diesen Zustand der Unbestimmtheit, die Marcel den Menschen gegenüber seinem eigenen Tod einnehmen läßt, findet sich in den späten Texten nicht mehr so sehr an das »Denken als solches«, an das »reine Subjekt« gebunden, dem Marcel in dem Text aus dem Jahr 1912/13 noch stark verhaftet war. Dort bestand eine Schwierigkeit darin, den logisch überzeugenden Gedankengang hinzuwenden zu der Frage nach der individuellen Unsterblichkeit. Das, was er für »das Denken« formuliert hatte, wollte Marcel zwar keinesfalls auf ein »Denken im allgemeinen« bezogen wissen; dieser Begrifflichkeit gegenüber hegte Marcel bereits zu dieser Zeit ein starkes Mißtrauen[577]. Der Glaube, von dem Marcel dort sprach, also die eingegangene Verpflichtung, sich nicht als Sache zu behandeln, bezog sich »sehr wohl auf die persönliche Unsterblichkeit in dem Sinn, daß er [der Glaube] an den Akt der Freiheit gebunden ist, der das Individuum selbst ist, und zwar im Tiefsten, was es hat«[578]. Das Problem war zu diesem Zeitpunkt also bereits deutlich erkannt: Eine überzeugende Lösung bot die Behauptung, die Marcel hier aufstellte, jedoch noch

---

575 Vgl. SuWaGe 72f; H. Pfeiffer, Der Tod und die Hoffnung, wählt daher den einleitenden Satz zu den entsprechenden Seiten seines Aufsatzes etwas unglücklich: »Es geht also um Engagement zum Tod« (269).

576 SuWaGe 73.

577 Vgl. FragPhil 82/ ReflInt 88.

578 Ebd.

nicht; die Freiheit, die Individualität erschienen noch als abstrakte Größen.
Anders in den späteren Texten: Hier hat Marcel sein Denken zum Konkreten gewendet, und die Frage der Unsterblichkeit stellt sich nun für ihn nicht mehr so, daß sie mit dem Hinweis auf die Unmöglichkeit des Denkens, sich selbst als vernichtet zu denken, beantwortet wäre: Die Sterblichkeit des konkreten Leibes, die reflektierte Wirklichkeit des *Sterbens* hebt das Problem auf eine andere Ebene[579].
Die Gewißheit meines leiblichen Todes scheint zunächst unvermittelt neben der - theoretischen - Überzeugung zu stehen, daß mein Denken, mein Bewußtsein unsterblich ist. Anders verhält es sich, wenn Existenz offenbar geworden ist als Inkarniert-Sein. Dann heißt es, das Verhältnis zu meinem Leib, die Aussage »ich bin mein Leib«, so zu bestimmen, daß die Überzeugung von der Unsterblichkeit durchgehalten werden kann, aber zugleich auf eine Stufe vertiefter existentieller Reflexion gestellt ist.
Das Verhältnis, das ich mit meinem Leib unterhalte, ist nicht eindeutig; es ist ein Verhältnis, das ich selbst verwirklichen muß. Inkarnierte Existenz ist keine Notwendigkeit, sondern ein Anruf. So ist auch das Verhältnis, das ich zu meinem Tod haben kann, nicht von vornherein determiniert, sondern muß bestimmt werden. Aufgrund der nahezu schwebenden Bestimmung: »ich bin mein Leib«, die sich nicht in eine Aussage reiner Identität wie auch nicht in einen Gegenüberstand auflösen läßt, ist das Verhältnis zum eigenen Tod auch keines, das sich in eine der folgenden Alternativen endgültig überführen ließe: Mein Leib ist dem Tod ausgeliefert und mithin sterbe ich mit ihm (Identität) oder: Mein Leib stirbt, aber ihm gegenüber kann *ich* leben;

---

579 S. Foelz, Gewißheit im Suchen, 60, hebt Marcels Vorstellung von der Unsterblichkeit berechtigterweise ab von jeder als »Tatsache« verstandenen Unsterblichkeit. Sie ist kein »empirisches Weiterleben«; sie ist »der empirischen Zeit fremd«. Foelz bezieht sich in dieser Darstellung nur auf den Text aus FragPhil. Verfolgt man Marcels Denken aber weiter, über die parapsychologischen Erfahrungen des Winters 1916/17 hinaus, ferner in seinen späteren Reflexionen über die Intersubjektivität: dann wird man einräumen müssen, daß Marcel durchaus auch eine Vermittlung sucht zwischen der unbewahrheitbaren Unsterblichkeit und den Manifestationen dieser Unsterblichkeit im empirischen Raum, empirischer Zeit.

das Sterben meines Leibes ist für meine Person gleichgültig (dualistischer Gegenüberstand).
Noch von einer anderen Seite her gewinnt die Frage nach dem Tod an Bedeutung. Im Zusammenhang mit der Idee der *Funktion* ist die oben behandelte Frage nach der Verhältnisbestimmung des eigenen Lebens zum Tod in einer Weise entschieden, die Marcel als Kennzeichen einer Welt erkennt, die der Verzweiflung ausgeliefert ist. Dort, wo der Mensch das Band zwischen sich und seinem Leben zerschnitten hat, erscheint das Leben als bloße Funktion, als Ansammlung von Funktionen. Es ist so in jedem Fall etwas, das dem Menschen gegenübersteht. Es erschöpft sich in den auf das Bild der Funktion festlegbaren Lebensäußerungen. Der Tod erscheint dann einerseits als »ein Ausrangieren, ein Sturz ins Unbrauchbare, als absoluter 'Abfall' (déchet)«[580]. Er entfaltet anderseits aber die ganze Macht der Verzweiflung, da er hier auf einen Menschen trifft, der sich *nur* als Wesen der Funktion verstanden hat. Zerstört der Tod die Funktionen, dann zerstört er alles. Damit zusammenhängend, aber in einer anderen Nuancierung, drängt sich der Tod als das auf, was zur Verzweiflung treibt, wenn das Leben als ein »parcours«, als Strecke erscheint, die irgendwann zu Ende ist[581], oder als ein Kontingent an Losen, das zu einem bestimmten Zeitpunkt erschöpft ist[582]. In diesen Fällen liegt ein Gemeinsames darin, daß hier genau jene Gestalt sich verratender Freiheit, die Marcel skizziert hatte, waltet und das Leben, das eigene Leben als ein Ding betrachtet wird und daher seine Endlichkeit zu setzen genötigt ist.
Der Satz von der Endgültigkeit des Todes, der in einem solchen Kontext aufgestellt werden muß, verbucht gemeinhin für sich den Anspruch, im Interesse des Lebens zu stehen. Das Leben könne nur dann ganz ausgeschöpft und in allen seinen Möglichkeiten genutzt werden, wenn die Lebenden nicht gebannt auf das zeitliche Ende schauen und im Zweifel über ihr endgültiges Los Kraft des Nachdenkens vergeuden, sich mit dem vermeintlich hinter dem Dunkel des

---

580 PosApp 48/ MWA I 61.

581 Vgl. SagTra 181/ TraWei 135/ MWA I 195.

582 Vgl. EPC 210f/ SchTr 136.

Todes verborgenen Schicksal beschäftigen. Doch Marcel konstatiert, daß das Leben durch diese Anschauung nicht gewonnen habe: es erscheine vielmehr dort, wo der Tod als endgültig aufgefaßt werde, selbst ohne Wert[583].

Bereits dort, wo Marcels Denken die Thematik der Intersubjektivität noch nicht in die Reflexion über den Tod einbezieht, hat die Rede vom Tod einen Charakter, der offen ist für die Hoffnung: Insofern das Verhältnis, das ich zu meinem Tod habe, nicht eindeutig ist, sondern in einer *Wahl* bestimmt werden muß, die sich ihrerseits getragen weiß von der Verpflichtung, mich selbst nicht als Sache zu behandeln, ist der Tod mir *aufgegeben.* Die Unsterblichkeit ist kein empirisches Faktum[584], sondern kann letztlich nur erhofft werden. Dieses Verhältnis zum Tod noch diesseits der vom Tod betroffenen zwischenmenschlichen Intersubjektivität ist aber seinerseits nur verständlich auf dem Hintergrund der inkarnierten Existenz: Der Offenheit der Bestimmung zwischen mir und meinem Leib, die nur als Anruf vernehmbar wird, entspricht das hoffende Gegenüber zu meinem Tod.

Der Tod des geliebten Wesens[585]

Daß der Tod als eine offene Frage erhalten bleibt und tatsächlich ein Problem stellt, liegt an der intersubjektiven Struktur der Person. Dort, wo sie als »reines Denken« ihre eigene Unsterblichkeit als notwendiges Ergebnis der Reflexion aufdecken müßte, bestünde das Problem des Todes nicht mehr. Marcel grenzt bereits in dem frühen Fragment über die Unsterblichkeit sein Verständnis ab von einer solchen, letztlich autarken Konzeption der Person. »Die Setzung des Todes als eines Problems ist eingeschlossen in den Akt der Liebe, denn die Liebe will, daß ihr Gegenstand den Tod transzendiert, nicht

---

583 Vgl. ME II 149f/ GeS 467.

584 FragPhil 82/ ReflInt 88.

585 Zum gesamten Abschnitt vgl. X. Tilliette, Gabriel Marcel et l'autre Royaume, der hier besonders auf die Dramen Marcels eingeht.

als ewige Essenz, sondern indem er den Tod überlebt. Die Liebe schließt die Behauptung oder Bejahung des Überlebens ein«[586].
Es war bereits darauf hingewiesen worden, welche Rolle der Tod des Nächsten im geistigen Leben Marcels einnimmt[587]. Bereits früh in den Überlegungen zur Unsterblichkeit angedeutet, faltet Marcel diese Gedanken besonders in den Eintragungen des *Metaphysischen Tagebuchs* von 1942 (*Gegenwart und Unsterblichkeit*) aus[588]. Bei allen Philosophen, die sich mit dem Problem des Todes beschäftigt haben, scheine der Tod lediglich in der Gestalt des eigenen Todes zum Gegenstand der Betrachtung geworden zu sein. Marcel nennt Heidegger und Sartre als Philosophen, Rilke als Vertreter einer dichterischen Durchdringung der Frage. »Aber keiner der beiden Philosophen scheint sich ernsthaft bemüht zu haben, zu untersuchen, wie der Tod des geliebten Wesens den Menschen, den dieser Tod aufs tiefste betrübt, metaphysisch treffen kann«[589]. Hiermit hat sich Marcel das Thema der nun folgenden Reflexionen gestellt; seine Annäherung an das Thema geschieht mit offenbar größter Anstrengung und dem Bewußtsein, hier auf den Kern des eigenen philosophischen Auftrags, seiner »Sendung auf Erden«[590] gestoßen zu sein.

Das Überleben

Der Ausgangspunkt für sein Nachdenken besteht in dem Begriff des *Überlebens*[591]. Was ist damit gemeint, jemand anderen zu überleben?

---

[586] FragPhil 84/ ReflInt 89f.

[587] Vgl. PrésImm 59/ GegUnst 287/ MWA I 215; Marcel bekräftigt diese Perspektive SagTra 190f/ TraWei 144/ MWA I 202. Zwischen diesen beiden Texten liegt der Tod seiner Frau, Jacqueline Marcel, vgl. GM-GF 316.

[588] Vgl. PrésImm 58ff/ GegUnst 87ff/ MWA II 282ff u. ö.

[589] PrésImm 58/ GegUnst 87/ MWA II 282; vgl. SuWaGe 75: Hier spricht Marcel von einer Verletzung meiner Person durch den Tod des anderen; SagTra 191/ TraWei 144/ MWA I 202: »In diesem Punkt stelle ich mich übrigens nicht nur ganz radikal gegen Heidegger und Sartre, sondern auch gegen die meisten Philosophen der Vergangenheit. Eine bemerkenswerte Ausnahme muß hervorgehoben werden - wie so oft handelt es sich um Schelling, den Autor der außergewöhnlichen und profunden Schrift *Clara*, die nach dem Tod seiner Frau entstanden ist«.

[590] PrésImm 59/ GegUnst 88/ MWA II 282.

[591] Vgl. PrésImm 59ff/ GegUnst 88ff/ MWA II 283ff; SuWaGe 74ff.

Das Überleben stellt sich unter einem ersten Blickwinkel als eine Tragödie dar, ein Ausdruck absoluten Schmerzes[592]. »Ein Band ist in unerträglicher Weise zerrissen, andererseits aber doch nicht zerrissen, denn selbst im Riß bleibe ich, und zwar noch stärker als zuvor, dem Wesen, das mir fehlt, verbunden. Das Unerträgliche ist gerade dieser Widerspruch«[593]. Es scheint, als sei das Unerträgliche der Situation genau damit gegeben, dem Anderen verhaftet zu bleiben, aber keinen Weg zu sehen, der zu einer Aufrechterhaltung des lebendigen Bandes führen kann, das uns verbunden hat und das in der Tat für Marcel allein in Frage steht, wenn es um die persönliche Unsterblichkeit geht[594].

Zunächst beinhaltet der Begriff des Überlebens eine Wirklichkeit, die Marcel unter der Metapher der Strecke faßt, mit der das Leben verglichen wird. Der, der mich durch den Tod verlassen hat, ist an einem bestimmten Punkt des gemeinsamen Weges stehengeblieben. Ich habe ihn hinter mir gelassen[595]. Das Wesentliche ist hier eine Fixierung, die in diesem Bild vorgenommen wird. Diese von mir gegangenen Wesen sind »immobilisés«, unbeweglich. Marcel legt aber Wert auf die Feststellung, daß nicht diejenigen, »die zumindest ebenso lebendig *waren* und vielleicht *sind*, wie ich selbst, an diesen Stellen stehengeblieben sind. In Wirklichkeit lasse ich sie stehen bleiben, immobilisiere ich sie durch einen Schritt meiner Einbildungskraft«[596].

---

592 SuWaGe 77.

593 SuWaGe 81.

594 Vgl. ME II 156/ GeS 475.

595 Vgl. PrésImm 59/ GegUnst 88f/ MWA II 283.

596 PrésImm 59/ GegUnst 89/ MWA II 283. Dramatisch hat Marcel dieses Thema vorweggenommen in seinem Theaterstück *Le mort de demain*. Jeanne Framont, deren Mann im Krieg ist, verhält sich, als müßte sie sich bereits in eine in ihren Augen unabwendbare Witwenschaft einüben. Als ihr Mann unverhofft zu einem Fronturlaub heimkehrt, ist sie nicht in der Lage, ihn als Lebenden in ihr Leben aufzunehmen. Genau die hier angesprochene Fixierung, die besonders tragisch dadurch zugespitzt wird, daß der einst geliebte Mann noch lebt, von ihr aber bereits als Toter behandelt wird, macht Jeanne unfähig, Treue als Leben in der Liebe zu verstehen. Genaugenommen kommt dieses Verhalten einem Verrat gleich. Vgl. M. Belay, Étude sur *Le mort de demain*, Cérisy, 131-138.

Die einzige Verbindung, die mit einem solchermaßen fixierten Wesen möglich ist, besteht in einem Festhalten der Bilder, die ich mir von diesem Wesen gemacht habe, zumal des letzten Bildes, das meine Erinnerung bewahrt[597]. Ich werde umso stärker daran festhalten, je stärker meine Liebe zu dem Verstorbenen war; das Festhalten daran muß sogar als Ausdruck meiner Liebe erscheinen[598]. Damit ergibt sich für Marcel jedoch ein Paradox: Ausdruck der Liebe und der Freundschaft bzw. ihr Maß ist doch die Tiefe einer Vergangenheit, gegenüber der das letzte Bild und der letzte Eindruck eher den Charakter des Verlöschens an sich tragen und die gemeinsame Vergangenheit in ihrer Tiefe nicht erahnen lassen[599].

Beide begrifflichen Annäherungen: die Betrachtung des Lebens als »Weg«, auf dem der Andere und ich uns getrennt haben, auf dem ich weitergegangen bin, während ich ihn am letzten gemeinsamen Punkt unserer Wanderung habe stehen lassen, wie auch die Erinnerung an den Anderen, indem ich ein Bild von ihm festhalte, sind Ausdruck einer Tendenz zur Vergegenständlichung[600]. Was ist im Tod aus diesem »Ding« geworden? wäre die extremste Formulierung dieser Tendenz. So wie ich jemanden in einer Menschenmenge *verliere*, so verliere ich den Anderen auf dem Weg, auf dem ich weitergehe, während der Andere diesen Weg nicht mehr fortsetzt.

Die einzig angemessene Weise aber, das Problem (oder besser: das Mysterium) des Todes des geliebten Wesens zu denken, besteht für Marcel unter dem Gesichtspunkt der Beziehung, die wir zueinander hatten, des Bandes, durch das wir miteinander verknüpft waren[601].

---

597 Vgl. PrésImm 59ff/ GegUnst 89ff/ MWA II 283ff.

598 PrésImm 60/ GegUnst 91/ MWA II 284.

599 Ebd. Das Fixieren des letzten Augenblicks, der letzten Erinnerung, wird noch unter einem anderen Blickwinkel relevant. Im Zuge der eschatologischen Diskussionen der Gegenwart hat der Todesmoment ein großes Gewicht erhalten. Marcel ist in dieser Diskussion - wenn auch nicht als Theologe - auf der Seite zu finden, auf der die Gesamtheit des Lebens, das Gewebe der inkarnierten (und somit gültigen) Existenz stärker betont wird. » ... s'il y a une chose à laquelle je ne crois pas, c'est cette idée répandue dans l'Eglise romaine de la valeur absolue des derniers instants« (Cérisy, 31).

600 Vgl. PrésImm 62/ GegUnst 94/ MWA II 286.

601 Vgl. ebd.

Legt man diese Perspektive zugrunde, dann eröffnet sich am Phänomen des Todes eine ganz andere Sicht: Dann, so Marcel, erkenne ich den Bruch, den Hiatus zwischen der zugegebenermaßen objektivierbaren Gestalt des Verstorbenen, seiner sterblichen »Hülle« einerseits und der inneren Schau »des in seine geheimnisvolle Permanenz gestellten Wesens andererseits«[602]. Hier hat auf einmal das Wort *verlieren* keinen Sinn mehr[603]; es gibt die Erfahrung einer fortdauernden Gegenwart, in der nicht der Andere als solcher im Blickpunkt steht, sondern das Leben unserer Beziehung, die Ermöglichung und Fortdauer einer Kommunikation. Dieser Realität verleiht Marcel an verschiedenen Stellen seines Werkes Ausdruck, die in Beherztheit und offensichtlicher Unbekümmertheit um die unabänderlichen Gegebenheiten die Unsterblichkeit dieses Bandes postulieren, die an die Reflexionen über den prophetischen Charakter der Hoffnung einerseits und der Forderung nach Sein anderseits erinnern. Kennzeichen einer solchen zugleich hoffenden und tätigen Verneinung des Todes sind Trotz und Frömmigkeit; »genauer gesagt, sie ist eine Frömmigkeit, die durch die Weise unseres Eingefügtseins in die Welt gern die Figur des Trotzes annimmt«[604].

Die Unzerstörbarkeit des Bandes zwischen zwei geliebten Wesen postuliert Marcel so, wie er in der Hoffnung einen Vorausgriff auf die Zukunft unternimmt, der als vermessen gelten kann: »Wozu auch immer sich wandeln möge, was ich vor Augen habe, Du und ich, wir bleiben zusammen. Der eingetretene Wandel [der Tod] gehört der Ordnung des Zufalls an, er kann uns von dem Ewigkeitsversprechen nicht lösen, das unsere Liebe einbeschließt«[605]. »Du kannst nicht einfach verschwunden sein wie eine Wolke, die verfliegt; das anzunehmen, wäre Verrat«[606]. Nur als Ding sind wir sterblich, es ist geradezu die Definition des Dinges, daß es sich nicht bewahrt[607]. Die Be-

---

602 PrésImm 63/ GegUnst 95/ MWA II 286.

603 Vgl. ebd.

604 HV 207/ HVd 207.

605 ME II 155/ GeS 474; vgl. HV 212/ HVd 212f.

606 SuWaGe 77.

607 JM 147/ MT 210/ MWA II 28.

ziehung, die uns, jeden von uns, aus dem Bereich der Objekte hinaushebt und uns in einer dyadischen und so nicht mehr beurteilbaren Relation stehen läßt, enthebt uns auch dieser Ding-Vergänglichkeit. Das Wesen des Anderen, das, was meine Liebe meint, kann das überhaupt der Zerstörung ausgeliefert sein[608]?

In den hier zitierten Formulierungen kommt allerdings auch etwas zum Ausdruck, das ein Grundproblem aller Eschatologie ist: Behauptet man angesichts des sterblichen Leibes die Unsterblichkeit der Person, so ist kaum zu sehen, wie man dann einem wie auch immer gearteten Dualismus zu entkommen vermag. Auch Marcel entgeht diesem Problem nicht. An die Stelle eines Leib-Seele-Dualismus[609], den er ablehnen muß, wenn er die Existenz des Menschen als »être incarné« versteht, als eine Weise des In-der-Welt-Seins, die vermittels des Leibes, nur durch den Leib geschieht, tritt hier offensichtlich ein Dualismus zwischen einer verobjektivierbaren Gestalt des Anderen, die dann nicht nur seinen Leib, sondern sein ganzes Erscheinungsbild betrifft, und einem nicht sterblichen »Wesen« des Anderen, das nun aber nicht in einer an sich bestehenden, substanzhaft gedachten Seele besteht, sondern in dem Band, das sich zwischen diesem Wesen und anderen Wesen geknüpft hat. Dieser unsterbliche »Kern« des Anderen kann nur dann als solcher bestehen, wenn ein Wesen geliebt ist. Ohne jegliche intersubjektive Bezogenheit könnte von Unsterblichkeit nicht gesprochen werden. Wie in eine solche Unsterblichkeit der Leib eingehen kann, ist zunächst nicht zu sehen. Spreche ich im Bezug auf meine Beziehungen zu dem Verstorbenen von dessen Leib, dann kann ich letztlich doch nur von den Erinnerungen an seinen Leib sprechen,

---

608 Vgl. ME II 154/ GeS 473.

609 Einen solchen Dualismus vermutet J. Parain-Vial, Dialogue entre J. Parain-Vial et G. Marcel, 385. Marcel erwidert darauf mit der Unterscheidung zwischen *corps-sujet* und *corps-objet*, die seines Erachtens nie richtig verstanden wurde. Er fragt sich, ob nicht, wenn wir leben, auf eine dem *corps-objet* immanente Weise sich ein Leib einer anderen *essence* entwickle, der seinerseits den *corps-objet* überlebt (ebd., 387). Dieser *corps-sujet* dürfte auf keinen Fall einer räumlichen Vorstellungsweise verhaftet bleiben. Die Unterscheidung zwischen *corps-sujet* und *corps-objet* könne von uns zwar gedacht, nicht aber vorgestellt werden (389). Die Gefahr einer Transzendentalisierung des Ich ist vermieden durch die Bindung des *corps-sujet* an die konkrete Existenz.

die ich als Bilder bewahre. Damit stünde man aber genau auf dem Punkt, den Marcel überschritten sehen wollte: Der Andere wird in den Bildern meiner Erinnerung fixiert, »immobilisé«. Wie gelingt von hier aus eine Vermittlung zu einem Wesen, das lebt? Genau das aber wird doch von dem Geliebten behauptet[610].

Noch einmal zurückgefragt: Was meint »überleben«? Wie besteht eine Chance, daß ich die tatsächlich gegebene Veränderung, die der Tod des geliebten Anderen bedeutet, so aufnehmen kann, daß sie mich nicht vernichtet, sondern daß ich in ihr eine Fortdauer der Gemeinschaft ermöglicht finde?

Daß die Aufrechterhaltung der Beziehung zum Anderen bzw. die trotzige Verneinung der augenscheinlichen Vergeblichkeit, am Tod und somit am Ende (auch jeglicher Beziehungen) des Anderen zu zweifeln, einen gewichtigen Einwand hervorrufen wird, ist leicht vorstellbar: »Er besteht in der Behauptung, daß es sich nur um rein subjektive Stimmungen, also um ein psychologisches Moment handle, das nichts an dem, was man wahrscheinlich Wirklichkeit nennen wird, verändert«[611]. Aber es ist genau jener Begriff der Wirklichkeit, gegen den Marcel zu Felde zieht. Die Einschränkung des Todes auf den Zerfall der stofflichen Struktur des Menschen bedeutet die Auslieferung an den gröbsten Materialismus, sobald der sichtbare Verfallsprozeß zum Maßstab des gesamten Todesgeschehens gemacht wird[612].

Marcel zieht ein Beispiel heran: Wenn wir im Präsens von berühmten Toten sprechen, so sei es selbstverständlich, daß wir nicht an ihre verwesten Körper denken; auch die Antwort, daß wir nur ihre Werke meinen, also ihre in der sichtbaren Welt gegenwärtige Hinterlassenschaft wie Dichtungen oder Kompositionen, ist oberflächlich: Es muß dort ein Geist, ein Denken sein, das uns anspricht, das mit unserem Geist verwandt ist, damit so etwas wie Gegenwärtigkeit zustandekommen kann, die wir ja tatsächlich erleben. Das Wort »überleben«

---

610 Siehe dazu den Abschnitt im letzten Kapitel der Arbeit, *Hoffnung auf Unsterblichkeit in Beziehung*.

611 SuWaGe 75.

612 Ebd.

offenbart hier einen neuen Sinn: »... denn wenn es zeitlich gesehen wahr ist, daß wir nach Molière und nach Mozart kommen, so ist es in einem unendlich viel tieferen Sinne wahr, daß sie es sind, die uns überleben - wobei hier die Vorsilbe 'über' etwa dasselbe bedeutet wie in dem Wort 'überfliegen' - die uns überleben also und uns von oben erleuchten«[613]. In dieser Weise besteht die Möglichkeit, daß die geliebten Anderen von uns als gegenwärtig anerkannt werden - ohne daß ihnen jedoch ein empirischer Status zuerkannt werden müßte.

2. Der Tod als Sprungbrett der Hoffnung

Inwiefern ist das Überleben des geliebten Anderen aber Gegenstand der Hoffnung, inwiefern wird der Tod des Anderen zu einem Sprungbrett der Hoffnung? Aus den bisherigen Überlegungen kann der Eindruck entstehen, daß Marcel das Überleben des Anderen, seine Gegenwärtigkeit und die Fortdauer unseres Bandes als eine nahezu von selbst gegebene Wirklichkeit ansieht. Dann wäre es aber hier nicht möglich, von einem Gegenstand der Hoffnung zu sprechen, nicht von einem *Leben*, sondern es würde sich scheinbar um eine nun auf immer unverlierbare und in ihrem Wesen und Bestand fixierte Beziehung handeln, die von mir aufgedeckt und dann doch in einem gewissen Sinne *festgehalten* werden könnte. Was aber im Zusammenhang mit der Hoffnungsgestalt jeder Intersubjektivität gesagt worden war, bewahrt hier seine Gültigkeit, erlangt angesichts des Todes eine neue Dimension: Der Tod des geliebten Wesens - so wurde gesagt - kann nicht als Verlust bezeichnet werden, weil eine solche Betrachtungsweise den Anderen als Objekt verstehen würde, das im Besitz war und deshalb auch dem Verlust unterworfen ist. Dennoch: Die Aktivität, die der vom Tod eines geliebten Menschen Betroffene entfalten kann und wohl die einzige, die sowohl anerkennt, daß der Mensch nicht *verloren* sein kann und daß er mir dennoch nicht *gegeben* ist, erkennt Marcel im Mythos von Orpheus und Eurydike. Dieser stehe, so Marcel, geradezu im Mittelpunkt seiner Existenz[614]. »Das wesentliche Problem war für mich stets und ist es noch immer,

---

[613] SuWaGe 76.

[614] PrésImm7/ GegUnst 7 (Motto); PrésImm132/ GegUnst 207/ MWA II 342f.

zu erkennen, wie man *wiederfinden* kann, wäre dies auch in der Hoffnung«[615].

Die Treue als Sieg über den Tod

In groben Zügen ist deutlich geworden, welche Bedeutung der Tod des geliebten Wesens für die Philosophie Marcels hat, ebenso wie die Gestalt, die hier die Hoffnung annimmt. Einerseits ist sie ein Wiederfinden bzw. eine Suche nach diesem Wiederfinden, anderseits ein Aufrechterhalten des Bandes, das mich mit dem geliebten Wesen verbindet. Es muß aber die Frage auftauchen, die für Marcels Denken über die Unsterblichkeit wesentlich ist: Meint die Treue, die ich dem Anderen, der verstorben ist, halte, eher die Erinnerung an die gemeinsame Vergangenheit, die ich auf diese Weise lebendig erhalten will, oder meint sie einen wirklichen Austausch mit dem geliebten Wesen, der sich auf anderen Wegen vollziehen muß als zu Lebzeiten, meint sie eventuell eine Aktivität, die in der Aufrechterhaltung dieses Bandes dem Anderen die Unsterblichkeit erst zuspricht?
Anders gefragt: Hat der Verstorbene eine Wirklichkeit *an sich*, so daß es um eine Wandlung unseres Bandes ginge, das aber durch die Treue grundsätzlich fortbesteht; ist die Unsterblichkeit also ein Weiterleben auf einem anderen Niveau? Oder ist der Andere durch den Tod einem Wandel unterworfen worden, der mich dazu führen muß, ihn *neu* zu suchen und in gewissem Sinne ein neues Leben mit ihm zu beginnen? Oder, als dritte Möglichkeit, besitzt der Andere keine Unsterblichkeit *an sich*, sondern erhält sie allererst durch meine Treue, so daß die Treue nicht nur als Rettung über die (mich subjektiv treffenden) Auswirkungen des Todes erscheinen müßte, sondern tatsächlich als das, was den Anderen dem Tod entreißt?
Die Problematik besteht darin, daß eine eindeutige Antwort nicht gegeben werden kann. Marcel scheint alle drei Möglichkeiten in den Blick zu nehmen. Er spricht in den genannten Stellen, die die Kontingenz des Todes im Hinblick auf unsere Beziehung in einer von prophetischer Hoffnung geprägten Sprache zum Ausdruck bringen, tatsächlich so, als handle es sich um ein Unzerstörbares am Anderen,

---

[615] Ebd.

das einerseits dasjenige ist, welches von meiner Liebe gemeint ist und anderseits das, was das Wesen dieses Anderen ausmacht[616]. Er ist für mich *Du*, ist es wesentlich, und als Du kann er nicht vergehen[617]. Es ist müßig, hier die Frage zu stellen, ob er dieses Du *an sich* ist; der Widersinn liegt offen zutage: er kann nur für mich bzw. für ein anderes geliebtes Wesen Du sein, andernfalls wäre er ein *Es*. Eine Formulierung des *Du an sich* ist ohne Sinn. Etwas anderes ist allerdings im Fall des absoluten Du gegeben, das niemals »Es« werden[618] und auch nicht in seine Beziehungen zu mir eingeschlossen werden kann. Doch hier stellt sich das Problem des Todes nicht: Erst durch den Konflikt, daß der Andere mir als Objekt gegenüberstehen *kann*, daß ich ihn als Objekt ansehen *kann*, so daß sein Tod mir nicht mehr bedeuten würde als das Verschwinden eines Dinges, daß dieser selbe aber, der für mich Du geworden ist, mit mir eine Beziehung unterhält, die ich als unsterblich erhoffe, bin ich überhaupt von seinem Tod betroffen. Ich sehe, daß *er* stirbt, kann aber *deinen* Tod nicht akzeptieren.
Auf die hier wieder auftauchende Gefahr eines - besonders gelagerten - Dualismus ist bereits hingewiesen worden. Weiter könnte man folgern, daß dort, wo sich der Andere als *Du* von der Möglichkeit gelöst hat, Objekt für mich zu werden, also »reines Du« geworden ist, dieses Du in eine übergroße Nähe zum absoluten Du gelangt, wenn nicht gar hier eine Identität vorliegt[619].

---

616 Vgl. ME II 154/ GeS 473.

617 Vgl. SuWaGe 77.

618 Vgl. JM 137/ MT 196/ MWA II 20.

619 R. Poirier, Diskussion zu M. Belay, Étude sur *Le mort de demain*, Cérisy 131-138 versucht anläßlich dieses Dramas folgende Interpretation: Die wahrhafte Liebe verwirkliche sich für Marcel im Grunde in ihrer Vollgestalt nur hinsichtlich des Abwesenden, des Verstorbenen, und finde ihren Ausdruck in der Treue, der Erinnerung, der *piété,* nicht so sehr dagegen gegenüber einem wirklichen Menschen aus Fleisch und Blut (142); ähnlich auch P. Kampits, Gabriel Marcels Philosophie der zweiten Person, 153. Marcel protestiert heftig gegen eine solche Interpretation. J. Parain-Vial greift in der Diskussion Marcels Einwand auf und stellt heraus, daß sich die schöpferische Treue gegenüber dem Lebenden zu erweisen habe und dem Tod gegenüber Widerstand leisten könne, nicht aber durch den Tod erst zu einer volleren Gestalt gebracht werde.

Dagegen kann geltend gemacht werden, daß Marcel auch für den Verstorbenen die Möglichkeit aufrechterhält, daß dieser »etwas«, »jemand«, irgend einer für mich wird und so dem Tod anheimfällt. Wie ist das zu verstehen? Der Verstorbene bleibt verbunden mit seiner Vergangenheit; er kann nun, in einem tatsächlich verobjektivierenden Sinn betrachtet werden als jemand, der *nur* seine Vergangenheit ist. Er kann tatsächlich als eine »gewesene« Person angesehen werden; die Erinnerung an ihn kann die Gestalt der verobjektivierenden Erinnerung annehmen. Damit wird der Andere »Es«. Die Möglichkeit der Objektivierung ist nicht mehr in der leiblichen, zeitlichen Gestalt der lebenden Person und einem Verkennen dieser Person gegeben, sondern in einer Gestalt der Erinnerung, die den Anderen einschließt, fixiert und ihn so verfehlt. Er wird so an seineVergangenheit gebunden, daß die Möglichkeit eines *Lebens* für ihn nicht mehr in den Blick tritt[620]. Auch wenn ich also davon ausgehe, daß der Andere weiterlebt und daß unsere Gemeinschaft bestehen bleibt, daß sie nicht zerrissen wurde und neu geknüpft werden muß, ist die Treue kein fixierter Gegenüberstand zu einem Du, das mir nun von Wesen her nicht mehr objektivierbar werden könnte; vielmehr bleibt der Charakter der Treue als Anruf bestehen. Gerade der Tod des Anderen und die damit aufgerichtete Hürde, die mir verbieten will, den Anderen als lebend zu betrachten und somit als Träger eines Wesens, das ihn jeder abschließenden, fixierenden Gestalt entzieht, läßt die Treue zum verstorbenen Geliebten - vielleicht in noch stärkerem Maße als zum Lebenden - als die Antwort auf einen beständig an mich ergehenden Anruf erscheinen. Ich bin in ihr nicht fixiert und kann den Anderen in ihr nicht fixieren[621].

Die zweite Möglichkeit, das Wiederfinden eines durch den Tod grundlegend gewandelten Anderen, beinhaltet, daß die Identität des Anderen durch den Tod trotz aller Wandlung *erhalten* geblieben, mir

---

620 Das extremste Beispiel für eine solche Erinnerung findet sich in Marcels Drama *La chapelle ardente* in Gestalt der Aline; vgl. R. Troisfontaines, Le Mystère de la mort, 331.

621 Von hier aus müßte auch eine Überlegung angestellt werden in Richtung auf eine Vorstellung von der Vollendung des Menschen im Tod, die im Tod eine Art Überführung in einen Endzustand sieht.

aber zunächst ganz und gar aus dem Blick geraten ist. Der Tod des Anderen würde für mich dann bedeuten, daß ich mich auf die Suche nach ihm machen muß, ihn wiederfinden muß. Unsere Beziehung müßte sich dann auf eine neue, mir bis dahin nicht erdenkliche Weise gestalten. Marcel spricht, wie erwähnt, von dem Mythos von Orpheus und Eurydike, der in der Mitte seiner Existenz steht und diese Möglichkeit für seine Überlegungen zur Unsterblichkeit thematisiert. Eine solche Weise der Beziehungen zum Verstorbenen, dessen Unsterblichkeit gedacht werden soll, dürfte wohl am stärksten die Prägung dieser Beziehung durch die Hoffnung erkennen lassen: Wiederfinden, »wäre dies auch in der Hoffnung«[622]. Nimmt man hinzu, was über den Vergangenheitsbezug der Hoffnung gesagt worden war, daß in der Hoffnung tiefste Vergangenheit und fernste Zukunft ineinanderfallen, dann wird dieser Eindruck verstärkt[623].
In der dritten der aufgezeigten Möglichkeiten liegt wohl die am weitesten reichende Auffassung von der Bedeutung der Treue gegenüber dem Verstorbenen vor. Das Wort Marcels, das er in einem seiner Dramen formuliert und das zu den wenigen gehört, die eine relativ große Bekanntheit erlangt haben, bringt diese Aufgabe der Treue und der Liebe zum Ausdruck: »Einen Menschen lieben heißt sagen: du, du wirst nicht sterben«[624]. Marcel selbst nimmt verschiedentlich auf diese Passage Bezug[625]. Was ist mit einer solchen Aussge gemeint? Sie darf im Sinne Marcels nicht als eine Feststellung gesehen werden. Es handelt sich nicht um eine Wirklichkeit am Anderen, die durch den

---

622 PrésImm 132/ GegUnst 207/ MWA II 343.

623 Es dürfte auch diejenige Weise sein, die am stärksten durch die Erfahrung gedeckt ist. Wer einen Menschen durch den Tod verloren hat, dürfte wohl kaum die Kontingenz des Todes zu der Beziehung behaupten, die ihn mit dem Verstorbenen verbunden hat. Die Erfahrung tiefsten Verlustes wird sich wohl erst allmählich in eine Suche nach Anknüpfungspunkten wandeln, die ein Wiederfinden des Verstorbenen ermöglichen.

624 Le mort de demain, zit.: ME II 154/ GeS 472; vgl. M. Belay, Étude sur *Le mort de demain*, 137f; nur in der bereits dargestellten Unbekümmertheit der Hoffnung, die keine Möglichkeiten berechne, sei eine solche Aussage verständlich.

625 Vgl. EA I 117/ SH 102/ MWA II 211; HV 205/ HVd 205; ME II 154/ GeS 472.

mit der Liebe verbundenen Erkenntnisprozeß aufgedeckt würde. Sie ist keine empirische Aussage[626]. Vielmehr ist sie von zwei Merkmalen bestimmt: Einerseits bedeutet eine solche Aussage eine prophetische Gewißheit, die mit den Kennzeichen der Hoffnung verbunden ist, insofern diese Prophetie ist[627]. Das bedeutet, daß sie einen Vorgriff auf die Zukunft beinhaltet, diese Zukunft jedoch nicht vergegenständlicht. Anderseits kann man - ohne in eine kausale Betrachtungsweise zu verfallen - so weit gehen, zu behaupten, daß die Liebe allererst diese Aussage über das Fortleben des Anderen ermöglicht, daß sie dieses Fortleben erst eigentlich gewährt. Marcel formuliert es von der negativen Seite her: »In den Tod eines Wesens einwilligen, heißt in gewisser Weise, es dem Tod ausliefern«[628]. Es scheint, daß hier die äußersten Grenzen einer Möglichkeit des Sprechens von der Treue erreicht sind. Treue und Liebe werden hier mit der Verantwortung für das Überleben des Anderen beladen. Marcel spricht von der »conspiration«, die sich um das geliebte Wesen bilden muß und die allein in der Lage ist, es dem Tod zu entreißen[629]. »Ist in mir eine unerschütterliche Gewißheit vorhanden, so die, daß eine Welt, die von der Liebe verlassen ist, im Tod versinken muß, daß aber auch

---

626 Vgl. ME II 154/ GeS 472.

627 Vgl. ebd.

628 HV 205/ HVd 205; vgl. X. Tilliette, Gabriel Marcel et l'autre Royaume, 38: es gibt »un devoir de survivre à la mort de l'être aimé«.

629 Vgl. HV 207f/HVd 207f. P. Kampits, Gabriel Marcels Philosophie der zweiten Person, sieht in den Äußerungen Marcels, die in diese Richtung gehen, die Gefahr, daß »das Sein des Toten auf dasjenige des Überlebenden« reduziert werde (157). Dadurch werde die *présence*, die Beziehung, wichtiger als das Du selbst. Auf diese Weise werde entweder das »Zwischen« (ein Ausdruck, der übrigens bei Marcel nicht vorkommt) oder das überlebende Ich zum Garanten der Beziehung. »In beidem aber ist das personale Gegenüber im Wir preisgegeben, das die 'Duhaftigkeit' des Du ausmachte« (158); P. Colin, Christlicher Existentialismus, 107 sieht jedoch eine Mutualität in der Beziehung mit den Verstorbenen, durch die diese Gefahr abgewendet wird: »Mein Beitrag zur lebendigen Fortdauer des Wir ist zugleich ein *Ruf* an die Treue des Toten und eine *Antwort*, durch die ich mich für einen bestimmten Einfluß durchlässig mache«; vgl. auch R. Troisfontaines, Le Mystère de la mort, 332.

dort, wo die Liebe fortdauert, wo sie über alles triumphiert, was sie entwürdigen will, der Tod endgültig besiegt ist«[630].

Ein wesentlicher Gesichtspunkt und die eigentliche Rechtfertigung solcher Aussagen über die Treue besteht in der Fundierung der Treue im Sein. Wäre diese nicht gegeben, dann müßte einerseits die Treue als eine Weise der Abhängigkeit des Verstorbenen von mir gesehen werden, die über sein Fortleben entscheidet. Sie würde, wenn sie besteht, dem Anderen eine Verheißung geben, die sie aus Eigenem gar nicht zu erfüllen imstande wäre. »Wenn also eine schöpferische Treue möglich ist, so deshalb, weil die Treue im Prinzip ontologisch ist, weil sie ein Da-Sein fortsetzt (parce qu'elle prolonge une présence), das selbst einem gewissen Zugriff des Seins auf uns (une certaine prise de l'être sur nous) entspricht; dadurch eben vervielfältigt und vertieft sich auf fast unergründliche Weise der Widerhall jener Präsenz im Schoße unserer Dauer«[631].

3. Unsterblichkeit - Jenseits - Auferstehung

Am Ende dieses Abschnittes ist nach der konkreten Ausgestaltung dieser Begriffe zu fragen, die im Zusammenhang mit dem Versuch bedeutsam werden, die Philosophie Marcels in einen Diskurs mit der Theologie treten zu lassen. Dabei muß als Grenze eine Verobjektivierung der Vorstellungen gesetzt werden, die von der Unsterblichkeit denkbar sind. Eine solche Bestimmung der Zukunft jenseits des Todes ist nicht nur empirisch nicht möglich, sondern als Versuch, etwas grundsätzlich Unbewahrheitbares auf der Ebene des Bewahrheitbaren anzusiedeln, müßte jede Bemühung in diese Richtung zwangsläufig scheitern.

Die Unsterblichkeit kann also nicht als etwas Bewahrheitbares verstanden werden. Die Freiheit ist nie in der Lage, die Unsterblichkeit im Sinne eines Objektes zu setzen[632]; es scheint sogar so, daß die Alternative, die Unsterblichkeit entweder als eine Tatsache oder als

---

630 PrésImm 182/ GegUnst 287/ MWA I 215.

631 PosApp 79/ MWA I 79.

632 Vgl. FragPhil 82/ ReflInt 88.

ein Hirngespinst zu bezeichnen, gar nicht aufgestellt werden kann[633]. Mit diesen Äußerungen verweist Marcel die Unsterblichkeit in den Bereich des »Mystère«. Dort kann die Unterscheidung des *bloß* Subjektiven (des »in mir«) und des *tatsächlich* Objektiven (des »vor mir«) nicht aufrechterhalten werden[634]. Das Subjekt findet sich in dieses Mysterium vollkommen engagiert. Es trifft auf die Unsterblichkeit zu, daß sie unbewahrheitbar ist[635].

Daß hier im Grunde ein Punkt erreicht ist, an dem alle Aussagen den Mangel haben, etwas in den Bereich des Darlegbaren einführen zu wollen, was im Grunde nicht darlegbar ist, ist evident. Die eigene Unsterblichkeit kann ebensowenig gesetzt, gedacht werden wie die Unsterblichkeit des geliebten Wesens. Beides ist nur in der Weise der Teilhabe erreichbar. Im Hinblick auf die eigene Unsterblichkeit liegt die äußerste Möglichkeit in einer Aussage, wie sie Marcel für die ontologische Forderung, die »Exigence ontologique« formuliert. »Es muß *Sein* geben - oder es müßte eigentlich Sein geben«, damit sich nicht alles in flüchtige Erscheinungen auflöst, damit nicht am Ende die Wirklichkeit erscheint wie eine Geschichte, »erzählt von einem Narren«[636]. Das Verlangen nach Teilhabe an dieser Wirklichkeit des Seins ist in dieser Sicht im Grunde bereits eine Weise der Teilhabe selbst.

Dennoch, trotz aller Vorbehalte, die um die Unzulänglichkeit und Vorläufigkeit einer solchen Definition wissen, kulminieren in den Gedanken um die Unsterblichkeit alle Linien der Hoffnung; die Metaphern, derer sich Marcel bedient, um die Richtungen anzudeuten, in denen die Hoffnung liegt und sich verwirklicht, treten zutage als die

---

633 Vgl. ME II 154/ GeS 472.

634 EA I 146/ SH 126/ MWA II 228f.

635 Es ist bezeichnend, daß Marcel für das Verständnis des Begriffes Mystère immer wieder auf die Schlußszene seines Dramas *L'Iconoclaste* hinweist: Dort geht es genau um das Problem, ob das Fortleben des geliebten Anderen auf irgendeinem Weg verifiziert werden kann. Der Hinweis, daß dies nicht möglich sein könne, wird begleitet von dem Hinweis auf das Mystère. Die beiden Begriffe »Geheimnis« und »Unsterblichkeit« sind also auf dem Weg Marcelschen Denkens engstens miteinander verbunden; vgl. P. Colin, Christlicher Existentialismus, 93-98.

636 PosApp 51/ MWA I 62f.

Stimmen einer Symphonie. Die Ewigkeit selbst wird nicht ausgemalt, nicht als Objekt veranschaulicht[637]: sie ist gegenwärtig als ein Ganzes, unerschöpflich. Als Ganzes ist diese Vision jedoch nicht darlegbar, die verschiedenen »Stimmen« müssen gesondert erklärt und gedeutet werden.

Die Mündungen der Hoffnung liegen im Jenseits, im Unsichtbaren[638], in der unsichtbaren Welt. Damit beginnt Marcels Tasten hin auf dem Weg zu einer Vision der Unsterblichkeit; sehr vage beginnt dieser Weg: aber er ist bereits von dieser nicht zerlegbaren Einheit gekennzeichnet. Die Hoffnung schließt eine Bejahung der Ewigkeit, der ewigen Güter ein[639]. Viel weiter geht Marcel in den ersten Reflexionen über das Ziel der Hoffnung, die in *Sein und Haben* niedergelegt sind, nicht; hier erscheint keine weitere Konkretisierung dieses Begriffes der Ewigkeit oder der ewigen Güter. Auch die Zusammenbindung der Hoffnung mit dem Begriff des Heiles trägt zu einer solchen Konkretisierung noch nichts bei, insofern er zu diesem Zeitpunkt nicht ausgefaltet wird[640]. Zweierlei kann aber bereits hier festgehalten werden:

1) Die Hoffnung kann nur in einem *Jenseits* ihre Erfüllung finden; nicht nur, daß sie dieses Jenseits als Grund irdischer Hoffnungen bejaht, sondern nur in diesem Jenseits selbst erfährt sie ihr Ziel. Marcel hält an diesem Begriff auch in späteren Texten mit einer gewissen Strenge fest. Die Gegenwart der erhofften Wirklichkeit scheint ihm in diesem Leben nur ahnungsweise möglich; die Hoffnung scheint keinen Zugang zu haben zu einer sie endgültig beruhigenden Wirklichkeit, solange sie als *spes viatoris* in dieser Welt besteht. Was oben unter dem Blickwinkel einer prophetischen Gewißheit gesagt worden ist, muß sich unter diesen Vorbe-halt stellen lassen. Die Hoffnung kann so noch einmal, ohne dadurch ihren tatsächlich prophetischen Charakter zu verlieren, von allem Verdacht befreit werden, eine Si-

---

637 Vgl. SuWaGe 84.

638 Vgl. EA I 97/ SH 84/ MWA II 199.

639 Vgl. EA I 94/ SH 81/ MWA II 197.

640 Vgl. ebd.

cherheit des Habens angesichts des Erhofften ihr eigen nennen zu können.

Für Marcel steht es fest, »daß wir im Schoße dieses seltsamen Lebens, das unseres ist, so angelegt und aufgestellt sind, daß das Jenseits *Jenseits* bleiben muß, und daß uns anderseits, so paradox es auch scheinen mag, das Jenseits nur unter dieser Bedingung in einem Geheimnis gegenwärtig werden kann, von dem sich im vortheologischen Raum nur Annäherungen erahnen lassen«[641]. Diese Gegenwärtigkeit des Geheimnisses nimmt in der Hoffnung die Gestalt eines Aufleuchtens an; es gibt Zeichen für eine Wirklichkeit, die in der Hoffnung erstrebt werden und die »gleichsam der Erwartung entgegenkommen, dem Fordern entgegenkommen, das wir haben und das unser Sein ausmacht«[642]. Lediglich Breschen können in das Gefängnis geschlagen werden, das uns umgibt; die Erweiterung dieser Breschen muß von der anderen Seite aus unter einem unwiderstehlichen Druck geschehen, »daß das Licht der Offenbarung hereinströmt«[643]. Mit der Rede von einem Jenseits wird jedes philosophische Sprechen von der Hoffnung in seinem Charakter als sich transzendierend deutlich. Der Weg auf die Offenbarung hin kann nicht ausgeklammert werden.

Redet Marcel von einem Jenseits, dann ist er aber darauf bedacht, jede *räumliche* Vorstellung, die mit dem Jenseits verbunden sein könnte, zurückzuweisen. Die Kategorien des »fern« und »nah«, des »außer mir« und »in mir« verlieren ihren unterscheidenden Wert. Parallel zu der Einführung des epistemologischen Begriffes »Mystère« steht die Beschreibung des Ortes, auf den die Hoffnung sich als nach einem Fernen ausstreckt, das doch heimwehmäßig unser ist.

Wird eine Eschatologie, die das Reich Gottes *in* der Geschichte im Blick hat, sich auch nicht auf Marcel stützen können, so gilt doch, daß das Jenseits, das auch Marcel in der Hoffnung als Ziel anstrebt, nicht ein Ort ist, sondern eher ein Gefüge, dessen sichtbaren Teil allein wir im Moment wahrnehmen[644]. Anderseits dürfte dieses Jenseits

---

641 SuWaGe 84; vgl. ME II 180f/ GeS 503f.

642 SuWaGe 84.

643 SuWaGe 85.

644 Vgl. ME II 158/ GeS 477.

jedoch auch nicht verstanden werden als ein striktes, zeitlich verstandenes »Nachher«. Eine Eschatologie, der es gelingen könnte, beide Vorstellungen zu überwinden, könnte mit Marcels Philosophie in einen befruchtenden Dialog treten.

2) Der zweite Punkt, der aus diesen frühen Texten offengelegt werden kann, ist der Aspekt der »Wiederherstellung« einer gewissen Ordnung, den Marcel als Kennzeichen des Erhofften anführt. Es ist nur eine Seite der von der Hoffnung zugrundegelegten Erfahrung, wenn die Existenz als Gefangenschaft, als Nacht erscheint: Die andere Seite ist, kosmologisch ausgeweitet, daß die Welt »wirkliche Beschädigungen«[645] aufweist und daß tatsächlich nur in einem solchen Universum Platz für die Hoffnung ist. Die Ordnung dieses Universums wird als heile Ordnung zurückersehnt, so daß in einer Vision eines Ganzen, das zerbrochen ist, der eigentliche Grund der Hoffnung liegt. Das Geschichtsbild, das von hier aus entworfen werden könnte, entspricht weitgehend einem Exitus-Reditus-Schema, wie es mit Proklos und der Rezeption des Neuplatonismus auch für die christliche Geschichtsphilosophie und -theologie bestimmend wurde[646]. Das Erhoffte, diese Position wird Marcel später entfalten, ist ein »nostos«, ein Bekanntes und ein »kainon ti«, ein Neues: so eignet der Hoffnung der Charakter eines Auslangens nach einem Jenseits, nach einem Fernen, einem Neuen, das doch ein Zurück-Ersehnen ist[647]. In dem Postulat, das die Hoffnung auszeichnet, behauptet sie »qu'un certain ordre sera rétabli«, daß eine bestimmte Ordnung wiederhergestellt werden wird[648].

Betrachtet man abschließend diejenigen Aussagen Marcels, die er gegen Ende seines Lebens macht, um sich dem Geheimnis der Unsterblichkeit zu nähern, dann lassen sich im Grunde zwei große Linien ausmachen, in die seine Reflexionen über den Tod und das kommende Leben einmünden. Es wird für Marcel gegen Ende seines Lebens immer wesentlicher, daß die Unsterblichkeit, die er sein Leben

---

645 EA I 93/ SH 81/ MWA II 197.

646 Vgl. M. Seckler, Das Heil in der Geschichte.

647 Vgl. HV 90/ HVd 86f/ MWA I 153.

648 PosApp 69/ MWA I 73.

lang als Verlangen in sich getragen hat, im Grunde nur darin bestehen kann, alle die wiederzufinden und in unauflöslicher Gemeinschaft mit ihnen zu leben, die er in seinem Leben geliebt hat. Dabei nimmt die Sehnucht nach der anderen Welt zum Teil Züge an, die Marcel von einem Fremdwerden in dieser Welt sprechen lassen[649].

Xavier Tilliette überliefert eine Äußerung aus den letzten Lebenswochen Marcels, die er in gewissem Sinn als dessen Vermächtnis und gültige Zusammenfassung seines Glaubens, seiner Unsicherheiten wie auch seiner Gewißheit betrachten kann: »Dieu, je ne sais pas qui il est, je ne me le représente pas - mais je sais que le ciel, c'est *retrouver les miens*«[650].

An einer der wenigen Stellen, an denen Marcel die philosophischen Reflexionen explizit in die Richtung des Glaubens übersteigt und damit die Richtung anzeigt, in die seine Philosophie ausgelegt und weitergedacht werden kann, spricht Marcel von der Auferstehung als Ziel der Hoffnung und sieht diese beiden Begriffe in einer engen Relation zueinander: sie erhellen sich gegenseitig; »es gibt keine Hoffnung als die auf Auferstehung und anderseits kann die Auferstehung uns Wesen aus Fleisch nicht anders gegeben sein als in der Hoffnung«[651]. In der Formulierung des Gedankens von der Auferstehung wird alles überstiegen, was über das Fortleben oder das Überleben gesagt werden kann[652]. Diese Auferstehung, ein Wiederfinden des Paradieses, das in der Vergangenheit, jedoch in einem noch viel tieferen Sinn in der Zukunft liegt, versteht Marcel als eine Erneuerung unseres Seins hin zu einer höheren ontologischen Würde[653], eine ewige Erneuerung[654]. Aber auch hier findet sich die zuerst angesprochene Dimension der Marcelschen Konkretionen hinsichtlich der Unsterblichkeit eingebunden: Die Auferstehung, die er hier meint, kann nicht die eines in sich abgeschlossenen Subjektes sein.

---

[649] Vgl. AE 65.

[650] X. Tilliette, Gabriel Marcel et l'autre Royaume, 56.

[651] StructEsp 54.

[652] Vgl. R. Troisfontaines, Le Mystère de la mort, 336.

[653] Vgl. StructEsp 54.

[654] StructEsp 55.

Beide Dimensionen, die der vollendeten Intersubjektivität und die der Auferstehung, die gegründet sein muß auf die Auferstehung Christi, finden sich konzentriert in einer Zusammenschau, die eine der tiefsten Stellen des Marcelschen Werkes darstellt und gegen Ende seiner autobiographischen Aufzeichnungen steht. Mit ihr soll der Durchgang durch die verschiedenen Dimensionen der Hoffnung in der Philosophie Marcels abgeschlossen werden.

»Ich denke, ich kann sagen, daß die, die wohl nicht mehr auf dieser Welt leben, aber in meinem Herzen einen großen Raum einnehmen, mir immer deutlicher wenn auch nicht als Stellvertreter, so doch als Mittler erscheinen, und zwar dafür, daß das Wiederfinden, das ich mit ganzem Herzen ersehne, letztlich nur im Licht Christi seinen Sinn finden kann. Das Licht Christi: wenn ich diese Worte ausspreche, fühle ich mich eigenartig bewegt, denn sie haben für mich etwas Ungewöhnliches, aber sie sollen bedeuten, daß Christus für meinen Geist weniger ein Objekt ist, auf das ich meine Aufmerksamkeit konzentrieren könnte, sondern jemand, der erleuchtet, der aber auch zu einem Angesicht werden kann, oder genauer, zu einem Blick. Und genau das ist es: man kann einen Blick im Grunde ja nicht betrachten; man wird von ihm durchdrungen, und vielleicht um so mehr als man sich selbst angeschaut weiß«[655].

---

[655] EnChem 287.

ZWEITER TEIL

Hoffnung im Kontext der Eschatologie

Erstes Kapitel

Hoffnung und Eschatologie. Die eschatologische Relevanz philosophisch begründeter Hoffnung

I. Hinführung

Im Folgenden soll nach dem möglichen Beitrag gefragt werden, den die Hoffnungsphilosophie Gabriel Marcels für die theologische Eschatologie leisten kann. Es soll nach den möglichen Korrelationen gesucht werden, die zwischen einem philosophischen Bedenken der Hoffnung und verschiedenen Themen der Eschatologie erstellt werden können. Damit steht der hier unternommene Versuch innerhalb einer bestimmten Fragerichtung der gegenwärtigen Theologie, in der nach Vermittlungen zwischen bestimmten philosophischen bzw. anthropologischen Vorgaben und theologischen Aussagen Ausschau gehalten wird. Solche Vermittlungen werden sicherlich nicht im Sinne glatter Entsprechungen hergestellt werden können, sondern im besten Falle als Akzentsetzungen, die durch bestimmte Fragen hervorgerufen werden[1]. Dabei ist für den hier vorliegenden Versuch die Überlegung

---

1 Der hier unternommene Versuch stellt sich also methodisch in eine Reihe mit

leitend, daß mit der weitgehenden Befreiung der Hoffnung aus dem ihr traditionell vorbehaltenen Ort innerhalb der Tugendlehre zwar ein wesentlicher Anstoß für die Theologie (und somit auch für die Eschatologie) gegeben wurde[2], daß aber die Eschatologie selbst durch dieses neue Bedenken der Hoffnung in ihrem Aufbau und ihren Inhalten nicht in dem erwarteten Ausmaß von den angesprochenen Impulsen betroffen wurde.

Das hatte verschiedene Ursachen: Die im Gefolge Ernst Blochs angestellten Überlegungen zur Zukunft der Welt, zum Einfluß des »Prinzips Hoffnung« hatten nur am Rande mit den klassischen eschatologischen Themen zu tun. Sie entwickelten sich hin zu einer Theologie der Welt, die von der Vorstellung der Zukünftigkeit des Heils für *diese* Welt zu einer Theologie der Verantwortung für diese Welt wurde (J. B. Metz); sie wurden anderseits der Ausgangspunkt für eine radikale Futurisierung der Erlösung (J. Moltmann), mit der sich schwer vereinbaren ließ, was über die in Christus *geschehene* Erlö-

---

verschiedenen Entwürfen, die solche Korrelationen aufgestellt haben. An erster Stelle sei hier auf Paul Tillich verwiesen, der die Eschatologie wie auch die übrigen Teile seiner Theologie im Sinne der Korrelation erstellt hat, also an erster Stelle die Fragen formuliert hat, auf die Theologie zu antworten hätte. Unter eschatologischer Perspektive führt ihn dieser Ansatz zu einer Korrelation zwischen der Geschichte und dem Reich Gottes (vgl. R. Gibellini, La teologia del XX secolo, 105). Daß der individualeschatologische Aspekt dabei eine geringere Rolle spielt, ist sicherlich auf dem Hintergrund der Abwendung der protestantischen Theologie der Nachkriegszeit von den überzogenen Formulierungen der existentiellen und der dialektischen Theologie zu verstehen. An zweiter Stelle sei der Versuch Teilhard de Chardins erwähnt, Eschatologie von der evolutionschristologischen Perspektive her zu verstehen. Drittens schließlich sei auf den transzendentalanthropologisch grundgelegten Entwurf Karl Rahners verwiesen, demgegenüber aber von Seiten Marcels sicherlich die Ergänzung anzubringen wäre, daß auch die eschatologische Frage nicht transzendental, sondern in einer konkreten Philosophie zu entwerfen wäre. Mit diesen Hinweisen ist methodisch der Rahmen abgesteckt, innerhalb dessen die Hoffnungsphilosophie Marcels in die Eschatologie zu übertragen wäre: es kann nicht um klare Ableitungen gehen, sondern nur um den Versuch, bestimmte Fragestellungen zu akzentuieren. Der Beitrag, der hier geleistet werden könnte, liegt in der Richtung einer konkreten, nach dem Heil für den konkreten Einzelnen fragenden Eschatologie, die sich im Konkreten zu bewähren hätte.

2 Deutlich nachgezeichnet für die Hoffnung als Fundament der Theologie hat diese Einflüsse F. Kerstiens, Die Hoffnungsstruktur des Glaubens.

sung von der Eschatologie gesagt und als deren Mitte festgehalten werden mußte. So entwickelte sich die (zumindest katholische) Eschatologie in den ihr speziell gewidmeten Monographien weitgehend abseits des Stromes einer »Theologie der Hoffnung«; damit fiel meistens auch ein eigenständiges Bedenken der Hoffnung innerhalb dieses Rahmens fort.

Zudem wurden die »Überstunden« im »eschatologischen Bureau«[3] durch die Diskussionen über verschiedene Thesen der Eschatologie so in Beschlag genommen, daß für die Frage nach einem neuen Bauprinzip der Eschatologie, das unter Umständen die Hoffnung sein könnte, wenig Zeit verblieb. Die Stichworte dieser eschatologischen Dispute seien nur kurz genannt: Endentscheidungshypothese, Ganztodtheorie, Unsterblichkeit der Seele versus Auferstehung des Leibes, Auferstehung im Tod. Diese Dispute werden in den folgenden Überlegungen weitgehend ausgeklammert. Es wird nur dann von ihnen die Rede sein, wenn das durch die Erwägungen zur Hoffnung nahegelegt wird.

Ein Drittes: Dort, wo innerhalb der Eschatologie dennoch von der Hoffnung die Rede ist[4], geht es meistens um die bereits vorwegentworfenen *Zielbilder* der Hoffnung. Die Frage: Was ist die Hoffnung der Christen? dürfte zumeist mit dem Erhofften selbst beantwortet werden (seit Tertullian: *fiducia christianorum resurrectio mortuorum*, De res. carn. 1). Dabei scheint, als werde um die Hoffnung selbst, um das *Hoffen* bereits gewußt, so daß man es als adäquate Haltung dem erkannten Ziel zuordnen kann und es als die wesentlich auf Zukunft angelegte Grundverfassung des Menschen beschreibt. Dabei verbleibt die Hoffnung entweder im Status des Erwartens, wenn das Gut der Hoffnung jenseitig verfaßt ist, oder sie wird modifiziert zu einem Impuls der Weltverantwortung, wenn die innerweltliche Entwicklung in die eschatologischen Konzepte eingebaut wird. In beiden Fällen ist die Hoffnung von ihrem (gewußten!) Gegenstand her ent-

---

3 Vgl. H. U. v. Balthasar, Umrisse der Eschatologie, in: Verbum Caro, 276.

4 M. Kehl behandelt die Hoffnung zu Beginn seiner Eschatologie, J. Auer stellt die Überlegungen zur Hoffnung ganz ans Ende seines Werkes 'Siehe, ich mache alles neu'. Der Glaube an die Vollendung der Welt.

worfen und diesem nachgeordnet, um eine Entsprechung zwischen den entworfenen Zukunftsgestalten und der Hoffnung, die der Mensch ihnen gegenüber einnehmen kann, herzustellen[5]. Zudem wird stillschweigend von der Voraussetzung ausgegangen, die der christlichen Tradition durch die neutestamentlich-paulinische Fassung des Begriffs Hoffnung vorgegeben ist: Hoffnung ist Hoffnung auf Auferstehung der Toten, begründet in der Auferstehung Jesu Christi. Muß nicht, so darf gefragt werden, eine vertiefte anthropologische und philosophische Besinnung auf die Hoffnung erfolgen, wenn man die Botschaft von der Hoffnung dort glaubhaft machen will, wo diese Voraussetzung nicht mehr bedingungslos geteilt wird? Das hieße im vorliegenden Fall, daß man der phänomenologischen Betrachtungsweise folgt, so wie sie von Gabriel Marcel vorgeschlagen und durchgeführt wird; dann besteht die Chance, durch die Freilegung der Strukturen authentischer Hoffnung zu einer Perspektive auf ihren Gegenstand zu gelangen. Christliche Hoffnung, so die These, muß nicht im Gegensatz stehen zu weltlicher Hoffnung, noch muß die Hoffnung auf Auferstehung, die Hoffnung auf ewiges Leben (als übernatürliche Hoffnung) getrennt werden von einer natürlichen Hoffnung, die (freilich nicht im Sinne der von der Offenbarung her verbürgten Antwort) letztlich das gleiche Ziel hat. Die Rede von natürlicher Hoffnung muß sich nicht auf innerweltliche Hoffnungsziele beschränken.

Die in der Eschatologie vielfach eingenommene Blickrichtung (von der Aussage über das ewige Leben zur Hoffnung) wird in diesem Versuch umgekehrt. Ein solches Vorgehen findet sich nicht zuletzt durch die Verschränkung natürlicher Hoffnung (»Hoffnung der Welt«) und den Zielgestalten der christlichen Verkündigung (Reich Gottes) in den konziliaren und nachkonziliaren lehramtlichen Dokumenten gerechtfertigt. Durch die theologische Auswertung einer phänomenolo-

---

[5] Wenn am Ende dieses Kapitels ein ähnlicher Bezug hergestellt wird, dann geschieht das unter der Voraussetzung, es handle sich bei dem Gegenstand der Hoffnung um ein gänzlich Unbewahrheitbares, das also nur in der Hoffnung selbst erfaßt werden kann. Eine äußerst enge Verschränkung zwischen der Hoffnung und der Art ihres Gegenübers deutet sich so an; die Hoffnung und ihr »Gegenstand« werden nur in einer Zusammenschau erfaßt werden können.

gischen Strukturanalyse der Hoffnung vermag gezeigt zu werden, daß eine solche Verschränkung nicht bloß eine äußerliche, letztlich parataktische Zuordnung zweier grundlegend unterschiedener, äquivoker Größen ist, daß es sich hier auch nicht um eine nur pastoral verantwortete Korrelation zwischen einem in der Welt ausgemachten Anliegen und dem Anliegen der Gottesreichverkündigung handelt, sondern daß es hier um eine wesenhafte Verbindung geht, insofern die »natürliche« Hoffnung Perspektiven besitzt, die aus sich heraus (unbeschadet der Aussagen über den Ursprung von Hoffnung und Hoffnungsinhalt, in denen eine autonome Zuschreibung der Hoffnung zurückgewiesen wurde) Unerschöpflichkeit, ewiges Leben, die Gemeinschaft der Lebenden in der Ewigkeit erhofft.

Mit dieser Bestimmung des Anliegens in vorliegendem Schlußkapitel wird die Beschränkung auf drei wesentliche Aspekte möglich: zum einen soll die »fundamentaleschatologische« Frage beantwortet werden, inwiefern christliche Hoffnung und natürliche Hoffnung einander begegnen können: sie tun dies dort, wo es um den »absoluten Gegenstand« der Hoffnung geht. Zum zweiten zeigt sich, wenn in der neueren eschatologischen Diskussion von Unsterblichkeit gesprochen wird, daß diese dialogisch verstanden werden muß. Auch hier kann es gelingen, mit Hilfe der intersubjektiven Struktur, die Gabriel Marcel in der Hoffnung freigelegt hatte, den anthropologischen Gehalt dessen, was dialogische Unsterblichkeit heißen soll, besser auszuleuchten. Drittens schließlich soll es um einen sektoralen Aspekt der Eschatologie gehen, der aber konkretisieren kann, was es heißt, wenn von der Unerschöpflichkeit des Gegenstandes der Hoffnung die Rede ist: es geht hier um das »Bleiben der Hoffnung«.

Hinsichtlich des ersten Abschnittes dieses Versuchs, aber auch mit Blick auf die grundsätzlich eingeschlagene Richtung des Vorgehens muß auf einen möglichen Einwand hingewiesen werden. Er besteht darin, daß man die Möglichkeit der Verallgemeinerbarkeit einer Strukturanalyse der Hoffnung in Abrede stellt. Die Universalisierbarkeit der Hoffnung (und der eschatologischen Aussagen) wäre dort in Gefahr, wo im jeweils konkreten Hoffen nach den Einfügungspunkten für eine Rede vom ewigen Leben gesucht würde. Dies umso mehr, als der anthropologische Hintergrund, dem Gabriel Marcel sich verpflichtet fühlt, nicht transzendental verfaßt ist. Gegen diesen Einwand sei folgende These formuliert: Gelingt es, durch eine Freilegung der Strukturen der Hoffnung gegen alle Einsprüche überzeugend zu vertreten, daß die Hoffnung als konkrete Hoffnung absolute Hoffnung ist und darin jeglichen umgrenzten Gegenstand übersteigt, ohne dabei inhaltsleer und nur noch als formale Hoffnung betrachtet zu werden, dann kann sie dem Vorwurf entgehen, sie sei subjektivistisches Projektionsprinzip und entziehe sich jeglicher Universalisierung.

Wenn nun also der Versuch unternommen werden soll, die Aufgabe der Hoffnung in der Eschatologie so zu bestimmen, daß ihr (bereits als »natürlicher Hoffnung«) ein für die eschatologische Rede maßgebender Ort zukommt, dann kann es nicht darum gehen, durch eine Freilegung der Struktur der Hoffnung die von der Offenbarung ausgehende Rede über das endgültige Heil des Menschen als zweitrangig zu erweisen, sondern vielmehr darum, durch den Nachweis, daß die Hoffnung des Menschen bereits auf ein Unerschöpfliches geht, sie von den Aporien einer rein von der Materie oder vom Subjekt her konzipierten Hoffnung zu befreien[6] und sie so als eine Hoffnung darzustellen, auf die die Botschaft von der Auferstehung frei antworten kann.

Diese kann einerseits durch das Verlangen des Menschen nach Unsterblichkeit - nach einem Unerschöpflichen - unterstützt werden und darin die Frage entdecken, auf die sie antworten will, anderseits wird sie sich von dieser Hoffnung dennoch als unableitbar erweisen. In der Linie der Marcelschen Überlegungen zur Hoffnung liegt es, daß sie auf ein von ihr Unableitbares hofft, zu dem die Hoffnung aber doch nicht kontingent ist.

---

6 Gerade das ist der stärkste Einwand, der gegen Bloch und sein Konzept der Hoffnung vorgebracht werden muß: bei ihm gelangt die Hoffnung an ein durch die Materie vermitteltes Ende, das in der Identität des Subjektes besteht, dem darin jeglicher Gegenüberstand fehlt, das also letztlich ein »einsames« Subjekt sein wird. In einer intersubjektiv fundierten Hoffnung bleibt ein Gegenüberstand erhalten, der nicht als Mangel verstanden werden muß, da hier das Ziel der Identität nicht in einer Aufhebung alles anderen in die Identität des Subjektes besteht, sondern in einem »co-esse«, das in sich unerschöpflich ist.

II. Der mögliche Ort philosophisch begründeter Hoffnung in der Eschatologie

1. Die Situation der Eschatologie

Einer der größeren Versuche der nachkonziliaren Theologie, der Hoffnung im Gesamt des christlichen Glaubens einen neuen und angemessenen Platz einzuräumen, stammt von F. Kerstiens[7]. Die einseitige Ansiedlung der Hoffnung in der Moraltheologie steht seiner Ansicht nach in der Gefahr, daß dadurch die Hoffnungstheologie »als Aktanalyse und -lehre relativ unabhängig von ihrem christlichen Inhalt und deswegen auch kaum in ihrer christlichen Struktur, mehr als moralischer Anspruch und weniger als frohe Botschaft behandelt wird«[8]. Das individualistische Verständnis des Hoffnungszieles in der Gleichsetzung von »beatitudo« und »gaudium de veritate« bei Thomas (Ver. 14,2) bestärkt ihn in seiner Vermutung, Christus komme in solcher Hoffnung nicht vor, die Hoffnung beschränke sich auf die »Schau« und die »fruitio« des einzelnen. Fazit: »Die Gefahr einer Verfälschung der christlichen Hoffnung zu einer allgemeinen religiösen Aufstiegsmystik liegt sehr nahe«[9]. Auf diesem Hintergrund sind die Versuche von Moltmann und Metz, die Hoffnung einerseits unter der Kategorie der Verheißung, welche durch die Auferstehung endgültig eröffnet wird, zum Grundprinzip eschatologischer Theologie zu machen, sie anderseits, in der Verbindung gesellschaftlichen Fortschritts mit dem inkarnatorischen Grundprinzip als Potential für eine »politische Theologie« zu nutzen, durchaus positiv zu bewerten. Allerdings bleibt zu fragen, ob nicht mit dieser Neubewertung der Hoffnung das Pendel wiederum zu stark in die bereits christlich positiv bestimmte und inhaltlich determinierte Blickrichtung der Hoffnung ausgeschlagen sei, so daß bestimmte Strukturmomente an der Hoffnung selbst aus dem Blick gerieten. Eine neuerliche Rückbesinnung auf ein philosophisch vertretbares Bild der Hoffnung könnte innerhalb

---

7 F. Kerstiens, Die Hoffnungsstruktur des Glaubens.

8 Ebd., 58.

9 Ebd., 59f.

folgender Koordinaten unternommen werden: die Abwendung von einem bloß an der Tugendlehre orientierten Sprechen von der Hoffnung geschah auf dem Hintergrund des Verlassens neuscholastischer Theologie. In dieses Vakuum trat als philosophischer Gesprächspartner über die Hoffnung Ernst Bloch. Ein paralleles Vorgehen mit dem Gesprächspartner Gabriel Marcel könnte in der Hoffnung diejenigen Stellen aufdecken, an denen eine eher personal und intersubjektiv ausgerichtete Rede der Eschatologie anzusetzen hätte, die innerhalb der »Theologie der Hoffnung« zu kurz kommt. Eine »allgemein religiöse Aufstiegsmystik« müßte Hoffnung dennoch nicht werden. Zwar können philosophisch die Offenbarungsaussagen zur Eschatologie nicht eingeholt werden; es kann jedoch gezeigt werden, daß von einer philosophisch begründeten Rede von der Hoffnung aus so gefragt werden kann, daß darauf mit der Botschaft von der Auferstehung geantwortet werden kann.

Ein kurzer Aufriß des eschatologischen Problemstandes der Gegenwart soll die Lokalisierung der Rede von der Hoffnung in diesem Sinne erleichtern. Im Zuge des 20. Jahrhunderts wird das »Eschaton«, wie immer auch verstanden, als eine Grundbestimmung von Theologie und Glaube überhaupt erkannt[10], so daß der Schritt nicht weit ist zu Vorschlägen, die Eschatologie als eigenen Traktat überhaupt aufzulösen, um so den anderen Traktaten der Theologie ihre eschatologische Dimension wiederzugeben[11]. Wenn damit aber lediglich die Dynamisierung der Theologie in eine unbestimmte Richtung gemeint ist, ergibt sich nun für die Hoffnung wiederum eine eigentümliche Ortlosigkeit, da sie als Triebkraft verschiedenster Bewegungen verstanden werden kann und als Hoffnung im absoluten Sinne, als Heilshoffnung für das je konkrete menschliche Leben, aus dem Blick zu geraten droht. Für die Eschatologie selbst kann sich ein Verlust der Fragen nach der Gestalt des künftigen Lebens einstellen, wenn die Eschatologie zu einer allgemeinen Theologie der Hoffnung wird, zur Theologie der Zukunft oder Theologie der Geschichte, so daß am Ende die

---

10 Vgl. C. Schütz, Allgemeine Grundlegung der Eschatologie, MySal 5, 564.

11 Vgl. F. Kerstiens, Die Hoffnungsstruktur des Glaubens, 177; H. Vorgrimler, Hoffnung auf Vollendung, 101.

konkreten Fragen der Menschen nicht mehr die Antworten des Glaubens: Auferstehung, Unsterblichkeit, Himmel, Wiederkunft Christi zu finden vermögen[12].
Gute Gründe sprechen trotz allem dafür, weiterhin einen eigenen eschatologischen Traktat in der Dogmatik beizubehalten. Die diesbezüglichen Veröffentlichungen geschlossener Abhandlungen allein in den letzten fünfzehn Jahren deuten darauf hin, daß diese Gründe eine »Auflösung der Eschatologie« verhindert haben[13]. Gleichwohl ist damit die Frage nach dem Ort der Hoffnung noch nicht beantwortet; die Beibehaltung der Eschatologie als eigenes Thema besagt noch nicht ihre Einheitlichkeit im Aufbau; in den eschatologischen Bemühungen der letzten Jahre sind Veränderungen und Übergänge wirksam geworden, die für die Frage nach dem Ort der Hoffnung in der Eschatologie mehrere Antworten zulassen. Die Charakterisierung, die C. Schütz zum Problemstand der Eschatologie gegeben hat, vermag das Spektrum abzustecken, innerhalb dessen nach der Bedeutung der Hoffnung gefragt werden kann: »Einer schematisierenden Übersicht zufolge befindet sich die Eschatologie auf dem Weg von einer regionalen zu einer universaltheologischen Kategorie; die streng futurische Eschatologie wird auf ihre Gegenwartsbedeutung hin befragt; die reine Essenzeschatologie verbindet sich mit einer Existenzeschatologie; die als Dinge oder Örtlichkeiten verstandenen Eschata werden einer Personalisierung unterzogen; individual-eschatologische Fragen treten zugunsten der Universaleschatologie zurück; eine vorwiegend assertorische oder apodiktische Eschatologie wird durch eine mehr interrogative abgelöst«[14].

2. Zwei Modelle

Als zwei in ihrer Ausrichtung durchaus gegensätzliche Beispiele für den Umgang mit der Hoffnung in der Eschatologie werden hier die

---

12 Vgl. J. Ratzinger, Eschatologie, 19f.

13 Genannt seien: J. Auer, 'Siehe, ich mache alles neu'. Der Glaube an die Vollendung der Welt; D. Hattrup, Eschatologie; M. Kehl, Eschatologie; F.-J. Nocke, Eschatologie; H. Vorgrimler, Hoffnung auf Vollendung.

14 C. Schütz, Allgemeine Grundlegung der Eschatologie, MySal 5, 621.

Werke von J. Auer (1984) und M. Kehl (1986) angeführt. Anhand dieser Modelle soll exemplarisch umrissen werden, welche Möglichkeiten zu einer Ortsbestimmung der Hoffnung innerhalb der Eschatologie grundsätzlich vorliegen. Beide Arbeiten eignen sich für einen solchen Vergleich deswegen, weil in ihnen die Hoffnung jeweils explizit thematisiert, jedoch beide Male in einer grundlegend unterschiedlichen Weise betrachtet wird.

J. Auer folgt in seiner Eschatologie einem eher klassischen Schema: Nach einem grundlegenden Kapitel, das die wesentlichen Daten der biblischen und theologiegeschichtlichen Aussagen zusammenträgt, behandelt Auer die Einzelthemen in der gewohnten Unterscheidung von individueller und allgemeiner Eschatologie. Den Abschluß des Werkes bildet ein viertes Kapitel: »Die existentielle Eschatologie«[15]. In einem ersten Abschnitt entfaltet Auer Grundzüge des christlichen Selbst- und Weltverständnisses, um dann einen zweiten Abschnitt den »eschatologischen Grundhaltungen« zu widmen. Hier legt Auer so etwas wie eine eschatologisch ausgerichtete Ethik vor, die allerdings den Bezug einzelner Grundhaltungen zur Eschatologie nicht immer deutlich herauszustellen vermag. Einem ersten, eher »natürlichen« Bereich eschatologischer Grundhaltungen (Ehrfurcht, Wachsamkeit und Nüchternheit, Dankbarkeit, Geduld) steht der Bereich der göttlichen Tugenden gegenüber. Hier nimmt erwartungsgemäß die Hoffnung den größten Raum ein[16]. Sie gelangt so ganz an den Schluß der Eschatologie.

Auer sieht die christliche Hoffnung in einer grundlegenden Differenz zu einer »natürlichen«, auf Planung und Leistung ausgerichteten Hoffnung, an deren Wurzel er eindeutig den modernen Säkularismus (Atheismus) ausmacht[17]. Ferner ordnet Auer die Hoffnung einem »Heilsperfekt« zu: Sie hat »ihre Wurzeln im Glauben an Gott, den Schöpfer und Erhalter der Welt, und ihr Fundament in Christus, seiner Erlösungstat, in seinem Kreuz und seiner Herrlichkeit. Sie ist

---

[15] J. Auer, 'Siehe, ich mache alles neu'. Der Glaube an die Vollendung der Welt, 129-156.

[16] Ebd., 148-156.

[17] Vgl. ebd., 149.

darum nicht auf eine unsichere, sondern vielmehr auf eine in der Gegenwart schon verankerte Zukunft hin orientiert«[18]. Die Hoffnung, wie sie in der Offenbarung begegnet, richte sich allein auf die Barmherzigkeit Gottes[19]. Christus allein sei der Grund der Hoffnung, die ihrerseits im Himmel ende, da hier die Wirklichkeit des Erhofften gegeben sei. In der Darstellung der Hoffnung, wie sie im paulinischen Schrifttum vorliegt, kann Auer die Hoffnung in der Spannung zwischen jetziger Bedrängnis und künftiger Herrlichkeit ansiedeln, die uns dann prägt, wenn wir unseren Blick auf das Unsichtbare anstatt auf das Sichtbare richten[20]. Das Sein in Christus ermöglicht die Hoffnung als Gewißheit der bereits bestehenden Herrlichkeit.
Die Einordnung der Hoffnung in die Trias der göttlichen Tugenden vollzieht Auer, indem er sie den beiden anderen gleichsam nachordnet. »Die Hoffnung kann nicht als christliche Grundtugend gelten im Sinne des Fundamentes, wie der Glaube, oder im Sinne des letzten Beweggrundes, wie die Liebe. Sie ist vielmehr als eschatologisch bestimmte Tugend die Kraft, die alle anderen christlichen Tugenden, auch Glaube und Liebe, gegen alle irdischen Gefahren schützt und reinigt«[21]. Die aus der Hoffnung erwachsende Verpflichtung zum Engagement in der Welt nimmt bei Auer eine Randstellung ein. In einem abschließenden Wort bekräftigt Auer die eher klassische Positionierung der Hoffnung, die sie dem Vorläufigen zurechnet und sie in der endgültigen Erfüllung aufgehoben sieht. »So kann auch die Hoffnung nicht das Letzte sein: Glauben (fides) wird in Schauen (vides), Hoffnung (spes) in Besitz (res) übergehen, und was von der eschatologischen Grundhaltung, die nur in der triadischen Gestalt 'Glaube und Hoffnung und Liebe' (1 Kor 13, 13) ausgesagt werden kann, bleibt, ist allein die Liebe, weil Gott, der Schöpfer und Beseliger des All, die Liebe ist«[22].

---

18 Ebd.

19 Vgl. ebd., 150.

20 Vgl. ebd., 151ff.

21 Ebd., 155.

22 Ebd., 157.

An dieses klassische Modell der Behandlung der Hoffnung können einige Anfragen gestellt werden: Gelingt es, in der Polarität zwischen »menschlicher Hoffnung« und »christlicher Hoffnung« die eschatologische Botschaft in der Welt zu verkünden? Baut nicht ein solches Verständnis der Hoffnung so auf allen Voraussetzungen des Glaubens auf, daß die Hoffnung letztlich als *»appendix fidei«* erscheinen muß und ihr Inhalt nur dem Gläubigen verständlich wird? Ist es ferner ausgemacht, daß die »Hoffnung der Welt« auf etwas aus ist, das im Widerspruch steht zur christlichen Hoffnung? Und schließlich, als zentrale Anfrage: Wird, wenn die Hoffnung ganz auf ein Heilsperfekt ausgerichtet ist, der Nachweis möglich sein, daß es sich bei der Hoffnung um eine heilsrelevante Haltung handelt oder entsteht nicht vielmehr der Eindruck, die Hoffnung sei im Innersten gegenüber dem, was sie erhofft, kontingent und bilde nur eine Unterstützung und Ergänzung menschlicher Ausgerichtetheit auf das in Christus geschehene und vollendete Heil?

Gerade die letzte Frage berührt das zentrale Anliegen des vorliegenden Versuchs, nachzuweisen, daß zwischen dem Erhofften, dem Heil, und der Hoffnung ein solches Verhältnis besteht, das zwar das ontologische Gegründetsein der Hoffnung in dem letzten Gut der Hoffnung voraussetzt, dies aber so, daß die Hoffnung gegenüber dem Erhofften nicht kontingent ist, sondern notwendig, wobei diese Hoffnung dann unterschieden werden muß von einer solchen, die das Ziel der Hoffnung aus eigener Kraft erreichen zu können glaubt, da es allein vom hoffenden Subjekt und seiner »Möglichkeit« (Bloch) konzipiert wurde.

Eine grundlegend andere Ortsbestimmung der Hoffnung innerhalb der Eschatologie nimmt M. Kehl vor. Der Begriff der Hoffnung erscheint bei ihm nahezu als ein Leitbegriff des Entwurfs. Kehl definiert so auch die Eschatologie als die »methodisch begründete Auslegung der christlichen Hoffnung auf die ihr verheißene endgültige Zukunft unserer (persönlichen, kirchlichen und universalen) Geschichte und der ganzen Schöpfung im Reich Gottes«[23]. Diese Methode führt von der Wahrnehmung des Phänomens (verschiedener Hoffnungen) zur Be-

---

[23] M. Kehl, Eschatologie, 18.

gründung der Wahrheit unserer Hoffnung. Die Frage, die hier beantwortet werden soll, lautet: Was unterscheidet unsere Hoffnung von einem bloßen Wunschdenken?

Diese Frage wird in mehreren Schritten untersucht: in einer geschichtlichen Vergewisserung und in einer systematisch-theologischen Vergegenwärtigung, in der, ausgehend vom sachlichen Grund der Hoffnung, von Christus, die christliche Lebenspraxis in der Treue zum Gott der Verheißung dargestellt wird und die Geltung der von der Hoffnung getragenen Lebenspraxis befragt wird. In einem wichtigen Exkurs stellt Kehl die erkenntnistheoretische Eigenart der christlichen Hoffnung als »Erkenntnis aus dem Versprechen« dar.

Eschatologische Aussagen - so Kehl im Anschluß an den breitesten Strom gegenwärtiger eschatologischer Arbeiten - dürfen weder als vorwegnehmende Reportage der Zukunft verstanden werden[24], noch als bloße Prognosen oder Extrapolationen aus dem Vorhandenen[25]. Vielmehr »wollen christliche Hoffnungsaussagen positiv verstanden werden als Ausdruck des Vertrauens in eine Zukunft, die auf dem 'Versprechen' beruht«[26]. Damit ist gemeint, daß in der Anerkenntnis des in der Gegenwart noch Ausstehenden zugleich *in* dieser Gegenwart das Vertrauen ermöglicht wird, daß also in den Erfahrungen der Gegenwart zugleich die Gültigkeit einer guten Wirklichkeit wahrgenommen und die unaufhebbare Erfüllung dieser Wirklichkeit in einer Zukunft erwartet wird, die zu einem gewissen Teil bereits in der Gegenwart vernehmbar ist. Die Annahme eines Versprechens bedingt das Vertrauen in die Mächtigkeit und den Willen des Versprechenden, das, was er versprochen hat, auch heraufzuführen. Wird das auch im Letzten nur von einer über die Zukunft mächtigen Person ausgesagt werden können, seine volle Gültigkeit nur im Bereich personaler Zusage entfalten können, so trägt doch bereits die geschaffene Wirklichkeit, das »'Gutsein' von Dingen, Ereignissen, Personen, Werken usw.«[27] den Charakter eines Versprechens.

---

24 Vgl. ebd., 25.

25 Vgl. ebd., 26.

26 Ebd.

27 Ebd.

Als Schlüsselerfahrungen solcher Wirklichkeit werden von Kehl dann personale Gestalten genannt: zum einen die »gelingende Freundschaft oder Gemeinschaft«, die *in* ihrer vorhandenen, endlichen Gestalt zugleich die Möglichkeit einer in der Endlichkeit unerreichbaren Erfüllung des Versprechens erfahren läßt und so das hoffende Festhalten an der endlichen Gestalt der Gemeinschaft ermöglicht; das zweite Zeugnis für den Versprechenscharakter der geschaffenen Wirklichkeit ist für Kehl das Kind: »Im anfänglichen Gelingen wahren Menschseins beim Kind steckt die Verheißung des 'noch nicht' Gelungenen, aber doch als möglich Erwarteten«[28].

In dem Versprechenscharakter der Wirklichkeit steckt implizit auch die Erfahrung der Ambivalenz menschlicher Existenz, die für Gabriel Marcel eine große Rolle spielt: Die Hoffnung auf *Befreiung* aus der Bedrohung der Wirklichkeit kommt dort zum Ausdruck, wo Kehl das *Versprechen* im positiven Sinne analog sieht zur biblischen *Verheißung*[29]. Diese Verheißung, besonders durch Moltmann als Schlüsselbegriff alttestamentlichen Gottesglaubens herausgestellt, steht zumeist im Kontext der Befreiung aus einer »schlechten Wirklichkeit«. Träger der Verheißung ist dann nicht die Wirklichkeit, sondern der in dieser Wirklichkeit als Befreier anfanghaft erfahrene Gott[30]. Beide Aspekte finden ihre letzte Aufgipfelung im »einzigartigen Versprechen: Jesus Christus«. In seiner Person und Geschichte, in der erfahrenen Nähe des Reiches Gottes, das in ihm selbst anbricht, in der durch den Tod nicht mehr anfechtbaren Zusage, daß das Gottesreich kommen wird, ist Jesus Christus, der Menschgewordene und Auferstandene, schlechthinniges Versprechen für die gesamte Welt, da in ihm bereits die Zusage universalen Heils erfüllt ist[31].

Über die theologische Vergewisserung hinaus sucht Kehl nach einer Gestalt philosophischer Bewährung, in der die christliche Hoffnung

---

[28] Ebd., 28.

[29] Vgl. ebd., 26.

[30] Vgl. auch die Bestimmung »natürlicher Eschatologie« bei C. Schütz, Allgemeine Grundlegung der Eschatologie, MySal 5, 670: »Das Eschaton wird in diesem Rahmen als die diese widerspruchs- und leidvolle Weltzeit ablösende Endzeit gefaßt, welche die notwendige Scheidung und Erfüllung herbeiführt«.

[31] Vgl. M. Kehl, Eschatologie, 29-31.

zur Rechenschaftsablage gegenüber allen Menschen befähigt werden soll und findet sie in der »universalen Kommunikationsgemeinschaft« nach K. O. Apel. Hier sieht Kehl eine Basis zur Beurteilung von Hoffnungen und christlicher Hoffnung. »In diesem anthropologisch notwendigen Ideal dürfte die transzendentale 'Basisstruktur' einer menschenwürdigen Zukunft für alle liegen. Es könnte deswegen auch die Grundlage eines Gesprächs über die Bewährung verschiedener Hoffnungsweisen bieten«[32].

In der anschließenden Untersuchung verschiedener Hoffnungsweisen greift Kehl auf mehrere Zeugnisse aus der Liturgie, aus christlicher Dichtung und lehramtlicher Verkündigung zurück und legt so verschiedene Hoffnungsweisen frei; im Vergleich mit außerchristlichen Hoffnungen (Reinkarnation, Unsterblichkeits»beweisen« aus der Parapsychologie, Hoffnung im Koran) wird der Bezirk abgesteckt, innerhalb dessen von Hoffnung geredet wird. In der Darstellung fällt auf, daß Kehl hier ein Bild der Hoffnungs*inhalte* im Anschluß an Kants Frage: *Was* darf ich hoffen? entwirft und weniger auf die unterschiedlichen Strukturen des Hoffens eingeht, die mit dem Hoffnungsinhalt untrennbar verbunden sind. Hier wie auch bei anderen eschatologischen Entwürfen wird vorausgesetzt, man wisse um die Hoffnung, die eine und dieselbe ist, und die Differenz liege einzig auf dem Gebiet der Hoffnungsinhalte.

Dieser Mangel wird bei Kehl allerdings dadurch aufgewogen, daß in der Beschreibung der Hoffnung als »Erkenntnis aus dem Versprechen« eine solche Reflexion auf die Struktur der Hoffnung in der methodischen Grundlegung der Eschatologie geleistet wird. Gerade durch diese Reflexion wird bei Kehl eine anthropologische Basis erreicht, die dem hier versuchten Entwurf sehr nahe kommt. Christliche Hoffnung und die Hoffnung, die sich an der erfahrenen Wirklichkeit (und für sie) entzündet, ohne bereits auf die »Antwort« der christlichen Offenbarung gestoßen zu sein, stehen miteinander in einer engen Verwandtschaft. Der Begriff des Versprechens, durch den die geschaffene Wirklichkeit beschrieben werden kann und der ebenso dem Grund christlicher Hoffnung, Jesus Christus, selbst gerecht wird,

---

32 Ebd., 33.

stellt eine geeignete Verbindung zwischen einer »horizontalen« und einer »vertikalen« Hoffnung[33] dar, ohne den Versprechenscharakter Jesu Christi nur als einen »Fall« der in der Wirklichkeit auftauchenden Versprechen anzusehen und ihn so der Unüberbietbarkeit zu berauben.

Die dualistische Unterscheidung zwischen christlicher Hoffnung und »Hoffnung der Welt« wird so abgewehrt und die Analogie beider Hoffnungsweisen verdeutlicht. Die Wahrnehmung des Versprechenscharakters »kann nun ihrerseits beim Menschen die Grundeinstellung einer Hoffnung wachsen lassen, die sich in immer neuer und tieferer Sympathie auf alle Wirklichkeit einläßt und so immer deutlicher ihr Versprechen sichtbar werden läßt. Darin gründet die Möglichkeit und auch ein entscheidendes Kriterium der Legitimität der verschiedenen Hoffnungsentwürfe, die in der Geschichte der Religionen und der Utopien entstanden sind«[34].

Die Frage, die zur Unterscheidung der Hoffnungen wesentlich ist, ob die Hoffnung ein Gegenüber annimmt oder allein aus der »Kategorie Möglichkeit« lebt, ist durch den Begriff des Versprechens offengehalten: verspricht die Wirklichkeit aus sich selbst heraus die eigene Erfüllung, oder ist die Wirklichkeit so, daß in ihr ein Versprechen vernehmbar wird, das der Wirklichkeit von einem Gegenüber eingestiftet ist? Für die zweite Möglichkeit spricht die ausdrückliche Verwendung des Relationsbegriffes »Versprechen«, der dort fehlen muß, wo die erste Variante, die Zuspitzung der Kategorie »Möglichkeit« am konsequentesten durchgeführt ist, bei Ernst Bloch. Durch die Darstellung Kehls wird deutlich, daß die Hoffnungen, die man gemeinhin der Welt als »allgemeinmenschliche« Hoffnungen zuschreibt, durchaus innerhalb der Themen einen Ort finden können, mit denen sich die klassische Eschatologie beschäftigt. In der Benennung des Versprechenscharakters der Wirklichkeit wird der Überschuß der in der Wirklichkeit vernehmbaren »Verheißung« über alle im Endlichen erreichbaren Erfüllungen hinaus sichtbar, damit aber zugleich die Be-

---

33 Vgl. H. U. v. Balthasar, Theodramatik IV, 122; 133.

34 M. Kehl, Eschatologie, 29.

rechtigung, von der Erfahrung der Wirklichkeit her eine Erfüllung zu erhoffen, die nur jenseits des Todes ihren Ort haben kann.

3. Versuche einer Vermittlungsgestalt zwischen natürlicher und christlich-eschatologisch bestimmter Hoffnung

Der als notwendig erkannten Analogie zwischen natürlichem Hoffen und christlicher Hoffnung soll in einem weiteren Schritt nachgegangen werden. Der Nachweis, daß es eine Gestalt irdischer Hoffnung gibt, die für die christliche Hoffnung insofern relevant ist, als sie hier eine Basis finden kann (und ein Gemeinsames darin, daß Hoffnung - auch auf die irdischen Wirklichkeiten - nicht in diesen verbleibt), kann auf mehreren Ebenen versucht werden. Es geht also um eine aus verschiedenen Richtungen erstellte Konvergenz, die die Ausgangsthese von einer anthropologisch fundierten, für die Eschata aber bereits hier geöffneten Hoffnung absichern soll.

Der religionsgeschichtliche Hinweis

R. Schaeffler stellt in seiner Untersuchung des Utopiebegriffs[35] die Hoffnung als Strukturmoment mythischen Sprechens und kultischen Handelns dar. Dabei versteht Schaeffler das mythische Sprechen als Vergegenwärtigung der Anfänge, die in sich ambivalent sind, d. h. als Anfang des »alten Äon« gelten können, demgegenüber der »neue Äon« gewaltsam heraufgeführt werden muß, aber auch als der Anfang, dessen ständige (kultische) Vergegenwärtigung die Bereitstellung jener Kräfte ist, aus denen eine Erneuerung der Welt möglich ist. Eine hier entstehende Hoffnung sei durchaus eschatologisch, wenn sie auch zunächst dem Fragen nach dem Anfang des Gewordenen entspringe. »Überall dort, wo mythische Anamnese die göttlichen Anfänge 'erinnert', und überall dort, wo kultische Feier den göttlichen Anfängen eine neue, die Welt erneuernde Wiederkehr vermitteln will, ist die Hoffnung ein konstitutives Moment solchen Sprechens und Tuns. Denn den 'Anfängen' wird eine unerschöpfliche Erneuerungskraft zugetraut, die gerade deshalb nicht vergessen werden darf,

---

[35] R. Schaeffler, Der utopische Gedanke und die christliche Heilserwartung.

weil sie stets neu an der Welt wirksam werden soll[36]. Der Mensch ist als Hoffender Platzhalter: er hält dem Göttlichen, das in dieser Welt keinen Ort ruhender Anwesenheit hat (*ou topon echei*) die Stelle seiner Ankunft in der Welt offen[37]. Mit diesen Hinweisen Schaefflers kann begründet werden, daß eine aus der Erinnerung der Anfänge *in* dieser Welt sich auszeitigende Hoffnung, deren Material *diese* Welt ist (und die in der Treue zu den Anfängen den Auftrag wahrnimmt, die Welt als Ort der Ankunft des neuen Anfangs zu erhalten), bereits »eschatologische Welthoffnung« ist.

Die notwendige Verbindung des »Ja zum Himmel« mit dem »Ja zur Erde«

Unter dieser Überschrift geht es um eine grundsätzliche Erfahrung, die bereits vor jeder eschatologischen Rede besteht, in sie jedoch Eingang finden muß, wenn sie glaubwürdig bleiben will. Es entspricht der Erfahrung einer ohne jegliche Jenseitshoffnung entworfenen Liebe zur Erde[38], daß diese nicht in der Lage ist, die Erwartungen zu stillen, die sich auf sie richten. Die Umkehrung dieser Erfahrung scheint jedoch ebenso gelten zu müssen. Eine Hoffnung, die aus Weltverachtung entstanden ist, vermag keinen Inhalt zu formulieren, den sie erhoffen will. »Diese Erfahrung könnte uns lehren, daß es in Wirklichkeit nur ein einziges, rein positives Ja gibt, das beide Seiten umfängt. Deshalb ist die naive, natürliche Bejahung der Erde innerlich, ihr selbst unbewußt, offen auf den Gott des ewigen Lebens; und wenn dieser als solcher hervortritt, dann gibt es nur entweder das ungeteilte Ja zum irdisch-sterblichen *und* unsterblich-himmlischen Leben oder das Nein zu jenem Gott, der über eine nur innerweltliche Zukunft hinausruft, das - gewollt oder nicht - auch ein Nein [zu] dieser einschließt. Denn die Wirklichkeit ist eine«[39].

---

[36] Ebd., 36.

[37] Vgl. ebd., 36f.

[38] Vgl. G. Haeffner, Jenseits des Todes, 781.

[39] Ebd., 783; vgl. auch R. Schneider, Winter in Wien, Freiburg [15]1988, 197: »Nur einem heftigen Willen zum Diesseits entkeimt (nach der Lebenskrise) der Glaube an das Jenseits«.

Es scheint, daß die Hoffnung für die irdische Wirklichkeit und *in* dieser Welt nicht nur als Basis und Anknüpfungspunkt (»figure«) vertikaler Hoffnung zu verstehen ist, sondern in jeder authentischen Hoffnung erhalten bleibt. Die Formulierung von F. Kerstiens, die christliche Hoffnung laufe den innerweltlichen Hoffnungen entlang und im irdischen Hoffen werde dem Menschen christliches Hoffen möglich, ist zutreffend[40].

Reich Gottes in realsymbolischer Gegenwart in der Welt (M. Kehl)

M. Kehl geht von dem zweifachen Charakter der Reich-Gottes-Aussagen des Neuen Testamentes aus. Das Reich Gottes, das von Jesus als gegenwärtig verkündigt wurde und bleibend unter uns wirksam ist, trägt noch eine Verheißung ausstehender Zukunft in sich. So unterscheidet Kehl zwischen dem gegenwärtigen und dem vollendeten Reich Gottes[41]. Irdisch gegenwärtig sei das Reich Gottes dort, wo Umkehr zum Friedens- und Gerechtigkeitswillen Gottes geschehe[42]. »Diese Erneuerung kann sich anschicken in einem die Erde umspannenden 'Netz' von 'Realsymbolen' des Reiches Gottes, so wie Jesus sie gesetzt hat und seinen Jüngern zur Verwirklichung aufgetragen hat«[43]. Im Rückgriff auf das Ziel universaler Kommunikationsgemeinschaft beschreibt Kehl das höchste Ziel, das an innergeschichtlicher Verwirklichung des Reiches Gottes erhofft werden kann, als eine »auf Universalität hin tendierende kommunikative Einheit aller möglichen Realsymbole des Reiches Gottes«[44].

Die Vollendungsgestalt des Reiches Gottes wird nun nach Kehl keine grundsätzlich andere Gestalt des Reiches Gottes sein als die hier in Christus und seinem Geist verwirklichte, »wohl aber teilt sie das un-

---

40 F. Kerstiens, Die Hoffnungsstruktur des Glaubens, 204; vgl. ebd., 68.

41 Vgl. M. Kehl, Eschatologie, 216f.

42 Vgl. ebd., 217.

43 Ebd.

44 Ebd. Das Realsymbol versteht Kehl im Anschluß an K. Rahner als erfahrbare und wirksame Gegenwart (und nicht nur Abbild) der Liebe Gottes (bzw. des Reiches Gottes) in der menschlichen, von Gott frei-gesetzten Geschichte (vgl. ebd., 221).

angefochtene und offenbare Leben der Lebensmacht Gottes«[45]. Aufgrund der realsymbolischen Gestalt der geschichtlichen Gegenwart des Reiches Gottes stellt der Einsatz für das Kommen des Reiches Gottes *in* der Geschichte keinen Widerspruch zur Hoffnung auf das Kommen des Gottesreiches jenseits des Todes dar[46].

Alle drei Hinweise, die hier gegeben wurden, versuchen eine Überwindung der Alternative von Welthoffnung und Heilshoffnung. Dabei fällt jedoch ein Sachverhalt auf, der eine tiefere Reflexion erfordert: Die offensichtlich hergestellte Harmonie zwischen »diesseitiger« und »jenseitiger« Hoffnung geschieht leicht um den Preis der Aufgabe der individuellen Dimension der Hoffnung. Wie kann der Einsatz des Individuums für das Kommen des Reiches Gottes *in* der Geschichte vermittelt werden mit der persönlichen Hoffnung auf das Heil jenseits des Todes, durch den das Individuum die Erde in einem Zustand zurückläßt, in dem vom »Reich Gottes« nur Bruchstücke vorhanden sind? Der augenscheinlich selbstlose Verzicht auf die persönliche Erfüllung in der Vollendungsgestalt des Reiches, den Ernst Bloch postuliert, um diesem Dilemma zu entkommen, vermag nicht zu befriedigen.

Es muß also in der Perspektive der Welthoffnung, die sich am Tod des einzelnen bricht, für diesen einzelnen einen Zugang zu einer individuellen Heilshoffnung geben, damit nicht beide Weisen der Hoffnung unvermittelt nebeneinander herlaufen. In diesem Fall hätte die Hoffnung der Welt kein Interesse am Schicksal des einzelnen, der sie im Tod verläßt, und der einzelne müßte sich in seinem persönlichen Ernstfall auf andere Ressourcen stützen als auf die Welthoffnung.

4. Der Tod als Kriterium möglicher Vermittlung von philosophisch begründeter Hoffnung und offenbarungsbestimmter eschatologischer Hoffnung

Jede Verwirklichung irdischer Hoffnung hat ihre Grenze im Tod, der den einzelnen aus einer Geschichte hinausstellt, die als fortlaufende

---

[45] Ebd., 218.

[46] Vgl. ebd., 219.

Tendenz zu einer immer größeren Annäherung an die irdisch mögliche Gestalt des Reiches Gottes verstanden werden kann.
Scheint der Tod nun einerseits die Hoffnungen der Welt in Frage zu stellen, so kommt ihm anderseits unter dem Aspekt der Endgültigkeit auch für jede Verwirklichung irdischer Zukunftsperspektiven eine notwendige Funktion zu: Ohne den Tod, ohne die durch ihn aufgezwungene Endgültigkeit (begrenzte Zeitlichkeit) trüge menschliches Handeln den Charakter beständiger Revidierbarkeit, damit auch der Beliebigkeit. Ein gültiges Ziel des Handelns wäre nicht angebbar und nicht notwendig[47].
In der Verhältnisbestimmung von Hoffnung und Tod,wie G. Marcel sie vornimmt, erscheint der Tod als ambivalente Gegebenheit: Für Marcel ist er Bedingung der Möglichkeit der Hoffnung ebenso wie der Verzweiflung[48]. Der Verlust der Freiheit im Zugehen auf den Tod[49], die Unausweichlichkeit des Todes[50]: all das verleitet zur Verzweiflung. Anderseits wird für Marcel nun in einer »Umkehrung« (derselben, in der er die »Exigence ontologique« formuliert) der Tod zum »Sprungbrett einer absoluten Hoffnung«[51]. Diese Hoffnung, absolut darin, daß sie den Hoffenden ganz und gar betrifft, daß also Gewinn oder Verlust seiner selbst auf dem Spiel stehen; absolut auch darin, daß sie jedes konkrete Objekt (des Besitzens im weitesten Sinn) übersteigt, könnte nicht entstehen, wenn die menschliche Existenz nicht der Bedrohung durch den Tod ausgesetzt wäre. »In einer Welt, in der es keinen Tod gäbe, würde die Hoffnung nur im Larvenzustand existieren«[52].
Im Unterworfensein aller zeitlichen Wirklichkeit unter den Tod, der aber zum Sprungbrett absoluter Hoffnung wird, kann Marcel nun

---

47 Vgl. M. Kehl, Eschatologie, 260; C. SCHÜTZ, Allgemeine Grundlegung der Eschatologie, MySal 5, 556f; K. Rahner, Das Sterben vom Tod hergesehen, MySal 5, 476-483; P. L. Landsberg, Die Erfahrung des Todes.

48 Vgl. EA I 115/ SH 100/ MWA II 210.

49 Vgl. C. Schütz, Allgemeine Grundlegung der Eschatologie, MySal 5, 556f.

50 Vgl. P. L. Landsberg, Die Erfahrung des Todes, 9.

51 EA I 115/ SH 100/ MWA II 210.

52 Ebd.

einerseits die Bedingung dafür sehen, daß die Hoffnung (auch die der Welt) absolute Hoffnung - Heilshoffnung ist, daß diese anderseits ihre Erfüllung nur jenseits des Todes, außerhalb der Zeit finden kann. »Das Heil ist wertlos, wenn es uns nicht vom Tod erlöst. Das aber fügt sich sehr klar zu dem über die Hoffnung Geäußerten, so daß wir mit Fug und Recht sagen können, jede Hoffnung sei Hoffnung auf Heil. Ist nun allerdings diese letzte Erlösung denkbar - sagen wir nicht in der Zeit, aber doch im zeitlichen Universum, wie es sich uns darstellt, im Universum, dem wir als irdische Wesen verhaftet sind? ... In Wahrheit gibt es, kann es in einer Welt kein Heil geben, die ihrem ganzen Aufbau nach dem Tod unterworfen ist«[53].

Als ein erstes Ergebnis könnte man formulieren, daß die »Hoffnung der Welt« nicht innerweltlich begrenzt ist und daß ihre eindeutige Zuordnung zu den Bereichen menschlichen Fortschritts in der Welt sie als eigentliche Hoffnung verkennt. Spätestens wenn der Tod des einzelnen in diese Perspektive tritt, zeigt sich, daß jede in der Welt gelebte Hoffnung auf die Unsterblichkeit des Menschen als ihr unerschöpfliches (und so einzig angemessenes) Ziel ausgerichtet sein muß[54]. Die Frage, die dabei bleibt, ist folgende: Wird mit dieser

---

53 ME II 181/ GeS 503f; vgl. C. Schütz, Allgemeine Grundlegung der Eschatologie, MySal 5, 664: »Man soll nicht etwas als Heil bezeichnen, was nicht das Sperrfeuer letzter Auseinandersetzungen und Bewährungen hinter sich hat«.

54 Hiermit ist eine Option für »Unsterblichkeit« getroffen, die leicht mißverstanden werden könnte, da durch die Diskussion innerhalb der Eschatologie dieser Begriff in nahezu ausschließendem Gegensatz zu dem der Auferstehung/ Auferweckung gebracht worden ist. Diese Kontroverse kann hier nicht aufgenommen werden. Die Entscheidung für den Terminus »Unsterblichkeit« erfolgt mit folgenden Konnotationen: 1) Die philosophische Plausibilität des Unsterblichkeitsgedankens (vgl. G. Haeffner, Vom Unzerstörbaren im Menschen) ist nicht durch die Betonung der Auferstehung/ Auferweckung als Gegensatz dazu zu entkräften. - 2) Unsterblichkeit und Auferstehung sind keine Gegensätze, sondern komplementär zu verstehen. Während Unsterblichkeit ein Wesensbegriff ist, ist Auferweckung ein Geschehensbegriff; der eine meint das eschatologisch ausgerichtete Wesen des Menschen als ein Wesen geistiger Freiheit, der andere das eschatologische Geschick des Menschen (vgl. G. Haeffner, Jenseits des Todes, 779f). - 3) Die Hoffnung des Menschen in der Welt geht auf die Unsterblichkeit seines Gut-gewordenseins und die Erfüllung seiner tiefsten Sehnsucht, die er (als *er selbst*) erfahren will. - 4) Unsterblichkeit wird nicht aus der Selbstmächtigkeit des Subjekts verstanden, sondern aus dem

Unsterblichkeitshoffnung des einzelnen nicht die Geschichte/ das Geschick der Welt doch wieder aus der Hoffnung ausgeklammert? Ist nicht mit der Hoffnung, wie Marcel sie versteht, doch der individuellen Unsterblichkeit die Priorität so eingeräumt, daß das Geschick der Welt gleichgültig wird? Die einzige Differenz zu einer landläufig verstandenen »Hoffnung der Welt« wäre dann der Nachweis, daß diese Hoffnung auf Unsterblichkeit in der Welt vorkommt und bereits vorgängig zur christlichen Hoffnung besteht.

Es ist in der Tat so, daß eine glatte Vermittlung individueller Hoffnung, die sich auf ein Leben jenseits des Todes richtet, mit der »weltlichen Hoffnung« auf gesellschaftlichen Fortschritt nicht ohne weiteres gelingt. Wenn sich auch für den einzelnen die Hoffnung *in* und *an* der Welt entzündet hat (das Ja zum Jenseits ist ohne das Ja zum Diesseits nicht denkbar) und dort angesichts des Todes als Hoffnung über die Welt hinaus aufgebrochen ist (der Tod als Sprungbrett einer absoluten Hoffnung), so läßt augenscheinlich der einzelne Hoffende die Welt zurück, die er zwar als den Raum seiner Hoffnung erfahren hat, die aber im Ziel keine Rolle mehr spielt.

Die Vermittlungsversuche, die die Welt und ihre Geschichte mit der individuellen Vollendung zusammenbringen wollen, sind im Letzten nicht überzeugend. Sei es, daß der Begriff der Auferstehung (als Vollendung) bereits in die Geschichte hinein vorweggenommen wird (M. Kehl spricht von »Auferstehung zentimeterweise« in der Erreichung weltlicher Hoffnungsziele[55]), wobei man sich auf die bereits bestehende Gegenwart des Reiches Gottes berufen kann; sei es, daß die Auferstehung des einzelnen und seine Vollendung als dessen Eintritt in die Vollendung der Geschichte (mit der er verwoben ist), aufgefaßt wird[56]; beide Versuche haben ihre Schwäche darin, daß die Zeitlichkeit der geschichtlichen Hoffnung und die individuelle Hoffnung auf ein Jenseits, das der einzelne nach dem Tod zu erlangen

»Gegenüber« (des Seins/ Gottes), an dem der Mensch teilhat (dialogische Unsterblichkeit); dieser Aspekt wird weiter unten entfaltet.

55 M. Kehl, Eschatologie, 52.

56 Vgl. G. Lohfink, in: G. Greshake/ G. Lohfink, Naherwartung - Auferstehung - Unsterblichkeit, 72f im Anschluß an G. Greshake, Auferstehung der Toten, 393f; zur Kritik vgl. J. Ratzinger, Eschatologie, 97f.

hofft, dann inkommensurable Größen sind, wenn die radikale Differenz von Zeit und Ewigkeit, von Geschichte und Vollendung gewahrt werden soll. Die Vollendung des einzelnen geschieht außerhalb der Geschichte - um diese Einsicht wird man schwerlich herumkommen.

5. Der konkrete Ort absoluter Hoffnung

Es wird daher zunächst nach der eschatologischen Hoffnung des einzelnen gefragt werden. Hier soll deutlich werden, daß diese Hoffnung, auch wenn sie bereits diesseits der Offenbarung besteht, zu Recht eschatologische Hoffnung genannt werden und in der theologischen Eschatologie ihren Ort haben kann. Es wird sich in der Verfolgung dieser Perspektive dann allerdings zeigen, daß gerechtfertigterweise diese Hoffnung in einen Kontext der Intersubjektivität oder der »dialogischen Unsterblichkeit« eingeborgen werden muß. Dies ist dann das Feld, auf dem nun schlußendlich doch individuelle Hoffnung auf eine Dimension der Geschichte geöffnet werden kann.
Zunächst ist noch einmal nach dem Ziel der Hoffnung zu fragen, wie es in der Darlegung der Marcelschen Hoffnungsphilosophie erläutert wurde. Es gehört zum Wesentlichen der Hoffnung, daß sie über jedes konkrete Ziel, über jedes Objekt (das Besitz werden kann) hinausfragt. In diesem Sinne kann auch die Unsterblichkeit, die im Blickfeld der Hoffnung liegt, nicht als »Zustand« der Vollendung im Sinne eines Objektes behauptet werden. Die Vollendung kann nur innerhalb dieser Grundaussage verstanden werden, daß jedes Objekt durch die Hoffnung transzendiert wird. »Es gibt keine Wahrheit der Unsterblichkeit, sie entzieht sich nämlich definitionsgemäß jeder möglichen Bewahrheitung; eine Bewahrheitung, die das Jenseits betrifft, zieht sie auf die Ebene des Irdischen herab; die Unsterblichkeit ist somit nur *durch* und *für* den Glauben«[57]. Der Glaube muß hier als die unobjek-

---

[57] JM 132/ MT 190/ MWA II 15;vgl. auch PrésImm 158/ GegUnst 250/ MWA II 363: »Dann müssen wir - wie es sich mit dem eigentlichen Wert des Unsterblichkeitsverlangens, das in uns vorhanden ist, und der metaphysischen Rechtfertigung, die man ihm geben kann, auch verhalten mag, - feststellen, daß es sich selbst verurteilt und widerlegt, wenn es versucht, sich in die Welt der Objekte zu übertragen«.

tivierbare Teilhabe verstanden werden. Einschlußweise trifft das so Gesagte damit auch für die Hoffnung zu.
Grundlegend für dieses Verständnis unobjektivierbarer Teilhabe ist die Marcelsche Unterscheidung zwischen einem Mysterium und einem Problem. Das »Mystère« ist wesenhaft das, was nur in einer Weise der Teilhabe erfaßt werden kann. Es gibt keine Möglichkeit, dieses »Engagement« zu verlassen und sich des »Mystère« zu vergewissern, ohne daß dieses zum Problem verfälscht würde. Das »Mystère« ist etwas, worin ich selbst engagiert bin und das folglich nur als eine Sphäre denkbar ist, »in der die Unterscheidung des In-mir und des Vor-mir ihre Bedeutung und ihren Hauptwert verliert«[58]; dabei sind für die hier behandelte Frage folgende Ergänzungen anzubringen:
a) Das »Mystère« ist kein Unerkennbares: letzteres gilt für Marcel nur als Grenze des Problematischen. »Die Anerkennung des Mysteriums ist im Gegenteil ein wesentlich positiver Akt des Geistes, ein positiver Akt par excellence«[59]. Es ist daher weit eher im Bereich des Lichtes als in dem des Dunkels zu suchen[60].
b) Das »Mystère« scheint im Sinne eines absoluten Geheimnisses das zu sein, worauf sich die Hoffnung auf Unsterblichkeit wesentlich zurückführt. Offensichtlich muß angesichts von Ewigkeit und Unsterblichkeit diese begriffliche Konzentration vorgenommen werden, die aber, wenn das Geheimnis als Fülle verstanden und vom bloß Unerkennbaren strengstens unterschieden wird, das genaue Gegenteil einer sachlichen Reduktion auf den formalen Aspekt bzw. einer willkürlichen Restriktion der Vernunft ist. »Zwischen Geheimnis und Ewigkeit ist der Zusammenhang so eng wie möglich. Einmal nämlich kann die Ewigkeit nur geheimnisvoll sein, was bedeutet, daß wir uns von ihr nicht etwa die Vorstellung einer ins Grenzenlose sich erstreckenden Fläche machen können - und zum anderen ist jedes Geheimnis ein Strom, der in die See der Ewigkeit mündet. Das alles ist nun nicht in

---

58 EA I 146/ SH 126/ MWA II 228f.

59 EA I 147/ SH 127/ MWA II 229.

60 Vgl. DigHum 113/ MeWü 104f.

einem nebelhaften, allgemeinen Sinne zu verstehen; es gilt für jeden von uns, es gilt ... für die Bedingungen unseres In-der-Welt-Seins«[61].

c) Im Zuge dieser Konzentration kann das Sein als »Mystère« schlechthin einerseits, als konkretes Unerschöpfliches anderseits bezeichnet werden[62]. Das ontologische Geheimnis erscheint in der Tat als der Grund, auf dem die Frage der Unsterblichkeit, der Ewigkeit allein sinnvoll gestellt und beantwortet werden kann.

d) Das Engagement, die Teilhabe als Weisen des Verhaltens zu dem »Mystère« sind aber nicht ein ungegenständliches, leeres oder richtungsloses »Dasein«. Sie manifestieren sich vielmehr in einer konkreten Gestalt der Annäherung, der Verwirklichung, ohne daß diese Weisen der Annäherung an das Seinsgeheimnis in ihrem Vollzug objektivierbar sind. »Ich bin in concreto in einer Ordnung engagiert, die dem Begriffe gemäß niemals Objekt oder System für mich werden kann, sondern nur für ein Denken, das über mich hinausgeht und mich einbegreift und mit dem ich mich nicht einmal ideell identifizieren kann. Die Worte *jenseits, Transzendenz* erhalten hier ihre ganze Bedeutung«[63].

e) Die konkreten Annäherungen an das Seinsgeheimnis und somit auch jene »Stellen«, an denen die Frage der Unsterblichkeit gestellt und entschieden wird, sind die Formen der Treue, des Verfügbarseins, des Gegenwärtigseins, in denen jeweils eine intersubjektive Beziehung vorausgesetzt wird, auf deren Fortbestand, auf deren Unzerstörbarkeit sich die Hoffnung richtet. Allein unter der Voraussetzung dieser (geforderten) Unzerstörbarkeit, die aber keine wissende Antizipation darstellt, kann ein Engagement für eine konkrete Person, für eine konkrete Ordnung eingegangen werden[64].

Damit ist jene begriffliche Konzentration, die die Hoffnung auf Unsterblichkeit engstens anbindet an die Anerkennung eines »absoluten Geheimnisses«, dem Verdacht einer Abstraktion enthoben. Zugleich wird das Ziel der Hoffnung, ohne daß es den Charakter des Unbe-

---

61 ME I 234f/ GeS 291f.

62 EPC 109/ SchTr 72/ MWA III 61.

63 Ebd.

64 Vgl. PosApp 69-87/ MWA I 73-84 u. ö.

wahrheitbaren verliert, ohne daß es zu einem Gegenstand der Hoffnung objektiviert werden könnte, deutlich als Hoffnung auf die Unsterblichkeit jener konkreten intersubjektiven Ordnung, in die der Hoffende engagiert ist, markiert. Auf diesem Weg ist die Hoffnung aus jeder individualistischen Verengung befreit.

Der Gang der Reflexion über die Unsterblichkeit im Anschluß an Gabriel Marcel führt zu einer Nahtstelle zwischen Marcels Philosophie der Hoffnung und der Theologie. Dabei ist wichtig zu betonen, daß Marcel vor allem seine Reflexionen über das ontologische Geheimnis diesseits einer positiven Offenbarung vollzieht. Marcel antwortet auf einen möglichen Einwand, der in seiner Philosophie ein auf dem christlichen Hintergrund entstandenes und von ihm abhängiges Denken sieht, am Ende seines Essays über das ontologische Geheimnis: »es ist wohl möglich, daß das Vorhandensein der christlichen Grundtatsachen *in der Tat* erforderlich ist, um den Geist gewisse Begriffe erfassen zu lassen, deren Analyse ich skizziert habe; man kann aber gewiß nicht sagen, daß diese Begriffe in Abhängigkeit von der christlichen Offenbarung stehen; *sie setzen sie nicht voraus*«[65].

Für Marcel geht es darum, die äußersten Möglichkeiten eines »einsatzbereiten Wesens« (un être engagé) darzustellen und auf dem Weg einer Darstellung der »natürlichen« Hoffnung im Leben jene Handhaben (prises) und Einfügungspunkte (points d'insertion) zu finden, an denen das übernatürliche Leben einsetzen kann. Dabei hält Marcel an der Unterscheidung zwischen dem Natürlichen und dem Übernatürlichen fest. Unter dem übernatürlichen Leben versteht Marcel alles andere als ein »Aufblühen« des natürlichen Lebens. Die geoffenbarten Geheimnisse des Glaubens bleiben für ihn unableitbar[66].

6. Christliche Hoffnung als absolute Hoffnung

Innerhalb der theologischen Reflexionen über die Hoffnung im Kontext der Eschatologie findet sich nun eine Parallele zu den beschriebenen Überlegungen Marcels hinsichtlich der Unsterblichkeit: eine begriffliche und sachliche Konzentration, in der sich die Eschatologie

---

[65] PosApp 89/ MWA I 85.

[66] PosApp 90f/ MWA I 85f.

von den »letzten Dingen« auf Gott selbst als den Grund und das Ziel aller Hoffnung zubewegt, wobei diese Konzentration einerseits um die Notwendigkeit einer geschichtlichen Konkretion dieses Grundes weiß (christologische Entfaltung), anderseits um die damit gegebene Konkretion der Hoffnung im intersubjektiven Kontext (Nachfolge und Sendung). Die Ausführungen Marcels konnten für diesen Gang der eschatologischen Überlegungen den Blick schärfen und das »natürliche« Fundament legen.

In der äußersten Ausspannung christlicher Hoffnung findet sich eine Transzendenz konkreter Hoffnungsobjekte wie auch konkreter Zukunft. K. Rahner nennt so das Christentum die »Religion der absoluten Zukunft«, womit er eine Zukunft meint, die nicht geplant werden kann, sondern als unverfügbare auf uns zukommt[67]. Damit ist für Rahner aber die Konzentration auf den letzten Grund von Hoffnung mitgesagt; die absolute Zukunft besteht nicht in einem vorstellbaren Zustand letzter, zukünftiger Dinge. »Absolute Zukunft ist nur ein anderer Name für das, was mit 'Gott' eigentlich gemeint ist. Denn die absolute Zukunft kann von ihrem Begriff her nicht als die durch endliches Einzelmaterial und kategoriale Zusammensetzung herstellbare sein; sie kann aber auch als Woraufhin und Ermächtigung der Dynamik der Zukunftsbewegung nicht bloß das nur leere Mögliche als das Noch-nicht-Wirkliche sein. Sie muß die absolute Fülle der Wirklichkeit sein als der tragende Grund der Zukunftsdynamik. Diese *so* verstandene absolute Zukunft aber nennen wir eben gerade Gott«[68]. Die Notwendigkeit der sachlichen Konzentration hinsichtlich der Zukunft und so hinsichtlich aller eschatologischen Erwartung ist durch die Beschreibung Gottes als absoluter Zukunft im Sinne tragender und ermächtigender Fülle der Wirklichkeit unterschieden von einer Abstraktion, in die sich ein Denken zurückziehen könnte, dem die Rede von den »letzten Dingen« verdächtig erscheint, das Geheim-

---

67 K. Rahner, Marxistische Utopie und christliche Zukunft des Menschen, Schriften VI, 79.

68 Ebd., 80; vgl. H. U. v. Balthasar, Umrisse der Eschatologie, Verbum Caro, 282.

nis auflösen zu wollen. Das Verständnis Gottes als »absolute Zukunft« meint keine inhaltslose Zukunft.

Die Hoffnung als Weise der existentiell umfassenden Ausrichtung auf Gott selbst und das Heil des Individuums, das von Gott erhofft wird, ist die menschliche Entsprechung dieser absoluten (Heils)-Zukunft, die nicht anders ergriffen werden kann als eben durch die Hoffnung, Die Hoffnung kann auch durch keinen kategorialen Glaubensinhalt so grundgelegt werden, daß sie von ihm ableitbar oder ihm nachfolgend wäre[69]. Es muß von einer absoluten Hoffnung gesprochen werden in dem doppelten Sinn, daß sie ihren »Gegenstand« in einem Jenseits aller Gegenständlichkeit, in der absoluten Zukunft, in Gott hat, daß sie aber zugleich durch keine andere Weise menschlichen Daseins, durch keinen anderen Akt des Geistes ersetzt oder aufgehoben werden kann. In diesem Sinne ist die Hoffnung »theologische Tugend«. Die Definition der theologischen Tugend durch K. Rahner faßt diese Aspekte zusammen: Die theologischen Tugenden richten sich nicht auf einen kategorialen sittlichen Wert, »sondern auf Gott selbst, wie er 'an und für sich' ist und als solcher durch diese gnadenhafte Selbstmitteilung unmittelbar unser absolutes Gut wird. Gott an sich wird so wirklich radikal Gott für uns. Die Hoffnung aber bezieht sich auf eben diesen Gott, der sich selbst als solcher uns verheißen hat und unsere absolute Zukunft ist«[70].

Zweierlei ist nun anzumerken, das für die christliche Hoffnung wesentlich ist und worin sie sich von einer natürlichen Hoffnung unterscheidet. Marcel hatte von Einfügungsstellen für das Unableitbare des Übernatürlichen in der Struktur des menschlichen Daseins gesprochen und damit die Grenze seines Entwurfs deutlich markiert.

Die christliche Hoffnung darf nun von vornherein das Durchformtsein jeder natürlichen Hoffnung von der übernatürlichen Hoffnung dort annehmen, wo sie »absolute Hoffnung«, Hoffnung auf Heil wird[71]. Die übernatürliche Hoffnung ist Bedingung der Möglichkeit natürlicher Hoffnung. Sie muß ferner, was nun die Entfaltung hin zu einer

---

69 Vgl. K. Rahner, Zur Theologie der Hoffnung, Schriften VIII, 573.

70 Ebd., 563f; vgl. G. Haeffner, Jenseits des Todes, 774f.

71 Vgl. J. Pieper, lieben, hoffen, glauben, 220f.

Konkretion angeht, die von Marcel mit den »Approches concrètes« an das ontologische Geheimnis geleistet wurde, einen anderen Weg beschreiten. Deutlicher als in einer philosophischen Begründung einer absoluten Hoffnung kommt so zum Vorschein, daß dasjenige, was als konkretes Feld der Hoffnung (für Marcel v. a. die Intersubjektivität), als konkreter Ort der Hoffnung geschichtlich begegnet sein muß, unableitbar von einer vom Menschen ausgehenden, evtl. noch als »Lebensbewegung« zu verstehenden Hoffnung ist.

Die sachliche Konzentration der Hoffnung als absolute Hoffnung auf Gott selbst bliebe von »schweifender Richtungslosigkeit«, müßte sich als abstrakte, inhaltsleere Hoffnung verstehen, wenn sich Gott nicht schon als ein bestimmter Gott, nämlich als ein Heil verheißender Gott offenbart hätte[72]. Die »reine Hoffnung« setzt eine geschichtlich qualifizierte Vorstellung von Gott voraus[73], die auf einem nicht ableitbaren Ereignis der Rettung, des Heils gründet[74].

Es ist offensichtlich, daß das für die christliche Hoffnung heißt: Ihr Fundament und ihr »Ort« ist das unableitbare Offenbarungswort Gottes in Jesus Christus. Das bedeutet nicht nur, daß Christus das hermeneutische Prinzip aller eschatologischen Aussagen und aller Hoffnungsaussagen ist[75]; nicht nur, daß dem Evangelium als der Botschaft von diesem unableitbaren Wort Gottes der Primat vor allen Extrapolationen und vor allen apokalyptischen Aussagen zukommt[76]. Es be-

---

72 Vgl. G. Haeffner, Jenseits des Todes, 775.

73 Vgl. ebd., 776.

74 Haeffner führt als Beispiel die Grundstruktur alttestamentlichen Glaubens an, die die Glaubensforderung hinter die Erinnerung vergangenen Heils stellt (vgl. Ex 20, 2f); vgl. ebd., 775; vgl. auch H. Vorgrimler, Hoffnung auf Vollendung, 13 und die dort gegebene Definition der Eschatologie, die gut deren auf geschichtliche Konkretion verwiesene Grundstruktur herausstellt: »Christliche Eschatologie heißt die christliche Theologie, insofern sie vom Gekommenen (von den Gotteserfahrungen der Menschheit und insbesondere von Jesus Christus) her über das Kommende, Neue und Endgültige nachdenkt und von diesem her die Gegenwart zu interpretieren und Impulse für gegenwärtiges Handeln zu vermitteln versucht«.

75 Vgl. K. Rahner, Theologische Prinzipien der Hermeneutik eschatologischer Aussagen, Schriften IV, 425.

76 Vgl. C. Schütz, Allgemeine Grundlegung der Eschatologie, MySal 5, 636.

deutet, daß Christus als der geschichtlich begegnete Grund absoluter Hoffnung der Maßstab dieser Hoffnung ist - d. h. die von der sachlichen Konzentration der absoluten Hoffnung auf Gott wieder zur Konkretion führende Entfaltung christlicher Hoffnung behält für die Hoffnung den Charakter absoluter Hoffnung bei, ist aber für die Vollendung nicht auf ein vages Auslangen in eine unbestimmte Gestalt der Bewahrung konkreter Existenz angewiesen, sondern verweist auf Menschwerdung, Tod und Auferstehung Jesu Christi als die unüberbietbare Gestalt geschichtlich begegneter Vollendung. Hinsichtlich möglicher Aussagen über die kategoriale Bestimmung des Zieles der Hoffnung ergibt sich daraus die Notwendigkeit der Zurückhaltung.

»Der Christ, der die Offenbarung Christi annimmt, weiß, um Christus zu kennen und weil er ihn kennt, daß die Vollendung eben die Christi ist und sonst weiß er von ihr eigentlich nichts«[77]; und sonst hofft er in dieser Hinsicht auch eigentlich nichts. Daraus ergeben sich verschiedene Ausfaltungen: Alles, was für das Schicksal der Verstorbenen erhofft wird, hat teil an diesem Charakter des Unableitbaren; es ist keine Utopie[78]; die Hoffnung nicht Folge eines Postulates oder einer projezierenden Sehnsucht[79], sondern gründet im Zeugnis von der Auferweckung Christi[80]. Hoffnung auf den und in dem unableitbaren geschichtlich begegneten Grund der Hoffnung, wenn dieser Jesus Christus ist, bedeutet, daß die Hoffnung nicht mehr von der Person Jesu Christi getrennt werden kann. J. Ratzinger weist darauf hin, daß sich in der frühen Kirche in diesem Sinn die Blickrichtung der Hoffnung geändert hat: »ihre Mitte liegt nicht in Raum und Zeit, in der Frage des Wo und Wann, sondern in der Beziehung zur Person Jesu Christi und im Verlangen nach seiner Nähe«[81].

---

77 K. Rahner, Theologische Prinzipien der Hermeneutik eschatologischer Aussagen, Schriften IV, 415; vgl. ebd., 414.

78 Vgl. Synodenbeschluß *Unsere Hoffnung*, 91.

79 Vgl. H. U. v. Balthasar, Theodramatik IV, 129.

80 Vgl. Synodenbeschluß *Unsere Hoffnung*, 91.

81 J. Ratzinger, Eschatologie, 22.

Diese Hoffnung »in Christus« muß geprägt sein von der Lebensgestalt Jesu Christi. Die Vertikalität »absoluter Hoffnung«, die der Anker ist, der »in das Innere hinter dem Vorhang hineinreicht« (Hebr 6, 19), ist nur möglich in der Nachfolge dessen, der als unser Vorläufer in dieses »Innere« hineingegangen ist (Hebr 6, 20). Das bedeutet schließlich auch, daß die in der Hoffnung geforderte Hingabe (Marcel: »Engagement«) höchste Anforderungen an die Leidensbereitschaft der in Christus Hoffenden stellt. Die Sendung, die als konkrete Ausfaltung christlicher Hoffnung in die Welt hinein erfolgt, erwartet nicht den geradlinigen Fortschritt einer Entwicklung hin zum Besseren, sondern steht in der bleibenden Dialektik von Kreuz und Auferstehung. Gegenüber aller »natürlichen Hoffnung« (zwar rechnet auch Marcel, zumal für die hoffende Treue, mit einer Versuchung zum Widerspruch) liegt damit das Proprium der christlichen Hoffnung vor[82].

7. Fazit: Begegnung von christlich-eschatologischer und philosophisch begründeter Hoffnung im »absoluten Gegenstand«

Der Durchgang durch die verschiedenen Bilder von »natürlicher« und »christlicher« Hoffnung hat folgendes gezeigt: Der Versuch einer Vermittlung beider und der Nachweis, daß die »natürliche« Hoffnung in der Eschatologie im Sinne eines Fundamentes einen Ort finden kann, gelingt nicht im Bereich der Objekte der Hoffnung, also dort, wo man versuchen würde, die Hoffnung auf weltlichen Fortschritt mit der Hoffnung auf Heil direkt zu vermitteln. Das hieße nämlich entweder, daß das Heil als absolutes Gut im Sinne der christlichen Hoffnung, das dort schon immer von der Offenbarung in Jesus Christus, seinem Tod und seiner Auferstehung geprägt ist, als Verlängerung der weltlichen Hoffnungen von diesen abgeleitet würde, oder daß die Bilder menschlichen Fortschritts so von der christlichen Hoffnung und ihrem Ziel, der durch die Auferstehung verbürgten Neuschöpfung der Welt gedeutet würden, daß sie nur für den Glaubenden verständlich wären. Eine solche Verbindung würde dem Charakter der

---

82 Vgl. H. U. v. Balthasar, Theodramatik IV, 131f.

diesseits der Offenbarung vorgefundenen authentischen Hoffnung nicht gerecht.
Eine Vermittlung kann nur dann gelingen, wenn man - und hier erweist sich Gabriel Marcel als wertvoller Gesprächspartner für die Theologie - in einem doppelten Gang der Reflexion bis zum jeweiligen Grund sowohl weltlicher als auch christlicher Hoffnung zurücksteigt. Hier zeigt sich nämlich, daß in der Struktur des Hoffens durchaus eine Offenheit besteht, die die Hoffnung allererst als solche qualifiziert und sie auf ihren absoluten Gegenstand hin verweist. Dieser ist für Marcel gegeben im »ontologischen Geheimnis«: erst in der Transzendenz aller konkreten Objekte kommt die Hoffnung zu ihrem Wesen. Dieser sachlichen »Reduktion« in das Geheimnis entspricht nun auf der Seite des Hoffenden keine inhaltsleere Ausschau, sondern eine Teilhabe am ontologischen Geheimnis in den konkreten Formen der Gegenwärtigkeit, des Verfügbarseins, der Treue, in denen jeweils in der Existenz auf unobjektivierbare Weise eine Berufung auf dasjenige Gegenüber stattfindet, das nie in der Art eines Objektes besessen werden kann.
Die so verwirklichte und durchgehaltene Existenz verbürgt trotz aller Widersprüche einen absoluten Grund der Hoffnung. Ein letztes Mal sei hier die Definition der Hoffnung angeführt, mit der Gabriel Marcel seinen Aufsatz über die Hoffnung in *Homo Viator* beschließt: »Die Hoffnung, könnte man sagen, ist von Wesen her die Verfügbarkeit einer Seele, die sich in eine Erfahrung der Gemeinschaft innerlich genug eingelassen hat, um gegen den Widerstand des Willens und der Erkenntnis jenen transzendierenden Akt zu verwirklichen, durch den sie die lebendige Dauer (la pérennité vivante) bestätigt, für die diese Erfahrung zugleich Unterpfand (gage) und Anfang (prémices) ist«[83].
Einen parallelen Rückstieg hat die Frage nach der christlichen Hoffnung vorzunehmen. Sie gelangt dabei zu der in der Eschatologie der letzten Jahrzehnte deutlich gewordenen Einsicht, daß die Rede von den »letzten Dingen«, also auch von den letzten Gegenständen der Hoffnung, dergestalt zu modifizieren ist, daß sie von Gott als *dem*

---

[83] HV 90f/ HVd 87/ MWA I 154; vgl. auch EPC 249f/ SchTr 160/ MWA III 199f.

»Letzten Ding« des Geschöpfes spricht (v. Balthasar), von Gott als der »absoluten Zukunft« (Rahner). Dabei nimmt die Konkretion der Hoffnung, die auch hier notwendige Ausfaltung, die die Hoffnung von einem vagen Auslangen unterscheidet, die Gestalt der bereits zuvorgekommenen Konkretion des absoluten Geheimnisses Gottes in Jesus Christus an. Das bedeutet dann einerseits, daß Christus die Exemplargestalt für alle Konkretionen der Hoffnung in christlicher Existenz ist: Ihm nachfolgend gelangt der christlich Hoffende in »das Innere hinter dem Vorhang«, weil Christus das Heiligtum bis in das Innere durchschritten hat (vgl. Hebr 6, 19f); das bedeutet dann aber anderseits, daß der Hoffende in Christus eine (im Glauben anzunehmende) Verbürgung aller konkreten Hoffnungen besitzt, die ihm auch die letzte Grenze zu überschreiten erlaubt, die der weltlichen Hoffnung aufgerichtet ist, den Tod: In der Auferstehung ist der Grund einer absoluten Hoffnung endgültig gelegt, der die geschichtliche Konkretion einbirgt, in der Jesus Christus die Existenz auf sich genommen und bis zum Tod durchgehalten hat; die Hoffnung bleibt hier aber dennoch »absolute Hoffnung« in dem Sinn, daß die Auferstehung sowohl unableitbares Ereignis ist, als auch die Zukunft, die der Mensch für sich erhofft, durch sie zugleich enthüllt und verborgen wird: der Gläubige hofft auf ein Leben in Christus, über dessen kategoriale Bestimmung ihm aber strenggenommen keine Aussagen möglich sind.

Wird sich in den Bestimmungen hoffender Existenz nun eine Konvergenz zwischen christlicher und »vor«-christlicher Hoffnung zeigen, so offenbart sich an der äußersten Grenze dieser Hoffnungen auch eine grundlegende Differenz: Marcel kann wohl die Ausspannung menschlicher Hoffnung bis hin zu der »Exigence ontologique« führen: die Behauptung: »es wird sein«, die der Hoffnung eigen ist, die Aussage »du wirst nicht sterben«, die die Hoffnung gegenüber dem geliebten Du zu treffen vermag, deuten auf eine Transzendenz der Hoffnung hin, die ihr in der Existenz selbst aufscheint (und hier liegt dann deren eschatologische Relevanz); das Ereignis der Auferstehung Christi markiert aber den uneinholbaren Vorsprung christlicher Hoffnung. Für dieses Ereignis kann eine Philosophie der Hoffnung zwar offen sein; Marcel gesteht ein, daß er auf »christlichem Hintergrund« philosophiert. Dennoch muß Marcel im Interesse seiner Philosophie betonen, daß er von den Gegebenheiten der christlichen Offenbarung nicht eigentlich ausgeht. Das Bekenntnis, das Marcel am Ende seines Lebens in seinen autobiographischen Notizen ausgesprochen hat, daß für ihn die Unsterblichkeit seiner selbst und derer, die er liebt, nur »im Licht Christi« ihren Sinn gewinnt, deutet jedoch die Richtung an, in die er die Hoffnung ausmünden läßt. Die Bedeutung der Marcelschen Philosophie der Hoffnung liegt für den hier angedeuteten Kontext einer Positionsbestimmung der Hoffnung innerhalb der Eschatologie darin, daß er die Grenzen menschlichen Hoffens so weit wie möglich gezogen hat. Die Verkündigung der christlichen Botschaft von der letzten Hoffnung des Menschen findet so ein breites anthropologisches Fundament.

Zweites Kapitel

Die relationale Gestalt christlicher wie philosophisch begründeter Unsterblichkeitshoffnung

Die Frage der absoluten Hoffnung, die sich auf ein unzerstörbares Leben richtet, ist bei Gabriel Marcel zutiefst in einen intersubjektiven Kontext gestellt. Das gilt für die Erfahrung des Todes als desjenigen Ortes, an dem eine absolute Hoffnung aufbrechen kann; das gilt ebenso für die Formulierung des Hoffnungszieles, der Unsterblichkeit, die Marcel als die Unsterblichkeit jenes Bandes bezeichnet, welches mich mit den Menschen verbindet, die ich liebe[1]. Der Tod des geliebten Wesens ist in den Augen Marcels menschlich bedeutsamer als der eigene Tod[2]; dies nicht nur so, daß nach der Unsterblichkeit des Geliebten als eines anderen gefragt werden kann, sondern so, daß das eigene Wesen durch diesen Tod in seinem Innersten getroffen ist und die eigene Existenz in ihrem Bestand durch den Tod des Geliebten in Frage gestellt ist. So muß sich auch eine Antwort wie die Gewißheit der Unsterblichkeit beidem stellen: dem Tod des anderen und der dadurch getroffenen eigenen Existenz[3].

Die Hoffnung steht also nicht nur in einer äußerlichen Relation zu den Formen intersubjektiver Beziehungen, als seien diese neben anderen »Dingen«, wie vor allem dem eigenen Heil, »auch noch« Gegenstand einer über den Tod hinausblickenden Hoffnung. Vielmehr führt die von Marcel freigelegte Struktur der Hoffnung mit innerer Notwendigkeit zu der Formulierung einer absoluten Hoffnung, einer Heils-

---

1 Vgl. ME II 156f/ GeS 476.

2 Vgl. SagTra 190/ TraWei 144.

3 Vgl. P. L. Landsberg, Die Erfahrung des Todes, 20ff; Landsberg führt das Kap. IV der Confessiones Augustinus' an: der Tod des Freundes stürzt den jungen Augustinus in die Fraglichkeit seiner eigenen Existenz: »Factus eram ipse mihi magna quaestio«. Landsberg nennt diese Seite aus den Confessiones »die Geburt der existentiellen Philosophie«(46).

hoffnung, in die die Intersubjektivität als Wesensbestandteil eingeschrieben ist. »Ich hoffe auf dich für uns«: das erhoffte Heil, das Gott als letzten Grund der Hoffnung zum Inhalt hat, kann nur als Heil des »Wir« richtig erfaßt werden.

I. Die Frage nach der Unsterblichkeit

1. Unsterblichkeit oder Auferstehung?

Diese kurze Exposition des für Gabriel Marcel zentralen Gedankens einer Untrennbarkeit der Rede von der Unsterblichkeit von der Intersubjektivität geschah im Hinblick auf eine Auseinandersetzung, die in der Eschatologie der letzten Jahrzehnte einen bestimmenden Platz eingenommen hat. Es handelt sich um die Frage, ob als Inhalt (individual-) eschatologischer christlicher Hoffnung von Unsterblichkeit gesprochen werden könne oder ob dies ein platonisches Denkmuster sei, das von einer wesenhaften Unzerstörbarkeit des geistigen Subjekts ausgehe, den Tod des Leibes als ein Ereignis ansehe, das diesem Subjekt äußerlich bleibt, wodurch der Tod letztlich nicht mehr ernstgenommen und vor allem der zentrale Satz des Credo entwertet werde, demzufolge der Mensch nicht aus sich heraus auf Unzerstörbarkeit pochen kann, sondern für ein Leben nach dem Tod allein auf das Heilshandeln des Gottes verwiesen ist, der vom Tod auferweckt.
Es soll im vorliegenden Abschnitt versucht werden, auf dem Weg einer intersubjektiven Hoffnung eine vermittelnde Lösung dieser Frage vorzuschlagen, die auf der besonderen Konzeption der Intersubjektivität, wie sie Marcel vorlegt, aufruht: Unsterblichkeit erscheint so undenkbar ohne Liebe, die sich aber als menschliche Wirklichkeit begründet sieht in einer transzendenten Realität, ohne welche sie weder ein absolutes Engagement einfordern könnte noch auf Unsterblichkeit hoffen dürfte. Daß aber der *Ort* dieser Unsterblichkeitshoffnung klar »diesseitig« ist (ohne, wie gesagt, hier restlos aufzugehen!), ermöglicht einen Ausblick »natürlicher«, vor- oder außerchristlicher Hoffnung, der dennoch nicht, wie der Vorwurf der Vertreter einer radikalen Auferstehungstheologie lauten könnte, auf einer unzerstörbaren, in sich abgeschlossenen, selbstmächtigen Seele beruht, die

eines Gegenübers nicht mehr bedürfte, um ihr Ewigkeit zu garantieren. Der Vermittlungsversuch J. Ratzingers, der auf dem Weg einer »dialogischen Unsterblichkeit« im Grunde dasselbe Anliegen vertritt, wird auf seine Basis in der »natürlichen Hoffnung« hin befragt und so in die fundamentaltheologische Fragestellung hinein erweitert, was es für einen philosophisch begründeten Anknüpfungspunkt für die Rede von dem Leben jenseits des Todes sowie für die Hoffnung darauf geben kann.

Die Diskussion um den Begriff der Unsterblichkeit wurde vor allem unter dem Aspekt der Unsterblichkeit der *Seele* geführt[4]. Die Wurzeln der Auseinandersetzung liegen zum guten Teil in jener Position protestantischer Theologie, die den Begriff der Auferweckung derart radikalisiert, daß von einer dem Menschen geschöpflich zukommenden Unsterblichkeit schlechterdings nicht mehr die Rede sein kann. Über den Abgrund des Todes »vermag allein die unverfügbare, erweckende Macht Gottes zu retten, die sich an Jesus Christus wirksam erwiesen hat. Was im Tod bleibt, ist allein Gottes Treue, d. h. ein Verhalten Gottes zum Menschen ohne Beziehungsträger auf menschlicher Seite«[5]. Eine solche Position ruft den Widerspruch einer philosophisch und schöpfungstheologisch begründeten Behauptung der Identität des Subjektes vor und nach dem Tod hervor, die davon ausgeht, daß einerseits die in der Schöpfung verliehene Identität von Gott nicht zurückgenommen werden kann, daß anderseits von einem Handeln Gottes (dem Auferwecken) am Subjekt nur dann sinnvoll gesprochen werden kann, wenn es eben dieser eine, in seiner Identität unverwechselbare Mensch ist, an dem Gott handelt. Sonst könnte nur von einer Neuschöpfung eines anderen Menschen, nicht aber von einer Auferweckung gesprochen werden[6].

So konnte in neuerer katholischer Eschatologie, auch vertieft durch eine philosophische Reflexion, der Gedanke einer (Seelen-) Unsterblichkeit vertreten werden - da die Hoffnung über den Tod hinaus

---

4 Vgl. zum Ganzen den Sammelband von W. Breuning Hg., Seele: Problembegriff christlicher Eschatologie.

5 G. Greshake, »Seele« in der Geschichte der christlichen Eschatologie, 145.

6 Vgl. Ebd., 146; G. Haeffner, Jenseits des Todes 777.

»einen Bezugspunkt im menschlichen Erkennen [besitzt], wie sie auch einen Bezugspunkt im menschlichen Sein hat, und darum kann sie sich auch durch die Idee einer philosophisch gewonnenen Unsterblichkeit plausibel machen und denkerisch verantworten«[7].

Nun führte aber die Betonung der Auferweckung des ganzen Menschen in der protestantischen Eschatologie auch katholischerseits zu einer Reflexion darüber, was die »Hinzufügung« des Leibes an einer ohnehin unsterblichen und im Besitz der Seligkeit befindlichen Seele durch die Auferweckung noch bedeute. Damit setzte die Diskussion verschiedener Modelle der Auferstehung ein, die vornehmlich als »Auferstehung im Tod« so verstanden wurde, daß unmittelbar im Tod nicht die Seele - von ihrer Leiblichkeit befreit - in den Zustand der Seligkeit übergeht, sondern daß im Tod der ganze Mensch auferweckt und einer »neuen« Leiblichkeit teilhaft wird[8]. Das Hauptinteresse der auf dieser Seite an der Diskussion beteiligten Theologen war es, die Einheit des Menschen aus Leib und Seele (und damit auch seine geschichtliche Verfaßtheit) so zu betonen, daß deutlich wird: der konkrete Mensch streift im Tode Leib, Welt und Geschichte nicht einfachhin ab und existiert als »reines« Subjekt in der Seligkeit fort. Die verschiedenen Ausfaltungen dieses Hauptanliegens durch G. Greshake, G. Lohfink, L. Boros, K. Rahner können hier nur erwähnt werden - von Interesse ist in vorliegender Untersuchung eher die Argumentation hinsichtlich der Unsterblichkeit, in der aber - das wird im Verlauf deutlich werden - das Interesse der Bewahrung konkreter menschlicher Existenz in der Vollendung durchgehalten werden soll[9].

---

7 G. Greshake, »Seele«, 147.

8 Vgl. ebd., 148-158.

9 Vgl. zu den verschiedenen Entwürfen: G. Greshake, Auferstehung der Toten, 385; G. Lohfink in: G. Greshake/ G. Lohfink, Naherwartung - Auferstehung - Unsterblichkeit, 67ff; L. Boros, Erlöstes Dasein, 44ff; im Überblick: H. Vorgrimler, Der Tod als Thema der neueren Theologie, 29-55 (Literatur!); H. Sonnemans, Seele- Unsterblichkeit - Auferstehung, 355-430.

2. Begründungen individueller Unsterblichkeit

G. Haeffner versucht die Begründung einer Unsterblichkeit des Menschen in verschiedenen Schritten[10]; dabei stellt er sich zunächst auf die ihm unaufgebbare Position, die am Prinzip der Selbstidentität des Menschen festhält, ohne welches man in der Eschatologie nicht auskomme[11]. Dieses könne nun nicht der Körper sein, da eine wie auch immer angenommene Kontinuität, die sich auf den Körper gründe, eben im Tod ende[12]. Auch wenn man für den Tod einen Auferstehungsleib annehme, in den hinein der Gerechte sterbe, so muß doch dessen Kontinuität durch ein anderes Identitätsprinzip als den (gestorbenen) Körper gewährleistet sein. »Kraft dieses Prinzips muß also die Person selbst etwas sein, was an ihr selbst den Bannkreis des Irdischen übersteigt. Wenn es also für diesen individuellen Menschen ein jenseitiges Leben geben soll, muß sein Sein auch und in erster Linie auf etwas beruhen, das nicht körperlicher Natur ist; traditionell heißt es 'Seele'«[13].

---

[10] G. Haeffner, Vom Unzerstörbaren im Menschen, 161ff.

[11] Vgl. ebd., 161.

[12] Vgl. ebd., 161; die Unterscheidung von »Körper« und »Leib« wird von Haeffner allerdings nicht genutzt. Sie hätte eine Differenzierung der Aussagen über die Polarität von Körper/ Leib und Seele ermöglicht. Darauf weist G. Greshake in einem Brief an G. Haeffner hin, der in dem Sammelband von W. Breuning Hg., Seele: Problembegriff christlicher Eschatologie, 180-185 veröffentlicht ist; dort 181-183. In seiner Antwort, ebd., 185-191 bestreitet Haeffner die philosophische Brauchbarkeit dieser Unterscheidung für die Beantwortung der Frage nach einem Leben jenseits des Todes. Die phänomenologische Unterscheidung gehe immer von einer vorgefundenen Einheit beider Daseinsweisen aus und erlaube nicht, den einen Aspekt (Leib) bei Abwesenheit des anderen (Körper) aufrechtzuerhalten. »Läßt sich eine Leiblichkeit der menschlichen Seele denken, die nicht Körperlichkeit impliziert«? (187). Eine Aporie der geführten Diskussion liegt darin, daß der Versuch unternommen wird, die Relationalität des menschlichen Daseins nach dem Tode zu objektivieren, wobei dann die Rede von einem Bezugsfeld, in dem sich die Relationalität vollzieht, zu einer Rede von Leiblichkeit führen muß; dieser abstrakte Begriff drückt das Bemühen aus, etwaigen empirischen Konsequenzen auszuweichen. Der Leib als Weise des empirisch nachweisbaren Daseins in der Welt wird aufgegeben zugunsten eines Daseins in »Leiblichkeit« - aber eines Daseins wo?

[13] G. Haeffner, Vom Unzerstörbaren im Menschen, 161.

Die eigentlichen Hinweise für eine Unsterblichkeit gewinnt Haeffner nun auf zwei Wegen, dem postulatorischen und dem geistmetaphysischen. Der postulatorische Weg als Weg zu einer denkerischen Rechtfertigung letzter und umfassender Glückseligkeit verweist auf die Hoffnungsphilosophie Immanuel Kants[14]. Er erhält seine Plausibilität nur dann, wenn er von einer Projektion unterschieden und die Glückseligkeit nicht als im Subjekt bereits angelegtes *Ergebnis* sittlichen Tuns aufgefaßt wird[15]. Daß dieser postulatorische Weg davon ausgehen muß, die Richtigkeit der Voraussetzung sittlichen Handelns werde erst am Ende aller Handlungsmöglichkeit offenkundig, es gebe also keine verifizierbaren Anhaltspunkte dafür im irdischen Leben und Handeln, verdeutlicht einerseits zwar den Wagnischarakter des Lebens und Handelns als solchen, bedingt anderseits jedoch auch die Schwäche des Arguments: als Beweiszeuge verbürgen kann sich niemand für die Kohärenz richtigen Handelns und der Glückseligkeit.
Der zweite Weg, den Haeffner einschlägt, der geistmetaphysische, versucht dieser Schwäche dadurch abzuhelfen, daß er im menschlichen Geist den Referenzpunkt einer Zusage ewigen Lebens aufdeckt. Nach Platon müssen Erkanntes und Erkennender in einer Wesensverwandtschaft zueinander stehen. »Ein Wesen, das das Ewige, das rein Geistige (letztlich Gott) zu erkennen vermag, kann nicht schlechthin ein vergänglicher Teil der materiellen Welt sein«[16]. Haeffner weiß um die Angreifbarkeit des Arguments in seinen Prämissen, dem vorausgesetzten ontologischen Charakter der Ideen sowie dem Rückschluß von der Natur des Erkannten auf die Natur der Erkenntnisfähigkeit, hält aber an der Grundeinsicht der platonischen Überlegung

---

14 Vgl. dazu R. Schaeffler, Was dürfen wir hoffen?; Ders., Kant als Philosoph der Hoffnung; Ders., Philosphie als Sokratik der praktischen Vernunft; G. B. Sala, Kant und die Theologie der Hoffnung.

15 Vgl. G. Haeffner, Vom Unzerstörbaren im Menschen, 169-171. Haeffner argumentiert auch richtig gegen E. Bloch, der gegenüber einem postmortalen Lohndenken eine höhere Sittlichkeit dort sieht, wo der 'rote Held' auf jeden Lohn seines Tuns verzichtet. Damit wäre aber die Handlung nicht von höherer Sittlichkeit, sondern nur von geringerer Vernünftigkeit; vgl. auch K. Demmer, Das vergeistigte Glück. Gedanken zum christlichen Eudämonieverständnis.

16 Ebd., 172.

fest, die vor allem in der Verschränkung mit dem postulatorischen Argument in ihrer Glaubwürdigkeit unterstützt wird[17].
Die Diskussion um Unsterblichkeit und Auferstehung formte sich zum großen Teil an der Frage der Unsterblichkeit der *Seele*. Die Betonung des Heilshandelns Gottes am Menschen muß dabei - so hat sich im Verlauf der Diskussion gezeigt - nicht in einer ausschließenden Konkurrenz zur Argumentation für ein am geschaffenen Menschen unvergängliches Prinzip treten. »In der Sicht der katholischen Theologie ist eine vom Glauben, vom Dialog des Menschen mit Gott, oder besser von der pneumatischen Selbstmitteilung Gottes her begründete Unsterblichkeitshoffnung vereinbar, ja notwendig verbunden mit der Frage, was an der von Gott selber gewollten und bewirkten, schöpfungsmäßigen Konstitution des Menschen es Gott ermögliche, dem vergänglichen Geschöpf Unsterblichkeit zu schenken«[18]. Dabei ist in der Auseinandersetzung ein gewisser Kompromiß zu verzeichnen, der neben der Betonung eines fortdauernden Leibbezugs der Seele zu einer gewissen »Rehabilitierung« der Seele geführt hat[19].
Auf weite Strecken ist die Diskussion um die Unsterblichkeit letztlich in einer Sackgasse stecken geblieben, weil sie sich - auf beiden Seiten - vor allem um ein substantiell verstandenes Subjekt bewegte, von dem Unsterblichkeit oder Auferweckung ausgesagt wurde. Das Festhalten an einer Seelenunsterblichkeit konnte zwar durch die Berufung auf einen breiten Strom philosophischer Tradition sowie auf die Verwurzelung in der theologischen und liturgischen Überlieferung in sich gerechtfertigt werden, geriet aber durch diese Begründungen, die sich hauptsächlich auf die einzelne menschliche Seele richten, in eine individualistische Engführung. Diesem Vorwurf entgeht auch nicht die an sich plausible Darstellung der Seelenunsterblichkeit durch G. Haeffner in der Ausfaltung von postulatorischem und geistmetaphysischem Weg; auch ein in dieser Frage entscheidendes Dokument der Kongregation für die Glaubenslehre vom 17. Mai 1979 muß sich dieser Anfrage stellen; in seiner Definition der Unsterblichkeit der Seele

---

17 Vgl. ebd., 172.

18 H. Vorgrimler, Der Tod als Thema der neueren Theologie, 48.

19 Vgl. ebd., 52f; H. Sonnemans, Seele - Unsterblichkeit - Auferstehung, 431ff.

heißt es, die Kirche halte an der Kontinuität und der selbständigen Existenz des geistigen Elements am Menschen nach dem Tode fest, »das mit Bewußtsein und Wille ausgestattet ist, so daß das 'Ich des Menschen' weiterbesteht« (Nr. 3). Neben dem berechtigten Einwand, daß es mit der Rede vom »Ich des Menschen« für den gläubigen Menschen nicht einfacher werde, den Inhalt der Worte »ewiges Leben« zu verstehen[20], ist diese Definition, die die Hoffnung auf Unsterblichkeit radikal am einzelnen Subjekt ausrichtet, damit tatsächlich einer Individualisierung menschlicher Hoffnung verfallen.
Betrachtet man die andere Seite der Diskussion, die stärker die Leiblichkeit und damit die Auferweckung in die Hoffnung jenseits des Todes einbezieht, so erscheint hier das Dilemma einer »weltfreien« Subjektivität zwar umgangen, doch ist die Beziehung zur Welt in dem Sinne einseitig, daß diese eher als Material verstanden wird, das die Identität des Menschen während seines Lebens mitkonstituiert hat, jedoch im Tod gleichsam erinnernd eingesammelt wird und - im Extremfall - als bereits vollendete Geschichte/ Welt im Subjekt anwesend gedacht wird, während das »Weiterlaufen« der Geschichte in der Zeit für den vollendeten Menschen seine Relevanz verliert[21].
In allen berücksichtigten Ansätzen findet sich kaum ein Eingehen auf die am Anfang des Abschnitts dargestellten Hinweise Gabriel Marcels: von der Erfahrung des Todes her ist der Tod derer, die wir lieben, unendlich bedeutsamer als der eigene Tod - letztlich ist der Tod des anderen der Ort, an dem die Frage nach dem Tod gestellt wird[22]. Die Ahnung des eigenen Sterbenmüssens kann zuäußerst in die Richtung sowohl des postulatorischen als auch des geistmetaphysischen Weges der Unsterblichkeitsbegründung führen; beide stehen jedoch in erster Linie im Interesse der Rechtfertigung und Sinnstiftung irdischen Lebens.

---

20 Vgl. die Kritik bei H. Vorgrimler, Der Tod als Thema der neueren Theologie, 54.

21 Vgl. G. Lohfink, in: G. Greshake/ G. Lohfink, Naherwartung - Auferstehung - Unsterblichkeit, 70-75.

22 Auch neutestamentlich ist das die Hauptfrage: vgl. 1 Kor 15, 18. 20. 29. 35; 1 Thess 4, 13-18.

II. Der Weg zu einer »dialogischen Unsterblichkeit«

Ganz anders qualifiziert die Erfahrung des Todes des geliebten Menschen die Frage nach der Unsterblichkeit - das Interesse geht in eine Richtung, die nur von dort her eine Antwort finden kann, wo der andere als Du lebt, ich in der Treue zu ihm mit ihm bin, wobei diese Treue sich nicht kontingent zur Frage der Unsterblichkeit des anderen verhält - kurz: wo es um die Rettung jener »Wirsubstanzeinheit« (P. Wust) geht, die einen völlig anderen Weltbezug des Verstorbenen ahnen läßt, als wenn dieser die Welt erinnernd und einsammelnd als die »Aufhebung« seines irdisch-geschichtlich gewordenen Daseins (Leiblichkeit) in sich trägt. Damit ist auch gesagt, daß von diesem zentralen Inhalt menschlicher (»peri-christlicher«) Hoffnung her durchaus eine philosophisch und theologisch legitime Aussage über die Unsterblichkeit getroffen werden kann, die sich am Ende (»ich hoffe auf dich [Gott] für uns«) als mehr erweisen wird denn eine blosse Projektion.

Dazu kann in drei Schritten vorgegangen werden: Zunächst kann angedeutet werden, daß die Rede von der Unsterblichkeit nur dort eigentlich sinnvoll wird, wo Unsterblichkeit und Bezogenheit miteinander untrennbar verbunden sind. In einem zweiten Schritt kann derjenigen Linie im theologischen Denken gefolgt werden, die in einer ähnlichen Intention wie der hier vorgelegten von einer »dialogischen Unsterblichkeit« spricht und diese durch die unaufhebbare Relation des Schöpfers zu seinem Geschöpf begründet. Hier wird auch ein bereichertes Verständnis von »Seele« vorgelegt. Geht diese Begründung eher »von oben« aus, so kann in einem dritten Schritt gefragt werden, wie in der menschlichen Hoffnung auf Unsterblichkeit ein solches dialogisches Verständnis grundgelegt ist, das die Verbundenheit der Menschen über den Tod hinaus erhofft, diese Hoffnung aber einbirgt in die sie ermöglichende Hoffnung auf ein absolutes Du. Dabei liegt der Vorzug jenes dritten Schrittes darin, den Ort in der menschlichen Erfahrung namhaft zu machen, an dem diese Hoffnung entsteht und sich bewährt.

1. Die Verknüpfung von Unsterblichkeit und Bezogenheit

Aus dem Konzept der Unsterblichkeit der Seele, wie es Haeffner aus philosophischer Sicht vorlegt, ergibt sich ein erster Hinweis auf die notwendige Verbindung von Unsterblichkeit und Relationalität. Versteht man die Seele als wesentlich durch ihre Erkenntnisfähigkeit konstituiert und schließt man von dort aus auf eine Verwandtschaft zwischen Erkennendem und Erkanntem, so ist die Seele nicht als in sich stehende Substanz gedacht, sondern bereits als ein Sein in Beziehung. Haeffner folgert daher, »daß die Substanz der Seele reiner Bezug ist«[23].

In einer Betrachtung der Wurzeln dieser geistmetaphysischen Begründung der Unsterblichkeit bei Platon kann diese Ansicht verfestigt werden. Dazu muß allerdings eine gewisse Nuancierung hinsichtlich dessen vorgenommen werden, was als »unbiblischer Dualismus« Platons bezeichnet wurde und eine Rezeption in der Eschatologie erschwerte. In einem strikten Dualismus, wie er tatsächlich bei Platon vorfindlich ist (aber nur eine Seite seines Denkens ausmacht), erscheint die Seele in ihrer eigentlichen Gestalt erst dort, wo sie sich von dem Leib als dem, was sie in der Erkenntnis des Wahren behindert, gelöst hat (Phaidon 65 bc; 66 d). Sie ist verwandt mit dem Göttlichen, den Ideen, ist dem Unsichtbaren ähnlicher als dem Leib (Phaidon 79 b) und gelangt im Tod als der Trennung vom Leib zu ihrer eigentlichen Daseinsgestalt. In der Möglichkeit, etwas *rein* zu erkennen, gelangt die Seele in ihr Eigentliches. Damit wäre zwar einerseits wieder auf eine Relation zur Begründung der Unsterblichkeit und zur Erklärung des Menschen hingewiesen; es zeigt sich aber in dieser Erkenntnisrelation, in die die Seele nach dem Tod gelangen kann, so etwas wie ein verobjektivierender Gegenüberstand zu den Ideen, so daß also nicht gesagt werden kann, die Seele verdanke ihr Dasein und ihre Unsterblichkeit den Ideen; sie ist vielmehr unentstanden und bewegt sich aus sich selbst; gerade deswegen kann sie auch unsterblich genannt werden (Phaidros 245 c-e).

H. Sonnemans hat jedoch darauf hingewiesen, daß gerade eine der zentralen Stellen, die als Argument für den platonischen Dualismus

---

[23] G. Haeffner, Vom Unzerstörbaren im Menschen, 174.

zwischen Seele und Leib (und damit für die Unsterblichkeit einer beziehungslosen Seele) herangezogen wird, zu dieser Argumentation nur bedingt tauglich ist: Phaidon 79 b. Hier findet sich die Aussage, daß die Seele dem Unsichtbaren ähnlicher sei als dem Leib; sie hat aber Teil an dem den Ideen Entgegengesetzten. Das bedeutet: »Völlig getrennt sind nicht Seele und Körper, sondern Idee und das Andere (*tháteron*)«[24]. Zur Natur des Menschen gehört die Zwischenstellung, durch die er sowohl mit der Idee als auch mit »dem anderen« in Verbindung ist. »Von einer Unterscheidung zweier Substanzen zu sprechen, läßt der Text gerade wegen des Vergleiches [»ähnlicher«] nicht zu. Vielmehr spricht Platons Phaidon von der Natur des Menschen als von einem Zusammen von Leib und Seele, Sichtbarem und Unsichtbarem (79 b-80 a)«[25]. Ein Dualismus zweier Substanzen wie bei Descartes könne daher nicht auf Platon zurückgeführt werden[26].
Wie kann aber die Seele in einer anderen Weise bestimmt werden, wenn sie nicht die vom Leib radikal unterschiedene und in Loslösung und Trennung vom Leib in ihr Eigentliches kommende Substanz ist? Das Bestimmende der Seele ist der *erôs athanasias*, die Sehnsucht nach Unsterblichkeit: diese Sehnsucht übersteigt qualitativ das Ziel, das im *Symposion* als letzte Stufe des Aufstiegs mit der Schau des Schönen selbst gegeben ist. Von der Seite des Objektes her ist hier zwar eine letztmögliche Steigerung, eine Transzendenz aller schönen Seienden erreicht; der Schauende selbst bleibt aber einerseits durch die Endlichkeit, anderseits durch den Gegenüberstand zum Geschauten begrenzt[27]. Sonnemans zieht nun für eine Formulierung des Zieles der Unsterblichkeit den Begriff *»entheos«* heran, der im Zusammenhang mit der Erörterung des *erôs* im *Symposion* neben dem der Schau auftaucht. Damit ist mehr gemeint als die beruhigte Schau des Göttlich-Schönen. »Diese Form der Teilhabe bedeutet nicht Schau, sondern 'Leben in der Liebe', und dieses Leben ist von Gott er-

---

24 H. Sonnemans, Seele - Unsterblichkeit - Auferstehung, 243.

25 Ebd.

26 Vgl. ebd., 267; 277.

27 Vgl. ebd., 228f.

füllt«[28]. Diese Form der Teilhabe ist auch Inhalt der Hoffnung - die Trennung vom Leib im Tod befreit die Seele nicht zu einer in sich abgeschlossenen Existenz, sondern zu einer unzerstörbaren Gemeinschaft[29]. Die Sehnsucht nach Unsterblichkeit erscheint so bei Platon im wesentlichen als die Sehnnsucht nach Erfüllung und Bewahrung einer die Seele selbst konstituierenden Relation.

Auch die Verbindung von Mythos und Logos, in der Platons Rede von Unsterblichkeit immer gesehen werden müsse, versteht Sonnemans so, daß durch sie eine Offenheit des platonischen Unsterblichkeitsdenkens für die christliche Hoffnung bestehe. Platon beziehe sich in der in *Phaidon* vorgelegten Argumentation beständig auf die Mythen von der Unsterblichkeit und suche sie mit Vernunftgründen zu stützen; dabei bleibe aber die Hoffnung ein Wagnis und der Hoffnungsinhalt unableitbar, nicht logisch zwingend[30]. »Platons Seelenlehre kann deswegen nicht schlechthin der christlichen Hoffnung widersprechend bezeichnet werden. Denn der Gedanke der Unsterblichkeit ist bei ihm keine rein philosophische Lehre. Zum einen wird sie nämlich ohne zureichende Vernunftgründe im Hinblick auf Gott *gedacht*, der unerfaßbar und unaussprechlich ist; zum anderen wird sie im Hinblick auf die Gemeinschaft mit Gott und mit den verstorbenen Menschen erhofft. Gerade darin erkennen wir das Verwiesensein auf *koinônia* im ontologischen und dialogischen Sinn. Dieses Verwiesensein schließt eine sich selbst genügende Seelenunsterblichkeit aus; damit ist auch die Vorstellung eines bloßen Fort*lebens* - wie glücklich auch immer - ganz bewußt überschritten. Platon sieht nicht im unendlichen Fortleben der Seele aus eigener Potenz den Inhalt der Hoffnung«[31].

---

28 Ebd., 229.

29 Vgl. ebd., 235.

30 Vgl. ebd., 216-225.

31 Ebd., 228. Die enge Verklammerung von Liebe und Hoffnung, die sich für Sonnemans vor allem aus der Zusammenschau von *Symposion* und *Phaidon* ergibt (bes. 226f) und die letztlich auch in eine richtige Richtung weist, muß mit einer gewissen Vorsicht aufgenommen werden, zumal Sonnemans undifferenziert »*erôs*« mit »Liebe« übersetzt und in der Exposition des platonischen Hoffnungsdenkens einen eher irreführenden Hinweis auf G. Marcel gibt (226).

Mit diesen Hinweisen auf Platon und die bereits bei ihm vorfindliche relationale Fassung der Unsterblichkeit liegt nicht nur eine philosophisch plausible inhaltliche Füllung des Begriffes der Unsterblichkeit vor, sondern der Hinweis auf den tiefsten Grund, der der Frage nach dem letzten Schicksal des Menschen jenseits des Todes zugrundeliegt und der aus einer als abgeschlossen verstandenen Subjektivität nicht beantwortet werden könnte: »Was veranlaßt den Menschen überhaupt, nach Dauer zu verlangen? Nicht das isolierte Ich, sondern die Erfahrung der Liebe. Die Liebe will die Ewigkeit des Geliebten und darum auch die eigene. ... Unsterblichkeit steckt nicht im Menschen selbst; sie beruht auf einer Relation, auf der Beziehung zu dem, was ewig ist und was Ewigkeit sinnvoll macht«[32].

Offensichtlich läßt sich die Frage nach der Unsterblichkeit tatsächlich nur sinnvoll auf dem Boden derjenigen Einsichten gewinnen, die eine dialogische Philosophie über die menschliche Person erarbeitet hat. Dabei ist über die Natur des für den Menschen konstitutiven Du nicht von vornherein entschieden; letztlich wird sowohl die Relation zu einem »zeitlichen Du« des Mitmenschen wie auch diejenige zum »absoluten Du« Gottes in die Überlegungen zur Unsterblichkeit eingehen. Ohne Relation, ohne Hinweise auf die dialogische Struktur menschlich-geistigen Daseins kommt jedoch die Eschatologie keinesfalls aus. »Wenn man eine Kraft des Geistes sich vorstellen will, die stark genug wäre, um den Tod wahrhaft zu überdauern, so schließt das ein, daß der Geist durch den Tod nicht isoliert wird, sondern in irgendeinem Sinne in Verbindung mit einer neuen Wirklichkeit tritt. Die Vereinzelung ist mit der inneren Struktur der persönlichen Existenz nicht vereinbar und schließt die Tendenz zur Vernichtung ein«[33].

Ein letzter Hinweis kann die notwendige Verbindung von Relationalität und Unsterblichkeit bestätigen: In der jüdisch-christlichen Tradition stehen Tod und Sünde in enger Verbindung. Wo das Wesen der

---

Er selbst muß aber dann zugeben, daß der Aspekt des Todes als Trennung vom Mitmenschen im *Phaidon* nicht behandelt ist. Erst so wäre aber der Hinweis auf Marcel verständlich.

32 J. Ratzinger, Eschatologie, 222f.

33 P. L. Landsberg, Die Erfahrung des Todes, 55.

Sünde als Selbstverschließung des Menschen sowohl gegenüber seinem Ursprung als auch gegenüber jeder menschlichen Gemeinschaft erkannt ist, dort wird deutlich, daß der Tod als Abbruch jeder Kommunikation (bereits alttestamentlich!) von der Sünde nicht zu trennen ist. Leben, auch jenseits des Todes, muß demgegenüber eine unzerstörbare Gemeinschaft bedeuten, deren derjenige nicht teilhaft werden kann, wenn er sich restlos in sich verschlossen hat[34]. Das festzuhaltende Element an einer theologisch begründeten Rede von der Hölle dürfte zumindest das sein, was sich hier andeutet: endgültige und offenbar gewordene Kommunikationslosigkeit als der schlechthinnige Gegensatz zum Leben[35].

2. Unsterblichkeit in der Beziehung zum trinitarischen Gott (Dialogische Unsterblichkeit I)

Man kann, wie bereits angedeutet, bei der Verbindung der Unsterblichkeit mit einer dialogischen Struktur des Menschen, grundsätzlich zwei Wege beschreiten. Sie entsprechen im großen und ganzen den beiden für die dialogische Philosophie möglichen Verhältnisbestimmungen zwischen ewigem und zeitlichem Du. Die Fragestellung dort war: Ist das zeitliche Du Abbild des ewigen Du oder ist das ewige Du eine Projektion, die vom zeitlichen Du aus gewonnen wird? Allerdings legte der Verzicht auf theologische Kategorien und der Ausschluß der Frage nach der Unsterblichkeit in dem entsprechenden Abschnitt der vorliegenden Arbeit weder ein Sprechen von einer Schöpfungsrelation Gottes zum Menschen noch die Rede von der Begegnung des absoluten Du nach dem Tode nahe. Diese Fragen, vor allem die Frage nach der Bedeutsamkeit menschlicher Beziehungen für die Hoffnung auf Unsterblichkeit sollen nun zur Sprache kommen.
J. Ratzinger versucht in seiner Eschatologie die Diskussion um die Unsterblichkeit der Seele aus dem Dilemma von Dualismus und Monismus zu befreien und durch ein dialogisches Verständnis von Seele und Unsterblichkeit einen neuen Zugang zur Rede von der unsterbli-

---

34 Vgl. M. Kehl, Eschatologie, 257ff.

35 Vgl. G. Marcel, StructEsp 51f; J. Auer, 'Siehe, ich mache alles neu', 70; M. Kehl, Eschatologie, 294f; J. Ratzinger, Eschatologie, 131.

chen Seele zu öffnen[36]. Diese Sicht begründet Ratzinger einerseits aus der dialogischen Sicht des Menschen, anderseits aus der unaufhebbaren Schöpfungsrelation Gottes zum Menschen. Es ist also die Beziehungsfähigkeit des Menschen zu Gott hin, die den Menschen unsterblich macht[37]. Diese sei es auch, die letztlich mit »Seele« bezeichnet werde[38]. Die Aussage der Geschöpflichkeit des Menschen wäre für sich genommen noch nicht aussagekräftig, was die *Beziehung* des Geschöpfes zu seinem Schöpfer anbelangt, und auch noch nicht hinreichend hinsichtlich einer Aussage über die Unsterblichkeit dieses Geschöpfs. Ratzinger setzt aber voraus, daß eben die Geöffnetheit, die Beziehungsfähigkeit des Menschen zu seinem Wesen gehört und ihm erst Selbstsein, Personsein ermöglicht. Der davon ausgehende Argumentationsgang sei hier in extenso zitiert: »Ein Wesen ist um so mehr es selbst, je offener es ist, je mehr es Beziehung ist. Das führt dann wieder zu der Einsicht, daß der Mensch das zum Ganzen und zum Grund des Seins hin offene Wesen und dadurch ein 'Selbst', eine Person ist. Solche Offenheit ist dem Menschen *gegeben* (insofern abhängig, nicht Produkt eigener Leistung). Aber sie ist ihm zu eigen gegeben, so daß sie nun im Selbstsein des Menschen liegt: Das eben heißt Schöpfung, und das meint Thomas, wenn er sagt, die Unsterblichkeit eigne dem Menschen von Natur her. Dahinter steht immer sein Schöpfungsgedanke, welcher weiß, daß solche Natur nur durch Mitteilung vom Schöpfer her ist, aber daß solche Mitteilung dann auch das Geschöpf ins Eigene setzt und ihm das Mitgeteilte wahrhaft zuteilt«[39].

Ratzinger kommt zu dieser Fassung der »dialogischen Unsterblichkeit« durch verschiedene Einflüsse: Erste Hinweise verdankt er dem evangelischen Theologen P. Althaus. Im Anschluß an Luther stellt dieser heraus, daß eine Unsterblichkeit der Seele aus ihrer eigenen

---

[36] Vgl. J. Ratzinger, Eschatologie, 127ff; im folgenden stützt sich die Arbeit hauptsächlich auf die Untersuchung von G. Nachtwei, Dialogische Unsterblichkeit, und das dort zusammengetragene Material.

[37] Vgl. J. Ratzinger, Eschatologie, 130.

[38] Vgl. ebd.

[39] Ebd., vgl. 223.

Macht dem christlichen Auferstehungsglauben widerspreche. Unsterblich sei nicht die Seele, sondern unser Gottesverhältnis, das den Menschen in seiner leibseelischen Ganzheit betreffe[40]. Allerdings gilt für Althaus (ähnlich wie für Barth, Bultmann und Moltmann), daß Gott hier mit dem Menschen kaum in einem wirklichen Dialog stehend gedacht wird; eher findet eine Art göttlicher Monolog statt, »den Gott über das Medium Mensch mit sich selbst führt«[41]. Zu einem wirklichen Dialog gehört ein tatsächlich freies Subjekt als Gegenüber[42].

Es muß also, um von einer wirklich dialogischen Unsterblichkeit gesprochen werden zu können, eine eigene Reflexion angestellt werden, die es versteht, auch vom Menschen her Freiheit und Bezogenheit auf Gott als Wesensmerkmale aufzudecken. G. Nachtwei nennt drei Gedankenkreise zur anthropologischen Begründung dialogischer Unsterblichkeit, die sich bei Ratzinger finden lassen: den Versuch, sich über den eigenen Tod ein »Weiterleben im anderen« zu erhoffen; eine Überlegung zum Wesen der Liebe, die sich immer wieder stärker als der Tod erweist; schließlich finden wir eine Reflexion über das Wesen des Menschen als Person; »in Geistigkeit und Leib-Seele-Verfaßtheit zeigt sich Personalität als dialogische Verwiesenheit auf Gott hin«[43]. Ratzinger deutet an, daß in der Entwicklung des theologischen Personbegriffs, der in der Reflexion über das richtige Sprechen von dem dreifaltigen Gott entstand, das wohl entscheidende Ergebnis die Relationalität dieses Begriffes war: »Person heißt in Gott Relation«[44]. In der Christologie, der zweiten Quelle für das christliche Personverständnis, vollzieht sich nach Ratzinger zum einen eine existentielle Fassung des Personbegriffs gegenüber der substantialistischen des Boethius, zum anderen, was dann auch für den menschlichen Personbegriff relevant wird, versteht man die Person zuneh-

---

40 Vgl. G. Nachtwei, a. a. O., 13.

41 Ebd., 15.

42 Vgl. ebd.

43 Ebd., 24.

44 J. Ratzinger, Zum Personverständnis in der Theologie, in: Dogma und Verkündigung ^{3}1977, 201-219, hier: 207.

mend als das Sein-beim-anderen. Nicht das Bei-sich-selbst-Sein ist das Bestimmende. »Denn Christus ist *der* Mensch dadurch, daß er in seinem Sein ganz aufgeht als 'Sein von her und auf zu'«[45].
Für den Menschen bedeutet ein solches Personverständnis daher: »Wenn der Mensch um so mehr bei sich selbst und um so mehr er selbst ist, je mehr er über sich hinauszugreifen fähig ist, je mehr er beim anderen ist, dann ist der Mensch um so mehr er selbst, je mehr er beim ganz Anderen, bei Gott ist«[46].
Mit diesen Hinweisen zum Personverständnis, das sich Ratzinger zu eigen gemacht hat, ist auch eine Differenz zu einem von der dialogischen Philosophie herkommenden Denkansatz deutlich geworden. Ratzinger entwirft sein Personverständnis nicht vom modernen dialogischen Denken her[47] und hält, um einer aktualisierend verkürzenden Sicht des Dialogischen auszuweichen[48], an der metaphysisch-theologischen Fundierung des Dialogischen fest[49]. Der Grund ist die Betonung der Unableitbarkeit Gottes aus der rein anthropologischen Erfahrung der dialogischen Struktur menschlichen Daseins. Die Begründung verläuft umgekehrt: die Fähigkeit des Menschen zum absoluten Du ermöglicht seine Bezogenheit zum menschlichen Du[50]. Gott selbst ist für den Menschen absolutes, Unsterblichkeit verheißendes Du, das aber nur, weil er in sich selbst Personsein als Relation lebt. »Auch Gott hat Unsterblichkeit, oder richtiger: ist Unsterblichkeit als Beziehungsgeschehen trinitarischer Liebe. Gott selbst ist nicht 'Atom', sondern Beziehung, weil er Liebe ist, und darum ist er das Leben. Von da aus liegt auch auf dem Zueinander menschlicher Liebe ein Glanz des Ewigkeitsgeheimnisses«[51].

---

45 G. Nachtwei, a. a. O., 29.

46 J. Ratzinger, Zum Personverständnis in der Theologie, 216; müßte die Folgerung nicht korrekter heißen: ... je mehr er *ganz beim anderen* ist?

47 Vgl. G. Nachtwei, a. a. O., 186.

48 Vgl. ebd., 207.

49 Vgl. ebd., 214.

50 Vgl. ebd., 194.

51 J. Ratzinger, Eschatologie, 132f; vgl. G. Nachtwei, a. a. O., 203.

An diesen Entwurf sind im Hinblick auf eine dialogisch begründete Unsterblichkeitshoffnung verschiedene Anfragen zu stellen. Die ontologische und theologische Begründung einer dialogischen Unsterblichkeit ist zunächst durchaus gerechtfertigt und für den Glauben unaufgebbar. Das bedeutet aber, daß die Hoffnung auf Unsterblichkeit, wenn diese nicht nur ein *ex negativo* begründetes, dem Geistsubjekt immanentes Weiterleben sein soll und auch nicht als bloße Extrapolation irdischer Existenz in eine gedachte Zeitlosigkeit aufgefaßt werden soll, nur dem Glaubenden möglich ist, der positiv zu einer Anerkenntnis Gottes als seines absoluten Du gelangt ist.

Kann aber nicht - so darf aus dem bisher Gesagten gefolgert werden - nach einem existentiellen Ort gefragt werden, an dem eine solche Hoffnung begründetermaßen besteht, auch wenn der Hoffende nicht explizit seine Hoffnung auf eine im absoluten Du begründete und von ihm her erst sinnvolle Unsterblichkeit richtet? Ratzinger scheint diese Möglichkeit nicht in Betracht zu ziehen: »Das kommende Leben vermögen wir vom jetzigen her hinsichtlich seines *Daß* ahnend zu extrapolieren; die Botschaft des Glaubens kann auf eine gewisse Evidenz des Denkens zurückgreifen. Dagegen bleibt das *Was* dieses neuen Lebens gänzlich außerhalb unseres Erfahrungsraumes und somit von uns her gesehen schlechthin unwißbar«[52] .

Das hieße aber, daß irdische menschliche Gemeinschaft aus sich heraus keine Hoffnung auf Unsterblichkeit begründen könnte, zumindest aber über die Gestalt dieses kommenden Lebens keinerlei Aussage zu treffen vermöchte, strenggenommen nicht einmal um den Fortbestand dieser Gemeinschaft für ein unsterbliches Leben wissen könnte. Der Mensch müßte erst zur Annahme des dialogischen, in der Schöpfung begründeten (und *so* naturhaften) Verhältnisses zu Gott gelangt sein, um die menschliche Gemeinschaft als in der Unsterblichkeit geborgen erhoffen zu können. Erst so fiele auf die menschliche Gemeinschaft »ein Glanz des Ewigkeitsgeheimnisses«.

Gegen eine solche, von »oben« her aufgebaute Unsterblichkeitshoffnung scheint die Auffassung Gabriel Marcels zu stehen, der ohne ein ausdrückliches Bekenntnis zur christlichen Offenbarung die menschli-

---

[52] Ebd., 135.

che Gemeinschaft in einer Unsterblichkeitshoffnung geradezu verankert und diese Liebe als wesentlichen Inhalt der Hoffnung auf Unsterblichkeit umschreibt: »Die menschliche Liebe ist nichts, belügt sich selber, wenn sie nicht mit unendlichen Möglichkeiten geladen ist«[53]. Die Gefahr, die darin liegt, eine so verstandene Hoffnung in die christliche Eschatologie zu überführen, ist offensichtlich: Wenn dieser menschlich-irdisch erfahrene Inhalt des Lebens, der es wert ist, wesentlicher Inhalt eines unvergänglichen Lebens zu sein, als Grund einer Hoffnung auf Unsterblichkeit genügt, dann könnte letztlich auf die Gründung dieser Unsterblichkeit in Gott verzichtet werden und der Mensch könnte dem Menschen in Ewigkeit genügen.

Gelingt es jedoch zu zeigen, daß eine dialogische Begründung der Unsterblichkeit, auch wenn sie auf der Erfahrung menschlicher Liebe aufbaut, darin um das begründende Je-mehr göttlicher, Unsterblichkeit gewährender Liebe weiß, ist diese Gefahr umgangen. Wenn das Unsterblichkeitsverlangen der menschlichen Liebe in sich über sich hinausgeht, dann ist es einerseits möglich, in fundamentaltheologischer Hinsicht einen Zugang zur Unsterblichkeit des Menschen zu eröffnen, der nicht nur denkerisch verantwortet, sondern existentiell einsichtig wäre; dann ist anderseits der ontologische Grund der Unsterblichkeit in dem fundierenden Du Gottes zu seinem Geschöpf gewahrt.

---

53 ME II 157/ GeS 476; vgl. auch G. Scherer, Sinnerfahrung und Unsterblichkeit, 177ff, der diesen Sachverhalt in einen logischen Schluß zu fassen versucht, dabei aber - wie Marcel - das Sinnpostulat von Liebe heranziehen muß, so daß, wie er selbst schreibt, am Ende kein Beweis steht und auch nicht stehen kann. Folgender Gedankengang wird vorgelegt: in der Liebe, dem unbedingten Annehmen des anderen, begegnet der Mensch immer einem Widerspruch, da diese Absolutheit der »Akzeptation« immer auf ein (spätestens durch den Tod) faktisch begrenztes und somit relatives Wesen trifft. Soll Liebe aber nun nicht in sich selbst sinnlos sein, setzt sie im Grunde immer eine Teilhabe des faktischen Wesens an absoluter Transzendenz voraus. »Täte sie dies nicht, so wäre ihr eigenster Wille in der Tat widersinnig: Ihr unbedingter Einsatz, ihre unwiderrufliche Affirmation, das Jasagen schlechthin, ein unbegrenztes Vertrauen und eine Solidarität, die durch nichts erschüttert werden kann«(181).

3. Die Unsterblichkeit menschlicher Liebe (Dialogische Unsterblichkeit II)

Ein Denken, das sich in der Orientierung an Gabriel Marcel der Frage nach der Unsterblichkeit annähert und in der konkreten Existenz den Ort ausweisen will, wo sich eine begründete Hoffnung auf Unsterblichkeit zeigt, wobei sich dieses Denken jedoch noch nicht auf das Zeugnis der Offenbarung stützt, kann im Letzten nicht als anthropologische Verkürzung der christlichen Hoffnung bezeichnet werden.
Es sei noch einmal das Verhältnis der Offenheit der Marcelschen Philosophie zur Offenbarung in Erinnerung gerufen, wobei bereits deutlich wird, daß Marcel die Unsterblichkeit anders versteht als eine aus der Selbstmächtigkeit des Subjekts herkommende Eigenschaft. Marcel betont, »daß der Gedanke der Unsterblichkeit den des Fortlebens unendlich überragt und es daher unmöglich ist, hier nicht in die Theologie im eigentlichen Sinne einzumünden, das heißt, nicht zu der direkten Quelle allen Lichtes vorzustoßen: zu Gott und zu seiner Liebe zu den Geschöpfen«[54]. Für das philosophische Denken gibt es zwar keine Möglichkeit, in das Gebiet der Offenbarung vorzudringen[55]. »Ich bleibe indessen überzeugt, daß es wichtig ist zu zeigen, wie sich die Reflexion da, wo sie sich in allen ihren Dimensionen entfaltet, in einem unwiderstehlichen Schwung einer Behauptung (affirmation) zukehrt, die sie übersteigt, sie aber letzten Endes über sich selbst und über ihre eigene Natur erleuchtet«[56].
Zum anderen sei in Erinnerung gerufen, was Marcel hinsichtlich der Intersubjektivität und der auf sie gerichteten Hoffnung schreibt; für Marcel ist das konkrete menschliche Du untrennbar verbunden mit der Anerkenntnis des absoluten Du Gottes, ohne daß die Relation zwischen diesen beiden Verhältnissen in eine eindeutige Begrifflichkeit gebracht werden könnte: Marcel sieht hier eine eher dunkle, »unterirdische« Verbindung[57], ist aber überzeugt davon, daß in der Welt, die wir kennen, die Wesen nur in der Liebe miteinander ver-

---

[54] PrésImm 192f/ GegUnst 304/ MWA I 224.

[55] Vgl. PrésImm 193/ GegUnst 305/ MWA I 224; Cérisy 175.

[56] PrésImm 193/ GegUnst 305/ MWA I 224.

[57] EPC 205f/ SchTr 133/ MWA III 180.

bunden sein können, »weil sie in der anderen Dimension mit etwas verbunden sind, was sie übersteigt und sie in sich beschließt«[58].

In den Bemühungen um ein Verständnis der Auferstehung bzw. der Unsterblichkeit sowie der menschlichen Hoffnung darauf findet dieser Aspekt der Hoffnung, die in der menschlichen Liebe den »Einfügungspunkt« der Unsterblichkeitshoffnung erkennt, bei verschiedenen Autoren eine gewisse Berücksichtigung, wenn er auch nicht als zentrales Moment eschatologischer Arbeiten gewertet werden kann.

G. Haeffner begründet die Verbindung von Unsterblichkeit und Liebe zunächst aus der negativen Haltung der Stoa. Relativiert man im Leben alles, woran man sich binden könnte, wie es Epiktet (Manuale 3) vorschlägt, dann verliert zwar der Tod insofern seinen Schrecken, als er keinen Abbruch der Beziehungen, die das Leben bestimmt haben, beinhaltet: Der Mensch hat sich in seinem Leben bereits gelöst und so den Tod als Trennung vorweggenommen und relativiert. Damit verliert aber das irdische Leben seinen Wert. »Wer aus Furcht vor dem Tod - dem Tod, der uns unmittelbar oder in Gestalt des Todes eines Menschen, den wir lieben, trifft - wer aus solcher Furcht kein endliches Wesen mehr zu lieben vermag, der ist schon zu Lebzeiten nur ein Schatten dessen, der er sein könnte und sollte: ein abstraktes, leeres, einsames Ich«[59].

Das bedeutet einerseits für die Gestalt menschlicher Liebe, daß sie, um tatsächlich, d.h. in einem vorbehaltlosen Engagement gelebt werden zu können, auf ihre eigene Unsterblichkeit rechnen können muß. Dürfte sie darauf nicht zählen, wäre also der in der Gestalt des Todes drohende Abschied tatsächlich ein endgültiger, dann wäre die von Epiktet nahegelegte Haltung die einzig richtige. Auf den anderen zu bauen ist nur dort sinnvoll, wo dieser andere mir im Tod nicht endgültig genommen wird und mein Leben, das von ihm her bestimmt war, mit sich reißt und zerstört. Das bedeutet anderseits für ein Reden von Unsterblichkeit, daß dieses nur dort letztlich gefordert ist, wo der Mensch sich zu einem unbedingten Engagement in der Bezie-

---

[58] HcH 196/ ErM 287.

[59] G. Haeffner, Leben angesichts des Todes, 499.

hung zu einem Menschen aufgerufen erfährt und dieses ihn ganz einfordernde Engagement eingeht. Der Stoiker, der in der *autarkia* jede Bindung an die Welt soweit als möglich gelöst hat, verlangt nicht nach Unsterblichkeit.

Die Unsterblichkeit, die in der hier vorgelegten Perspektive erhofft wird, ist keine Unsterblichkeit des isolierten Subjekts. Ihre in die Sprache der Hoffnung übertragene Gewißheit lautet nicht so sehr »Non confundar in aeternum«, sondern »Du wirst nicht sterben!«; »Ich hoffe auf dich für uns«.

Die eschatologischen Aussagen, die sich mit der Verbindung von Unsterblichkeit und Auferstehung beschäftigen, verstehen diese zumeist als Bestandteil einer Vollendung, die aber zunächst vom einzelnen, von seinem Tod und vom Handeln Gottes an ihm ausgehen[60]. Demgegenüber gilt aber: »In die christliche Vorstellung von der Unsterblichkeit gehört auch der mitmenschliche Faktor hinein«[61]. Nimmt man Marcels Aussage ernst, daß es nicht der eigene Tod ist, der uns in erster Linie betrifft, sondern der Tod derer, die wir lieben, dann gilt auch für die Hoffnung auf Unsterblichkeit, daß ihr erster Gegenstand das Leben des Geliebten und so die Bewahrung der Gemeinschaft mit ihm ist. Der Liebende hat das Recht und die Pflicht, in der Hoffnung dieses von den Tatsachen augenscheinlich von vornherein falsifizierte Wort zum Nächsten zu sprechen: Du wirst nicht sterben.[62] »Deswegen kann man nicht sagen, in einem zerbrochenen Wir würden dennoch alle Einzelnen ebenso selig, wie wenn sie alle gemeinsam selig wären«[63].

Die durch das Gesagte deutlich gewordene Verbindung von Liebe und Unsterblichkeit, in der die Liebe ohne die Perspektive der Unsterblichkeit nicht wirklich gewagt werden kann, in der anderseits die Unsterblichkeit nicht ohne die Bewahrung und Vollendung der Liebe gedacht zu werden vermag, kann auf den ersten Blick wieder wie eine Projektion erscheinen. Diese ist aber - zumindest in der Perspektive

---

60 Vgl. H. Sonnemans, Hoffnung ohne Gott?, 95.

61 J. Ratzinger, Eschatologie, 133.

62 Vgl. G. Haeffner, Leben angesichts des Todes, 500.

63 H. Sonnemans, Hoffnung ohne Gott?, 95.

Gabriel Marcels - ausgeschlossen, der darum weiß, daß die Unsterblichkeit im absoluten Du Gottes begründet ist.

Das Ineinanderstehen der dialogischen Verhältnisse der Menschen zueinander und zum Du Gottes, in dem letzteres das dialogische Verhältnis der Menschen zueinander fundiert, ohne daß dieses nun eine Funktion der Gottesbeziehung des Menschen wäre, in der sich das konkrete Du auflösen müßte[64]; in dem aber anderseits weder Gott noch die von ihm geschenkte Unsterblichkeit einfachhin aus der Erfahrung des konkreten Du abgeleitet werden könnte, kommt in der »anthropologischen Kurzformel« K. Rahners deutlich zum Ausdruck: »Der Mensch kommt nur wirklich in echtem Selbstvollzug zu sich, wenn er sich radikal an den anderen wegwagt. Tut er dies, ergreift er (unthematisch oder explizit) das, was mit Gott als Horizont, Garant und Radikalität solcher Liebe gemeint ist, der sich in Selbstmitteilung (existentiell und geschichtlich) zum Raum der Möglichkeit solcher Liebe macht«[65].

Das hier von Rahner gemeinte Wagnis der Liebe bleibt aber nur dort nachvollziehbar, wo die Perspektive der Unsterblichkeit bzw. der Auferstehung in diesem Wagnis einbeschlossen ist. So könnte Auferstehung definiert werden: »Auferstehung besagt wesentlich durch Gott garantierte Erfüllung und Vollendung der Liebe. Das bedeutet, im Anschluß an das über Liebe und Tod Gesagte: Wer sich hingibt, sich hingebend weggibt, geht in seinem Tod nicht unter, sondern kommt gerade darin zur Erfüllung seiner Liebe, zu denen, die er liebt und zu sich selbst«[66]. Als offenbar gewordener Grund der Hoffnungsstruktur aller menschlichen Liebe tritt in den letzten beiden Zitaten dasjenige Ereignis in den Blick, das von der menschlichen Seite der Intersubjektivität her unableitbar bleiben muß, aber als Vollzug menschlicher Existenz des fleischgewordenen Gottes die menschliche Intersubjektvi-

---

[64] So z. B. L. Boros, Wir sind Zukunft, 19: »Nachdem das geliebte Du durch seine Gegenwart die Liebe erweckt und auf sich gelenkt hat, nachdem es für den Liebenden restlos alles geworden ist, soll es sich 'durchsichtig' machen, gleichsam zum 'Nichts' werden, damit die Liebe dem entgegenströme, dem sie immer schon zugedacht war«.

[65] K. Rahner, Grundkurs des Glaubens, 437.

[66] F.-J. Nocke, Liebe, Tod und Auferstehung, 143.

tät prägen kann: Tod und Auferstehung Jesu Christi. Hier begegnen sich die menschliche und die von Gott ansetzende Begründung »dialogischer Unsterblichkeit«.
Eine dialogisch begründete Hoffnung, wie sie hier vorgestellt wurde, muß zuletzt noch abgegrenzt werden von einer bloß auf die engste Einheit des Ich-Du beschränkten und sich in der Erfüllung dieser engsten menschlichen Gemeinschaft genügenden Hoffnung. Hoffnung, die für ein Du in der Welt besteht, schließt die Situation, die menschliche Wirklichkeit, die Welt ein. Sie dient nicht dazu, sich mit dem geliebten Menschen aus der Welt »hinauszuhoffen«: Das Band, das den Menschen mit der Welt verbindet und in gewisser Weise ein »eheliches Band« ist[67], muß für die Hoffnung deren Ausweitung auf die Welt bedeuten.
Bemerkenswerterweise ist dieser Aspekt sowohl in der Hoffnungstheologie als auch in der Eschatologie eher gewürdigt worden als das dialogische Fundament einer solchen Hoffnung. Vermutlich lag in der ekklesiologischen Besinnung, die in der Theologie nach dem II. Vatikanischen Konzil eingesetzt hat, sowie in der durch die Theologie zunehmend wahrgenommenen Weltverwiesenheit des Glaubens dieser Aspekt eher zutage. Hoffnung erweist sich letztlich als »eine gemeinsame Hoffnung für uns und für alle«[68], für die Welt, in der der Mensch sein Dasein gestaltet. »In der Liebe ist die Hoffnung der Erde nah«[69].

---

67 PrésImm 143/ GegUnst 225/ MWA II 351.

68 M. Kehl, Eschatologie, 238; vgl. ebd., 163; J. Ratzinger, Eschatologie, 190-193; F. Kerstiens, Die Hoffnungsstruktur des Glaubens, 203; H. Sonnemans, Hoffnung ohne Gott?, 94; Synodenbeschluß *Unsere Hoffnung*, 99; D. Wiederkehr, Perspektiven der Eschatologie, 267-295.

69 P. Schütz, Parusia, Werke III, 639.

Drittes Kapitel

Die Vollendungsgestalt der Hoffnung

Dieser letzte Abschnitt der Studie greift aus zu einer Frage, die in der Eschatologie zwar eine untergeordnete Rolle spielt, für die Überlegungen zur Hoffnung jedoch nicht nebensächlich ist: Es geht um die Möglichkeit, von einem »Bleiben« der Hoffnung zu sprechen, das auch in der Vollendung besteht. Mehr als in anderen eschatologischen Fragen begibt sich jedoch hier das Denken auf den gefährlichen Boden der Spekulation, wenn es über inhaltliche Bestimmungen der Vollendung nachdenkt. Daher sollen hier auch nur einige Hinweise aus verschiedenen Richtungen dargelegt werden; Annäherungen, die keinen Anspruch auf Vollständigkeit haben und die unter dem Vorbehalt vorgetragen werden, daß es sich um theologisch ungesichertes Gebiet handelt, das hier betreten werden soll.
Für die Frage nach der Hoffnung ist dieses Thema insofern relevant, als sich hier nochmals eine Standortbestimmung der Hoffnung vornehmen läßt, aus der deutlich werden kann, ob die Hoffnung lediglich eine von dem »Noch-Nicht« irdischen Daseins unterfangene Haltung ist, die ein Unerfülltsein zum Ausdruck bringt und daher, sobald von Erfüllung gesprochen wird, vergehen muß, oder ob die Hoffnung eher von ihrem unausschöpflichen Gegenstand her bestimmt werden muß. Dann könnte in analoger Weise auch noch dort von Hoffnung gesprochen werden, wo der zeitliche Ausstand des Erhofften überwunden ist und sich dieses dem Hoffenden in einer Teilhabe übereignet hat, jedoch nicht so, daß der Hoffende (als Subjekt) sein Gegenüber (als Objekt) umschließen könnte; auch nicht so, daß hier Vereinigung als In-eins-Fallen stattfinden würde, sondern in der Art des Marcelschen »Co-esse«, in dem sich nun eine letzte Aufgipfelung vollzieht: als »Co-esse« des Begrenzten mit dem Unerschöpflichen. In der Bewahrung des geschöpflichen Abstandes geschieht dennoch restlose Erfüllung, die in dem Wissen um das (jetzt endgültig offen-

bar gewordene) »Je-mehr« des Erfüllenden keinen Anlaß mehr zu dunkler Ungewißheit, sondern gerade ihre eigene Bestimmung sieht. Das hieße dann: Die Hoffnung *bleibt*; bleibt als endgültige Weise des Verhaltens des Geschöpfes zu dem unausschöpflichen Gegenüber Gottes, von dem es eine unüberwindliche Differenz trennt. Sie bleibt - von zeitlicher Verfaßtheit befreit und daher auch nur in analoger Weise als Hoffnung begreifbar - jene Ausspannung des Menschen auf ein »Mystère«, die ihn schon *in* der Zeit geprägt hat.

Hier zeigt sich dann auch, wie diese Frage den Bogen schlägt zu dem immer wieder anklingenden Thema, das in der Mitte der Marcelschen Philosophie steht und als zugehöriges Pendant die Hoffnung ebenso in diese Mitte hineinnimmt: jene Bestimmung des »Mystère«, zu deren wesentlichsten Bestandteilen die Überschreitung der Differenz zwischen »In-mir« und »Vor-mir« gehört. Stünde tatsächlich in der Vollendung das Unausschöpfliche als solches »vor mir«, wie es die klassische Rede von der *»visio beatifica«* nahelegt, dann könnte das Geschöpf hier nicht Erfüllung finden, da die Unerschöpflichkeit des Gegenüber als Mangel der eigenen Konstitution erfahren würde; stünde es »in mir«, so wäre der Ineinsfall zur Identität die Konsequenz - damit aber einsame Unsterblichkeit, was spätestens im Zuge des letzten Abschnittes als undenkbar bzw. eschatologisch fruchtlos deutlich geworden ist.

Die Berechtigung, dieser Frage im Zusammenhang einer Studie nachzugehen, die hauptsächlich dem Denken Gabriel Marcels verpflichtet ist, ergibt sich aus den Andeutungen, die Marcel mit Blick auf eine theologische Bestimmung der Vollendung, des ewigen Lebens macht. Deutlicher als gewohnt bezieht Marcel hier Stellung zu einem bestimmten theologischen Denken: für seine Vorstellungen von der Ewigkeit stellt Marcel eine Verwandtschaft mit Gregor v. Nyssa fest, mit dem er sich erst relativ spät beschäftigt zu haben scheint[1] und den er hauptsächlich durch die Studie H. U. v. Balthasars, *Présence et pensée*, kennengelernt hat[2]. Dabei ist es ihm vor allem um ein Verständnis der Ewigkeit zu tun, das als Weg und nicht so sehr als Zu-

---

1 ME II 183/ GeS 506.

2 Vgl. GM-Boutang 108; Cérisy 16.

stand aufgefaßt werden kann. »Dazu möchte ich noch sagen: sind Heil und Friede in gewissem Sinne eins, dann handelt es sich hier um einen lebendigen Frieden und mitnichten um die Erstarrung, darin unser Leben wie im Anschauen irgendeines Fixsterns gewissermaßen zu Eis würde. Was aber wäre solch lebendiger Friede, wenn nicht ein Fortschreiten in der Liebe und in der Wahrheit,...?«[3]

Diesem Hinweis auf Gregor soll hier in einem ersten Schritt nachgegangen werden. In einem zweiten Schritt kann, da bei Gregor in diesem Zusammenhang nicht explizit von Hoffnung die Rede ist, nach derjenigen Aussage der Schrift gefragt werden, die ein solches Verständnis der Vollendung von seiten der Hoffnung grundlegt: das *menei*, das in 1 Kor 13, 13 von der Trias Glaube, Hoffnung, Liebe ausgesagt ist. Schließlich wird von dem letzten Gegenstand der Hoffnung, dem Geheimnis Gottes her, zu begründen sein, daß die Vollendung eher ein Offenbarwerden des Geheimnisses *als* Geheimnis bedeutet als dessen Auflösung, so daß die Schau Gottes kein Durchschauen meint, sondern: Vollendung von Glaube, Hoffnung und Liebe in der einen Gestalt der Übereignung.

I. Ruhe und Bewegung

Was ist damit gemeint, wenn Marcel im Hinblick auf Gregor von Nyssa die Vollendung des Menschen nicht in Statik, sondern in einer ewigen Bewegung sieht? Zur Beantwortung dieser Frage sollen die entsprechenden Gedanken Gregors kurz skizziert werden. Dabei wird im Wesentlichen diejenige Perspektive berücksichtigt werden, unter der Gabriel Marcel dieses theologische Denken kennengelernt hat: die Darlegung H. U. v. Balthasars in seiner Studie *Présence et pensée*.

Der Weg, der hier zur Aufhellung der Frage führt, geht nicht direkt zur Eschatologie Gregors. Hier lehrt Gregor vor allem die Apokatastasis[4]. Der Weg führt eher über die Erkenntnistheorie bzw. die

---

3 ME II 183/ GeS 506f.

4 Vgl. B. E. Daley, The Hope of te Early Church, 85f.

Frage der Gotteserkenntnis, die Gregor auf dem Hintergrund der eunomianischen Auffassung von der Erkennbarkeit, der Faßbarkeit Gottes im Begriff behandelt[5], sie aber zu einer eigenen, mystischen Theologie weiterentwickelt. Hier liegt der eigene Beitrag Gregors zu unserer Frage. Es ist offensichtlich, daß dort, wo es um die Gotteserkenntnis und ihre letzten Möglichkeiten geht, diese Gedanken notwendig in die Eschatologie hineinführen: wie ist die Gottesschau in der Vollendung - hat sie einen anderen Charakter als die irdische Gotteserkenntnis des Glaubens oder ist sie dessen Vollendung, so daß ihre wesentlichen Züge erhalten bleiben?
Daß Gregor selbst die Relevanz der eher philosophischen Frage der Gotteserkenntnis für die Eschatologie erkennt, bezeugen seine Schriften *De infantibus* und *De anima et resurrectione*[6]. Die Erkenntnis Gottes für den Menschen bleibt für Gregor auf dem Hintergrund eines von seiten des Menschen unüberbrückbaren Raumes zwischen Schöpfer und Geschöpf[7]; dieser Raum steht zwischen dem immer in sich gleichen Schöpfer und dem Geschöpf, das dem Wandel (*tropê*), der Veränderung (*alloiôsis*) unterworfen ist.
Daher sind unsere Begriffe, die wir von Gott machen können, lediglich »entfernte Analogien, bloße Annäherungen an die unendlich reiche Wirklichkeit Gottes, symbolische Hinweise, die zwar eine Richtung angeben, den Gegenstand selbst jedoch nie zu erreichen vermögen«[8]: So bleibt für den Menschen hinsichtlich seiner Erkenntnis Gottes ein Aufstieg zu vollziehen, in dem das Erkannte dennoch niemals umschlossen wird[9]. Einer der zentralen Begriffe für diese fortschreitende, das Geheimnis hinter dem Begriffenen immer wahrende Erkenntnis, ist derjenige der *epinoia*, der zwar zunächst den Aspekt

---

5 Vgl. W. Lossky, Schau Gottes, 59f; 65f; H. U. v. Balthasar, Présence et pensée, 63.

6 Vgl. M. Harl, La croissance de l'âme selon le »De infantibus« de Grégoire de Nysse.

7 Vgl. J. Daniélou, L'être et le temps chez Grégoire de Nysse, 99ff.

8 H. U. v. Balthasar, Présence et pensée, 63; vgl. W. Lossky, a. a. O., 66: diese Relation gelte schon zwischen den Begriffen und den Dingen überhaupt; J. Hochstaffl; Negative Theologie, 110.

9 Vgl. H. U. v. Balthasar, Présence et pensée, 64f.

einer subjektiven Vorstellung bezeichnet, ohne jedoch rein subjektiv zu sein: er bestimmt sich eher als »l'approche inventive de l'inconnu«[10]; er steht in der Schwebe zwischen Wissen und Nichtwissen[11]. In dieser Verfaßtheit der Erkenntnis gibt es letztlich nur eine Möglichkeit, Gott zu erkennen: ein beständiges Fortschreiten in der Erkenntnis, niemals ruhen bei dem, was erkannt worden ist[12]. Die Gottesschau, denkt man diesen Gedanken weiter, besteht wesentlich in einem Fortschreiten auf Gott hin, ohne jemals darin müde zu werden, aber auch ohne an das »Ziel« eines Besitzes zu gelangen. »Daran kann es keinen Zweifel geben, daß die Erkenntnisstruktur, die wir hier untersucht haben, für Gregor die einzig mögliche und damit auch endgültige und ewige ist - die Unendlichkeit des geschaffenen Geistes ist eine Unendlichkeit im Werden, sie bedeutet 'unaufhörlich zu wachsen' (De an. et res. PG 46, 105 C), 'im Zugehen in alle Ewigkeit auf den hin, der der Immer-Größere ist' (In cant h. 8, PG 44, 941 B [Jaeger VI, 246])«[13]. »Die Schau seines Angesichtes ist das Gehen auf ihn hin ohne Ruhe«[14].
Balthasar stelllt die in diesem Zusammenhang entscheidende Frage, ob dieses Gehen ohne Ende, ohne an eine Erfüllung zu gelangen, nicht eine tiefe Traurigkeit einschließe, eine Traurigkeit des Geschöpfes, Gott nie selbst, in sich selbst sehen, fassen zu können[15]; zwar habe Gregor in diesen Äußerungen vor allem das gegenwärtige Leben im Blick, aber die Gedankenführung müsse für das kommende Leben ebenso gelten, da der geschöpfliche Abstand nicht überwunden werde. »Merkwürdig: diese Metaphysik, die ins Absolute erhebt, was in uns am radikalsten ist, nämlich das Unbefriedigtsein, will uns nicht zufriedenstellen. Und doch ist diese Metaphysik nichts anderes als die

---

10 Ebd., 62; Gregor v. Nyssa, Contra Eunomium 12, PG 45, 969 C, Jaeger I, 227.

11 Vgl. H. U. v. Balthasar, Présence et pensée, 64.

12 Vgl. ebd., 70; Gregor v. Nyssa, In cant. h. 12, PG 44, 1024 BC, Jaeger VI, 352.

13 H. U. v. Balthasar, Présence et pensée, 74f.

14 Gregor v. Nyssa, In cant. h. 12, PG 44, 1025 D-1028 A, Jaeger VI, 356 (Der versiegelte Quell, 95).

15 Vgl. H. U. v. Balthasar, Présence et pensée, 75.

Ausmündung einer streng durchgeführten Analyse hinsichtlich der ontologischen Verfassung des Geschöpfs«[16]. Eine Lösung dieses Paradoxes kann nur auf einem Weg gefunden werden, der es versteht, das Fortschreiten (und somit die Veränderung, das Wachsen, das der Geist darin erfährt) von dem Eindruck zu befreien, es handle sich darin um den Ausdruck eines Mangels.

Veränderbarkeit, Wandelbarkeit sind für das Geschöpf konstitutiv[17]. Die Vollendung des Geschöpfs muß von der Richtung des Wachstums her bestimmt werden: es ist ein Wachstum im Sein; da dieses unendlich ist, muß auch der Fortschritt, das Wachstum des Geschöpfes (des geschaffenen Geistes) unendlich sein[18]: auf metaphysischem Weg gelingt Gregor diese Begründung ewigen Fortschreitens durch eine radikal neue, eben positive Fassung der Unendlichkeit und somit der menschlichen Selbstüberschreitung[19].

Parallel dazu bzw. letztbegründend, insofern dieser Weg auf der Sehnsucht des Menschen aufbaut, läuft die »mystische Begründung«, die das Wachstum des Menschen, seinen Durst nach dem Geliebten, der nicht gestillt werden will und doch einzig so erfüllt ist, aus der Liebe erklärt. Im Hoheliedkommentar Gregors taucht das Bild der Quelle auf, die den Dürstenden sättigt, aber gleichzeitig auch immer größeren Durst weckt, so daß die, die von der Quelle gekostet haben, von ihr immer mehr angezogen werden. Aber auch die Fähigkeit, aus der Quelle zu trinken, wird durch ihr Wasser vergrößert[20]. Die Aufforderung des Herrn, aus der Quelle zu trinken, besteht in Ewigkeit[21]. Damit ist nicht das Werden als solches vom Geschöpf her verabsolutiert, sondern dieses Werden erhält nur von dem Gegenüber her Sinn; es ist ein Wachstum an Gott, dem die Seele unterzogen wird;

---

16 Ebd., 76.

17 Vgl. J. Daniélou, L'être et le temps chez Grégoire de Nysse, 95-116, bes. 103; 107f.

18 Vgl. ebd., 107f.

19 Vgl. J. Hochstaffl, Negative Theologie, 109.

20 Vgl. H. U. v. Balthasar, Présence et pensée, 126, Gregor v. Nyssa, De an. et res. PG 46, 105 C.

21 Gregor v. Nyssa, In cant. h. 8, PG 44, 941 D-944A; Jaeger VI, 248.

allein von dessen Unerschöpflichkeit her kann dieses Wachstum begründet werden[22], allein von hier aus kann dann auch dieses Wachstum als positives Kennzeichen des Geistes erscheinen, allein von hier aus können Werden und Ruhe, Wachstum und Erfüllung zusammengedacht werden.

Über das Wort, das zu Mose gesagt wird: Stelle dich auf den Felsen, in meiner Nähe gibt es Raum (vgl. Ex 24, 12) schreibt Gregor: »Da dir, Moses, ein Verlangen eingesetzt ist, es für dich kein Stehenbleiben im Lauf und keine Grenze des Guten gibt, dein Streben vielmehr auf immer Größeres zielt, ist 'der Ort in meiner Nähe' derartig, daß derjenige, der einmal dorthin versetzt ist, niemals vom Laufen abzulassen vermag. Der Lauf aber ist in einem anderen Sinn ein Stehen. ... Das ist das Widersprüchlichste von allem: wie Stehen und Bewegung dasselbe sein können (*to auto kai stasis esti kai kinêsis*). Wer nämlich steigt, steht nicht, und wer steht, steigt nicht. Damals geschah im Stehen ein Steigen«[23].

Mit einer solchen Sicht sowohl der Gotteserkenntnis als auch der mystischen Gottesschau und der Gottesschau in der Vollendung ist es Gregor gelungen, einer zweifachen Schwierigkeit auszuweichen: Zum einen kehrt er das griechische Verständnis der Bewegung, die dort einen Mangel ausdrückt, um (die Vollkommenheit ist dort Ruhe und Besitz des Guten) und vermag sie positiv zu bewerten. Dies gelingt aber nur dann, wenn diese Bewegung von einem unerschöpflichen Gegenüber getragen ist und sich als ständiges Wachstum in der Bewegung versteht. Mit der Unerschöpflichkeit des Gegenüber löst Gregor die zweite Schwierigkeit, die des origenistischen Überdrusses (*koros*) an Gott[24]. »Die Antwort, die er vorlegt, ist also, daß in jedem Augenblick das Begehren gestillt ist, aber daß das Gut, eben darin, daß es sich mitteilt, das Fassungsvermögen des Geistes erweitert und es auf diese Weise befähigt, ein höheres Gut zu erfassen. Daher ist also dieses Wachstum eine Synthese von *kinêsis* und von *stasis*, wobei die

22 Vgl. M. Harl, a. a. O., 245; 251.

23 Gregor v. Nyssa, Vita Moysis, PG 44, 405 BC Jaeger VII/1, 117f; Übs. Blum, 115.

24 Vgl. J. Daniélou, L'être et le temps chez Grégoire de Nysse, 110f.

Bewegung niemals das in Frage stellt, was bereits erworben ist, sondern es vielmehr bewahrt«[25].

Geht man davon aus, daß hier eine Weise des Ausstandes erhalten bleibt, daß also das Geschöpf sich des Unbegrenzten nicht bemächtigen kann, sondern von ihm her auf es hin ständig in einer »ruhenden Bewegung« unterwegs ist, so sind damit Merkmale der Gottesschau, des Seins bei Gott benannt, die es erlauben, von einer Parallele zur Hoffnung zu sprechen. Diese war ja nicht so sehr als Bewegung eines Noch-Nicht zu einem durch den vollendeten Besitz von Welt und Selbst gekennzeichneten Zustand aufgezeigt worden, sondern als eine Weise des Verhaltens zum ontologischen Geheimnis, in dem dieses vorgreifend als die eigene Fülle erhofft wird, ohne daß es umgriffen werden könnte. Mit der Hoffnung geht die Schwebe zwischen Gewißheit und Suchen einher; die Behauptung einer umfassenden Gesichertheit im Sein verbindet sich für Marcel mit der Zurückhaltung gegenüber wissender Antizipation, wie sie sich beispielsweise bei Bloch findet.

Sowohl von Marcels erkenntnistheoretischen Entwürfen her wie auch von seinen auf dem Gebiet der Hoffnung gemachten Analysen kann also gesagt werden, daß sich hier ein solches Bild der Vollendung ergibt, das im Sinne Gregors von Bewegung geprägt ist und Züge an sich trägt, die es erlauben, von Hoffnung in der Vollendung zu sprechen. Von zwei Seiten her soll nun versucht werden, diesen Befund zu stützen. Dies geschieht von den beiden Größen her, die sich hier

---

[25] Ebd., 110; Ders., Platonisme et théologie mystique, 203; 301; vgl. auch L. Boros, Erlöstes Dasein 29;121; Ders., Wir sind Zukunft, 30-32. M. Hauke, Unaufhörliches Neuwerden oder restlose Erfüllung, bietet ein anschauliches Beispiel für den Konflikt zwischen »Werden« und »Ruhe«. Er stellt die Position Gregors dar (177f) und bewertet sie (unter Rückgriff auf H. U. v. Balthasars Einführung in die Hoheliedkommentar-Auswahl *Der versiegelte Quell*). Er setzt in seiner Beurteilung Werden und Prüfungszeit gleich und richtet an die Konzeption Gregors den Vorwurf, die Gottesschau sei hier vom Werden der Kreatur aus gedacht. Es herrscht bei ihm eine Auffassung vom Werden vor, die Gregor im Grunde überwunden hatte; es gelingt Hauke augenscheinlich nicht, den Gedanken Gregors von der Gleichzeitigkeit von Bewegung und Ruhe nachzuvollziehen. Zudem ist sein Urteil, daß Gottesschau vom Werden der Kreatur aus gedacht wird, unhaltbar. Eher müßte umgekehrt gesagt werden, das Werden der Kreatur sei von der Gottesschau her entwickelt.

begegnen: von der Hoffnung und von einer theologischen Bestimmung des Geheimnisses.

II. Das Bleiben der Hoffnung nach 1 Kor 13, 13: Nun aber bleiben Glaube, Hoffnung, Liebe.

Für die Frage nach dem Bleiben der Hoffnung in der Vollendung ist die Stelle 1 Kor 13, 13 von großem Interesse. Mit der Auslegung verbindet sich hier jeweils schon ein theologisches Interesse, gleichgültig, ob man das *»menei«* eschatologisch verstehen will oder nicht[26].

Vom exegetischen Standpunkt her kann wohl Folgendes gesagt werden: Die Trias in 1 Kor 13, 13 ist als Einheit zu verstehen: sie »charakterisiert ... (verkürzt ausgedrückt) einfach das Christsein«[27]. Was über die eschatologische Valenz der Trias zu sagen ist, gilt für alle drei Formen der christlichen Haltung. Gegen einen eschatologischen Bezug scheint auf den ersten Blick das einleitende *Nyni de* zu sprechen, wenn man es temporal und nicht adversativ versteht[28]. Auch andere Stellen, an denen Paulus von der Hoffnung spricht, scheinen sich gegen ein eschatologisches Bleiben der Hoffnung auszusprechen (2 Kor 5, 7; Röm 8, 24f)[29]. Allerdings wird aus dem Kontext in 1 Kor 13, 13 deutlich, daß, wie gesagt, die Trias als eine Einheit betrachtet werden muß, daß zudem zumindest von der Liebe ein dauernder Bestand ausgesagt wird (V. 8), insofern sie abgesetzt wird von den unter dem eschatologischen Vorbehalt stehenden Charismen. Diese positive Aussage wird in V. 13 auf die gesamte Trias ausgeweitet. »Das 'Bleiben' von Glaube, Hoffnung und Liebe meint ihre von

---

26 Für eine eschatologische Auslegung: H. U. v. Balthasar, Theodramatik IV, 374f; Ders., Die Einheit der theologischen Tugenden, 311; K. Rahner, Zur Theologie der Hoffnung, Schriften VIII, 565f; 569f; dagegen: M. Hauke, Unaufhörliches Neuwerden oder restlose Erfüllung?, 188.

27 W. Marxsen, Das 'Bleiben' in 1 Kor 13, 13, 228.

28 Vgl. T. Söding, Die Trias Glaube, Hoffnung, Liebe bei Paulus, 135.

29 Vgl. ebd., 136f.

Gott gegebene Bestätigung und von Gott konstituierte Beständigkeit in der eschatologischen Gegenwart *und* in der eschatologischen Zukunft«[30].

Das Problem, dem Paulus sich in Korinth gegenübersieht, scheint ähnlich gelagert zu sein wie die Auseinandersetzung mit den Gedanken des Eunomius, in der sich Gregor von Nyssa befindet. Beide Male geht es um eine antizipierende Gestalt des Verhaltens gegenüber Gott, das einmal in den Charismen wie Prophetie, Zungenrede und Erkenntnis (*gnôsis*) sich in einem Besitz Gottes wie der Zukunft glaubt, das im anderen Fall Gott mit der Macht der Begriffe wie in der »geschlossenen Hand« erkennend zu halten vermeint (Eunomius). Beidem gegenüber gilt es zu betonen: Es kann keine durchschauende und Gott besitzende Praxis des Glaubens geben, die schon erreicht haben will, was nicht einmal in der Ewigkeit zu erreichen ist. Gegen die Gnosis setzt Paulus Glaube und Hoffnung[31]: sie allein vermögen die Spannung aufrechtzuerhalten, in der das Leben vom Glauben durchformt ist und sich nicht in einer durch die Charismen als gesichert geltenden Erkenntnis Gottes einrichtet. In diesem Interesse geht Paulus so weit, die Trias von Glaube, Hoffnung, Liebe einer Wirklichkeit zuzuschlagen, die mit der Welt nicht zugrunde geht[32].

Was kann nun von diesem exegetischen Befund aus für die Hoffnung abgeleitet werden? Was bedeutet es, daß »die Hoffnung bleibt«? Es bedeutet, daß auch von diesem paulinischen Fundament aus eine rein zeitliche Gegenüberstellung von jetzt und dann aufgegeben werden muß, die die Hoffnung alleine dem »Pilgerstand« zurechnet und sie in der »comprehensio« aufgehen läßt. Paulus denkt vielmehr biblisch - und hier ist die Hoffnung in ein Glaubensverständnis eingebunden, das an Abraham Maß nimmt und den Glauben als restlose Überant-

---

30 Ebd., 136.

31 Vgl. K. M. Woschitz, Elpis, 570.

32 Vgl. ebd.; etwas abgeschwächt: W. Marxsen, a. a. O., 229: »... man wird nicht sagen können, daß Paulus 'ganz uneschatologisch rede'. Es geht dem Apostel vielmehr darum, daß der eschatologische Bezug des gelebten Christenlebens im Alltag erhalten bleibt. Gerade der war in Korinth in Gefahr - wenn er nicht schon durch eine antizipierte Vollkommenheitsvorstellung ... überhaupt aufgegeben war«.

wortung versteht[33]. »Die Hoffnung, die Paulus hier wie anderswo zwischen Glaube und Liebe einschaltet, besagt alttestamentlich: vertrauen auf, sich bergen bei, seine Sicherheit finden bei. Über die Liebe als ein Drittes, als den wesentlichen Aspekt des alttestamentlichen wie christlichen Verhaltens zu Gott und zu Christus ist kein Wort zu verlieren; wesentlich aber ist, daß die drei Begriffe von ihrem biblischen Ursprung her sich durchdringende, gegenseitig einschließende Wesenszüge einer gleichen Grundhaltung des in den Bund mit Gott aufgenommenen Menschen sind«[34].

III. Das Bleiben des Geheimnisses in der Hoffnung

Aus dem Bleiben der Hoffnung erhellt eine über die Zeit hinaus bleibende Priorität des besonderen Verhältnisses zu Gott gegenüber allen Formen *besitzender* Erkenntnis. Wird die vorläufige Hoffnung dem endgültigen Besitz gegenübergestellt, dann ist offensichtlich, daß sie vergehen muß. Dabei wird aber eine Endgültigkeit vorausgesetzt, die sich an dem antiken, bereits von Gregor v. Nyssa in Frage gestellten Dualismus von Bewegung und Ruhe, Mangel und Besitz orientiert, bei der jeder seinlassende Abstand zwischen Geschöpf und Schöpfer noch als Unvollkommenheit interpretiert werden muß. Aber: »dieses Denkmodell verstellt die Eigentümlichkeit der Endgültigkeit des Menschen in Schau und Liebe und damit auch jene Grundmodalität dieser Endgültigkeit, die sich unter dem Wort 'Hoffnung' zugleich meldet und verbirgt; diese Grundmodalität macht erst das eigentliche Wesen *der* theologischen Hoffnung aus, wie sie jetzt vom Pilger - hier freilich unter einer betimmten Vorläufigkeit - gelebt wird. Der Akt der Ergreifung Gottes in der Schau läßt in der Tat diesen Gott als den unbegreiflichen aufgehen«[35].

---

33 Vgl. H. U. v. Balthasar, Theodramatik IV, 374f.

34 Ebd., 375; vgl. M. Kehl, Eschatologie, 291.

35 K. Rahner, Zur Theologie der Hoffnung, Schriften VIII, 568; vgl. auch Ders., Theologische Prinzipien der Hermeneutik eschatologischer Aussagen, Schriften IV, 409f; Ders., Über den Begriff des Geheimnisses in der katholischen

Die Hoffnung bringt so zum Ausdruck, daß es sich um ein wesentlich anderes Verhältnis des Menschen zu Gott handelt, als es sich im Bereich des Gegenständlichen vorstellen ließe. Dort würde die Gegenüberstellung von Hoffnung und Vorläufigkeit, Besitz und Endgültigkeit stimmen. Alles, was aber bisher zur Klärung und Vertiefung des Hoffnungsbegriffes gesagt wurde, zielte im Grunde darauf ab, die Hoffnung aus diesem gegenständlichen Schema zu befreien, sie als »absolute Hoffnung« aufzudecken, die jedes Objekt übersteigt und auf eine Letztgestalt der Erfüllung tendiert, die die Bezogenheit auf das »Mystère« im Sinne der Teilhabe nicht umkehrt, sondern erfüllt. Die Tatsache, daß das »Mystère« im Unterschied zum Problem nicht zur Gänze vor mir steht, sondern von mir als solches erkannt wird, anhand dessen die Unterscheidung zwischen »in mir« und »vor mir« überstiegen wird (theologisch-dialogisch gewendet: daß Gott jenes Du ist, das niemals Es werden kann), bleibt in jeder von diesem »Mystère«, von Gott gewirkten und getragenen Vollendung erhalten.

> »'Hoffnung' sagt daher im allerletzten nicht eine Modalität von Glaube und Liebe, solange das Vorläufige ist, sondern ist die bleibende Wegräumung des Vorläufigen auf die radikale und reine Unverfügbarkeit Gottes hin, ist die ständige Zerstörung des Scheines, die absolute Wahrheit sei das Umgriffen-Begriffene und die Liebe sei das durch unsere Liebe Bewirkte«[36] .

Theologie, Schriften IV, 51-99.

[36] K. Rahner, Zur Theologie der Hoffnung, Schriften VIII, 569.

Anhang

Gabriel Marcel
Die Struktur der Hoffnung

Structure de L'espérance, in: Espoir humain et Espérance chrétienne; Semaine des Intellectuels catholiques (24.-31. 5. 1951), Paris: Pierre Horay, 1951, 47-57; übersetzt von Peter-Felix Ruelius. Die Veröffentlichung erfolgt mit freundlicher Genehmigung von Anne Marcel.

Man hat mich gebeten, hier die Grundlinien dessen vorzutragen, was ich einmal eine Phänomenologie der Hoffnung genannt habe; ich werde mich wohl darauf beschränken müssen, in kürzerer Form zu wiederholen, was ich in *Homo Viator* gesagt habe. Ich werde mich jedoch dabei explizit auf die gegenwärtige Situation beziehen, mit dem Blick darauf, was sie am beängstigendsten macht.

Sicher ist, daß wir heute nahezu alle Arten von Motiven miteinander verbündet sehen, die uns zur Verzweiflung anhalten wollen, und man muß sich über den sehr genauen Sinn im klaren sein, den hier das Wort »verzweifeln« meint. Denn ich glaube, ausgehend von einer Reflexion über die Verzweiflung und vielleicht allein von dort aus, können wir uns zu einer positiven Konzeption der Hoffnung erheben. So wie Bichat sagen konnte, daß das Leben das Gesamt der Kräfte sei, die gegen den Tod kämpfen, muß man, so glaube ich, in einem ganz entsprechenden Sinn sagen, daß die Hoffnung nichts anderes sein kann als ein aktiver Kampf gegen die Verzweiflung.

Was heißt nun verzweifeln? Es bedeutet im wesentlichen: sich auflösen (*se défaire*) angesichts von. Ich will zunächst auf die Worte »angesichts von...« eingehen, indem ich die Auslassungspunkte beibehalte, die nicht sehr leicht durch ein genaues Substantiv ersetzt werden können. Ich wäre allerdings versucht, den Grundsatz aufzustellen, daß unser Wesen immer angesichts des Todes in der Gefahr steht, sich aufzulösen. Wenn diese Feststellung nun auch nicht verfehlt ist, so ist sie doch nur auf eine sehr unzureichende Weise exakt, oder, genauer ausgedrückt, es wird dabei die Tatsache nicht berücksichtigt, daß der Tod zweideutig ist und daß er sich auf einer bestimmten Ebene des Denkens aufhellen und umwandeln kann. Was wir hier festhalten müssen, ist, daß ich mich in der Verzweiflung angesichts einer Situation auflöse, die mir als unabänderlich erscheint, und, so würde ich sagen, als versteinernd; es ist tatsächlich die mythologische Gestalt der Medusa, die sich hier erhebt. Wenn man die Muße dazu hätte, wäre es übrigens angebracht, einen genauen Blick auf die ganz verschiedenen Ausdrucksweisen zu werfen, die diese typische Situation hervorbringen kann. Sie kann durchaus ohne jeden aufsehenerregenden Charakter auftreten: ich denke beispielsweise an die Verzweiflung, die sich unser bei dem Gedanken an die mechanische Wiederholung völlig einander gleichender Tage bemächtigen kann, die wir zu verleben haben. Alles gestaltet sich, als wäre es hier die Abfolge der Tage selbst, ihre eintönige und unveränderte Abfolge, die hier zur Medusa würde. Aber, wenn wir nundie Ebene des Allgemeinen verlassen und uns der Situation zuwenden, der wir uns heute zu stellen haben, so wird es uns leicht fallen, zu beschreiben, worin ihre faszinierende und unheilvolle Macht besteht. Ich möchte übrigens nebenbei festhalten, daß jede Faszination, auch wenn sie sich zunächst als Anreiz darstellt, in Wirklichkeit unheilvoll ist, insofern sie dazu neigt, eine Lähmung hervorzubringen, das Leben der Seele erstarren zu lassen. Was in Gefahr ist, uns zur Verzweiflung zu verführen, ist das Gefühl, daß wir in einer Sackgasse sind, daß es tatsächlich keinen Ausweg gibt - und hier könnte man wohlverstanden auf alle Arten von Symbolen zurückgreifen, die sich in der Traum- und Fantasie-Literatur finden, wo das Bild der Sackgasse sich wohl auch umwandeln kann zu dem des Schraubstocks. Was auch immer das Ereignis sein mag - und wir müssen uns selbstverständlich jede fatalistische Behauptung untersagen - die Umstände scheinen darin auf eine solche Weise eingerichtet, daß wir in der Gefahr stehen, uns diesem Gefühl des Eingekerkertseins zu überlassen.

Aber was will »sich auflösen« genau sagen? Es meint zuerst: sich gehen lassen, sich diesem Akt des dauernden Aufschwungs verweigern, ohne den ein Mensch aufhört, ein Mensch zu sein. Es ist nun offensichtlich, daß dieses innere Absinken sowohl zum Selbstmord führen kann als auch zu einer Kapitulation oder einer Komplizenschaft, die in Wahrheit ebenso Formen des Selbstmords sind, aber sehr viel verborgenere, und die zu verschleiern die Böswilligkeit immer Wege finden wird. Es gäbe hier viel zu sagen, aber zweifelsohne erkennt man relativ einfach, welches die Gestalten von Mittäterschaft sind, an die ich hier denke. Ich würde außerdem sagen, daß sich auflösen heißt, seinen inneren Zusammenhalt, seine innere Konsistenz zu verlieren. All das steht auf der gleichen Stufe.

Wie können wir nun aber dazu gelangen, die Hoffnung zu denken, insofern sie ein aktiver Kampf gegen diese Art der auflösenden oder zersetzenden Lähmung ist, die die Verzweiflung darstellt? Ich zögere nicht zu sagen, daß die Hoffnung im tiefsten Sinn ebenso geheimnisvoll ist wie das Leben und daß es hier wie dort gleichermaßen unmöglich ist, in klaren Begriffen zu denken. Dennoch dürfen wir uns nicht mit einem so negativen Blick begnügen. Es scheint, daß hier wie auch sonst immer dort, wo es sich um das Sein, um die Teilhabe am Sein handelt, verschiedene konkrete Annäherungen möglich sind, d.h. konvergierende Wege, entlang derer es uns möglich ist, fortzuschreiten in Richtung auf… . Wie vorhin glaube ich, daß man die Auslassungspunkte stehen lassen muß.

Auf der Ebene des Urteils ist es ganz und gar gewiß, daß die Hoffnung die Ablehnung des Fatalismus in sich beschließt, und darin ist sie die Negation einer Negation: selbst wenn mir die Situation ohne Ausweg erscheint, erkenne ich mir nicht das Recht zu, diese Erscheinung auf irgendeine Weise zu bewerten, zu erklären, daß diese Situation tatsächlich auch so ist, wie sie mir erscheint. Ich erkläre im Gegenteil, daß diese Bewertung anmaßend wäre, daß ich nicht qualifiziert bin, sie vorzunehmen. In diesem Sinne ist die Hoffnung auf die Demut gegründet, und ich glaube, man kann darüber hinaus sagen, daß eine gewisse irregeleitete Vernunft, die in unseren Tagen alles darangesetzt hat, den Geist der Demut zu schwächen, im selben Zug den Weg zur Verzweiflung bereitet hat.

Aber ich glaube, daß man noch weitergehen muß: ich habe nicht nur anzuerkennen, daß ich über keine hinreichende Eigenschaft verfüge, um mich darüber zu äußern, was ein Ereignis genau sein wird. Ich muß mir, noch tiefer, darüber Rechenschaft ablegen, daß ich, insofern ich das Ereignis ankündige, es auch vorbereite: und da liegt der fürchterlichste Aspekt des Fatalismus. Ich werde hier das Beispiel nehmen, das sich unausweichlich dem Geist aufdrängt. Zu erklären, daß der Krieg ein Verhängnis ist, bedeutet auf eine subtile, aber unbezweifelbare Weise, die Chancen des Krieges zu vergrößern. Hier liegt eine Wahrheit, die ein Philosoph wie Alain sicherlich sehr tief gesehen hat, ohne vielleicht ihre ganze Tragweite zu ermessen, da er kein Christ ist. Von hier ab wird die Zurückweisung des Fatalismus etwas Aktives, etwas Positives, als ob sie gewisse Grenzen beseitigen würde, als ob sie jener günstigen Möglichkeit einen Lebensraum zubilligen würde, worin es ihr möglich wäre, Gestalt anzunehmen. Dies scheint mir von größter Wichtigkeit und hat, so denke ich, unzählbare Anwendungsfelder (applications), besonders im Bereich der Krankheit.

Ich denke, daß kein Arzt - wenigstens wenn er sich nicht einem entsetzlich dogmatischen Materialismus verschrieben hat (aber dann hört er auf, als Arzt zu denken) - leugnen kann, daß es biologisch notwendig ist, bei einem Kranken die Hoffnung zu unterstützen, daß die Hoffnung auf eine sehr schwer auszumachende Weise dazu beiträgt, das Wiedererstarken des Lebens gegenüber den Kräften zu fördern, die auf seine Zerstörung ausgerichtet schienen.

Dadurch sieht man, daß wir, ausgehend vom Urteil, weit über das Urteil hinausgeführt wurden, auf die Ebene der tiefreichenden Aktivitäten, denn es ist absolut klar, daß die strikte Trenung der Fähigkeiten, so wie sie lange Zeit in den psychologischen Abhandlungen praktiziert wurde, auf nichts antwortet, daß sie im Gegenteil reine Fiktion ist. Die Hoffnung, insofern sie einend ist, durchbricht ja diese Abgrenzungen, die durch den Geist der Abstraktion eingerichtet wurden, oder stößt sie um. Ich merke nebenbei an, daß der Geist der Abstraktion, dessen unheilvolle Konsequenzen ich andernorts aufgezeigt habe, die Hoffnung nur mißverstehen kann und sie entwerten muß, indem er sie der Begierde gleichsetzt.

Diese ruinöse Vermischung von Hoffnung und Verlangen finden wir bei Spinoza und in allen Systemen des Denkens, die auf ihn zurückgehen. Das scheint mir ganz wesentlich, und es ist nötig, näher darauf einzugehen. Ein Formulierung wie »nec spe nec metu« trägt im übrigen dazu bei, diese Verwirrung auszubreiten, zu popularisieren. Das Verlangen und die Furcht sind in ihrer Gegenüberstellung komplementäre Größen. Die Hoffnung siedelt sich aber in einer ganz anderen Dimension an. Durch das, was weiter oben über die Verzweiflung gesagt wurde, wird man das besser verstehen können. Die Verzweiflung, so wie ich sie definiert habe, ist in keiner Weise Furcht. Sie besteht in Wirklichkeit darin, sich im Unabänderlichen einzurichten, nicht so sehr, indem man es annimmt, sondern mehr, indem man sich ihm so unterwirft, daß man sich innerlich davon auflösen läßt. In dieser Hinsicht scheint mir, daß die Gegenüberstellung der Verzweiflung und der Hoffnung derjenigen der geschlossenen und der offenen Zeit gleichkommt. Für den Verzweifelten fließt die Zeit nicht mehr. Man könnte vielleicht sagen - aber diese Bemerkung führt vielleicht viel zu weit, und ich kann sie hier nur streifen und mit einem Fragezeichen versehen, - daß die geschlossene Zeit der Verzweiflung wie eine Gegen-Ewigkeit ist, eine Ewigkeit, die gegen sich selbst gewandt ist - die der Hölle. Die Verzweiflung ist die Hölle. Und mir scheint, man könnte hinzufügen, daß dies die Einsamkeit ist. Nichts ist übrigens wichtiger, als die nach meinem Eindruck sehr selten wahrgenommene Verbindung zur Geltung zu bringen, die zwischen der geschlossenen Zeit und dem Bruch jeder lebendigen Kommunikation mit dem anderen besteht. In dieser unbeweglichen (immobilisé) Zeit eingeschlossen zu sein, bedeutet im selben Atemzug, jene emporquellenden (jaillissantes) Verbindungen zum Nächsten zu verlieren, die zum Wertvollsten gehören, was es im Leben gibt, ja, die das Leben selbst sind. Ich würde nicht zögern, in diesem Kontext eher den Ausdruck Freundschaft als den der Liebe zu gebrauchen, mit dem ein solcher Mißbrauch getrieben worden ist und auf den wir nicht Bezug nehmen können, ohne dort erhellende Unterscheidungen einzuführen. In der geschlossenen Zeit ist keine Freundschaft mehr möglich; und umgekehrt, was noch viel wichtiger ist: dort, wo die Freundschaft entsteht, beginnt die Zeit wieder, sich zu bewegen, und im selben Atemzug, wie verschwommen auch immer, erwacht die Hoffnung, wie eine Melodie sich auf dem Grund der Erinnerung erhebt.

Diese Bemerkung ist hier durchaus wesentlich, denn sie bereitet uns darauf vor, zu erkennen, daß die Hoffnung sich außerhalb des Zu-

griffs eines auf sich selbst zentrierten Bewußtseins ansiedelt, eines Bewußtseins, das so dem Begehren und der Furcht verpflichtet bleibt.
Um einen Ausdruck zu gebrauchen, der in meinem letzten Buch beständig auftaucht und auf den ich, wie mir scheint, in *Homo Viator* nicht zurückgegriffen habe, sage ich, daß die Hoffnung an die Intersubjektivität gebunden ist und umgekehrt. Das heißt genauer, daß die Hoffnung immer auf ein Wir gerichtet ist, auf eine lebendige Beziehung, und wenn wir uns das nicht klar vor Augen halten, dann werden wir häufig dort von Hoffnung sprechen, wo es sich in Wahrheit um Verlangen handelt. Eines der treffendsten Beispiele, die man hier anführen kann, ist dasjenige der Hoffnung auf die Befreiung, so wie wir sie während der dunklen Jahre erlebt haben. Es war eine Hoffnung für uns alle, eine Hoffnung, die weit über das Verlangen hinausging, das jeder einzelne in sich spüren konnte. Aber im Gegenzug wird man erkennen müssen, daß dort, wo das Bewußtsein eines Einklangs (unanimité) dazu neigt, zu verschwinden (s'exténuer), wie es der Fall in einer atomisierten Welt ist, die sich auf eine Nebeneinanderstellung von Egoismen reduziert, die Hoffnung zu verschwinden droht. Wenn man sagt, daß die Unfähigkeit zur Hoffnung nur ein Aspekt der Unfähigkeit zu leben ist, dann dürfen diese Worte nicht in einem biologischen Sinn verstanden werden; das Leben bedeutet hier die leidenschaftliche Teilhabe an einer bestimmten konkreten Gemeinschaft.
Man müßte jedoch die Analyse noch weitertreiben und nachforschen, was die Natur jener Behauptung ist, die sich im Herzen der Hoffnung findet und auch, - sagen wir nicht exakt ihr Objekt, vielmehr - was ihre Zielrichtung ist.
Mir scheint, man müsse zuerst sehen, daß die Hoffnung wesentlich prophetisch ist, was beim Verlangen schlechterdings nicht der Fall ist. Insoweit sie prophetisch ist, ist sie jenseits der Ängstlichkeit, was, wohlverstanden, nicht ausschließt, daß das Wesen, das hofft und das ein fleischliches Geschöpf bleibt, für Augenblicke, in den unteren Schichten seiner selbst, der Furcht oder Angst verhaftet bleibt. Aber der hoffende Teil der Seele ist wie durch ein Licht erhellt. Man muß jedoch hinzufügen, daß die Gewißheit, um die es sich hier handelt, nicht anmaßend sein kann; sie bewahrt einen unbefangenen und schlichten Charakter. Es ist gewiß, daß sie sehr eng verbunden ist mit

dem, was man den Geist der Kindschaft nennen kann, und dadurch steht sie in einem schroffen Gegensatz zu jeder sei es enttäuschten, sei es berechnenden Weisheit, die sich auf eine gewisse Gesamtheit archivierter Erfahrungen gründet. In diesem Sinne ist die Hoffnung kühn, ja sie ist die Kühnheit selbst und bietet so unausweichlich dem Spott und den Sarkasmen derjenigen die Flanke, die ihre unverändert entmutigenden Aussagen auf sorgfältig geordnete Präzedenzfälle gründen. Als einen wunderbaren Kommentar zu dem, was ich gerade gesagt habe, könnte man hier die unvergeßlichen Seiten von Péguy aus dem »Geheimnis der zweiten Tugend« zitieren.

Aber es genügt nicht, zu dieser Beschreibung der Hoffnung vorzudringen. Das eigentliche Problem ist, zu wissen, wie sich das reflektierende Denken so ausweiten kann, daß es die Hoffnung zwar nicht begreifen, aber doch erkennen und rechtfertigen kann. Allein die Reflexion zweiten Grades ist dazu in der Lage, d.h. eine wiedereinholende Reflexion, die bemüht ist, das wiederzufinden, was durch die zergliedernde Analyse verlorengegangen war, und was verloren bliebe, wenn diese Analyse sich nicht selbst übersteigen würde.

Man muß hinzufügen, daß einzig durch diese metaphysische Rehabilitierung der Hoffnung das Denken in die Lage kommen kann, sagen wir nicht: das Problem des Bösen und des Todes zu lösen (denn diese Ausdrücke sind äußerst unangemessen, da wir hier einem Geheimnis und keinem Problem gegenüberstehen), aber sich auf einen Weg der Annäherung auszurichten, der so gelagert ist, daß das Böse und der Tod aufhören, als unerbittliche Gegebenheiten zu erscheinen, angesichts derer das Sein sich nur noch in die Verzweiflung hinein auflösen könnte. Ich würde sogar so weit gehen zu sagen, daß eine Metaphysik der Hoffnung die einzige ist, die sich nicht durch eine gewisse Mittäterschaft mit den furchtbaren Übeln verbindet, die wir um uns herum feststellen, ohne daß es uns allerdings erlaubt wäre, sich damit zu begnügen, diese Übel zu konstatieren. Ich möchte übrigens hinzufügen, daß ich nicht sehen kann, wie diese Metaphysik der Hoffnung nicht christlich sein könnte oder sagen wir meinetwegen auch katholisch, allerdings nur unter der Bedingung, daß dieses Wort in seiner universalistischen Bedeutung verstanden wird, denn es existiert leider Gottes auch ein antikatholischer Katholizismus.

Ich möchte diese Hinweise, die ich gegeben habe, erläutern, indem ich daran erinnere, daß jede Hoffnung Hoffnung auf Auferstehung ist, und daß diese beiden Begriffe so eng miteinander verbunden sind, daß der eine sich nur durch den anderen erhellen läßt; es gibt keine Hoffnung als diejenige auf die Auferstehung und anderseits kann die Auferstehung für uns Wesen aus Fleisch nicht anders gegeben sein als in der Hoffnung. Ich kann innerhalb der Grenzen eines so kurzen Vortrags nur folgendes in Erinnerung rufen: das, was erhofft wird, ist immer etwas, das in einem gewissen Sinn der Vergangenheit angehört, insofern, könnte man sagen, als das Paradies der Vergangenheit angehört, aber das noch tiefer der Zukunft angehört; denn das, was verlorengegangen ist, wird nicht einfach wiederhergestellt werden können, sondern in einem authentischen Sinn erneuert werden und gleichzeitig zu einer höheren ontologischen Würde erhoben. Ist es nun nicht einleuchtend, daß die Auferstehung selbst diese Erneuerung ist, diese ewige Erneuerung - und hier müßte man noch einmal Péguy zitieren. Etwas in unserer Tiefe ist unwiderstehlich angezogen durch den Gedanken der Auferstehung und kann nur in diesem Gedanken die Bestimmung seines Lebens finden. Aber diese Auferstehung ist nun auf keinen Fall diejenige des Ich, betrachtet in seinen Beschränkungen, dieses Ich, das im Grunde nur eine Hürde und ein Verschluß ist, - es ist vielmehr die Auferstehung eines ganzen konkreten Konsensus, an dem wir teilhaben und ohne den jeder von uns nichts ist. Es ist etwas wie die Wiederbelebung eines Erbes und einer Heimat, verstanden in dem, was sie an Lebendigstem und an Konkretestem besitzen - im Gegensatz zu den vertrockneten und sterilen Bildern, die eine wie auch immer geartete Ideologie davon zu zeichnen vermag. Ich würde sogar sagen, daß die Verheißung der Auferstehung, die die Seele der Geschichte ist (in einem Sinn, der nichts zu tun hat mit dem des Hegelianismus und der beklagenswerten Ideologien, die aus ihm hervorgegangen sind), daß diese Verheißung der Auferstehung also, die mit der Hoffnung verschmilzt, weil sie eine Verheißung der Erneuerung ist, weil sie mit dem offenen Denken verschmilzt, dort wo dieses am weitesten ist, sich gegen alle 'Ismen' erhebt, in denen sich das Denken hartnäckig verschanzt, um die Gegenpositionen zu verfemen. Ich ziehe daraus den Schluß, der überraschend erscheinen kann, daß eine Ideologie, welche es auch sei, unabänderlich gegen die Hoffnung gewandt ist, selbst wenn sie scheinbar ihre Sprache annimmt, denn es gibt in jeder Ideologie etwas, das direkt gegen die Liebe gerichtet ist, aber die Liebe und die Hoffnung sind hier eins. Und diese untrennbare Einheit ist die einzige Bresche, die in das Gefängnis der Begriffe geschlagen werden kann; das Gefängnis der Ressentiments und der Anmaßungen, das sich von Tag zu Tag um uns verdichtet.

Dennoch müssen die Beobachtungen, die hier vorausgehen fast mit Notwendigkeit im Geist einen Einwand hervorrufen, dem man sicherlich nicht ausweichen darf. Reduziert sich die Hoffnung, so wie sie hier definiert worden ist, nicht letztendlich auf eine innere Einstellung? Wer garantiert uns aber ihre Wirksamkeit? Wie können wir uns vorstellen, daß sie fähig ist, auf das Wirkliche Einfluß zu nehmen (mordre sur le réel)? Und auch hier ist es noch einmal von Nutzen, die aktuelle Situation der Welt heranzuziehen. Gewiß, der Christ wird nicht zögern zu antworten, daß die Hoffnung zum mindesten im Gebet Gestalt annimmt. Aber es ist nicht sicher, daß diese Antwort hier ausreicht, wäre es auch nur deswegen, weil sie für so viele lebende Geister, denen der Sinn für das Gebet augenscheinlich verweigert wurde, toter Buchstabe bleibt.

Die wahre Antwort scheint mir ganz anders auszusehen: sie besteht darin zu sagen, daß die Hoffnung sich keinesfalls auf eine einfache innere Einstellung beschränkt; ich würde sagen, daß sie sehr viel mehr ist als ein psychologischer Zustand, ja sogar, daß der Psychologe als solcher vielleicht unfähig ist, ihre Natur klar zu erkennen. Das ist übrigens in dem einbeschlossen, was ich über die intersubjektive Natur der Hoffnung gesagt habe. Die Hoffnung ist ein Leben, und, würde ich hinzufügen, ein ausstrahlendes Leben, auf gar keinen Fall ein auf sich selbst zurückgezogenes Leben. Diese Ausstrahlung übersetzt sich in die Beziehungen mit dem Nächsten. Den Erscheinungen zum Trotz, sehe ich keineswegs, daß sie überhaupt eine Wirklichkeit hat bei dem, für den sie eine Quelle rhetorischer Entfaltungen wird, ob sich nun diese rhetorischen Entfaltungen in öffentlichen Versammlungen Ausdruck verleihen oder in mehr oder weniger orakelnden Werken. Und hier finden wir das wieder, was ich über die Demut als Entsprechung der Hoffnung gesagt habe, über die Demut, die nicht zu trennen ist von einer gewissen Geduld.

Das führt Konsequenzen mit sich, die mir sehr wichtig scheinen im Hinblick auf die Haltung, die ein jeder von uns gehalten ist, in der gegenwärtigen Konstellation einzunehmen. Sagen wir es frei heraus: Als bloße Zeitungsleser können wir nicht anders als verzweifelt sein. Mit einer trivialen Formulierung, die aber hier ihren ganzen Sinn erhält, würde ich sagen, daß die Lektüre der Zeitungen nichts anderes kann als uns »Arme und Beine abschneiden«, uns lahmlegen. Auf die mehr oder weniger trügerische Welt, die die Zeitungslektüre unserer Aufmerksamkeit anbietet, haben wir keinerlei Zugriff, und ich füge hinzu, daß die Akte, zu denen uns diese Lektüre veranlassen kann (Unterzeichnen von Petitionen, Protesten, Manifesten etc.) auch der geringsten Authentizität entbehren. In diesen lächerlichen Akten ist es nicht die Hoffnung, es ist eine selbst lächerliche Karikatur der Hoffnung, die hier Gestalt annimmt. Ich bin überzeugt, daß einzig in dem sehr begrenzten Handlungsfeld, das wir haben und in dem jeder von uns Verantwortung hat, daß einzig in dieser Sphäre die Hoffnung leben kann - und auch sterben kann, im Fatalismus, in einer Art trübseliger Automatisierung, und, füge ich hinzu, im Sarkasmus oder im Hohn. Das Gebet, scheint mir, gewinnt seine Bedeutung und seine Kraft nur dann, wenn es dazu beiträgt, dieses dunkle und alltägliche Tun zu erhellen oder, man kann auch sagen zu verwandeln, das, auf der demütigsten Ebene, tatsächlich ein Kampf gegen die Verzweiflung sein kann - in uns selbst oder im anderen, beides ist nicht voneinander zu trennen. Es gibt einen Sinn, in dem die Verzweiflung einzig ist, wie die Hoffnung einzig ist; die Verzweiflung ist eine, wie die Sünde eine ist. Ich sage mit Grund, wie die Sünde, denn wir haben überhaupt keinen Einfluß auf uns, wenn wir nicht erkannt haben, daß die Verzweiflung Sünde ist, der Akt einer Seele, die sich auf sich selbst zurückzieht und sich der universellen Gemeinschaft versagt. Mit diesen Worten 'universelle communion' möchte ich schließen. Denn es kann keinen Partikularismus der Hoffnung geben, die Hoffnung entleert sich ihrer Bedeutung und ihrer Kraft, wenn sie nicht die Bejahung eines 'wir alle', eines 'alle gemeinsam' ist, aber diese Einmütigkeit (unanimité) kann sich wohlgemerkt nur gründen auf die Anrufung des Einen.

Abkürzungen der Werke Gabriel Marcels

AE	An autobiographical Essay
Cérisy	Entretiens autour de Gabriel Marcel, Centre Culturel Cérisy-la-Salle 1973
CondDial	Les conditions dialectiques de la Philosophie de l'Intuition
DéclSag	Le déclin de la sagesse (dt:*UWei*)
DialErf	Dialog und Erfahrung
DigHum	La dignité humaine et ses assises existentielles (dt.: *MeWü*)
EA I/II	Etre et Avoir I/II (dt.: *SH*)
EnChem	En chemin, vers quel éveil?
EPC	Essai de philosophie concrète (dt.: *SchTr*)
ErM (2)	Die Erniedrigung des Menschen (frz.: *HcH*)
FragPhil	Fragments philosophiques 1909-1914
GegUnst	Gegenwart und Unsterblichkeit (frz.: PrésImm)
GeS	Geheimnis des Seins (frz.: *ME I/II*)
GM-Bloch	Dialogue sur l'espérance - Gabriel Marcel et Ernst Bloch
GM-Boutang	Gabriel Marcel interrogé par Pierre Boutang
GM-GF	Correspondance Gabriel Marcel - Gaston Fessard 1934-1971
GM-Ricoeur	Entretiens Paul Ricoeur - Gabriel Marcel
HcH	Les hommes contre l'humain (dt.: *ErM*)
HoPro	L'homme problématique (dt.: *MePro*)
HV	Homo Viator. Prolégomènes à une métaphysique de l'espérance
HVdt	Homo Viator. Philosophie der Hoffnung
JM	Journal métaphysique (dt.: *MT*)
ME I/II	Le Mystère de l'être I/II (dt.: *GeS*)
MePro	Der Mensch als Problem (frz.: *HoPro*)
MeWü	Die Menschenwürde und ihr existentieller Grund
MT	Metaphysisches Tagebuch (frz.: *JM*)
MWA I-III	Werkauswahl in drei Bänden
PhilFrie	Der Philosoph und der Friede

PhilTest	Mein philosophisches Testament
PosApp	Position et approches concrètes du mystère ontologique
PrésImm	Présence et immortalité (dt.: *GegUnst*)
ReflInt	Reflexion und Intuition. Texte zur ontologischen Teilhabe des Denkens
SagTra	Pour une sagesse tragique et son au-delà (dt.: *TraWei*)
SH	Sein und Haben (frz.: *EA*)
SchTr	Schöpferische Treue (frz.: *EPC*)
StructEsp	Structure de l'espérance
SuWaGe	Auf der Suche nach Wahrheit und Gerechtigkeit
TraWei	Tragische Weisheit. Zur gegenwärtigen Situation des Menschen (frz.: *SagTra*)
UWei	Der Untergang der Weisheit - Die Verfinsterung des Verstandes (frz.: *DéclSag*)

Alle anderen Abkürzungen nach S. Schwertner, Abkürzungsverzeichnis der Theologischen Realenzyklopädie, Berlin/ New York 1976.
Die in den Fußnoten verwendeten Abkürzungen für die Werke Gabriel Marcels werden in eckigen Klammern angegeben.

Literaturverzeichnis

I. Gabriel Marcel

Die deutschen Übersetzungen wurden, soweit vorhanden, angegeben. Sie sind jeweils unter dem Titel des französischen Originals in das Verzeichnis eingeordnet.

Die Angabe MWA I-III verweist auf: Werkauswahl, hg. v. P. Grotzer und S. Foelz, drei Bände, Paderborn 1992.

L'anthropologie philosophique de Martin Buber, in: Centre national des hautes études juives (Hg.), Martin Buber, l'homme et le philosophe, Bruxelles 1968, 17-41.

De l'audace en métaphysique, in: RMM 52 (1947), 233-243.

Auf der Suche nach Wahrheit und Gerechtigkeit [SuWaGe]. Vorträge in Deutschland, Frankfurt 1964.

An autobiographical Essay [AE], in: P. A. Schilpp/ L. E. Hahn (Hg.), The Philosophy of Gabriel Marcel (=The Library of Living Philosophers, XVII), La Salle, Illinois 1984, 4-68.

Briefe an Peter Wust, in: P. Wust, Ges. Werke Bd. IX, Briefe von und nach Frankreich, hg. von J. Bendiek/ H. A. Huning, Münster 1967, 333-353.

"Catholicisme et humanisme" par J. Maritain [Rezension], in: L'Europe Nouvelle v. 24. I. 1934, 105f.

Les conditions dialectiques de la Philosophie de l'Intuition [CondDial], in: RMM 20 (1912), 638-652.

Dt. in: Reflexion und Intuition, 56-76.

Correspondance Gabriel Marcel - Gaston Fessard 1934-1971 [GM-GF], hg. v. H. Card. de Lubac, Paris 1985.

Le déclin de la sagesse [DéclSag], Paris 1954.

Dt.: Der Untergang der Weisheit - Die Verfinsterung des Verstandes [UWei], übers. v. H. P. M. Schaad, Heidelberg 1960.

Désespoir et philosophie: "Études Kierkegaardiennes par J. Wahl" [Rezension], in: NRF, Juni 1939.

Dialog und Erfahrung [DialErf], hg. v. W. Ruf, Frankfurt 1969.

Dialogue sur l'espérance - Gabriel Marcel et Ernst Bloch, avec la participation de Hans Fischer-Barnicol et Alfred Schmidt [GM-Bloch], in: Présence de Gabriel Marcel 1(1979), 39-74.

La dignité humaine et ses assises existentielles [DigHum], Paris 1964.

Dt.: Die Menschenwürde und ihr existentieller Grund [MeWü], übers. v. R. Prinz zur Lippe unter Mitarbeit von H. Fischer-Barnicol, Frankfurt 1965.

En chemin, vers quel éveil? [EnChem], Paris 1971.

Entretiens Paul Ricoeur - Gabriel Marcel [GM-Ricoeur] (= Coll. présence et pensée, n. 10), Paris 1968.

Essai de philosophie concrète [EPC] Paris 1967; (früher veröffentlicht unter dem Titel: Du refus à l'invocation),

Dt.: Schöpferische Treue [SchTr], übers. v. U. Behler, Paderborn/ München 1963.

Être et Avoir I, Journal métaphysique 1928-1933 und Esquisse d'une phénoménologie de l'avoir [EA I], Paris 1968;

Être et Avoir II, Réflexions sur l'irréligion et la foi [EA II], Paris 1968;

Dt.: Sein und Haben [SH], übers. v. E. Behler, Paderborn 1954.

Auszugsweise SH 9-164 (=EA I): MWA II 155-255.

L'existence et la liberté humaine chez Jean-Paul Sartre, in: A. George et al., Les grands appels de l'homme contemporain: six conférences prononcées au centre de Culture de l'amitié française, Paris 1946, 113-170.

Dt.: Menschliche Existenz und menschliche Freiheit bei Jean-Paul Sartre: MWA III 250-286.

Existentialisme et pensée chrétienne, in: Témoignages (Cahiers de la Pierre-qui-vire), Mai 1947, 157-169.

Fragments philosophiques 1909-1914 [FragPhil], (=Philosophes contemporains: Textes et études, n. 11), Louvain 1962.

Die französische Literatur im 20. Jahrhundert, Freiburg/ Basel/ Wien 1966.

Grandeur de Bergson, in: A. Béguin/ P. Thévenaz Hg., Henri Bergson, Essais et témoignages, Neuchâtel 1943, 29-38.

L'heure théâtrale: De Giraudoux à Jean-Paul Sartre, Chroniques dramatiques, Paris 1959.

L'homme moderne est-il libre?, in: L'Église et la liberté. Semaine des intellectuels catholiques, Paris 1952, 55-61.

L'homme problématique [HoPro], (Coll. Philosophie de l'esprit), Paris ^{2}1968;

Dt.: Der Mensch als Problem [MePro], übers. v. H. P. M. Schaad, m. e. Einführung v. Max Müller, Frankfurt ^{3}1964.

Les hommes contre l'humain [HcH], Paris, ^{2}1968;

Dt.: Die Erniedrigung des Menschen [ErM (2)], übers. v. H. P. M. Schaad, Frankfurt ^{2}1964

Homo Viator. Prolégomènes à une métaphysique de l'espérance [HV], Paris 1944;

Dt.: Homo Viator. Philosophie der Hoffnung [HVdt], übers. v. W. Rüttenauer, Düsseldorf 1949.

Ich und Du bei Martin Buber, in: P. A. Schilpp/ M. Friedman (Hg.), Martin Buber, Stuttgart 1963, 35-41; auch MWA III 302-308.

Gabriel Marcel interrogé par Pierre Boutang [GM-Boutang], (=archives du XXème siècle, n. 1), Paris 1977.

Jaspers et la situation spirituelle contemporaine, in: Preuves 1 (1951), 42-44.

Journal métaphysique [JM], Paris 1968 (Erstveröffentlichung 1927);

Dt.: Metaphysisches Tagebuch [MT], übers.v.H.v.Winter, Wien/ München 1955.

Auszugsweise (MT 185-426): MWA II 13-152.

Mein philosophisches Testament [PhilTest], in: WissWeltb, 22 (1969), 81-89, auch: MWA III 319-328.

Der Mensch vor dem vermeintlichen Tod Gottes, in: WissWeltb 11 (1958), 1-12; später veröffentlicht in: Dialog und Erfahrung unter dem Titel: Der Mensch vor dem totgesagten Gott.

Frz.: Nietzsche: l'homme devant la mort de Dieu, in: Présence de Gabriel Marcel 1(1979), 9-24.

Le Mystère de l'être vol.1: Réflexion et mystère [ME I], Paris ^{2}1963;

vol. 2: Foi et réalité [ME II], Paris ^{2}1964.

Dt.: Geheimnis des Seins [GeS], übers. v. H. v. Winter, Wien 1952.

Note sur les limites du spiritualisme bergsonien, in: La vie intellectuelle, 10. Nov. 1929, 267-270.

Notes pour une philosophie de l'amour, in: RMM 59 (1954), 374-379.

Dt.: Notizen zu einer Philosophie der Liebe, in: Reflexion und Intuition, 113-122

Notes sur le Mal, in: RMM 79 (1974), 402-408 [Diskussion: 409f].

"La Peste" par A. Camus [Rezension], in: J'ai lu. Juli 1947, 6-9.

Der Philosoph und der Friede [PhilFrie], Frankfurt 1964.

Position et approches concrètes du mystère ontologique [PosApp], mit einer Einführung von M. de Corte, Louvain 1967.

Dt.: Das ontologische Geheimnis. Fragestellung und konkrete Zugänge: MWA I 59-86.

Pour une sagesse tragique et son au-delà [SagTra], Paris 1968.

Dt.: Tragische Weisheit. Zur gegenwärtigen Situation des Menschen [TraWei], übers. v. P. Kampits u. L. Urbach, Wien 1974.

Présence et immortalité [PrésImm], Paris 1959.

Dt.: Gegenwart und Unsterblichkeit [GegUnst], übers. v. H. P. M. Schaad, Frankfurt 1961.

Auszugsweise: MWA II 259-374.

Qu'est-ce qu'un homme libre?, in: Preuves, April 1951, 6-8.

De la recherche philosophique, in: Entretiens autour de Gabriel Marcel, Centre Culturel Cérisy-la-Salle, 24.-31. 8. 1973, Neuchâtel 1976, 9-19 (Diskussion: 20-52).

Réflexions sur les exigences d'un théâtre chrétien, in: La Vie intellectuelle, 31. März 1937, 458-468.

Reflexion und Intuition. Texte zur ontologischen Teilhabe des Denkens [RefIInt], ausgewählt und kommentiert v. V. Berning, Frankfurt 1987 (enthält die wesentlichsten Texte der Fragments philosophiques sowie die deutschen Erstveröffentlichungen anderer Texte).

Regards sur le théâtre de Paul Claudel, Paris 1964.

Ma relation avec Heidegger, in: Présence de Gabriel Marcel 1 (1979), 25-38.

Dt.: Mein Verhältnis zu Heidegger, MWA III 287-301.

Rilke et la philosophie de l'existence, in: La table ronde 49 (1952), 55-64.

Rückblick, in: Christlicher Existentialismus: Gabriel Marcel, Warendorf 1951, 323-345.

Schauspiele in drei Bänden Nürnberg, Bd. 1, 1962; Bd. 2, 1964, (Bd. 3 nicht erschienen),

Schelling fut-il un précurseur de la philosophie de l'existence?, in: RMM 62 (1957), 72-87.

Structure de l'espérance [StructEsp], in: Espoir humain et espérance chrétienne. Semaine des intellectuels catholiques (24.-31.5. 1951), Paris 1951, 47-57.

Thomas Mann et Nietzsche, in: Les cahiers de l'Herne 23 (1973), 52-56.

II. Sekundärliteratur zu Gabriel Marcel

Santiago Alonso Salazar, Die Hoffnung als beständiges Leben in der Treue. Die Hoffnung im Werke Gabriel Marcels, Freiburg 1971.

Jean-Pierre Bagot, Connaissance et Amour. Essai sur la philosophie de Gabriel Marcel, Paris 1952.

Marcel Belay, Etude sur 'Le mort de demain', in: Cérisy, 131-138 (Diskussion: 139-147).

-, La mort dans le théâtre de Gabriel Marcel, Paris 1977.

Vincent Berning, Données et conditions de l'accueil fait en Allemagne à Gabriel Marcel, philosophe et dramaturge, in: Cérisy, 211-219 (Diskussion: 220-27).

-, Gabriel Marcel, in: E. Coreth Hg., Christliche Philosophie im katholischen Denken des 19. und 20. Jahrhunderts, Bd. 3: Moderne Strömungen im 20. Jahrhundert, Graz/ Wien/ Köln 1990, 411-437.

-, Gabriel Marcel und Maine de Biran. Ein Vergleich, in: ThPh 47 (1972), 402-408.

-, Das Wagnis der Treue. Gabriel Marcels Weg zu einer konkreten Philosophie des Schöpferischen, Freiburg/ München 1973.

Rachel Bespaloff, Notes sur Gabriel Marcel, in: Dies., Cheminements et Carrefours, Paris 1938, 59-100.

Lionel Blain, Zwei Philosophien um die Hoffnung: die von Gabriel Marcel und die von Ernst Bloch, in: Conc (D) 6 (1970), 641-646.

Otto Friedrich Bollnow, Französischer Existentialismus, Stuttgart 1965.

Claude Bruaire, Une lecture du Journal Métaphysique, in: RMM 79 (1974), 343-47 (Diskussion: 347-53).

Pierre Boutang, Le souci de la transcendance, in: RMM 19 (1974), 315-327.

Joseph Chenu, Espérance et Communion, in: La Nef no. 6, 1945, 109-114.

-, Le théâtre de Gabriel Marcel et sa signification métaphysique, Paris 1948.

Pierre Colin, L'intersubjectivité dans le Journal Métaphysique de Gabriel Marcel, in: Concordia, Revue Internationale de Philosophie 5 (1984), 44-52.

-, Christlicher Existentialismus, in: Christlicher Existentialismus: Gabriel Marcel, Warendorf 1951, 16-133.

Germaine Cromp, La communion à soi- même chez Gabriel Marcel, in: LTP 28 (1972), 171-184.

Marie-Madelaine Davy, Gabriel Marcel. Ein wandernder Philosoph, Frankfurt 1964.

Marcel De Corte, La philosophie de Gabriel Marcel, Paris [2]1948.

-, Introduction zu G. Marcel, Position et Approches concrètes du mystère ontologique, 9-43.

Jeanne Delhomme, Le jugement en 'je', in: RMM 79 (1974), 289-307.

-, Zeugnis und Dialektik, in: Christlicher Existentialismus: Gabriel Marcel, Warendorf 1951, 135-226.

André-A. Devaux, Charles Du Bos et Gabriel Marcel: Une amitié sans faille. De l'amour à la vérité à l'amour du Christ, in: Cahiers Charles Du Bos, 26 (1982/83).

Dominique Dubarle, Un franchissement des clôtures de la philosophie idéaliste classique. La première philosophie de Gabriel Marcel 1912-1914, in: RSPhTh 58 (1974), 177-212.

Jean-Pierre Dubois-Dumée, Einsamkeit und Gemeinschaft im Bühnenwerk Gabriel Marcels, in: Christlicher Existentialismus: Gabriel Marcel, Warendorf 1951, 301-322.

Entretiens autour de Gabriel Marcel, Centre Culturel International Cérisy-la-Salle. 24. 31. 8. 1973 [Cérisy], Neuchâtel 1976.

Gaston Fessard, Théâtre et mystère. Le sens de l'oeuvre dramatique de Gabriel Marcel, in: Gabriel Marcel, La Soif, Paris 1938, 7-116.

Siegfried Foelz, Gewißheit im Suchen. Gabriel Marcels konkretes Philosophieren auf der Schwelle zwischen Philosophie und Theologie, Leipzig 1979.

Leo Gabriel, Marcel's Philosophy of the Second Person, in: P. A. Schilpp/ L. E. Hahn Hg., The Philosophy of Gabriel Marcel (=The Library of Living Philosophers, XVII), La Salle, Illinois 1984, 295-309.

Kenneth T. Gallagher, The Philosophy of Gabriel Marcel, New York 1962.

John D. Glenn jr., Marcel and Sartre: The Philosophy of Communion and the Philosophy of Alienation, in: P. A. Schilpp/ L. E. Hahn Hg., The Philosophy of Gabriel Marcel (= The Library of Living Philosophers XVII), La Salle, Illinois 1984, 525-550.

Peter Grotzer, Von der Existenz zur Hoffnung, in: Schweizer Monatshefte, September 1964, 530-546.

Peter Kampits, Gabriel Marcels Philosophie der zweiten Person, Wien/ München 1975.

Francis und Claire Lapointe, Gabriel Marcel and His Critics, *(Bibliographie)* New York 1977.

Emmanuel Levinas, Martin Buber, Gabriel Marcel und die Philosophie, in: J. Bloch/ H. Gordon, Hg., Martin Buber. Bilanz seines Denkens, Freiburg/ Basel/ Rom/ Wien 1983, 319-337.

Giuseppe Manca, Fede e grazia nel teatro e nella filosofia di Gabriel Marcel. Excerpta ex dissertatione ad Doctoratum in Facultate Theologiae Pontificiae Universitatis Gregorianae, Neapel 1983.

Charles Moeller, Littérature du XXème siècle et christianisme, Bd. IV, L'espérance en Dieu Notre Père, Tournai, 4. durchges. Auflage, 1965.

Helmut Ogiermann, Gottes Existenz im Denken Gabriel Marcels, in: Schol. 29 (1954), 174-209.

Jeanne Parain-Vial, Dialogue entre Gabriel Marcel et Jeanne Parain-Vial, in: RMM 79 (1974), 383-397 (Diskussion: 398-401).

-, L'être et le temps chez Gabriel Marcel, in: Cérisy, 187-201 (Diskussion: 202-210).

-, Gabriel Marcel et les niveaux de l'expérience. Présentation, choix de textes et textes inédits par J. Parain-Vial, Paris 1966.

-, Gabriel Marcel, un veilleur et un éveilleur, Lausanne 1989.

Clyde Pax, An Existential Approach to God. A Study of Gabriel Marcel, Den Haag 1972.

Helmut Pfeiffer, Gott erfahren. Der Beitrag Gabriel Marcels zur Gottesfrage, in: TThZ 91(1982), 133-149.

-, Der Tod und die Hoffnung. Erwägungen Gabriel Marcels zur Unsterblichkeit des Menschen, in: TThZ 86 (1977), 262-278.

Simonne Plourde, Gabriel Marcel et le prophétisme de l'espérance, in: ScEs XXIX/2 (1987), 229-239.

-, Gabriel Marcel, philosophe et témoin de l'espérance, Montréal 1975.

-, Vocabulaire philosophique de Gabriel Marcel. En collaboration avec J. Parain-Vial, M. Belay, R. Davignon, Montréal/ Paris 1985.

René Poirier, Le problème de l'immortalité et la pensée de Gabriel Marcel, in: Cérisy, 149-162 (Diskussion: 163-186).

Pietro Prini, Gabriel Marcel et la méthodologie de l'invérifiable, Paris 1953.

Albert B. Randall jr., Hope: An Exploration of Camus, Marcel an Intimacy, Diss. phil. University of Oklahoma 1973 (Dissertation Abstracts, vol. XXXIV no. 6).

Paul Ricoeur, Gabriel Marcel et Karl Jaspers. Philosophie du mystère et philosophie du paradoxe, Paris 1947.

-, Gabriel Marcel et la phénoménologie, in: Cérisy, 53-74 (Diskussion: 75-94).

Heino Sonnemans, Bekenntnis zur Hoffnung. Ein Beitrag zur Philosophie Gabriel Marcels, in: FZPhTh 27 (1970), 161-185.

-, Hoffnung oder Prinzip? Die Philosophie der Hoffnung bei Gabriel Marcel und Ernst Bloch. Excerpta ex dissertatione in Facultate philosophiae Pontificiae Universitatis Gregorianae, Mönchengladbach 1970.

Xavier Tilliette, Gabriel Marcel et l'autre Royaume, in: E. Levinas/ X. Tilliette/ P. Ricoeur, Jean Wahl et Gabriel Marcel, Paris 1976, 33-56.

-, Philosophes Contemporains, Paris 1962.

Gustave Thibon, Une métaphysique de la communion: l'existentialisme de Gabriel Marcel, in: RevPhil 1946, 144-164.

Roger Troisfontaines, Der Begriff der Gegenwärtigkeit bei Gabriel Marcel, in: Christlicher Existentialismus: Gabriel Marcel, Warendorf 1951, 227-300.

-, De l'existence à lêtre. La philosophie de Gabriel Marcel, 2 vols. Louvain/ Paris [2]1968.

-, Le mystère de la mort, in: RMM 79 (1974), 328-337 (Diskussion: 338-342).

Jean Wahl, Le Journal métaphysique de Gabriel Marcel, in: Vers le conret. Etudes d'Histoire de la Philosophie contemporaine, Paris 1932, 223-260.

III. Übrige Literatur

(Sammelbände werden nur dann eigens unter ihren jeweiligen Herausgebern aufgeführt, wenn sie als ganze eine Bedeutung für das Thema vorliegender Arbeit haben)

Juan Alfaro, Fides, Spes, Caritas, Rom 1964.

-, Die innerweltlichen Hoffnungen und die christliche Hoffnung, in: Conc (D) 6 (1970), 626-631.

Jan Ambaum, Hoffnung auf eine leere Hölle - Wiederherstellung aller Dinge? H. U. v. Balthasars Konzept der Hoffnung auf das Heil, in: IKaZ 20 (1991), 33-46.

Johann Auer, "Siehe, ich mache alles neu". Der Glaube an die Vollendung der Welt, Regensburg 1984.

Gottfried Bachl, Über den Tod und das Leben danach, Graz/ Wien/ Köln 1980.

Ladislaus Ballay, Der Hoffnungsbegriff bei Augustinus (=MThS 2, 29), München 1964.

Hans Urs von Balthasar, Der Christ und die Angst, Einsiedeln 1951.

-, Die Einheit der theologischen Tugenden, in: IkaZ 13 (1984), 306-314.

-, Eschatologie im Umriß, in: Pneuma und Institution. Skizzen zur Theologie IV, Einsiedeln 1974, 410-455.

-, Fides Christi, in: Sponsa Verbi. Skizzen zur Theologie II, Einsiedeln ^{3}1971, 45-79.

-, Das Ganze im Fragment. Aspekte der Geschichtstheologie, Einsiedeln 1963.

-, La philosophie de la vie chez Bergson et chez les Allemands modernes, in: A. Béguin/ P. Thévenaz Hg., Henri Bergson. Essais et témoignages, Neuchâtel 1943, 264-270.

-, Présence et Pensée. Essai sur la philosophie religieuse de Grégoire de Nysse, Paris 1942.

-, Theodramatik. Band IV: Das Endspiel, Einsiedeln 1983.

-, Umrisse der Eschatologie, in: Fragen der Theologie heute, Einsiedeln 1957, und in: Verbum Caro. Skizzen zur Theologie I, Einsiedeln 1960, 276-300 [hier zitiert nach der letzten Fassung].

-, Zu einer christlichen Theologie der Hoffnung, in: MThZ 32 (1981), 81-102.

Werner Beierwaltes, Εξαιφνης oder die Paradoxie des Augenblicks, in: PhJB 74 (1966/67), 271ff.

Werner Berg, Jenseitsvorstellungen im Alten Testament mit Hinweisen auf das frühe Judentum, in: Albert Gerhards Hg., Die größere Hoffnung der Christen. Eschatologische Vorstellungen im Wandel (=QD 127), Freiburg/ Basel/ Wien 1990, 28-58.

Hendrikus Berkhof, Über die Methode der Eschatologie, in: Wolf-Dieter Marsch Hg., Diskussion über die "Theologie der Hoffnung" von Jürgen Moltmann, München 1967, 168-180.

Ch.-A. Bernard, Théologie de l'espérance selon saint Thomas d'Aquin, Paris 1961.

Ernst Bloch, Das Prinzip Hoffnung, [Suhrkamp-Taschenbuch Wissenschaft 554], Frankfurt ^{3}1990.

Jochanan Bloch, Berechtigung und Vergeblichkeit des dialogischen Denkens, in: Ders./Haim Gordon Hg., Martin Buber, Bilanz seines Denkens, Freiburg/ Basel/ Rom/ Wien 1983, 62-81 (Diskussion: 82-86).

Maurice Blondel, La philosophie ouverte, in: A. Béguin/ P. Thévenaz Hg., Henri Bergson. Essais et témoignages, Neuchâtel 1943, 73-90.

Josef Böckenhoff, Die Begegnungsphilosophie. Ihre Geschichte - ihre Aspekte. Freiburg/ München 1970.

Leonardo Boff, Was kommt nachher? Das Leben nach dem Tode, Salzburg 1982.

Otto Friedrich Bollnow, Neue Geborgenheit. Das Problem einer Überwindung des Existentialismus, Stuttgart ^{4}1979.

Ladislaus Boros, Aus der Hoffnung leben. Zukunftserwartung in christlichem Denken, Olten/ Freiburg 1968.

-, Denken in der Begegnung, Olten/ Freiburg 1973.

-, Erlöstes Dasein. Theologische Betrachtungen, Mainz [10]1968.

-, Mysterium Mortis, Olten/ Freiburg [9]1971.

-, Wir sind Zukunft, Mainz 1969.

Wilhelm Breuning Hg., Seele: Problembegriff christlicher Eschatologie (QD 106), Freiburg/ Basel/ Wien 1986.

Martin Buber, Antwort, in: P. A. Schilpp/ M. Friedman Hg., Martin Buber, Stuttgart 1963, 589-639.

-, Autobiographische Fragmente, in: P. A. Schilpp/ M. Friedman Hg., Martin Buber, Stuttgart 1963, 1-34.

-, Das dialogische Prinzip, Heidelberg [5]1984.

Rudolf Bultmann, Die christliche Hoffnung und das Problem der Entmythologisierung, in: Gesammelte Aufsätze III, Tübingen [2]1960, 81-90.

- /Karl-Heinz Rengstorf, ελπις κτλ., in: ThWNT Bd. 2, Stuttgart 1935, 515-531.

A.-M. Carré, Le désespoir comme tentation et comme péché, in: VS 89 (1953), 451-473.

Bernhard Casper, Das dialogische Denken. Eine Untersuchung der religionsphilosophischen Bedeutung Franz Rosenzweigs, Ferdinand Ebners und Martin Bubers, Freiburg 1967.

- , Franz Rosenzweigs Kritik an "Ich und Du", in: Jochanan Bloch/ Haim Gordon Hg., Martin Buber. Bilanz seines Denkens, Freiburg/ Basel/ Rom/ Wien 1983, 159-175 (Diskussion: 176-179).

Commissio Theologica Internationalis, De quibusdam quaestionibus actualibus circa eschatologiam, in: Gr. 73 (1992), 395-435.

Brian E. Daley, The Hope of the Early Church. A Handbook of Patristic Eschatology, Cambridge 1991.

Jean Daniélou, L'Espérance et la libération du mal, in: Espoir humain et Espérance chrétienne. Semaine des Intellectuels catholiques, 24.-31. 5. 1951, Paris 1951, 58-64.

-, L'être et le temps chez Grégoire de Nysse, Leiden 1970.

-, Platonisme et théologie mystique. Doctrine spirituelle de Saint Grégoire de Nysse, Paris [2]1953.

Michel Demaison, Die Wege der christlichen Utopie, in: Conc (D) 6 (1970), 617-626.

Klaus Demmer, Das vergeistigte Glück. Gedanken zum christlichen Eudämonieverständnis, in: Gr. 72 (1991), 99-115.

Detlev Dormeyer/ Linus Hauser, Weltuntergang und Gottesherrschaft, Mainz 1990.

Christian Duquoc, Die Hoffnung Jesu, in: Concilium 6 (1970), 607-612.

Michael Eckert, Transzendieren und immanente Transzendenz. Die Transformation der traditionellen Zweiweltentheorie von Immanenz und Transzendenz in Ernst Blochs Zweiseitentheorie, Wien 1981.

Paulus Engelhardt, Hoffnung, in: Neues Handbuch theologischer Grundbegriffe, hg. v. Peter Eicher, erw. Neuausgabe, Bd. 2, München 1991, 374-384.

Helmut Fahrenbach, Wesen und Sinn der Hoffnung. Versuch über ein Grenzphänomen zwischen philosophischer und theologischer Daseinsauslegung, Diss. phil., Heidelberg 1956.

Heinrich Fries, Spero ut intelligam. Bemerkungen zu einer Theologie der Hoffnung, in: Wolf-Dieter Marsch Hg., Diskussion über die "Theologie der Hoffnung" von Jürgen Moltmann, München 1967, 81-105.

Leo Gabriel, Existenzphilosophie. Von Kierkegaard bis Sartre, Wien 1951.

- , Wege zum Sein. Martin Heidegger und Gabriel Marcel zum 70. Geburtstag, in: WissWeltb 12 (1959), 610-17.

Albert Gerhards Hg., Die größere Hoffnung der Christen. Eschatologische Vorstellungen im Wandel (=QD 127), Freiburg 1990.

Hans-Georg Geyer, Ansichten zu Jürgen Moltmanns "Theologie der Hoffnung", in: Wolf-Dieter Marsch Hg., Diskussion über die "Theologie der Hoffnung" von Jürgen Moltmann, München 1967, 40-80.

Bruno Giordani Hg., La speranza. Atti del Congresso promosso dal Pontificio Ateneo 'Antonianum', 30.5.-2.6. 1982, 2 vols., Brescia/ Roma 1984.

Friedrich Gogarten, Verhängnis und Hoffnung der Neuzeit. Säkularisierung als theologisches Problem, Stuttgart [2]1958.

Gregor von Nyssa, Der versiegelte Quell. Auslegung des Hohen Liedes. In Kürzung übertragen und eingeleitet von Hans Urs v. Balthasar, Einsiedeln [3]1984.

-, Werke hg. von W. Jaeger und H. Langenbeck, Leiden 1921ff.

Sebastian Greiner, "Auferstehung im Tod". Überlegungen zu einer aktuellen Diskusssion, in: IKaZ 19 (1990), 432-443.

Gisbert Greshake, Auferstehung der Toten. Ein Beitrag zur gegenwärtigen theologischen Diskussion über die Zukunft der Geschichte (=Koinonia 10), Essen 1969.

-, Neue Ansätze zu einer Theologie der Hoffnung, in: G. Teichtweier/ W. Dreier Hg., Herausforderung und Kritik, Würzburg 1971, 222f.

-, "Seele" in der Geschichte der christlichen Eschatologie. Ein Durchblick, in: Wilhelm Breuning Hg., Seele: Problembegriff christlicher Eschatologie (=QD 106), Freiburg/ Basel/ Wien 1986, 107-158.

-, Tod und Auferstehung, in: Christlicher Glaube in moderner Gesellschaft, Teilband 5, Freiburg/ Basel/ Wien 1980, 64- 130.

- / Gerhard Lohfink, Naherwartung - Auferstehung - Unsterblichkeit. Untersuchungen zur christlichen Eschatologie (=QD 71), Freiburg/ Basel/ Wien 4. erweiterte Auflage 1982.

Romano Guardini, Das Ende der Neuzeit. Ein Versuch zur Orientierung, Würzburg 1950.

-, Vom Sinn der Schwermut, Zürich 1949.

P. Hadot/ A. Guggenberger, Existenz, in: HWP Bd. 2, Darmstadt 1972, 854-860.

Gerd Haeffner, Jenseits des Todes. Überlegungen zur Struktur der christlichen Hoffnung, in: StZ 193 (1975), 773- 784.

-, Leben angesichts des Todes, in: IKaZ 4 (1975), 494-501.

-, Vom Unzerstörbaren im Menschen. Versuch einer philosophischen Annäherung an ein problematisch gewordenes Theologumenon, in: Wilhelm Breuning Hg., Seele: Problembegriff christlicher Eschatologie (=QD 106), Freiburg/ Basel/ Wien 1986, 159-179.

Marguerite Harl, La croissance de l'âme selon le "De infantibus" de Grégoire de Nysse, in: VigChr 34 (1980), 237-259.

K. Hartmann, Existentialismus, in: HWP Bd. 2, Darmstadt 1972, 850-52.

D. Hattrup, Eschatologie, Paderborn 1992.

Manfred Hauke, Unaufhörliches Neuwerden oder restlose Erfüllung? Zur Diskussion um die "visio beatifica", in: Forum Katholische Theologie 7 (1991), 175-195.

Martin Heidegger, Sein und Zeit (Gesamtausgabe, I. Abteilung, Bd. 2), Frankfurt 1977.

- , Was ist Metaphysik?, in: Wegmarken (Gesamtausgabe, I. Abteilung, Bd. 9), Frankfurt 1976.

Jürgen Hengelbrock, Jean-Paul Sartre, Freiheit als Notwendigkeit. Einführung in das philosophische Werk, Freiburg/ München 1989.

Josef Hochstaffl, Negative Theologie. Ein Versuch zur Vermittlung des patristischen Begriffs, München 1976

A. Honneth, Kampf um Anerkennung. Zu Sartres Theorie der Intersubjektivität, in: Traugott König Hg., Sartre. Ein Kongreß. Internationaler Sartre-Kongreß an der Johann-Wolfgang-Goethe-Universität Frankfurt am Main 1987, Reinbek bei Hamburg 1988, 73-83.

Rivka Horwitz, Ferdinand Ebner als Quelle für Martin Bubers Dialogik in "Ich und Du", in: Jochanan Bloch/ Haim Gordon Hg., Martin Buber, Bilanz seines Denkens, Freiburg/ Basel/ Rom/ Wien, 1983, 141-156 (Diskussion: 157f).

Dieter Ising, Bibliographie Jürgen Moltmann, unter Mitarbeit von Günter Geisthardt und Adelbert Schloz, München 1987.

Francis Jacques, Über den Dialog. Eine logische Untersuchung, Berlin/ New York 1986.

Wolfgang Janke, Existenzphilosophie, Berlin/ New York 1982 (=Sammlung Göschen 2220).

Karl Jaspers, Existenzphilosophie. Drei Vorlesungen aus dem Jahr 1937, Berlin ²1956.

-, Philosophie, Bd. 2, Berlin ³1956.

-, Schelling. Größe und Verhängnis, München 1955.

-, Vernunft und Existenz. Fünf Vorlesungen aus dem Jahr 1935, München 1960.

-, Vom Ursprung und Ziel der Geschichte, München ⁹1988.

Johann Marie de Jong, Theologie der Hoffnung, in: Wolf-Dieter Marsch Hg., Diskussion über die "Theologie der Hoffnung" von Jürgen Moltmann, München 1967, 19-39.

Peter Kampits, Sartre und die Frage nach dem Anderen. Eine sozialontologische Untersuchung, Wien/ München 1975.

Walter Kasper, Das Verhältnis von Evangelium und Dogma, in: Conc (D) 3 (1967), 69-75.

Medard Kehl, Eschatologie, Würzburg 1986.

Ferdinand Kerstiens, Hoffnung, in: Sacramentum Mundi, Bd. 2, Freiburg/ Basel/ Wien 1968, 725-735.

-, Die Hoffnungsstruktur des Glaubens, Mainz 1969.

-, Die zeitgenössische Theologie der Hoffnung in Deutschland. Eine kritische Bibliographie, in: Conc (D) 6 (1970), 646a- 650b.

Hans Kessler, Sucht den Lebenden nicht bei den Toten. Die Auferstehung Jesu Christi in biblischer, fundamentaltheologischer und systematischer Sicht, Düsseldorf [2]1987.

Heinz Kimmerle, Die Zukunftsbedeutung der Hoffnung. Auseinandersetzung mit E. Blochs "Prinzip Hoffnung" aus philosophischer und theologischer Sicht, Bonn [2]1974.

Pamela Kirk, Tod und Auferstehung innerhalb einer anthropologisch gewendeten Theologie: hermeneutische Studie zur individuellen Eschatologie bei Karl Rahner, Ladislaus Boros, Gisbert Greshake, Bad Honnef 1986.

Klaus Koch/ Johann Michael Schmidt Hg., Apokalyptik (Wege der Forschung Bd. 365). Darmstadt 1982.

Kurt Koch, Ein ganzes Bündel von Herausforderungen. Wo steht die katholische Dogmatik heute? HerKorr 46 (1992), 425-430.

Ulrich H. J. Körtner, Weltangst und Weltende. Eine theologische Interpretation der Apokalyptik, Göttingen 1988.

Kongregation für die Glaubenslehre, Schreiben zu einigen Fragen der Eschatologie vom 17. Mai 1979 (=Verlautbarungen des Apostolischen Stuhles 11, hg. vom Sekretariat der Deutschen Bischofskonferenz).

Friedrich Kümmel/ Hans Weder/ Gerhard Sauter, Hoffnung, in TRE Bd. XV, Berlin/ New York 1986, 480-498.

Ottmar Lachnit, Elpis. Eine Begriffsuntersuchung, Diss. phil., Tübingen 1965.

Paul Ludwig Landsberg, Die Erfahrung des Todes, Frankfurt 1973 (1. Ausgabe 1937).

Bernhard Langemeyer, Der dialogische Personalismus in der evangelischen und katholischen Theologie der Gegenwart, Paderborn 1963.

Emmanuel Levinas, En découvrant l'existence avec Husserl et Heidegger, Paris, 2. erw. Aufl. 1967.

H. G. Link, Hoffnung, HWP Bd. 3, Darmstadt 1974, 1157-66.

M. Lods, L'espérance chrétienne d'Origène à St. Augustin, Paris 1952.

Horacio E. Lona, Eschatologie im Neuen Testament, in: HDG Bd. IV, Fasz. 7a: Eschatologie in der Schrift und Patristik, Freiburg/ Basel/ Wien 1986, 44-83.

Antonio López-Méndez, Die Hoffnung im theologischen Denken Teilhard de Chardins. Hoffnung als Synthese: Versuch einer systematischen Darstellung, Frankfurt/ Bern 1976.

Wladimir Lossky, Schau Gottes, Zürich 1964.

Karl Löwith, Mensch und Geschichte. Gesammelte Abhandlungen. Zur Kritik der geschichtlichen Existenz, Stuttgart 1960.

-, Weltgeschichte und Heilsgeschehen, Stuttgart, ^{8}1990.

Erich Lubahn/ Otto Rodenberg Hg., Lebendige Hoffnung. Apokalyptik als zentrales Thema der Theologie. Stuttgart 1989.

Wolf-Dieter Marsch Hg., Diskussion über die "Theologie der Hoffnung" von Jürgen Moltmann, München 1967.

-, Hoffen worauf? Auseinandersetzung mit Ernst Bloch, Hamburg 1963.

-, Zukunft, Stuttgart 1969.

Marko Matic, Jürgen Moltmanns Theologie in Auseinandersetzung mit Ernst Bloch, Frankfurt 1982.

Helmut Merklein, Jesu Botschaft von der Gottesherrschaft. Eine Skizze, Stuttgart 1983.

Johann Baptist Metz, Erlösung und Emanzipation, in: L. Scheffczyk Hg., Erlösung und Emanzipation, Freiburg 1973, 120-140.

- , Gott vor uns. Statt eines theologischen Arguments, in: S. Unseld Hg., Ernst Bloch zu ehren, Beiträge zu seinem Werk, Frankfurt 1965, 227-241.

-, Politische Theologie, in: SM (D) III, Freiburg 1969, Sp. 1232-1240.

-, Die "Stunde" Christi. Eine geschichtstheologische Erwägung, in: WuW 12 (1957), 5-18.

-, Verantwortung der Hoffnung, Mainz 1968.

-, Der zukünftige Mensch und der kommende Gott, in: H. J. Schultz Hg., Wer ist das eigentlich - Gott?, München 1969.

-, Zur Theologie der Welt (Sammelband mit bereits früher veröffentlichten Aufsätzen), Mainz ^{2}1969.

A. Michel, Vertu, DThC XV/2, 2739-2799.

Charles Moeller, Humanité et Sainteté. Témoignages de la littérature occidentale. Tournai/ Paris 1946.

- , Der Mensch vor dem Heil. Eine Untersuchung moderner Literatur, Salzburg 1967.

Jürgen Moltmann, Antwort auf die Kritik der Theologie der Hoffnung, in Wolf-Dieter Marsch Hg., Diskussion über die "Theologie der Hoffnung" von Jürgen Moltmann, München 1967, 201-238.

- , Das Experiment Hoffnung, München 1974.

- , Die Kategorie Novum in der christlichen Theologie, in: S. Unseld Hg., Ernst Bloch zu ehren. Beiträge zu seinem Werk, Frankfurt 1965, 244- 263.

- , Theologie der Hoffnung. Untersuchungen zur Begründung und zu den Konsequenzen einer christlichen Eschatologie, München, [12]1985.

Max Müller, Erfahrung und Geschichte. Grundzüge einer Philosophie der Freiheit als transzendentale Erfahrung, Freiburg/ München 1971.

-, Existenzphilosophie. Von der Metaphysik zur Metahistorik, 4., erw. Auflage, hg. von Alois Halder, Freiburg/ München 1986.

-, Philosophische Anthropologie, hg. von Wilhelm Vossenkuhl, Freiburg/ München 1974.

Hans-Rudolf Müller-Schwefe, Existenzphilosophie. Das Verständnis von Existenz in Philosophie und christlichem Glauben. Eine Begegnung, Göttingen/ Zürich [2]1969.

Günter Nachtwei, Dialogische Unsterblichkeit. Eine Untersuchung zu Joseph Ratzingers Eschatologie und Theologie, Leipzig 1986.

Peter Neuner, Der Glaube als subjektives Prinzip der theologischen Erkenntnis, in: Walter Kern/ Hermann Josef Pottmeyer/ Max Seckler Hg., Handbuch der Fundamentaltheologie, Bd. 4: Traktat Theologische Erkenntnislehre, Freiburg/ Basel/ Wien 1988, 51-67.

Jean-Hervé Nicolas, Espérance, DSp, Bd. IV/2, Paris 1961, 1208-1233.

Józef Niewiadomski, Die Zweideutigkeit von Gott und Welt in J. Moltmanns Theologien (= Innsbrucker theologische Studien Bd. 9), Innsbruck/ Wien/ München 1982.

Franz-Josef Nocke, Eschatologie, Düsseldorf 1982.

-, Liebe, Tod und Auferstehung. Über die Mitte des Glaubens, München 1978.

Wolfhart Pannenberg, Der Gott der Hoffnung, in: S. Unseld Hg., Ernst Bloch zu ehren. Beiträge zu seinem Werk, Frankfurt/ M. 1965, 209-225.

Charles Péguy, Das Tor zum Geheimnis der Hoffnung, Einsiedeln 1980.

H. Peukert Hg., Die Diskussion zur politischen Theologie, Mainz/ München 1969.

Josef Pfammatter/ Eduard Christen Hg., Hoffnung über den Tod hinaus. Antworten auf Fragen der Eschatologie (=TB XIX), Zürich 1990.

Josef Pieper, Herkunftslose Zukunft und Hoffnung ohne Grund?, in: Über die Schwierigkeit heute zu glauben. Aufsätze und Reden. München 1974, 178-195.

-, Hoffnung - auf was?, in: Tradition als Herausforderung. Aufsätze und Reden, München 1963, 160-164.

-, Hoffnung und Geschichte. Fünf Salzburger Vorlesungen, München 1967.

-, lieben, hoffen, glauben (Sonderausgabe der Titel: Über die Liebe, über die Hoffnung, über den Glauben), München 1986.

-, Sur l'Espérance des Martyrs, in: Espoir humain et Espérance chrétienne. Semaine des Intellectuels catholiques, 24.-31. 5. 1951, Paris 1951, 76-84.

-, Tod und Unsterblichkeit, München 1968.

-, Die Verborgenheit von Hoffnung und Verzweiflung, in: Tradition als Herausforderung. Aufsätze und Reden, München 1963, 165-181.

-, Über das Ende der Zeit. Eine geschichtsphilosophische Betrachtung, München ^{3}1980.

Karl R. Popper, Auf der Suche nach einer besseren Welt. Vorträge und Aufsätze aus dreißig Jahren, München ^{2}1987.

Hermann Josef Pottmeyer, Christliche Hoffnung zwischen Jenseitsvertröstung und Diesseitsoptimismus, in: Albert Gerhards Hg. Die größere Hoffnung der Christen. Eschatologische Vorstellungen im Wandel (=QD 127), Freiburg/ Basel/ Wien 1990, 131-146.

Jacques Presseault, L'être-pour-autrui dans la philosophie de Jean-Paul Sartre, Bruxelles/ Paris 1970.

Horst Dietrich Preuss Hg., Eschatologie im Alten Testament (Wege der Forschung Bd. 480) Darmstadt 1978.

Karl Rahner, Fragment aus einer theologischen Besinnung auf den Begriff der Zukunft, in: Schriften zur Theologie Bd. VIII, Einsiedeln/ Zürich/ Köln 1967 555-60.

-, Grundkurs des Glaubens, Sonderausgabe, Freiburg 1984.

-, Immanente und transzendente Vollendung der Welt, in: Schriften zur Theologie Bd. VIII, Einsiedeln/ Zürich/ Köln 1967 593-609.

-, Das Leben der Toten, in: Schriften zur Theologie Bd. IV, Einsiedeln/ Zürich/ Köln ^{5}1967, 429- 437.

-, Marxistische Utopie und christliche Zukunft des Menschen, in: Schriften zur Theologie Bd. VI, Einsiedeln/ Zürich/ Köln ^{2}1968, 77-88.

-, Das Sterben vom Tod her gesehen, in: MySal Bd. 5, Einsiedeln 1976, 473-492.

-, Theologie des Todes, in: Schriften zur Theologie Bd. X, Zürich/Einsiedeln/Köln 181-199.

-, Theologische Prinzipien der Hermeneutik eschatologischer Aussagen, in: Schriften zur Theologie Bd. IV, Einsiedeln/ Zürich/ Köln ^{5}1967, 401-28.

-, Tugenden, in: SM (D) IV, Freiburg 1969, 1037-1042.

-, Über den Begriff des Geheimnisses in der katholischen Theologie, in: Schriften zur Theologie Bd. IV, Einsiedeln/ Zürich/ Köln ^{5}1967, 1960, 51-99.

-, Über die theologische Problematik der 'Neuen Erde', in: Schriften zur Theologie, Bd. VIII, Einsiedeln/ Zürich/ Köln 1967, 580-592.

-, Zur Theologie der Hoffnung, in: Schriften zur Theologie Bd. VIII, Einsiedeln/ Zürich/ Köln 1967, 561-579.

Joseph Ratzinger, Die christliche Brüderlichkeit, München 1960.

-, "Daß Gott alles in allem sei", Vom christlichen Glauben an das ewige Leben, in: Klbl 72 (1992), 203-207.

-, Dogma und Verkündigung, München ^{3}1977.

-, Einführung in das Christentum. Vorlesungen über das Apostolische Glaubensbekenntnis, München 1968.

-, Eschatologie - Tod und ewiges Leben, 6., erw. Auflage, Regensburg 1990.

-, Der Heilige Geist als communio. Zum Verhältnis von Pneumatologie und Spiritualität bei Augustinus, in: C. Heitmann/ H. Mühlen Hg., Erfahrung und Theologie des Heiligen Geistes, Hamburg 1974, 223-238.

-, Politik und Erlösung: zum Verhältnis von Glaube, Rationalität und Irrationalem in der sogenannten Theologie der Befreiung, Opladen 1986.

-, Schauen auf den Durchbohrten. Versuche zu einer spirituellen Christologie, Einsiedeln 1984.

-, Über die Hoffnung. Ihre spirituellen Grundlagen aus der Sicht franziskanischer Theologie, in: IKaZ 13 (1984), 293-305.

Arnold Reymond, Henri Bergson et Maine de Biran, in: A. Béguin/ P. Thévenaz Hg., Henri Bergson. Essais et témoignages, Neuchâtel 1943, 248-256.

Paul Ricoeur, Sympathie et Respect. Phénoménologie et éthique de la seconde personne, in: RMM 59 (1954), 380-397.

Hubert Ritt, Offenbarung des Johannes (=Die Neue Echter Bibel: Kommentar zum Neuen Testament mit der Einheitsübersetzung, Bd. 21), Würzburg 1986.

Klaus Rosenthal, Die Überwindung des Subjekt-Objekt-Denkens als philosophisches und theologisches Problem, Göttingen 1970.

Franz Rosenzweig, Das neue Denken. "Einige nachträgliche Bemerkungen zum Stern der Erlösung" (1925), in: Die Schrift. Aufsätze, Übertragungen und Briefe, hg. von Karl Thieme, Königstein/ Taunus 1984, 186-211.

Ramón Eduardo Ruiz-Pesce, Metaphysik als Metahistorik oder Hermeneutik des unreinen Denkens. Die Philosophie Max Müllers, Freiburg/ München 1987.

Paolo Sacchi, L'appocalittica giudaica e la sua storia, Brescia 1990.

Giovanni B. Sala, Kant und die Theologie der Hoffnung. Eine Auseinandersetzung mit R. Schaefflers Interpretation der kantischen Religionsphilosophie, in: ThPh 56 (1981), 92-110.

Gerhard Sauter, Angewandte Eschatologie. Überlegungen zu Jürgen Moltmanns "Theologie der Hoffnung", in: Wolf-Dieter Marsch Hg., Diskussion über die "Theologie der Hoffnung" von Jürgen Moltmann, München 1967, 106-21.

-, Die Hoffnung der Kirche in der Dogmatik, in H. Deuser u. a. Hg., Gottes Zukunft - Zukunft der Welt (FS Moltmann), München 1986, 39-47.

Richard Schaeffler, Der utopische Gedanke und die christliche Heilserwartung, in: L. Hödl u. a. Hg., Das Heil und die Utopien, Paderborn 1977, 9-66.

-, Die Wechselbeziehungen zwischen Philosophie und katholischer Theologie, Darmstadt 1980.

-, Kant als Philosoph der Hoffnung, in: ThPh 56 (1981), 244-58.

-, Philosophie der Hoffnung als Sokratik der praktischen Vernunft, in: PhJb 91 (1981), 242-256.

-, Spiritus sapientiae et intellectus - Spiritus sapientiae et pietatis. Religionsphilosophische Überlegungen zum Verhältnis von Weisheit, Wissenschaft und Frömmigkeit und ihrer Zuordnung zum Geiste, in: Weisheit Gottes - Weisheit der Welt (FS Ratzinger), hg. im Auftrag des Schülerkreises von W. Baier, Bd. I, St. Ottilien 1987 15-35.

- , Was dürfen wir hoffen? Die katholische Theologie der Hoffnung zwischen Blochs utopischem Denken und der reformatorischen Rechtfertigungslehre, Darmstadt, 1979.

- , Zur Anthropologie und Ethik der Hoffnung, in: MThZ 33 (1982), 1-24.

Helmut Schelsky, Die Hoffnung Blochs. Kritik der marxistischen Existenzphilosophie eines Jugendbewegten, Stuttgart 1979.

Heinrich Schlier, Das Ende der Zeit, Freiburg 1971.

-, Nun aber bleiben diese Drei. Grundriß des christlichen Lebensvollzuges, Einsiedeln 1971.

-, Über die Hoffnung, in: Ders., Besinnung auf das Neue Testament, Freiburg 1964, 135-145.

B. Schmidt, Materialien zu Ernst Blochs "Prinzip Hoffnung", Frankfurt/ Main, 1978.

Michael Schneider, Aus den Quellen der Wüste. Die Bedeutung der frühen Mönchsväter für eine Spiritualität heute, Köln [2]1989.

-, Umkehr zum neuen Leben. Wege der Versöhnung und Buße heute. Freiburg/ Basel/ Wien 1991.

Eberhard Schockenhoff, Bonum hominis. Die anthropologischen und theologischen Grundlagen der Tugendethik des Thomas von Aquin, Mainz 1987.

-, Personsein und Menschenwürde bei Thomas von Aquin und Martin Luther, in: ThPh 65 (1990), 481-512.

Christoph Schönborn, Auferstehung des Fleisches im Glauben der Kirche, IkaZ 19 (1990), 13-29.

-, Existenz im Übergang. Pilgerschaft, Reinkarnation, Vergöttlichung, Einsiedeln/ Trier 1987.

Josef Schreiner, Eschatologie im Alten Testament, in: HDG Bd. IV, Fasz. 7a: Eschatologie in der Schrift und Patristik, Freiburg/ Basel/ Wien 1986, 1-43.

Heinz Schürmann, Das eschatologische Heil Gottes und die Weltverantwortung des Menschen. Hermeneutische Anmerkungen zur Relevanz der biblischen Aussagen, in: Ders., Studien zur neutestamentlichen Ethik, hg. von Thomas Söding (=Stuttgarter biblische Aufsatzbände 7), Stuttgart 1990, 311-343.

Christian Schütz, Allgemeine Grundlegung der Eschatologie, in: MySal Bd. 5, Einsiedeln 1976, 553-700.

- , Einführung in die Pneumatologie, Darmstadt 1985.

- , Verborgenheit Gottes. Martin Bubers Werk. Eine Gesamtdarstellung. Zürich/ Einsiedeln/ Köln 1975.

Paul Schütz, Charisma Hoffnung. Von der Zukunft der Welt, in: Das Mysterium der Geschichte (Gesammelte Werke Bd. II), Hamburg 1963, 429-503.

-, Freiheit - Hoffnung - Prophetie. Von der Gegenwärtigkeit des Zukünftigen (Gesammelte Werke Bd. III), Hamburg 1963. (Darin: Parusia).

-, Historismus und Prophetie. Überlegungen zu Luthers Geschichtsdenken, in: Das Mysterium der Geschichte (Gesammelte Werke Bd. II), Hamburg,- , Das Mysterium der Geschichte, in: Das Mysterium der Geschichte (Gesammelte Werke Band II), Hamburg 1963, 113-352.

-, Universalgeschichte als Heilsgeschichte, in: Das Mysterium der Geschichte (Gesammelte Werke Bd. II), Hamburg 1963, 413-428.

Max Seckler, Das Heil in der Geschichte. Geschichtstheologisches Denken bei Thomas von Aquin, München 1964.

-, Hoffnungsversuche, Freiburg 1972.

Antonio M. Sicari, Zwischen "Verheißung" und "Erfüllung", in IKaZ 13 (1984), 315-320.

Thomas Söding, Die Trias Glaube, Hoffnung, Liebe bei Paulus, Stuttgart 1992.

Heino Sonnemans, Hoffnung ohne Gott? In Konfrontation mit Ernst Bloch, Freiburg 1973.

-, Seele - Unsterblichkeit - Auferstehung. Zur griechischen und christlichen Anthropologie und Eschatologie, Freiburg/ Basel/ Wien 1984.

Jörg Splett, Docta Spes. Zu Ernst Blochs Ontologie des Noch-Nicht-Seins, in: ThPh 44 (1969), 383-394.

- , Leben als Mit-Sein. Vom trinitarisch-Menschlichen, Frankfurt 1990.

George Steiner, Martin Heidegger. Eine Einführung. Aus dem Englischen von Martin Pfeiffer, München/ Wien 1989.

Konrad Stock, Hoffnung als Dimension der Freiheit. Ein Prolegomenon zur Eschatologie, in: H. Deuser u. A: Hg. Gottes Zukunft - Zukunft zur Welt (FS Moltmann), München 1986, 14-22.

Michael Theunissen, Der Andere. Studien zur Sozialontologie der Gegenwart, Berlin [2]1977.

Thomas von Aquin, Die Hoffnung. Theologische Summe II-II, Fragen 17-22, übersetzt von J. F. Groner, Anmerkungen und Kommentar von A. F. Utz, unter Mitarbeit von B. Gräfin von Galen, Freiburg/ Basel/ Wien 1988.

- , Opera omnia iussu Leonis XIII. edita, tomus octavus, Secunda secundae summae theologiae, quaestiones 1- 56, Rom 1895.

- , Deutsche Thomas-Ausgabe Bd. 10, Heidelberg/ Graz/ Wien/ Köln 1955.

Tod und Unsterblichkeit. Texte aus Philosophie, Theologie und Dichtung vom Mittelalter bis zur Gegenwart. Ausgewählt und eingeleitet von Erich und Annemarie Ruprecht, Bd. I: Von der Mystik des Mittelalters bis zur Aufklärung, Stuttgart 1992.

Ferdinand Ulrich, Leben in der Einheit von Leben und Tod, Frankfurt, 1973.

-, Der Mensch und das Wort, in: MySal Bd. 2, Einsiedeln/ Zürich/ Köln 1967, 657-706.

- , Zukunft als Gestalt der Freiheit von "Ich" und "Du", in: L'Avenir de l'homme. Actes de la VIIème Rencontre Internationale, 29. 8. -1. 9. 1964, Bozen 1965, 49-106.

Unsere Hoffnung. Beschluß der Gemeinsamen Synode der Bistümer der Bundesrepublik Deutschland. Offizielle Gesamtausgabe Bd. I: Beschlüsse der Vollversammlung, Freiburg [2]1976, 85-111.

Robert Vernay, Découragement, in: Dictionnaire de la Spiritualité, Bd. 3, Paris 1957, 58-65.

Hansjürgen Verweyen, Zum gegenwärtigen Diskussionsstand der Eschatologie, in: Wilhelm Breuning Hg. Seele: Problembegriff christlicher Eschatologie (=QD 106), Freiburg/ Basel/ Wien 1986, 15-30.

Johan van der Vloet, Vom christlichen Sinn der Schwermut, in: IKaZ 20 (1991), 428-434.

Anton Vögtle, Das Neue Testament und die Zukunft des Menschen, Düsseldorf 1970.

Herbert Vorgrimler, Hoffnung auf Vollendung. Aufriß der Eschatologie (=QD 90), Freiburg/ Basel/ Wien 1980.

- , Der Tod als Thema der neueren Theologie, in: Josef Pfammatter/ Eduard Christen Hg., Hoffnung über den Tod hinaus. Antworten auf Fragen der Eschatologie (=TB XIX), Zürich 1990, 13-64.

Jean Wahl, Les Philosophies de l'Existence, Paris 1959.

Gerhard Wehr, Martin Buber. Mit Selbstzeugnissen und Bilddokumenten. (Rowohlts Monographien), Reinbek bei Hamburg 42. -44. Tsd., 1989.

Winfried Weier, Sinn und Teilhabe. Das Grundthema der abendländischen Geistesentwicklung, Salzburg/ München, 1970.

Michael Welker, Hoffnung und Hoffen auf Gott, in: H. Deuser u. a. Hgg., Zukunft Gottes - Zukunft zur Welt (FS Moltmann), München 1986, 23-38.

Bernhard Welte, Der Ernstfall der Hoffnung. Gedanken über den Tod, Freiburg 1980.

-, Heilsverständnis. Philosophische Untersuchung einiger Voraussetzungen zum Verständnis des Christentums, Freiburg, 1966.

Dietrich Wiederkehr, Perspektiven der Eschatologie, Zürich/ Einsiedeln/ Köln 1974.

Karl Matthäus Woschitz, Elpis, Hoffnung. Geschichte, Philosophie, Exegese eines Schlüsselbegriffs, Wien 1979.

Axel Wüstehube, Das Denken aus dem Grund. Zur Bedeutung der Spätphilosophie Schellings für die Ontologie Ernst Blochs, Würzburg 1989.

Peter Wust, Ungewißheit und Wagnis, München [8]1986.